满学研究丛书

赵志强 主编

满洲认同『法典』与部族双重构建

——十六世纪以来满洲民族的历史嬗变

徐 凯 著

Construction of a Dual System of Manchuria Identity Code and Tribe ——The historical evolution of Manchu since the 16th century

中国社会科学出版社

图书在版编目(CIP)数据

满洲认同"法典"与部族双重构建：十六世纪以来满洲民族的历史嬗变／徐凯著. —北京：中国社会科学出版社，2015.12

ISBN 978 - 7 - 5161 - 6371 - 9

Ⅰ.①满…　Ⅱ.①徐…　Ⅲ.①满族—民族历史②满洲国(1932)—历史　Ⅳ.①K282.1②K256.610.6

中国版本图书馆 CIP 数据核字(2015)第 147002 号

出 版 人	赵剑英
责任编辑	郭沂纹
特约编辑	丁玉灵
责任校对	石春梅
责任印制	李寡寡

出　　版	中国社会科学出版社
社　　址	北京鼓楼西大街甲 158 号
邮　　编	100720
网　　址	http://www.csspw.cn
发 行 部	010 - 84083685
门 市 部	010 - 84029450
经　　销	新华书店及其他书店

印　　刷	北京君升印刷有限公司
装　　订	廊坊市广阳区广增装订厂
版　　次	2015 年 12 月第 1 版
印　　次	2015 年 12 月第 1 次印刷

开　　本	710×1000　1/16
印　　张	23
字　　数	389 千字
定　　价	80.00 元

目 录

Table of Contents

绪　　论

中国民族问题，包括周边民族关系等，历来是人类学、社会学、民族学、历史学、考古学、文学艺术等多种学科交叉研究的重要课题。改革开放30年来，随着西方学术理论和研究方法的传入，我国民族问题研究迅速拓宽了领域，呈现出多元化发展的态势，取得了丰硕成果。在此基础上，民族问题研究怎样结合本国多民族的历史与现状，广泛地收集中外文献、考古资料与口述史料，借鉴国外民族学、社会学、人类文化学等研究的新理论和新方法，针对我国民族发展变迁，突破现有研究模式，不断地提出新理论与新思路，进一步构建与彰显中国特色的民族学。这是摆在学人面前亟待解决的课题。

多年以来，北方民族女真、满洲同其他民族史研究一样，都取得了显著的成绩。然而，随着民族问题探讨的深入，诸多新的理论与方法将会提出，需要逐一解析。比如，从16世纪初期至17世纪中叶，关于以满洲共同体形成为中心的东北地区民族关系研究，如下一些问题值得关注。

一　关于民族关系的一些概念问题

一个学术概念的产生，往往是某个领域内研究理念的提升，或是新理论框架的再构建。20世纪20年代以来，中外学界对我国不同历史阶段的民族关系展开研究，提出了一批鲜明的概念，诸如，"汉化"、"华化"、"胡化"、"同化"、"异化"、"融合"、"融化"、"涵化"、"文明化"等。这些各异的提法是学者们长期深思熟虑所得，代表着一个时期民族关系理论与方法的新探索。兹择其要者数例，略评如次。

早在20世纪前期，当"中国最被人看不起之时，又值有人主张全盘西化之日"①，陈垣发表了《元西域人华化考》一文，阐述元代西域诸族人来华研习汉文化，在文学、建筑、医药等方面取得了可喜成就，并撰写了不少著述，论证了元代"西域人之同化中国"，率先提出"华化"与"同化"的概念。所谓"华化"，一般是指"改从华俗，且于文章学术有声焉"。元代西域人大批东来，在中土定居，不可避免地要接触汉文化。于是，不少西域人用汉文字从事创作，在文学、艺术、哲学、史学等方面造诣颇高，涌现出高克恭、马九皋、萨都剌、廼贤、丁鹤年……这样一批优秀的文学艺术家。元代西域人"华化"现象是中国历史上特有的景观。该文在北京大学《国学季刊》发布后，尤为中外学人所推服，匡正学术趋势②。此文也奠定了作者成为国际学者的地位。

陈寅恪运用欧洲近代史学家"民族（种族）—文化"的研究视角，探讨我国中古时期魏晋南北朝、隋唐等民族关系，提出因受周边环境变迁，民族关系发生转化，产生双向"同化"的现象，并对历史演进产生重要影响③。他强调，"北朝胡汉之分，不在种族而在文化"，并举史例为证，凡关于胡汉之问题，实为胡化、汉化之问题，而非胡种、汉种之问题。当时之所谓胡人、汉人大抵以胡化、汉化而不以胡种、汉种为区别，即文化关系较重，而种族关系为轻。其《隋唐制度渊源略论稿》说明，北朝汉人、胡人之分别，不论其血统，只视其所受之教化为汉抑为胡而定之。他指出，胡化、汉化问题实际上是胡汉文化的对立，判别胡人和汉人是以所受文化，而不以种族和血统为依据④。他在《唐代政治史述论稿》中对此又作了系统的阐述，指明河朔地区与中央存在着严重的文化对立⑤，河朔地区在"安史之乱"后，存在"严重的胡化现象"。在他的史学研究中，"胡化说"占有极为重要的位置。从民族和文化视角切入，"胡化"和"汉化"的相互转变，这是陈寅恪打开中古政治史研究之门的一把钥匙。

吕振羽《中国民族简史》一书，以史事为例，认为华族的政治、经济、文化等各种力量促成了他族融化于华族之中，"成了华族的构成部分"⑥。他

---

① 陈智超编注：《陈垣往来书信集》，上海古籍出版社 1990 年版，第 818 页。

② 参阅陈垣《元西域人华化考》之陈寅恪《重刻序》，上海古籍出版社 2000 年版，第 157 页。

③ 参阅周樑楷《傅斯年和陈寅恪的历史观点——从西方学术背景所作的讨论（1880—1930）》，《台湾大学历史学报》1996 年第 20 期。

④ 陈寅恪：《隋唐制度渊源略论稿》，上海古籍出版社 1982 年版，第 71 页。

⑤ 陈寅恪：《唐代政治史述论稿》，上海古籍出版社 1997 年版，第 25 页。

⑥ 吕振羽：《中国民族简史》，生活·读书·新知三联书店 1950 年版，第 19 页。

以社会发展史的角度，总结了中国历史上民族之间斗争"同化"的三种情况，一是各个民族在没有进到国家时代部落间的斗争与同化，"为争夺适合生存的自然条件，引起原始战斗。结局不是战败者被迫退出其原在地区，便是参加战胜者的部落联盟"。二为已经进入到国家时代的民族与没进入到国家时代的民族间的斗争，结果是"与汉族斗争的各落后民族，每每被汉族同化，或在文化上模仿汉族，但他们也每每把汉人同化和在文化上影响汉族"。三系彼此都进入到阶级社会时代的民族间斗争，由于汉族力量的总和常常大过某族，结局是"汉族常占优势，侵略汉族而取得其支配权地位民族，反而其大部甚至全部同化于汉族，自然也有不少汉人同化于他们"①。该书是新中国成立初期以历史唯物主义为指导研究民族史的一部颇具代表性的力著。

翁独健在《论中国民族史》一文中指出，历史上的民族同化是指一个民族或其中一部分失去原来民族特点，而成为另一个民族的组成部分。同化有两种，一种是强制同化，是民族压迫的表现；另一种为自然同化，是历史发展的必然趋势。至于"民族融合"一词，往往被用来指两种情况，一是指历史上的一些民族，或者某些民族的各一部分，互相融合成一个新的民族；二是指民族关系发展的最高形式，即在共产主义的基础上，民族差别逐渐消失，全世界所有民族形成一个整体。在中国民族史研究中，必须用民族平等的原则去分析、对待历史上的民族关系，都应当用同一个标准进行衡量与评价②。这是改革开放以来我国学者讨论民族"同化"、"融合"具有代表性的一篇学术论文。

20世纪90年代以来，王锺翰先后结集出版了《清史新考》《清史续考》二书，对满洲民族共同体的形成及"汉化"等问题多有论述。其中《关于满族形成中的几个问题》一文，强调"满族在其形成发展过程中，不断吸收、合并了不少他族成员，彼此相互吸收，紧密结合在一起，增强、扩大了满洲这个共同体"，从而"血亲关系已不再是决定满族社会关系的主要因素了"。论及汉军旗人的民族属性，他提出了"划法标准"，即"只能按当时是否出旗为民作为一条杠杠：凡是既已出旗为民的大量汉军旗人，或改回原籍的（如曾一度入旗著名的方苞，即是一例），就应该算作汉族的成员了，否则就应当把他们当作满族成员看待"。并指出，与一贯保持自己的民族语

---

① 《中国民族简史》，第208—209页。

② 翁独健：《论中国民族史》，《民族研究》1984年第4期。

言、习俗、服饰和民族感情的八旗蒙古有所不同，汉军旗人在出旗为民之前，"语言、服饰、信仰、习俗各方面，都受到相当程度的满化影响"，由于满汉长期共居杂处，"满人受到了更多的汉化影响"。《清代八旗中的满汉民族成分问题》一文，就编旗与佐领，汉人投充满洲，通婚与过继为嗣，入旗、改旗和抬旗，冠汉字姓与改汉姓，入旗与出旗为民六个问题，叙述了满汉诸多方面的融合，结论是"有清一代三百年间，满汉两民族长期杂居共处，交相融合，进进出出，你我难分，与任何民族一样，是历史自然同化交融的必然结果"①。所论颇有见地。

20 世纪 70 年代，一场关于女真和汉族之间的"汉化"、"同化"、"涵化"的论争率先在美国汉学界展开。1976 年，美籍华人陶晋生教授发表 *The Jurchen in Twelfth-century China：A Study of Sinicization*（《十二世纪中国女真汉化研究》②，1981 年中文译本在台湾出版，更名《女真史论》），该书以人类学的"同化"（assimilation）、"涵化"（acculturation），以及由两个概念基础上发展而来的"汉化"（sinicization）理论观点，探讨了金代女真人的汉化问题。他指出，中国传统史学多认为，中原王朝和边疆少数民族之间的关系体现了一种单一的文化系统，即边疆少数民族逐渐融合于中华文明之中③。女真征服者一方面积极采取中国官僚制度，利用汉官巩固其新政权；另一方面对待儒家文化，择善而从，同时推行以恢复固有文化为中心的改革运动④。此论一出，立即引起美国汉学界的一场大争论。

约翰逊（Constance A. Johnson）认为该著史实证据不足，指明陶氏在此"同化"概念下，处于从属地位的小族群，而被整合（integrated）到大民族之中。这个"同化"概念所蕴涵的不只是语言和社会行为上的涵化，而是一种"结构性同化"（structure assimilation），即族群间界限的消失。杜奈尔（Ruth W. Dunnell）则认为，该书过于简单地套用了华莱士等人的"同化"概念，而没有分析此概念所产生的历史语境，不同意将处于征服者地位的女真人视为汉民族的"从属"族群。他指出，陶氏并没有构建足够清晰的标准，以便能够从范围、特点以及重要性上，来考察女真民族是否发生"同

---

① 二文参阅王锺翰《王锺翰清史论集》第一册，中华书局 2004 年版，第 133、174 页。

② Jing-shen Tao, *The Jurchen in Twelfth-century China：A Study of Sinicization*（陶晋生：《十二世纪中国女真汉化研究》），Seattle：University of Washington Press，1976，p. ix.

③ Ibid. , p. x.

④ Ibid. , p. ix. （《女真史论》，第 2—3 页。）

化"，或是"汉化"。而该书提供的证据无法支持作者给出女真民族"汉化"的理论和概念①。包弼德（Peter K. Bol）通过对金代知识分子阶层的研究，提出了用"文明化（civilization）"来解释女真族在 12 世纪的政治文化改变比"汉化"更加贴切。他认为，理解金史的关键是女真人是少数民族征服者，可以采用中原王朝的政治制度，也可以使用汉民族的生活习俗，但是，在民族认同上，他们仍然认为自己是女真人，而不是汉人。因此，"汉化"这一概念在金史上并不适用②。

关于"汉化"问题的争论，时隔 20 年后，伴随"新清史"（New Qing History）的异军突起，美国汉学界再掀波澜，不同的是讨论对象由女真族改为满洲。1996 年，在全美亚洲研究年会上，时任会长的伊芙林·罗斯基（Evelyn S. Rawski，又译名罗友枝）发表了题为《重新审视清史：论清代在中国历史上的重要性》（"Reenvisioning the Qing：The Significance of the Qing Period in Chinese Hitory"）的主席致辞，该文发表在当年《亚洲研究》11 月刊上，针对美籍华人何炳棣（Ping-ti Ho）1967 年发表在同刊物上的《论清朝在中国历史上的重要性》（"The Significance of the Ch'ing Period in Chinese History"）一文中"清代作为中国历史上最成功的征服王朝是因为采用汉化政策"论点提出系统批驳。她反对将"清"和中国完全看作是一回事，强调"满洲中心论"，以此评价清帝国具有重要意义；认为清朝成功维持了近 300 年的统治，主要原因并不是汉化，而是有效地利用了亚洲内陆非汉族的文化联系。从这一点，她认为满洲统治者是以中亚诸民族的大汗而非以中国传统王朝皇帝身份出现的，主张满洲利用了儒家的许多东西，而本身还保留了诸多自己的特点。

何炳棣又撰《我对汉化问题的再思考：对罗斯基"再观清代"一文的答复》一文，反驳了她"似是而非"的论点，认为少数民族的"汉化"是大势所趋，对清朝来说，汉化的标志就是"儒化"，而"儒化"与中国化则是一回事。他强调保留本民族的一些特点，并不能说明就没有中国

①　Ruth W. Dunnell（杜奈尔）："Review：The Jurchen in Twelfth-Century China：A Study of Sinicia-tion by Jing-Shen Tao"（《书评：十二世纪中国女真汉化研究》），*Sung Studies Newsletter*（宋辽金元），No. 13 (1977)，pp. 75—79.

②　Peter K. Bol（包弼德）：Seeking Common Ground：Han Literati under Jurchen Rule（《求同：女真统治下的汉族文人》），Harvard-Yenching Institute（哈佛燕京学社），*Harvard Journal of Asiatic Studies*（《哈佛亚洲研究》），Vol. 47，No. 2 (Dec. , 1987)，pp. 461—538.

化。1998 年，罗斯基又出版新作《最后的皇朝：清皇家机构的社会史》，将满洲并非汉化，而只是"利用"儒学的主张，又加以展开论证。她的论点在美国学界颇有影响力，致使一些中青年学人仍循此路思索探讨满洲史①。

此一时段，美国相继出版了柯娇燕（Pamela Kyle Crossley）的《孤军：晚清最后三代满洲人和清朝世界的灭亡》（Orphan Warriors Three Manchu Generations and the End of the Qing World）、《半透明之镜：清帝国意识形态中的历史与民族认同》（A Translucent Mirror：History and Identity in Qing Imperial Ideology），欧立德（Mark C. Elliott）的《满洲之路：八旗制度与清帝国民族认同》（The Manchu Way：Eight Banners and Ethnic Identity in Late Imperial China），濮德培（Peter C. Perdue）的《中国西进：清朝对欧亚中部的征服》（China Marches West：The Qing Conquest of Central Eurasia），张勉治（Michael G. . Chang）的《马背上的朝廷：1680—1785 年清帝南巡与清朝统治的构建》（A Court on Horseback：Imperial Touring and the Construction of Qing Rule，1680—1785）等。这些美国"新清史"代表作的基调是割裂清朝与中原历代王朝的内在联系，强调满洲的独立性，否认该民族的"汉化"问题，同时主张研究满洲史必须利用满文、蒙古文等北方民族的文献资料②。美国"新清史"的崛起，将以往内陆亚洲、满洲种族性、主体性等清史边缘问题，又重新提升到"国家认同"的高度加以考察，似乎开拓了清史研究的视野，其实并非如此。

千禧之年以来，美国"新清史"逐渐引起了我国学者的关注，介绍与述评的文章相继见诸学刊，但少有回应之声③。然而，美国"新清史"的基本观点是值得注意：他们否认满洲的"汉化"，更强调满洲的"独立性"；将清朝视为"满洲帝国，而中国仅是其中一部分"，"不应直接把清朝称为中国，或者是把大清皇帝称为中国皇帝"；把满文档案当作清史研

---

① 参阅定宜庄《美国学者近年来对满族史与八旗制度史的研究简述》，《满族研究》2002 年第2 期。

② 参阅刘小萌《清朝史中的八旗研究》，《清史研究》2010 年第 2 期；张婷：《漫谈美国新清史研究》，《满学论丛》2011 年第一辑，辽宁民族出版社 2011 年版。

③ ［美］欧立德：《清代满洲人的民族主体意识与满洲人的中国统治》，华立译，《清史研究》2002 年第 4 期；马钊：《满学：清朝统治的民族特色——1990 年以来以英语发表的清史著作综述之一》，《清史译丛》第 1 辑，中国人民大学出版社 2004 年版；张瑞威：《谁是满洲人——西方近年来满洲史研究述评》，《清史译丛》2008 年第 7 辑。

究的"唯一"资料。这在清朝与中国之间人为地画了一条线，将二者对立起来，把满洲从中国历史上分裂出去①。这种偏执的学术论点引起了我国清史学界对满洲问题的再思索，并回应他们的学术主张。

2010 年 8 月，中国人民大学清史研究所主办了"清代政治与国家认同"国际学术研讨会，来自中国海峡两岸大陆和台湾，以及美国、日本、德国等国家与地区的 60 名专家学者，第一次围绕清朝国家与民族认同，满洲"汉化"等问题，对话美国"新清史"学者。欧立德在《关于新清史的几个问题》一文中，再一次阐述他的"核心内容"："中国，一个不断变化的符号"，它的地理、人口组成和文化都在变动。满洲人的成功在很大程度上，"并不只是因为适应文化（或说涵化）"，尤其是因为"他们保持了作为一个征服民族、一个'统治族群'与被统治的汉人之间的区别"。换言之，清朝统治的卓有成效，"不仅是因为满洲人以中原人身份来进行统治（尽管他们也承认这一点），而且还因为他们也作为内陆亚洲人来实行统治的"。"至关重要的是理解满洲人是谁"？他提出"大清皇帝的多面性"，要"重新以清朝为中心"的主张。黄兴涛在《清代满人的"中国认同"》一文，驳斥了"新清史"的"中国是一个不断变化的符号"论点，从满人的主体性视角出发，论述有清一代的"中国认同"，以一种持续的满族意识自觉地再造了"中国"，发展了"中国性"。满人的"中国认同"不仅有一个形成和强化的过程，尤其在部分具有新知的满族官员和留日旗人当中，还出现过从认同"专制中国"，到追求一体性民族国家的"立宪中国"之转变。并认定"中国不能为某一族人所独占"，构成当时中国"主权"拥有者的满汉蒙回藏各族人，已经成为"异种族、同民族"的共同体。

还有常建华的《国家认同：清史研究的新视角》，祁美琴的《对从民族到国家历程的理论反思——兼论"满洲"的意义》，夏明方、吴密的《多重变奏中的灾异论与清代王朝认同——以〈大义觉迷录〉为中心》，黄爱平的《清代的帝王庙祭与国家政治文化认同》，张永江的《民族认同，还是国家认同：清朝覆亡后升允的政治抉择》等文章，均从不同角度辩驳了"新清

---

① 参阅［美］欧立德（Mark C. Elliot）《满文档案与"新清史"》，台北《故宫学术季刊》2006 年第 24 卷第 2 期；《关于"新清史"的几个问题》，刘凤云等编《清代政治与国家认同》（上册），社会科学文献出版社 2012 年版。

史"的满洲国家认同、"汉化"等核心论点①。当然，中美两国学者在文化背景、学术环境、研究视角，特别是在文献史料的解读上，都存在着较大的差异，产生各自看法是正常的。中美学者应加强交流，求同存异，这对发展国际清代学术研究是有益处的。

近百年来，研究民族关系问题所用的"同化"、"华化"、"涵化"、"文明化"、"融合"、"整合"等中西的概念，从多学科视角阐述了不同历史阶段民族关系的发展历程。这些研究不是从种族、血缘、体质等特征出发，而是突出民族与文化的变异，即先进文化对落后文化的影响，汉族农耕文明对周边民族游牧文明的吸引，所谓的"汉化"和"胡化"是在特定历史环境下互相转化的。王赓武指出："'华化'的背后是一种保留中国传统文化的努力，它不是真的要了解中国，也不是真的要被划入原来的中国，或者是现在的中国，它是要在它生活的社会里面保留它所谓中国传统文化这样一种概念。"② 尽管作者论述的是当代海外华侨与中国、所在国的"华化"、"同化"、"异化"关系问题，但是，其观点对解析满洲与汉人等民族关系有一定的参考价值。在弱势民族转化为强势民族和一般民族之间的关系，各个历史阶段的"同化"和"异化"是同时进行的，或以激烈的战争方式强迫推行，或以主动吸纳的平和方式演变，相对后进民族既吸纳他族的先进文明，又保持本民族的特色，逐渐形成了各自的民族共同体，有的民族则分化到若干个他族之中而消失。

二 "同化"与"异化"是多民族文化融合的必然产物

一定区域之内，各民族之间因地缘比邻，生活习俗，乃至语言皆相近，尤其是经济交流，物资互补，构成了密不可分的联系。在北方，汉族农耕经济与北方民族游牧渔猎经济形成了彼此依存关系。明代中期起，蒙古鞑靼部俺答汗等，经常南下骚扰中原，严重威胁明朝安宁，因此，明廷不断调整边防政策。张居正柄政期间，大力支持兵部尚书王崇古、宣大巡抚方逢时与俺答汗议和，实行封贡，同时复开大同马市，再开甘州、张家口马市，蒙汉官

---

① 以上诸文均见《清代政治与国家认同》（上、下册）；刘凤云《政治史研究的新视野："清代政治与国家认同"国际学术会议研讨综述》，《清史研究》2011 年第 2 期。

② 王赓武：《中国情结：华化、同化与异化》，《北京大学学报》2011 年第 5 期。

私贸易繁荣，有利于北方发展生产，稳定边界①。明初在东北设置广宁、开原两个马市，广宁与蒙古贸易，开原同女真三部贸易。15世纪中期，建州女真迁徙到赫图阿拉（今辽宁新宾县永陵镇东苏子河南台地上）地区，在他们的多次请求之下，英宗天顺八年（1464年），明廷在抚顺开关，专与建州女真贸易。万历四十六年（天命三年、1618年）之初，仍"时有自明国山东、山西、河东、河西、苏州、杭州、易州等八路商人，来抚顺城贸易之人"②。"抚顺开关"使建州女真获得较为丰厚的物资，对他们日后的迅速崛起至关重要。当北方民族与中原王朝发生冲突之时，彼此征战，关闭互市，阻断通商之路，其后果是边疆社会动荡，经济凋零，民生涂炭。待民族矛盾缓解，互市开放，贸易恢复，边民安居乐业。各民族经济上频繁交往，相互依赖，这是多民族融合的坚实基础。

10世纪以降，北方一些弱势、相对落后的民族相继崛起，建立自己的王朝，不断地南下，成为强势民族。诸如，契丹族建立的辽朝，党项族创建的西夏，女真族创立的金朝，蒙古族成立的元朝，满洲创始的清朝。他们进入中原前，南征北战，掠夺人口、财物，扩大势力范围，快速地完成新民族共同体的组建，在政治、组织、文化、心理等方面，率先实现本民族的"同化"过程，即"契丹化"、"女真化"、"蒙古化"及"满洲化"。在王朝统治重心南移之后，受到已有数千年政治、经济、文化积淀的汉族社会影响，他们不可避免地出现不同程度的"异化"，即"汉文化"化、"中华文明化"。譬如，金朝统治重心南移，进入辽宋之地，女真人渐习汉风。金世宗明令，"禁女直（真）人毋得译为汉姓"，"应卫士有不闲女直语者，并勒习学，仍自后不得汉语"。"禁女直人不得改称汉姓，学南人（汉族）衣装，犯者抵罪"。金章宗也屡申禁令，"制诸女直人，不得以姓名译为汉字"③。然而，民间改易汉姓的女真人为数不少，如完颜氏、乌古论氏、乞石烈氏等42姓皆冠以汉姓，完颜氏为王氏、颜氏、陈氏，乌古

① 参阅（明）张居正《张居正集》（第二册）卷十五《书牍二答王鉴川计互市利害》，张舜徽主编点校本，湖北人民出版社1987年版。

② 《满文老档》（上）第六册，戊午年四月十三日，中国第一历史档案馆、中国社会科学院历史所合译，中华书局1990年版，第59页。以下所引《满文老档》版本同。

③ 《金史》卷七《世宗本纪中》，中华书局1975年版，第159、161页；卷八《世宗本纪下》，第199页；卷九《章宗本纪一》，第219页。

论氏为商氏、乌氏、刘氏、李氏，乞石烈氏为高氏、卢氏等①。尽管一些王朝统治者也采取严厉措施，甚至将此列为"祖宗之法"，不遗余力地阻止本民族的"异化"，但是，各个民族广泛地交融已经成为不可遏制的社会潮流。民族之间的"同化"与"异化"，是长期民族相互融合的产物，同时又保持民族的自身特色，此即各民族共同体动态构建的必由之路。

明初永乐以来，郑和七下西洋，明廷对外实行"封贡"与"柔远"的方针，在亚洲逐渐地形成了以北京为中心的"朝贡贸易"经济圈，以及以儒学为核心的"汉文化"圈，辐射周边诸国。朝鲜同明朝保持密切的宗藩关系，这对东北亚地区秩序的稳定起到了积极作用。清入关前，皇太极用武力迫使邻邦朝鲜称臣纳贡，打破了明朝与朝鲜牢固的藩属关系，这样既解除了征明的后顾之忧，又缓解了满洲物质匮乏的窘境。入关后，清朝延续了明代对外的基本国策。朝鲜历来以明朝为"大中华"、自己系"小中华"自居，对"夷狄"满洲入主中原，并不认可，抵触情绪颇大。他们不用清朝年号纪年，乃以"崇祯后某某年"表述，以示对明朝的深切怀念。乾隆时期，朝鲜诸多燕行使者西来，对清朝有了较全面深入的了解。他们认为，满洲推行"崇儒重道"，"夷"就是"华"，华夷一体。由此形成的"北学派"提出向清朝看齐的主张，这对朝鲜君臣及上层社会与清朝敌对心态的转变产生颇大影响。

16至17世纪是北方民族关系最活跃的时期，也是明清两股主要政治势力强弱转化的时代。在这一历史阶段，随着建州女真族的发迹，东北亚地区各民族正处大动荡、分化与重组的年月。居住在该地区的汉族、满洲、蒙古、朝鲜、俄罗斯，及诸多少数民族都卷入到这场震荡之中，不少民族在不同程度上迅速地分化与组合，重新组成各自的民族，力图适应这种政治局势的剧变，以利于本民族的生存和发展。而迅速突起的满洲民族共同体的发展壮大，制约着东北民族关系的走向。当满洲面对融入自身的其他民族，以及广袤疆土和众多汉族臣民之时，他们的当务之急势必要作出采用何种文明化的历史抉择。

首先，要"同化"融入本部族的他族之人，即实行"满洲化"。这反映在将蒙古、朝鲜、尼堪（满文 nikan，汉义为汉人）等民族入编八旗满洲，

---

① 参阅陈述《金史拾补五种》第二种，《女真改汉姓考》卷一《改易汉姓的女真人》，科学出版社1960年版，第165—169页。

实行"剃发易服"，推行"国语骑射"等，在服饰、语言、心态，乃至行为方式等，划一纳入本部族，促使他们尽快融为满洲一体，以解决人力不足，增强与明抗争、立足东北的军事实力。满洲人始终保持浓郁的民族情结，入关前后，他们将是否"剃发"作为区分"顺逆"的标志。顺治二年（1645年）六月，清兵占领南京，摄政王多尔衮下令，明朝"各处文武军民，尽命剃发，倘有不从，以军法从事"①。并强调："已定地方人民，仍存明制，不从本朝制度者，杀无赦。"②"留头不留发，留发不留头"，用暴力手段强迫众多的汉人剃发。十年（1653年）二月，颁布命令，冠服"务照满式，不许异同。如仍有参差不合定式者，以违制定罪"③。剃发易服，圈房圈地等野蛮的民族高压举措，极大地激化了社会矛盾。在清朝统治的267年里，汉人也逐渐接受了满人习俗，乃至不少汉人在辛亥革命时期不愿剪掉头上的长辫子。这也说明长期形成的风俗具有较强的社会惯性，旧有习俗往往滞留于社会变革后的一个较长时段。

其次，进入中原后，强悍的满洲贵族所处的环境和地位都发生了巨变，面对着多元的不同类型的文明，诸如，中华文明，伊斯兰文明，佛教文明及基督教文明等，如何作出选择？当一个相对落后的部族转化为强势民族，并征服了一个文明水准较高的民族时，欲维系长久统治，征服者必然适应被征服者的生产与文明方式。这是民族关系发展的一条规律。满洲贵族面对广大汉族民众，以儒学为核心的中华文明只能是唯一的选择，此外别无它途④。他们接纳了汉族先进的农业生产方式及儒家传统文化，满洲民族整体上在逐渐地"异化"，即"汉文化"化，换言之，为"儒化"。满洲的这种作法，既适应全国以汉族占主体的统治局面，又没有将自己民族融入汉族，而是坚持本民族特性，与汉族保持相对的独立。"清承明制"，参酌和吸纳明朝的典制，对较为落后的民族来说，此过程也是不可避免的。这充分地表明满洲民族共同体的重构折射出政治和文化的双重性格。

满洲融合北方其他民族早在后金立国之前就开始了。努尔哈赤率先整合

---

① 《清世祖实录》卷十七，顺治二年六月丙辰，《清实录》，中华书局1986年版，第3册，第150页上。以下所引《清实录》版本同。

② 同上书，丙寅，第151页下。

③ 《清世祖实录》卷七十三，顺治十年二月丙寅，第3册，第575页上。

④ 参阅何芳川《汉文化的必然选择——再论世界历史上的大清帝国》，《史学理论研究》2005年第1期。

与本族语言、习俗等相近的建州、海西、东海女真诸部。皇太极执政，出现了所谓"佛满洲"（满文 fe manju，汉义为旧满洲、陈满洲、老满洲）与"伊彻满洲"（满文 ice manju，汉义为新满洲）之分。天聪九年（1635 年）六月二十二日，皇太极说："吾与八旗诸贝勒，召各旗新旧诸申、尼堪、蒙古诸臣，及新近来降之蒙古、虎尔哈人、诸拜牙喇，分至各馆中宴之。"① 所谓"诸申"，《满文老档》中"满洲"一词用的是 jušen（诸申），实为女真和早期满洲人的自称，而"新旧诸申"即新旧满洲之称。十月十三日，他又指出："我国之名原有满洲、哈达、乌拉、叶赫、辉发等，每有无知之人称之为诸申。诸申者，乃席北超墨尔根族人也。与我何干？嗣后凡人皆须称我国原满洲之名，倘仍有以诸申为称者，必罪之。"② 由于皇太极钦定"满洲"为国名和族名，"新满洲"是相对"满洲"一词而产生的。

满洲是以建州女真为主体，相继整合了女真各部与其他民族而形成的一个新民族共同体，在不同的历史阶段，新旧满洲的含义是变化的。努尔哈赤用了 34 年时间，兼并除了叶赫之外的海西女真三部，以及东海沿边散居部落。这些部众同皇太极收编的东北一些分隶八旗的"新满洲"相比，他们已是"旧人"了。"新满洲"一词则出现在崇德初年。崇德三年（1638 年）七月十六日，皇太极指出："我国新旧满洲、旧蒙古、新旧汉人，若有贫穷不能娶妻、披甲不能买马者，有好汉堪充行伍，然因家贫而不能披甲者，俱许自陈。"③ 这是新旧满洲的一个分界。"东三省之驻防有老满洲、新满洲之号，然俱系崇德以前来归之人也，各编佐领。若崇德以后来归之索伦、达瑚尔、卦勒察、巴尔虎、打牲乌拉，虽各设佐领，不为满洲也。"④

清入关后，新旧满洲又发生变化，崇德时期归顺的"新满洲"，已成为"旧满洲"，而入关初期归附的北方民族又编入八旗，则属"新满洲"。康熙元年（1662 年）题准："自宁古塔出兵，招新满洲一百户者，准给头等军功。

---

① 关嘉禄等译：《天聪九年档》六月二十二日，天津古籍出版社 1987 年版，第 79 页；《清太宗实录》卷二十三，天聪九年六月庚子条记载的内容相似，只是将原文"各旗新旧诸申"改为"各旗新旧满洲"。《太宗实录》为顺治年间编纂，新旧满洲已成事实，故以时称改之。

② 《天聪九年档》十月十三日，第 129 页。

③ 季永海等译：《崇德三年满文档案译编》，辽沈书社 1988 年版，第 143 页；《清太宗实录》卷三十六，崇德二年六月己未条，也载"新满洲"事迹。

④ （清）奕赓：《佳梦轩丛著·管见所及》，北京古籍出版社 1994 年版，第 99 页。

八十户者，准给二等军功。"①十二年（1673 年），初编新满洲四十佐领，其中有镶黄旗满洲都统第一参领第十四佐领、第十五佐领等②。次年，再编盛京新满洲四十佐领，例如，正白旗满洲都统第四参领第十五佐领等③。可知当时纳入新满洲的人数不少。清人福格指出："天命以先来归者，编为旧满洲。崇德以后抚有者，编为新满洲。迨康熙十年后，所收之墨尔根及绝北打牲各部，亦号曰新满洲，皆与在京八旗旧满洲稍有不同。"④

新旧满洲的划分有两个阶段，一是崇德时期，二为康熙年间。界定一些东北民族是否为"新满洲"，重要的是以正式编入八旗满洲为标志。崇德八年（1643 年），皇太极最后一次兵发黑龙江，该流域的索伦诸部"奉正朔"，选拔其壮丁，编入八旗，充补各旗披甲之缺额。一部分索伦人迁往盛京，正式进入八旗满洲。例如，镶黄旗满洲第五参领第一佐领，系崇德五年将索伦人丁编为半个牛录，后因人丁滋盛，遂编一整牛录⑤。镶蓝旗满洲第五参领第十五佐领，系以索伦、瑚尔珲、鄂尔珲、瓦尔喀、呼尔哈五处人丁编立⑥，此为"新满洲"。而大部分人仍留守原地，将男丁、妇女、幼小，均编为牛录⑦，而不为满洲。"东三省之驻防有老满洲、新满洲之号，然俱系崇德以前来归之人也，各编佐领。若崇德以后来归之索伦、达瑚尔、卦勒察、巴尔虎、打牲乌拉，虽各设佐领，不为满洲也"⑧。尔后，直至光绪年间仍有

---

① （清）伊桑阿等纂修：《康熙会典》卷一百五《兵部·武库清吏司·军功》，康熙二十九年刻本。

② （清）纪昀等纂修：《钦定八旗通志》卷二《旗分志二镶黄旗满洲佐领上》，李洵等校点本，吉林文史出版社 2002 年版，第 26 页。

③ （清）鄂尔泰等奉敕纂修：《八旗通志》（初集）卷五《旗分志五正白旗满洲佐领》，李洵等校点本，东北师范大学出版社 1985 年版，第 82 页。

④ （清）福格：《听雨丛谈》卷一《满洲原起》，中华书局 1984 年版，第 2 页。

⑤ 《钦定八旗通志》卷三《旗分志三》，吉林文史出版社 2002 年版，第 45 页。

⑥ 参阅《钦定八旗通志》卷十七《旗分志十七》。

⑦ 《清太宗实录》卷五十二，崇德五年七月癸未，第 2 册，第 695 页上。该处记载："以索海萨穆什喀所获新满洲壮丁，二千七百九人，妇女幼小，二千九百六十四口，共五千六百七十三人，均隶八旗，编为牛录。""以萨尔纠英古，往征库尔喀部落时，所获新满洲壮丁四十二人，充补各旗批甲之缺额者。又从征库尔喀，归降进丁一百四十九人，并新获二百九十二人，俱留置鄂朱屯中，每年进贡貂皮、海豹等物。又以多济里喀柱所获四十三人，亦补各旗批甲之缺额者。"这表明皇太极时期所收编的"新满洲"之人，一部分壮丁补充到八旗批甲缺额，正式编入满洲八旗；而大部分民众虽然隶属八旗，按照牛录方式组织起来，但主要从事狩猎、采集工作，每年进贡地方土特产。

⑧ （清）奕䜣：《佳梦轩丛著·管见所及》，北京古籍出版社 1994 年版，第 99 页。

"新满洲"① 之称。此种称谓似沿用旧法，但是已经失去早期民族认同的意义。

值得注意的是，新中国成立以来，国家就开始了识别和确认全国 56 个民族的工作。1952 年 12 月 7 日，中央统战部对山东分局统战部来电作出批示，"满族是我国境内的一个少数民族"②。从此确立了满族的名称。然而，几十年以来，在中国通史、民族史、清史、满族史著述中，时常将特定的历史名称"满洲"与"满族"混为一谈。清史论著中普遍地用"满族"替代"满洲"，或两者混用。一些中国通史、明清断代史及清史等著作，开篇多用"满族兴起与后金政权建立"、"满族先世"之类的标题，实际在叙述满洲的崛起与发展。满洲作为特定时期形成的历史符号，它早以满汉等文字刻印在典籍之中。一个民族的称谓，或延续历史原有之名，或由当时官府认同，而民间泛称的族名，不能成为历史阶段的定性之语。比如，20 世纪初期流行的"旗人"、"旗族"等名，所谓"旗人"是与"民人"相对应③，"旗族"④ 则包括八旗内的满洲、蒙古、朝鲜、尼堪、厄鲁特、回回、安南、俄罗斯人等。"旗人"、"旗族"等称谓，是由满洲族名衍生出来的，并不是确切的民族名称，更不能作为族名来使用。

著名的德国语言学家雅布克·格里姆（Jacob Grimm）指出："我们的语言，也就是我们的历史。"⑤ "满洲"与"满族"是两个不同历史范畴的民族名称，具有各自的文化内涵。它们既关联密切，又有严格区分⑥。满洲贵族

---

① 中国第一历史档案馆编：《光绪朝朱批奏折》第 117 辑，光绪八年四月廿三日，德宗载湉在黑龙江将军文绪《请求从实钤束鄂伦春牲丁折》上朱批："鄂伦春与俄罗斯相近，牲丁为诸达所苦难保，不投俄罗斯，挑为卒伍，可以收笼其心，以备干城之用，于边疆甚有裨益。著详细查，奏明办理。此项牲丁编旗入伍，即今之新满洲矣。"中华书局 1996 年版，第 274 页。

② 参阅张敏孝主编《新中国初期民族工作（1949—1957 年）要事录》，辽宁民族出版社 1998 年版，第 129—130 页。

③ 从《清实录》上看，"旗人"一词早在皇太极天聪初年就出现了，例如，"本旗人"、"别旗人"、"其旗人"、"各旗人"等，仅限于八旗之内的称呼。自顺治十八年起，旗人成为专用名词，诸如，"民间房屋土地，禁止旗人买卖"；"系旗人，交刑部枷号两个月"，以及"各处旗人"、"旗人庄头"等，直至清末，均有"旗人"之称，以示与"民人"之别。

④ 清朝灭亡后的第 3 年，即 1914 年 4 月，汉军旗人张福荣创办《旗族》月报，并以笔名子伟，发表《旗人解》一文，对"旗族"内涵作了阐述。"旗族"之称，泛指旗人，与"民人"相对。参阅赵志强《清末民初旗族称谓的产生及流行》一文，"旗族"是"一个虚拟的民族共同体的称谓"。所论极是。《满学论丛》2012 年第二辑。

⑤ ［德］雅布克·格里姆：《论语言的发展》，转引自［苏联］兹维金采夫《普通语言学纲要》（伍铁平译本），商务印书馆 1981 年版。

⑥ 参阅滕绍箴《满洲满族名称辨析——纪念满洲定名 360 周年》，《满族研究》1995 年第 3、4 期。

是清朝的统治者，满洲为当时的主导民族。满族则是由满洲演变而来，从此满族成为祖国多民族大家庭的成员之一，享受着人民民主的各项权利。因此，满族的性质已经发生了深刻变化，失去了满洲作为原有强势民族的政治特质，其民众已经从原来清王朝的社会基础，变为新中国的普通公民。正如当年的"八旗满洲"，如今不能称为"八旗满族"；以及"佛满洲"、"伊彻满洲"，现在不可叫作"佛满族"、"伊彻满族"等一样，因为这是两段截然不同的历史记忆。多年来，一些史学著述用"满族"取代"满洲"，乃至民族与国家不分，将清史与满族史等同起来。而民国时期以及新中国六十多年，尤其是改革开放三十余年，满族发生的巨变，尚未引起学人的足够重视。这就需要高举历史主义旗帜，厘清学术概念，恢复历史原貌，方能促进我国民族史、明清史、满学等研究的深入开展。

三　辽东商贸经济圈形成与建州女真南迁

明朝初年，东北地区的建州女真、海西女真、野人女真三部为了自身生息繁衍，亦迫于部落之间相争，就开始了陆续南迁的历程。15世纪中叶，建州女真已进入经济比较发达的辽东地区。该地区自然地理条件优越，物产资源丰厚，贸易兴盛，也是东北经济、文化最发达的区域。辽金时期以来，王朝的统治重心逐步南移，进入辽沈地带。明朝为了加强东北地区的管辖，设立辽东都司及其卫所，将治所置于重镇辽阳。从此，辽阳就成为东北政治、经济、文化的中心，尤其是以辽阳为核心的物资贸易，辐射周边城镇，形成了一个辽东商贸经济圈。建州女真几经辗转迁徙，最终落脚富庶的辽东，这为该民族日后的发展提供了条件。

辽东商贸圈的形成经过辽金元三朝的长期积累，构建于明代前期辽东都司卫所之上。明初，太祖朱元璋重视辽东治理，"肘腋重地，建置雄镇，藩屏攸赖"①。洪武四年（1371年）二月，置辽东卫指挥使司②。七月，置定辽都卫指挥使司，治所辽阳，"总辖辽东诸卫军马，修治城池，以镇边

---

① （清）顾祖禹：《读史方舆纪要》（册十二）卷三十七《山东八·辽东都指挥使司》，《中国古代地理总志丛刊》，中华书局2005年版，第1698页。

② 《明太祖实录》卷六十一，洪武四年二月壬午，台湾中研院史语所校印，中文出版社发行，第1册，第324页下左。以下《明实录》版本同。

疆"①。七年（1374 年），设置镇守辽东总兵官。之后，又钦差镇守辽东太监、巡抚辽东地方都察院御史，其治所相继由广宁移至辽阳。次年十月，明廷改称辽东都指挥使司②，十年（1377 年），尽革前置州县，"但立卫所，以兵戍之"。二十九年（1396 年）十月，山东按察使司置辽阳按察分司，即辽海东宁道，管理辽东都司司法事务。尔后，增设辽东按察分司，称分巡道，常驻辽阳，专理词讼。辽东都司以及中央钦差大员、山东按察使、布政使司派驻机构会聚辽阳，共同治理辽东及东北地区的军政、民政、边防、夷务。辽阳又恢复了辽金时期北方重镇地位，对东北地区的开发与疆域巩固起到重要作用。

辽东都司领卫二十五个，所十一个，营堡百个，州二个。主要分布于辽东、辽西、辽南、辽北地区。洪武六年（1373 年），置定辽左卫、定辽右卫。定辽右卫，嘉靖四十五年（1566 年）移治凤凰城。洪武八年，置定辽前卫，同年改设定辽后卫。十七年（1384 年），置定辽中卫。十九年（1386年），改东宁等千户所，置东宁卫（以上诸卫治所俱今辽阳老城）。洪武九年（1376 年），置海州卫（治所今海城）、盖州卫（治所今盖州）、金州卫（治所今大连东北）。十四年（1381 年），置复州卫（治所今瓦房店西北）。二十三年（1390 年），置广宁卫。二十六年（1393 年）置广宁中卫、广宁左卫、广宁右卫（以上四卫治所今北镇）；建文四年（1402 年）俱废。洪武二十年（1387 年），置义州卫（今义州）、沈阳中卫（治所今沈阳老城）、三万卫（治所在今开原东北老城镇）。二十五年（1392 年），置广宁后屯卫（治所今北镇）。永乐八年（1410 年），将懿州卫（治所在今阜新东北）迁治所义州卫城。洪武二十四年，置广宁中屯卫，广宁左屯卫（前二卫治今锦州）。永乐元年（1403 年），后者治所由辽河西迁至广宁中屯卫城。洪武二十六年，置广宁右屯卫（治所今凌海东北）、广宁前屯卫（治所今绥中西南）。洪武二十一年（1388 年），置铁岭卫（治所今铁岭）。二十三年，置辽海卫（治所今昌图县西），二十六年移治所三万卫。宣德三年（1428 年），置宁远卫（治所今兴城）。永乐七年（1409 年），设安乐州（今开原东北老城镇），安置蒙古等内附之民。自在州（今辽阳老城）初置同安乐州，后移

---

① 《明太祖实录》卷六十七，洪武四年七月辛亥，第 340 页上左。
② 《明太祖实录》卷一〇一，洪武八年十月癸丑，第 454 页下左。

治辽阳城内①。

明代辽东商贸经济圈的形成与都司卫所具有的四种功能密切相关。

一　卫所是军事屯垦中心

明朝初年，兵燹之后，民无定居，耕稼尽废，粮饷匮乏。朱元璋命令诸将分屯于龙江等地。尔后，"设各卫所，创制屯田"，以都司统摄，"每军种田五十亩为一分，又或百亩，或七十亩，或三十亩，或二十亩不等。军士三分守城，七分屯种。又有二八、四六、一九、中半等例，皆以田土肥瘠，地方冲缓为差"②。洪武二十六年（1393 年）定，凡天下都司 21 处，内外卫493 处，千户所 359 处等，主要任务是"守御、屯田、群牧"③。明初镇守辽东总兵官，下属副总兵、参将、游击、守备、把总等。都司设都指挥 1 人，都指挥同知 2 人，都指挥金事 4 人。卫所设长官指挥使，副职指挥同知、指挥金事，所以千户、百户为长官，下置镇抚、总旗、小旗等。都司与卫所，各卫所之间，通过千户、百户所、营堡，以及驿站相连。兵卫之政，"以军隶卫，以屯养军"，以戍边、屯种为主，兼顾煎盐、炒铁。辽东都司设立之初，原额屯田 12386 顷，万历时期，已有屯田 29158 顷 66 亩，收获粮食253210 石 3 升余④。这种兵民合一、寓兵于民的卫所军事体制对明初辽东政权的巩固起到了保障作用。

二　卫所为行政管理中心

辽东都司行政、刑狱事务由山东承宣布政使司派出机构兼管。洪武四年（1371 年）二月，定都卫设立断事司，置断事、副断事各一人，专理"军官军人词讼"⑤。讼案具体事务则由基层卫所的镇抚司处理，"无狱事，则管军"，也兼涉寄籍户民众诉讼。嘉靖时期编纂的《全辽志》卷二《赋役志》记载，辽东都司所辖卫所职掌军训屯垦之外，还要管理人口、田

①　参阅《读史方舆纪要》（册十二）《舆图要览·辽东边图》，第 6040—6044 页；（清）顾炎武：《肇域志》册二《辽东都指挥使司》，上海古籍出版社 2005 年版，第 769—782 页。

②　（万历）《大明会典》卷十八《户部五·屯田》，江苏广陵古籍刻印社 1989 年版，第 1 册，第 329 页上。

③　（万历）《大明会典》卷一百二十四《兵部七·职方清吏司·城隍一·都司卫所》，第 3 册，第 1773 页。

④　（万历）《大明会典》卷十八《户部五·屯田》，第 1 册，第 332 页下。

⑤　《明太祖实录》卷六十一，洪武四年二月癸酉，第 324 页上左。

赋、鱼课、苇炭、盐课、马市抽分、徭役、招集民工等。例如，东宁卫所管人口就有额户、寄籍户、新发军户、辽阳招集户，办理额田、额粮、额草、额盐、额铁、徭役银、修边夫、修仓夫等。卫所的民政事务在不断地增加①。明中后期，随着女真族势力的兴起，东北地区战事频仍，卫所既要忙于训练营伍，参与战斗，同时又要筹集粮饷，兼管理民务，卫所的双重功能就越发显现出来。这是清入关初期将辽东一些卫所改置府县的基础。

三　卫所系物质交换中心

辽东物产富庶，种类繁多②。按照明代一府设所、数所设卫的原则，卫所治所之地既是"商贸要冲"，也是物质集散地。永乐三年（1405 年），设立开原、广宁两镇马市。开原城南，以待海西女真，城东以待他族；广宁团山堡以待蒙古朵颜等三卫。"马市为夷货流通之府"，"夷人以市为金路"。明廷规定马匹兑换绢布的价格，确立互市的日期。官市、私市并举，交易布帛、粟米、杂货③。天顺八年（1464 年），抚顺开关，专门与建州女真贸易。之后，又辟清河、暖阳、宽甸之地互市。时人有诗云："累累椎髻捆载多，拗辘车声急如传。胡儿胡妇亦提携，异装异服徒惊眴。……夷货既入华货随，译使相通作行眩。华得夷货更生殖，夷得华货即欢忻。"④ 讴歌了马市贸易的繁盛，以及边民互市的喜悦。卫所治地皆成为官私集市贸易的中心区，与四周民族经济往来越发密切。

四　卫所成文化教育中心

都司和卫所普遍建立儒学、书院、社学。洪武十四年（1381 年），建都司学，立先师庙、启圣祠、尊经阁。各卫亦建卫儒学校，分别由教授、训导等主事，教育武官子弟，除了经史外，还讲授御制《武臣鉴戒》、《百将传》等。尔后，又"建武学，用武举"。辽东州县改卫所时，州县儒学或改它学，或并

①　参阅（嘉靖）《全辽志》卷二《赋役志》，《辽海丛书》第一册，辽海书社 1985 年版，第541—552 页。

②　参阅《全辽志》卷四《方物》，诸如，谷菽、蔬菜、果品、木材、花草、药材、禽鸟、动物、鱼虫、矿物等；《辽海丛书》第一册，第 632—634 页。

③　参阅《全辽志》卷三《兵食·边略·马市》，《辽海丛书》第一册，第 401—402 页；（清）林佶：《全辽备考》卷下《马市》，《辽海丛书》第四册，第 2229 页。

④　《全辽志》卷六《艺文下·广宁马市观夷人交易》，第 676 页。

入卫学。至嘉靖十六年（1537 年），辽东已建立书院 6 所，即辽阳的辽左书院、辽左习武书院，广宁的崇文书院、仰高书院，锦州的辽右书院，蒲河的蒲阳书院。置社学 25 所，辽阳 6 个，广宁 4 个，余为各卫社学①，"盖人文渐以著矣"。仅以科举考中进士一项为例，从正统十年（1445 年）至嘉靖四十一年（1562 年），百余年间，天下举人会试京师，辽东地区考中进士者 58 名，其中辽阳 24 名，广宁 12 名，锦州 8 名②，足知三地人文之盛。卫所文教事业的发展，推动了辽东文化普及，人文之风蔚起。

辽东都司的这样四个特征，与北方边陲的奴儿干都司、喜峰口外的大宁都司相比，更显示了它经济、文化中心的地位，引领着东北地区社会发展的趋向。

辽东都司辖地东自鸭绿江，西至山海关，南起旅顺海口，北达三万卫，方圆千余里，与周边联系，交通便捷。其主干线是驿站之路，它是连接州县和卫所、主要商埠、市场与物产地、水路码头和车船行程的要道，后者多见于商书路引③。明初至万历时期，该都司有 38 个驿站、41 个递运所、4 个安插所，均与卫所相连。加之京城分别至辽东都司治所、金州卫、复州卫、海州卫、盖州卫、三万卫、沈阳中卫、义州卫、广宁卫，皆有水马驿、马驿两条路相通④。开原由驿站南下经辽阳、广宁、山海关至北京，北上可通昌图、梨树、怀德、农安等地。富商大贾穿梭于交通干线，沟通南北物资，这样就构成一幅交通网络图，通过它传达政令，递呈军情，迎送使客，转运货物。应当说，正统以前，"尤北虏要冲"的广宁为钦差大员驻地，此为辽东重地⑤。之后，其治所亦东迁辽阳，构成了一个以辽阳为核心、辐辏四边地带的商贸文化圈。它北起开原、铁岭，南达海州牛庄、盖州、复州，西自宁远、锦州、广宁、义州，东到抚顺、清河、叆阳、宽甸、凤凰城栅门，外延朝鲜中江、会宁、庆源等地。从明代中期起，辽东商贸文化圈的日趋繁荣，吸引着山海关内的汉族移民及北方女真族等大规模南迁，融入或靠近这个商

---

① 参阅（正统）《辽东志》卷二《建置·学校》，《辽海丛书》第一册，辽海书社 1985 年版，第377—380 页。

② 参阅《全辽志》卷三《选举志·征辟》，第一册，第 594—595 页。

③ 《辽东都司驿路分布图》（嘉靖、隆庆年间），杨正泰：《明代驿站考》，上海古籍出版社2006 年版，第 130 页。

④ 参阅明官修《寰宇通衢·京城至辽东都司》，《明代驿站考》附录一，第 184—187 页。

⑤ 《辽东志》卷三《兵食·武备·沿边城堡墩台》记载，分南路宁远等处，西路义州等处，中路广宁地方，东路辽阳等处，北路开原等处，以广宁为中心；第 391—399 页。

贸文化圈。

　　透过纷杂的历史表象，民族之间冲突的终极原因，还是经济利益问题。东北地区民族关系也"取决于每一个民族的生产力、分工和内部交往的发展程度"，"对该民族来说，唯一可能的原始生产方式下，人口的增长，需要愈来愈多的生产资料"①。他们向往经济比较发达的地方，而富庶的辽东地区就是这些民族心目中最理想的聚居之所。随着辽、金政权统治的南移，北方一些民族就自觉或不自觉地南迁，进入辽东地区，而部分熟女真、渤海人、蒙古人等就早已移居辽阳周边地方。

　　在这样的大环境之下，明代建州女真部经历了四次大规模的向南迁徙，兹考略如下②。

　　第一次在元朝中后期，迁移至训春河口（今吉林珲春河）奚关城地区。当时东北地区各民族之间征伐不止，社会动荡不宁，部族迁徙频仍。居住牡丹江口的建州女真斡朵里部首领范嗦，因部属作乱，率部逃亡到图们江下游训春江口，即元朝奚关总管府奚关城（即玄城），靠近朝鲜东北边界；同部族伙儿阿部首领阿哈出率领族属也迁徙到奚关城一带。洪武五年（1372年），训春河口爆发了兀狄哈达乙麻赤袭击奚关城事件，劫掠杀害了斡朵里部另一首领崔也吾乃部属多人。这说明建州女真第一次南迁时间当在洪武五年以前，可推测到元中后期。

　　第二次在明洪武初期，迁至图们江上游阿木河（今朝鲜会宁）一带。洪武五年事件之后，斡朵里与伙儿阿两部再次大迁移，历尽辛苦来到朝鲜半岛东北部，途次庆源、境城，抵达吉州、咸州（即咸兴）、定州（定平）等地。斡朵里部另外两首领崔也吾乃、殷阿里也率部移居该地区。元朝灭亡时，受到高丽东进的威胁，大约在洪武七年（1374年）前后，年幼的猛哥帖木儿随父挥厚带领所部北返，又回到图们江口阿木河地区。阿

　　①　恩格斯：《德意志意识形态》，《马克思恩格斯选集》第一卷，人民出版社1972年版，第25、27页。

　　②　关于建州女真的几次大迁徙，薛虹《明代初期建州女真的迁徙》（《吉林大学学报》1979年第1期），董万嵩《清肇祖传》第一章第二节——祖父范嗦定居奚关城；第二章第一节定居阿木河；第四章第一节徙居方州，第三节重返阿木河；第八章第一节遗族的分裂——南徙等（辽宁人民出版社1992年版），均作了不同的论述，因对《朝鲜王朝实录》史料的收集与理解各异，在女真迁徙的时间、地点等出现了不同。拙著参阅了以上两项研究成果，依据滕绍箴先生提供的《朝鲜王朝实录》资料和意见，概述了建州女真四次大迁徙，尤其对第三次迁移时间作了考订。在此对滕先生的帮助，表示感谢！

哈出也率部北上，迁移到阿木河西部（今吉林和龙县及安图县境内），建州女真两大部再次聚合。

第三次在洪武末年至永乐年间①，迁移到灰扒江（今辉发江）上游的坊州（今吉林梅河口市西南山城镇）。尔后，再次重返阿木河。永乐三年（1405年），图们江战乱之初，建州卫指挥使阿哈出率所部迁往坊州（又作方州、奉州、凤州）。此时建州女真与朝鲜关系恶化，双方兵戎相见。八年（1410年），猛哥帖木儿为了保存实力，防止朝鲜军队袭击，带领斡朵里部西迁，沿着灰扒江河谷逆流南下，艰难地抵达阿哈出之子释家奴所居坊州。十九年（1421年），因蒙古鞑靼、兀良哈部扰掠辽东日甚，从二十一年（1423年）三月起，到六月初，建州左卫都指挥使猛哥帖木儿将族属分成三批，又迁回图们江下游阿木河一带②。随后建州卫李满住"奉旨"率部南

---

① 《朝鲜世宗实录》卷二十四，世宗六年（明永乐二十二年）四月辛未记载："平安道兵马都节制使，据江界兵马节制使呈驰报，今（朝鲜世宗四年，1422年）四月十七日，小甫口子对望越边兀良哈沈指挥率军人十三，将牛马并十二头来说，吾等在前于建州卫奉州古城内居住二十余年，因鞑靼军去二月十七日入侵，都司李满住率管下指挥沈时里哈、沈者罗老……一千余户到婆猪江居住。去癸卯年（1423年），蒙圣旨许于婆猪江多回坪等处居住。"（东京学习院东洋文化研究所刊印本，第349页）董万伦依据其中"吾等在前于建州卫奉州古城内居住二十余年"这条材料，从1422年上溯20年，当是明永乐三年（1403年），认为女真第三次迁徙在永乐三年或永乐年间。但该资料中的"余"字，可以理解为二十年至二十九年之间，其中二十、二十一、二十二年的三年，可以定为永乐元年至三年，自然是"永乐年间"。而二十三、二十四、二十五、二十六、二十七、二十八、二十九，计这七年是洪武年间，即使取其中间数以24年为中点，大部分时间尚属洪武末年。所以，李满住迁徙的时间当在"洪武末年至永乐初年"。

② 永乐二十一年的迁徙，朝鲜文献亦可证实。《朝鲜世宗实录》卷二十，世宗五年（明永乐二十一年，1423年）六月癸酉记载，建州左卫指挥童猛哥帖木儿移居庆源府关，曰："前年（永乐二十年，1421年）十月，以大明助战人归还来时，皇帝圣旨猛哥帖木儿所居在达达军马路边，可于朝鲜地移居，且予武职。少时蒙太祖招安，支给农牛、农器、粮料、衣服，许于阿木河居住。故今六月初二日，率管下百姓五百二十三户，还到阿木河，乞给粮自生。"（第299页）该书卷二十一，世宗五年（永乐二十一年，1423年）七月己丑记录，咸吉道监司驰报："今四月十四日，童猛哥帖木儿管下童家吾下等二十七名来告庆源府云：'我指挥蒙圣旨许令，复还阿木河地面以居。我指挥先令我曹，率男女二百余名、牛一百余头，送还旧居耕农。仍使朝京请谷种、口粮，且移镜城、庆源。官文，我等带来矣。'猛哥帖木儿则随后率正军一千名，妇人小儿共六千二百五十名，今四月晦日出来。又开阳恒居女真杨木塔兀，因自中之乱，未得安住，率妇人小儿共三百余名，欲居于古庆源，随后出来。"（第305页）该书卷二十一，世宗五年八月辛亥亦录，朝鲜判司译院事崔云贵奏，猛哥帖木儿所报关文："永乐二十一年三月十五日，启程前来阿木河等处一件。本职查勘的男女六千五百名口……本年六月初二日，除在路落后军马外，先领百姓五百二十三户，以至于在先住址去处住坐……"（第305页）

下，于婆猪江多回坪等处居住①。

第四次在宣德末年至正统初年，迁徙到"灶突山东浑河上"，即浑河上游苏子河地区（今辽宁新宾县一带）。宣德八年（1433 年）十月，猛哥帖木儿为杨木答兀及七姓野人杀害，斡朵里部陷入困境。李满住力劝其弟凡察率左卫前来同住，明宣宗朱瞻基批准，部分族属开始南迁。此时猛哥帖木儿之子董山部亦准备南移。朝鲜顾虑建州三卫同居一地，形成合力，对自己构成威胁，便从中作梗。加之，明廷对此态度暧昧，正统五年（1440 年）四月，凡察、董山率部南逃。朝鲜军队多处设防截杀，部族伤亡惨重，只有三百余户冲出突围，抵达浑河上游苏子河流域，与建州卫同处一地，最终形成建州女真的主体。

建州女真举部多次大规模地南迁，历时近百年，方接近辽东边墙。其所以要往南方迁移，除了各族之间以强凌弱，争夺领地外，主要的因素是部族人丁增长加快，需要更多的物资，15 世纪初叶，他们逐渐地靠近农耕生产、方物丰富的辽东地带，通过与明廷和朝鲜贸易获得大量的财物，以满足本部族的日常需求。建州女真南迁辽东，也说明东北地区各族人民与内地经济文化联系的日益紧密，辽东商贸经济圈对他们产生了很大的吸引力。该部大迁徙尽管损失颇大，但是，抵达经济与文化发达的辽东地区，这对建州女真的发展无疑具有战略意义。此后，建州左卫指挥使努尔哈赤遂招来各部，"环满洲而居者皆为削平，国势日盛"，"抚顺、清河、宽甸、叆阳四处关口，互市交易，以通商贾，因此满洲民殷国富"②。这为他日后脱离明朝，改元建国，兵进辽东，将统治重心由东京辽阳北移盛京沈阳，进而入主中原，打下坚实的基础。

①《朝鲜世宗大王实录》卷二十四，世宗六年（永乐二十二年，1424 年）四月辛未记载："平安道兵马都节制使，据江界兵马节制使呈驰报，今四月十七日，小甫口子对望越边兀良哈沈指挥率军人十三，将牛马并十二头来说，吾等在前于建州卫奉州古城内居住二十余年，因鞑靼军去二月十七日入侵，都司李满住率管下指挥沈时里哈、沈者罗老……一千余户到婆猪江居住。去癸卯年（1423 年），蒙圣旨许于婆猪江多回坪等处居住。"（第 349 页）该书卷二十五，世宗六年（永乐二十一年，1423 年）五月记载："平安道监司报，建州卫指挥五古乞千户童观，因老等男妇共二十六名，持牛马于江界满铺口子，江北皇城坪来屯，言曰：'原居回波江方州等处，因鞑靼兀狄哈侵耗，前年（1421 年）受圣旨，搬来婆猪江等处，为饥饿觅粮而来……仍言都司李满住领军四百余户，到鸭绿江相距一日程瓮村等处。'"（第 365 页）这两条材料都记载在世宗六年，即永乐二十一年（1623 年），只是蒙"圣旨"时间有差异。但癸卯年（永乐二十一年）已经到达婆猪江可以肯定。所以，李满住离开坊州，应当与猛哥帖木儿在同一年。

②《满洲实录》卷二，戊子年四月，《清实录》，中华书局 1986 年版，第 1 册，第 72—73 页。

四 北方民族政治文化的彼此吸纳与再组建

明代中期，在东北地区影响比较大的民族主要是汉族、蒙古、女真、朝鲜等。蒙古瓦剌部衰落后，鞑靼部兴起，掌控了内外蒙古，对明朝及东北地区构成威胁。女真崛起，满洲立国，与明廷对峙，立足辽东，雄踞关外。朝鲜居住半岛，与明朝早已建立宗藩关系，后受制于后金。由于各族政权之间政治力量的消长，加之地域比邻，语言接近，风俗相类，长期以来，北方民族除了经济上交往密切，互惠互利之外，政治文化的彼此吸纳与借鉴也十分明显。这是北方民族文化发展的一大特色。

兹以满洲政治文化演进为例，试加阐述。

首先，从政治制度上看，"仿古效今"，吸纳多民族文化之长①。

努尔哈赤创建了军政合一、军民合一的八旗制度，为何不作六旗，而作八旗、八固山（满文 gūsa，汉义为旗）？《八旗通志》（初集）卷一记载：

> （八旗）盖皆创前古所未有，而建诸天地。考诸三王，若合符节。粤稽《史记·天官书正义》：河鼓两旗，左旗九星，在河鼓左；右旗九星，在河鼓右，皆天之旗鼓，以为旌表。又九斿九星，在玉井之西南，则天子之兵旗也。《周礼》："司常掌九旗之物名。"田之日，司马建旗于后表之中，遂人起野役，以遂之大旗致之。盖在天垂象，惟圣时宪，莅军征众，莫不于旗乎有取焉。②

清人金德纯《旗军志》记述：

> 自黄帝创立八阵，遂为万世兵法之祖。三代之盛，寓兵于农。遂井之为方者，九而耕，夫惟八实，亦八阵之遗意。诸葛武侯亦复有八阵

---

① 1979 年秋季第一学期，许大龄教授为北大分校本科生讲授中国通史元明清部分，我担任助教。本节一些观点受许先生授课启发，特铭记于此。

② （清）鄂尔泰等：《八旗通志》（初集）卷一《旗分志》，东北师范大学出版社 1985 年版，第 1 页。

图，以是知八之为数，乃兵法之所不能外。兴朝八旗之制，最为详备。①

两段记载八旗缘起，前者云，河鼓左右两旗，为天之旗鼓，九斿九星，系天子之兵旗，而未阐明八旗名称的来源。后者则曰，八旗与兵法八阵相关。这里谈到八旗制度受到汉族传统文化影响的一面，但忽略了其制度构成的多重元素。当然，不排除满洲贵族对一些敏感问题的讳言。

八旗制度的创立，是建州左卫指挥使努尔哈赤汲取了历史上诸多民族政权的制度因素，糅合了多种政治文化而形成的。

1. 八旗建制应与契丹的"八部大人"有关。《契丹国志》卷二十三《拼合部落》记录：

初契丹有八部，族之大者，曰大贺氏。后更八部名，各立长，号大人，而常推一人为王，建旗鼓，以统八部。每三年则以次相代，或其部有灾疾，而畜牧衰，则八部聚议，以旗鼓立，其次而代之。被代者以为元约如此，不敢争。及阿保机，乃曰："中国之主，无代立者。"由是阿保机益以威制诸国，不肯代。其立九年，诸部共诮之。阿保机不得已，传其旗鼓，而谓诸部曰："吾立九年，所得汉人多矣。吾欲别自为一部，以治汉城，可乎？"诸部肯许之。②

耶律阿保机在契丹"八部大人"的基础上创立国家。这样的政权架构对努尔哈赤组建八旗管理部族应有参考作用。

2. 八旗组织构成借鉴金朝的社会组织猛安谋克制度。八旗的基层单位是牛录，每一牛录为300人。为何不是200人，或400人？这又深受金代社会结构的影响。《金史》卷四十四《兵志·兵制》记述：

金之初年，诸部之民，无它徭役，壮者皆兵。平居则听以佃渔射猎，习为劳事；有警则下令部内，及遣使诣诸孛堇征兵，凡步骑之杖糗皆取备焉。其部长曰孛堇，行兵则称曰猛安谋克。从其多寡以为号，猛

① （清）金德纯：《旗军志·张潮题辞》，《辽海丛书》第四册，辽海书社1985年版，第2603页。

② （宋）叶隆礼：《契丹国志》卷二十三《拼合部族》，《辽海丛书续集》一册，1993年版，第240—241页。

安者,千夫长也;谋克者,百夫长也。谋克之副,曰蒲里衍,士卒之副从,曰阿里喜。

部卒之数,初无定制。至太祖即位之二年,既以二千五百,破耶律谢十,始命以三百户为谋克,谋克十为猛安。继而诸部来降,率用猛安谋克之名,以授其首领而部伍其人。[1]

猛安谋克是金代军政合一、军民一体的社会组织,所有的女真人都生活在这种组织之中。努尔哈赤仿照金的猛安谋克制度,创制八旗,将金人的300户为1谋克,改为300人为1牛录,而编入牛录之人皆为青壮年男子,与金代谋克人员构成是有区别的;把10谋克为1猛安,变为5牛录为1甲喇,并将金的十进制组织,更为五进制,增加5甲喇为1固山。"出则为兵,入则为民"。以此体现八旗制度亦是军政和军民合一的属性。

3. 八旗为什么叫"旗"? 似参借明代卫所旗官之名。《明史》卷九十《兵志二》云:"天下既定,度要害地,系一郡者设所,连郡者设卫。大率五千六百人为卫,千一百二十人为千户所,百十有二人为百户所。所设总旗二,小旗十,大小联比以成军。"[2]努尔哈赤世代任职建州卫所,对其官制了如指掌,借用总旗、小旗之称,以命八旗之名,也是顺理成章的事。

4. 八旗方位又接受汉族的阴阳五行传统文化。《八旗通志》(初集)卷二《旗分志二·八旗方位》记载:

其(八旗)次序皆自北而南,向离出治。两黄旗位正北,取土胜水;两白旗位正东,取金胜木;两红旗位正西,取火胜金;两蓝旗位正南,取水胜火;水色本黑,而旗以指麾六师,或夜行则黑色难辨,故以蓝代之。五行虚木,盖国家创业东方,木德先旺。比统一四海,满汉一家,乃令汉兵全用绿旗,以备木色。于是五德兼全,五行并用。[3]

努尔哈赤创建八旗制度采纳了汉族及北方民族的文化要素,以此丰富了满洲的政治制度,使其得以迅速发展壮大。

---

[1] 《金史》卷四十四《兵志》,中华书局1975年版,第992页。
[2] 《明史》卷九十《兵二卫所》,中华书局1975年版,第2193页。
[3] 《八旗通志》(初集)卷二《旗分志二·八旗方位》,第一册,第17页。

后金（清）政治制度并非自己独创，而是多仿明制，兼及邻国朝鲜官制。皇太极称汗之初，即着手改革国家机构，强化汗权。他强调："凡事都照《大明会典》行，极为得策。"① 天聪之初，后金设立文馆，就参照明代内阁规制，又吸取朝鲜王朝中央馆院名称与职掌。文馆选拔儒臣，分为两班，"翻译汉字书籍"，"记注本朝得失"，初具明代内阁的雏形。

崇德元年（1636年），改文馆为内三院，即内国史院掌撰拟诏令，编修史书等；内秘书院职司起草外交文书与敕谕等；内弘文院负责讲解经史，颁布定制，又多仿朝鲜衙署之名。朝鲜哲宗时期（1849—1863年）编纂职官"法典"《官案·内案》记述内院官制：

> 承文院　正二品。太宗朝定今名，掌事大交邻文书。初在北部阳德坊，世宗朝移入禁内……国朝以来，领降诏敕。
>
> 承政院　正三品。本属中枢院，世宗朝分出，掌出纳王命。在仁政殿东，延英门内。
>
> 弘文馆　正三品。世宗朝置集贤殿，成宗朝改置弘文馆，定官名，并用文。掌内府经籍，治文翰，备顾问。在内医院西，即古舍人司。
>
> 艺文馆　正三品。太祖朝置，掌制撰辞命。在香室南，并用文。
>
> 经筵厅　世宗朝置，掌讲读论思之任。无衙门，并用文，领事及参赞官，虽非文官亦兼。
>
> 春秋馆　正三品。太祖朝置，掌记时政。本艺文、春秋馆后分置有实录阁，在艺文馆，并用文。②

从《官案》记述看，清朝内三院的名称职掌与朝鲜官制颇为相仿。皇太极设立六部，定名承政、参政为正副长官，职司部事。这也是受朝鲜职官名称的启发。自其先祖猛哥帖木儿始，建州女真先世多在蒙古、高丽、朝鲜政权任官。尤其与朝鲜入贡与互市，往来频繁。努尔哈赤、皇太极对北方民族政权建制是比较熟悉的，损益其制，新建己规，这是很自然的事情。之后，又仿明朝大学士制度，增设内三院大学士、学士。顺治十五年（1658年），

---

① 《天聪朝臣工奏议》卷上《高鸿中陈刑部事宜奏》，第1页。
② ［朝鲜］《官案》（不分卷）〈内案〉，韩国图书馆学研究会编《丛书第二辑》，宝晋斋印行，1971年版，第6—12页；参阅［朝鲜］《经国大典》（校订本）卷之一《吏典》，朝鲜总督府中枢院编，保景文化社1959年版。

将内三院改称内阁。康熙初年，四辅政大臣以"摒弃汉俗"，仰法祖制为由，恢复内三院衙门。康熙九年（1670年），圣祖玄烨亲政，再恢复内阁之名。满洲"汉化"过程中的内部纷争足窥一斑。

其次，从文化互动上看，相互效法，丰富了满洲文化内涵。

北方少数民族生活习俗相近，彼此交往密切。明初建州女真有两位酋长，其中之一即是被清朝统治者奉为直系祖先、尊称肇祖原皇帝童猛哥帖木儿，又名猛特穆，明朝封他为建州左卫指挥使，后升为都督。从他的姓名看，童即是佟，系汉姓；猛哥帖木儿，又为蒙古人的名字。可见其姓名体现出汉族和蒙古族的文化特征。各民族之间注重语言文字的交流，搭建起相互沟通的桥梁。北方民族语言多属阿尔泰语系，不少语义又受到汉藏语中汉语支的影响，它们相互借鉴，创造了自己的文字。满洲先民女真人借用汉字创制了"女真大字"和"女真小字"。女真文字在东北地区一直沿用到明代中期。尔后，女真人又改用蒙古文字。"索伦语多类满洲，达呼尔语多类蒙古，听之既熟，觉其中皆杂汉语。"①

后金立国前，建州女真人同时使用蒙古文和汉字，"凡属书翰，用蒙古以代言者，十之六七；用汉字以代言者，十之三四"②。努尔哈赤曾指出："满洲未有文字，文移往来，必须习蒙古书，译蒙古语通之。"因只有本民族语言，而无自己的文字，他指示巴克什额尔德尼、噶盖以蒙古字编制满文，于是创制国书颁行③。因初创满文，与蒙古文类似，无圈无点，辨认与书写尚不规范，故称为"老满文"或"无圈点满文"。天聪六年（1632年），皇太极令达海再次改进满文，添加圈点，增设特定字母等，这样就使满文清晰可辨，读音越发和谐，此规范化的文字，称"新满文"或"有圈点满文"。为了吸纳中原优秀的传统文化，清朝在关外时期就开始用满文翻译汉文经典。崇德四年（1639年），皇太极命大学士达海等，翻译《孟子》《资治通鉴》《六韬》《三国演义》等书。"国初，满洲武将不识汉字，类多得力于此。"④ 民族之间的文化交流使满洲获益匪浅。

---

① （清）西清：《黑龙江外记》卷六，梁信义等注释，黑龙江人民出版社1981年版，第60页。

② （清）福格：《听语丛谈》卷十一《满洲字》，中华书局1984年版，第216页。

③ 参阅《清太祖武皇帝实录》卷二，己亥（万历二十七年）正月，《清入关前史料选辑》第一辑，中国人民大学出版社1984年版，第319—320页。

④ （清）陈康祺：《郎潜纪闻二笔》卷十《国初满洲武将得力于〈三国演义〉》，中华书局1984年版，第513—514页。

满洲统治者为了加强各民族之间的文化沟通,大力地推广"国语",编纂一批满语教科书和多语种词典。满语教科书又以满汉文合璧者居多,比如,雍正时期的《满汉字训旨十则》《清文启蒙》《满汉全字十二头》等,乾隆年间的《清汉对音字式》《兼清汉字满洲套语清文启蒙》《清语易言》等,促进了其他民族研习满洲语言文字。特别是多种语体词典的编纂对多民族文化交流作用颇大,例如,康熙时期编著的满汉合璧《大清全书》《清文鉴》《清文总汇》,及满蒙合璧的《满蒙文鉴》等;乾隆时期御制满蒙汉《三体清文鉴》、满汉蒙藏《四体清文鉴》、满汉蒙藏维《五体清文鉴》等①。这些词典在体例分类、编修方法等都继承和发展了古代汉语辞书编写的传统,保存了多种民族古文字的历史资料。多语辞书的修纂也是清朝统一多民族国家巩固的历史见证之一。

有朝鲜王朝一代,官方文件与典册均为中国汉字记录的。明正统十一年(1446年),朝鲜第四代国王世宗自创朝鲜半岛最早的表音文字,正式颁布《训民正音》(亦称"谚文"),即今朝鲜文字(韩国称"韩文")。其文本也是用汉文标注谚文字母发音。此时期编纂的弘扬朝鲜先世创业功德的《龙飞御天歌》,也是以汉文撰写,用谚文注音的②。将汉字汉文全面引入朝鲜,说明他们对中华文明的仰慕之深。朝鲜颇注重周边民族语言文字的研习与翻译,专门成立正三品衙门司译院,"掌译诸方语言,其属官有汉、蒙、倭、女真学,通为四学",培训翻译人才③。为了适应东北亚地区政治格局的变化,朝鲜尤为重视对满语、满文的研习。显宗八年(康熙六年、1667年),将"女真学改称清学"。英祖四十一年(乾隆三十年、1765年),把"清学序于蒙学之上"④。朝鲜学者先后编译了十余种满语教科书和辞书,《清语乞老大》就是其中的一种,在满文旁标注朝鲜音,逐句翻成朝鲜文。另一部语言工具书《汉清文鉴》,是以清高宗《御制增订清文鉴》为蓝本,加以节略,对译朝鲜语词,编纂成一部合汉语、满语、朝鲜语于一体的辞典⑤。民

---

① 参阅黄润华等主编《全国满文图书资料联合目录》六《语言文字》,书目文献出版社 1991 年版,第 76—87、89—121 页。

② [朝鲜]《训民正音》,郑麟趾解例,木板复元线装本,1995 年刻;《龙飞御天歌》,韩国乙酉文化社 1975 年版。

③ [朝鲜]《通文馆志》卷一《沿革·官制》,朝鲜史编修会编,《朝鲜史料丛刊》,民昌文化社 1991 年版,第 7 页。

④ 同上。

⑤ 参阅崔宰宇《汉清文鉴简编》,民族出版社 2005 年版。

族语言文字的交流，促进了民族之间的交往，密切了周边关系。

五　东北民族史研究应广泛发掘中外新史料

　　史料是历史科学的基础，也是史学研究的前提。离开文字和考古实物等资料，就不可能揭示扑朔迷离的历史真相，更谈不上学术的创新。19 世纪末 20 世纪初，梁启超高举"新史学"的大旗，引进西方学术理论与方法，展开了对旧传统史学的一场大革命。随之而来的，是甲骨文、汉晋简牍、敦煌吐鲁番文书、明清内阁大库等一大批文献资料的相继发现，开辟了史学研究的新天地。学人运用王国维提倡的"二重证据法"，解决了许多重大的历史疑难问题，极大地促进了"新史学"发展。

　　陈寅恪在《敦煌劫余录序》中强调："一时代之学术，必有其新材料与新问题。取用此材料，以研求问题，则为此时代学术之新潮流。治学之士，得预此潮流者，谓之预流（借用佛教初果之名），其未得预者，谓之未入流。此古今学术之通义，非彼闭门造车之徒，所能同喻者也。"① 这就说明学术研究主要把握两点，一是使用新资料，二为要有问题意识。在 20 世纪初的文化启蒙运动中，傅斯年推崇乾嘉训诂考据学，依据欧洲蓝克学派客观历史主义的理论和方法，将史料提升到与史学同等的地位，主张"史学便是史料学"② 。这表明史学先哲们对史料的高度重视。因此，可以说发现和引用新资料是史学之树常青的首要条件。

　　深入研究我国明清时期周边民族关系史，由于一些边疆地区尚有不少是跨境民族，诸如，蒙古、鄂温克、鄂伦春等，仅凭单方资料作研究显然是不够的，因而必须要广泛地发掘中外文献资料，这样方能使研究得出公允的结论。20 世纪 30 年代，孟森先生研究满洲先世史，撰写了《明元清系通纪》《清朝前纪》《满洲开国史》等名著，就是比较充分地利用卷帙浩繁的《明实录》《清实录》《朝鲜王朝实录》，特别是征引朝鲜文献，梳理清朝先世活动的轨迹，拓宽了满洲史研究的视野，取得令人瞩目的成绩。吴晗为了编写建州三卫史，补充明代官私文献记载之不足，从《朝鲜王朝实录》中辑录了

---

① 陈垣编：《敦煌劫余录》之《陈寅恪序》，台湾《中央研究院历史语言研究所专刊》，1991年版。

② 傅斯年：《史学方法导论·史料论略》，《傅斯年全集》，台湾联经出版事业公司 1980 年版，第 338 页。

建州三卫的丰富史料，刊印《朝鲜李朝实录中的中国史料》12 册①。日本学者研究满洲等民族问题时，除了依据中国资料外，也是较早地整理与征引朝鲜文献，出版影响颇大的研究成果。例如，稻叶岩吉的《增订满洲发达史》，和田清的《东亚史研究》，以及池内宏的《满鲜史研究》。他还辑录出版了《明代满蒙史料李朝实录抄》15 册②，是研究东北民族史重要的参考资料之一。中外史学先贤广泛地利用中外资料撰写鸿篇巨制，为东北民族史研究打下厚实的基础，也为学人树立了楷模。

明清时期记载东北地区女真、满洲、蒙古、朝鲜等民族的中外文献颇为丰富，中文资料概括起来可分成三类：

第一类，王朝官修典籍，包括实录、起居注、会典、国史等政书、正史，还有大量的档案、方志等。诸如，从《明实录》抄录成《明实录邻国朝鲜篇资料》③，自《清实录》辑出《达斡尔、鄂温克、鄂伦春、赫哲史料摘抄》④《清实录邻国朝鲜篇资料》⑤ 等。《廿六史中朝关系史料选编》《中国正史中的朝鲜史料》⑥ 等已结集出版。万历《大明会典·主客清吏司》记载女真、蒙古等民族，以及朝鲜、日本、琉球等国朝贡往来；五朝《大清会典》及《则例》、《事例》，均记载东北周边民族的交往。这里要强调的是档案新史料的发掘与利用，中国第一历史档案馆（简称一史馆）所藏明清档案丰富，馆藏明代档案已同辽宁档案馆藏明档汇聚一起，将千余件官府文书、簿册等，汇编成《中国明朝档案总汇》出版。⑦ 其外交类保存的《朝鲜迎接天使都监督厅仪轨》，比较翔实地记录了明朝出使缘由、使臣头衔、往返途程、礼节仪式等，弥足珍贵。一史馆所藏以清档为主，其中朱批奏折和军机

---

① 吴晗：《朝鲜李朝实录中的中国史料》，中华书局 1980 年版。

② ［日］池内宏编：《明代满蒙史料李朝实录抄》（日本东京大学文学部编影印本）15 册，台北文海出版社有限公司 1975 年版。韩国首尔景仁文化社 1989 年再版，更名《朝鲜王朝实录抄满蒙史料》。

③ 王其榘编：《明实录邻国朝鲜篇》，中国社会科学院中国边疆史地研究中心，1983 年，内部印发。

④ 内蒙古少数民族社会历史调查组编：《达斡尔、鄂温克、鄂伦春、赫哲史料摘抄（清实录）》，内蒙古人民出版社 1962 年版。

⑤ 王其榘编：《清实录邻国朝鲜篇资料》，中国社会科学院中国边疆史地研究中心，1987 年，内部印发。

⑥ 姜孟山等主编：《中国正史中的朝鲜史料》（两卷本），延边大学出版社 1996 年版；刁书仁主编：《廿六史中朝关系史料选编》，吉林文史出版社 1995 年版。

⑦ 中国第一历史档案馆、辽宁档案馆编：《中国明朝档案总汇》，广西师范大学出版社 2001 年版。

处录副两大类档案，基本完成数据库建设，在该馆内网络上可以检索相关的民族史资料。该馆还陆续出版了此方面满汉文的资料选编，例如，20 世纪 90 年代以来，刊布的《清代中朝关系档案史料汇编》《续编》，以及满文档案翻译的《清代西迁新疆察哈尔蒙古满文档案全译》《清代鄂伦春族满汉文档案汇编》《清宫珍藏海兰察满汉文奏折汇编》等。

第二类，私人撰述，包含著述、族谱、家乘、年谱、诗文集、笔记、日记等。明清时期关于东北地区的重要史料多辑入《辽海丛书》《续辽海丛书》《长白丛书》等①丛书中。边官、使臣等留下的奏疏、塘报、文集、笔记、日记等都颇有参考价值。比如，明万历年间边官、寓居辽海 30 余年的郑文彬汇聚相关讨伐"虏寇"之事，参以己意，编辑《筹边纂议》八卷，续集一卷②，记述东夷、西戎、北狄、北虏情况。此类边官所著文集资料颇丰。清康熙时期四次"奉钦"差出使朝鲜的使臣阿克敦，将从北京抵达朝鲜汉城的经过，彩绘制成《奉使图》③，每幅彩图上，配以诗歌，图文并茂，是一部优美的朝鲜社会风情的历史画卷，弥足珍贵，堪比宋代徐兢《宣和奉使高丽图经》。晚清时期，私人日记数量颇大，涉及民族资料不少。例如，李豫等辑校的《韩客诗存》④是从晚清诸人日记、文存中辑录的史料。董文涣著《韩客诗存》《韩客文存》《砚樵山房日记》等刊载与朝鲜使者交往唱和的资料。还应从诗词等文学作品中收罗史料，以诗文证史。例如，明人吴明济选编《朝鲜诗选》⑤，收入 111 位作者的 340 首诗，记述了朝鲜的社会习俗；邝健行等选编的《韩国诗话中论中国诗资料选粹》⑥，所选由高丽毅宗到韩国光复时期的 56 种诗话，绝大多数作品是朝鲜时代的。这些著述均记录了中朝两国士大夫诗赋唱和的人文雅兴。

第三类，考古、金石资料、实地考察报告等。例如，清宗室人盛昱踏雪

① 三部丛书分别由辽海书社、沈阳古籍书店、吉林文史出版社印发。

② （明）郑文彬：《抄本筹边纂议》（上、下册），中华全国图书馆文献微缩复制中心影印本，1999 年版。

③ （清）阿克敦著、黄永福等校注：《奉使图》，辽宁民族出版社 1999 年版；参阅拙文《清使阿克敦与〈奉使图〉》，《明清论丛》第 2 辑，紫禁城出版社 2001 年版。

④ （清）董文涣著、李豫等辑校：《韩客诗存》，书目文献出版社 1996 年版。

⑤ （明）吴明济编、祁庆富校注：《朝鲜诗选校注》（明高丽刻本），辽宁民族出版社 1999 年版。

⑥ 邝健行等选编：《韩国诗话中论中国诗资料选粹》，中华书局 2002 年版。

勘查古迹碑文,汇集《雪屐寻碑录》①,其中收录朝鲜归附清朝金氏家族主要成员的事迹碑文。新中国成立之初,50 年代在边疆地区展开了大规模的民族普查工作,搜集了大量的民族原始影像、图片资料,撰写了多种调查报告,以及编纂了各民族史。东北地区的满族、蒙古、鄂伦春、赫哲、达斡尔、鄂温克等族简史均相继出版。我国古代典籍浩如烟海,蕴藏着许多尚未发掘的民族资料,需要进一步广泛而深入的蒐集。

研究东北女真、满洲、蒙古等民族的国外所存中外文资料,尤其要重视邻邦朝鲜的文献记载。汉字很早就传入朝鲜,自三国时期到朝鲜王朝,官私著述皆用汉字,汉字文献特别丰富。加之朝鲜与明清两朝的特殊关系,文献多载中国史事,可补明清文献记载之缺。其典籍又多涉东北地区民族,内容宏富,具有较高的史料价值。

朝鲜时代的文献也分成三类,一是官书典册。朝鲜王朝重视历史文献的整理,编纂了一系列卷帙繁多的典籍,诸如,《朝鲜王朝实录》《龙飞御天歌》《同文汇考》《备边司誊录》《承政院日记》《日省录》《通文馆志》《新增东国舆地胜览》等。不少部头颇大的编年体官书,比较细致地记载了朝鲜与周边诸多民族交往的政治、军事、经济、文化、民族、宗教、人物等丰富的史事,提供许多新鲜史料。例如,王锺翰从《朝鲜王朝实录》中辑出《女真史料选编》②。朝鲜世宗时代的《龙飞御天歌》记录了元末明初、居住朝鲜东北境一些女真部落首领名称,与朝鲜关系等。这对考证东北古民族迁徙、部族名号、古地名等,尤显重要。郑麟趾受世宗之命,主持编修《高丽史》,这部纪传体的史书,以独特的视角,记载高丽与宋、辽、金、元、明北方民族的交往,其中不少资料为多部正史所未载。明朝出使朝鲜使臣与朝鲜接待官员之间唱和之诗,朝方汇编成多卷本《皇华集》③,反映两国使团高层官僚文人的文化交流,涉及明代中朝关系的诸多领域。

二是私著文集笔记。"丁卯虏乱"、"丙子胡乱"等中朝关系的重大事变,朝鲜官员都留下较详细的记录,不少为手抄本,至今存世。朝鲜士人文集数量可观,已刊《韩国历代文集丛书》三千册、《韩国文集丛刊》二百册。我国学人林宏刚等从中集录中国资料,主编出版了《韩国文集中的明代

---

① (清) 盛昱:《雪屐寻碑录》,《辽海丛书》,第五册。

② 王锺翰辑:《朝鲜〈李朝实录〉中的女真史料选编》,辽宁大学历史学系主编《清初史料丛刊》第七册,1979 年印本。

③ 《皇华集》24 册,台湾珪庭出版有限公司 1978 年版。

史料》（13 册）、《韩国文集中清代史料》（17 册）①。朝鲜来华使臣人数颇众，留下了数量颇多、内容宏富的燕行记事，例如，《朝天录》、《燕行录》等②。韩国东国大学校整理刊布了 101 册《燕行录》。檀国大学东洋学研究所从中国二十五史中辑出《韩中日关系资料集·二十五史抄》（上、中、下三册）③。此外，还有大量的朝鲜族谱、姓氏大同谱等，反映东北民族的迁徙等情况。由明"九义士"之一冯三仕的后裔冯荣燮编辑的《朝宗岩文献录》、《续集》、《后集》④，记载在朝鲜的明朝遗民"尊攘之义"的活动，以及该国"尊周"等史事，内容翔实，颇有参考价值。

三系碑刻文物。仅壬辰倭乱中纪念明朝将领功德的《杨经略（镐）去思碑》等就有多块，《清太宗功德碑》（满蒙汉文、现立首尔市汉江南岸三田渡）等碑为数不少，许多碑文收入《朝鲜金石总览》（上、下册）⑤ 等，均记载中朝交往与民族关系等史事。

明末清初，中国商船前往日本长崎贸易，该国要求商人必须报告中国发生的事情，或交材料，或口述情况，方准通商。将此资料汇聚，形成了日本的汉文文献《华夷变态》⑥，其内容广杂，主要涉及清前期和东南亚的史事，此书可作研究明清之际历史的参考素材。20 世纪 30 年代以来，日本学者在东北亚地区开展民族历史、古迹文物、地理山川等普查，发表大量的勘查报告，对研究东北亚民族史颇有参考价值。例如，鸟居龙藏考察报告《东北亚搜访记》、《满蒙古迹考》，间宫林藏《东鞑纪行》等。1939 年，田川孝三在中国东北地区采访近代中国、日本、朝鲜关系资料，包括档案、文献等，成果颇丰⑦。俄罗斯档案整理，80 年代出版了《十七世纪中俄关系》《俄中两国外交文献汇编（1619—1792 年）》《历史文献补编——十七世纪中俄关系

---

① 两部书由广西师范大学出版社分别于 2006 年、2008 年出版。此二书影印原书资料，未加分类，使用殊属不便。这种资料整理之法不可取。

② 韩国东国大学校出版社 2001 年版。

③ 韩国檀国大学校出版部 1977 年版。

④ ［韩］冯荣燮：《朝宗岩文献录》《续集》，韩国保景文化社 1982 年版；《后集》，1987 年版。

⑤ 朝鲜总督府编：《朝鲜金石总览》，日韩印刷所，1919 年版。

⑥ 该书北京大学图书馆藏有两种日本版本，一是小林曻发编辑，东京秀光社 1916 年版；一为林春胜、林信笃编，1644—1732 年；林鹭峰编，1618—1680 年；东洋文库丛刊第十五上、中、下册，1958—1959 年版。

⑦ 参阅［日］中见立夫《田川孝三の昭和十四年满洲国 '史料采访'》，《满族史研究》，2008年第 7 号。

文件选译》等①。俄人军官、商人、探险家等东来，留下不少描述黑龙江的游记。例如，P. 马克《黑龙江旅行记（1825—1886）》②，考察这一带的历史地理、民族社会状况等。1969 年始，前苏联科学院远东研究所等编辑相续出版了《十七世纪俄中关系》第一卷、第二卷，计 7 册③，收罗了 1608—1689年有关中俄关系的国书、诏书、训令、出使报告等，尽管编者删节部分史事，但对中国与俄罗斯各个领域的交往仍有一定的参考价值。

　　明清东北地区的民族，包括汉族、女真、满洲、蒙古、朝鲜、鄂温克、鄂伦春、赫哲、锡伯、达斡尔、俄罗斯等族，兼及周边的跨境民族，他们创造极其丰富的以龙江、长白、辽河文化为特征的关东文明。只有广泛地收集和占有中外第一手史料，特别是汉文、满文、蒙古文、朝鲜文、日文、俄文等文献，充分利用考古发掘的出土器物，重视田野调查，及口述资料，将文献记录与文物等相互排比验证，恢复历史原貌，多视角地审视东北民族问题，方能立论公允，撰写出质量上乘、经得起历史检验的学术论著。

---

　　① ［俄］尼古拉·班蒂什·卡缅斯基编：《俄中两国外交文献汇编（1619—1792 年）》，中国人民大学俄语教研室译，商务印书馆 1982 年版。
　　② 该书由吉林省哲学社会科学研究所据 1859 年俄文版翻译，商务印书馆 1973 年版。
　　③ 苏联科学院远东研究所编：《十七世纪俄中关系》，厦门大学外文系、黑龙江大学俄语系等译，商务印书馆 1978 年版。

第一章 满洲部族认同准则
——钦定"法典"

氏族姓氏是一个民族的特有标识，它反映该民族的别样属性，具有深厚的文化内涵。满洲氏族的族谱、家谱、家乘等编纂，既受到汉族修谱"以昭慎终追远、序长幼尊卑"的影响，又突现本民族的特色。谱书除了"修族谱以联疏远"、"笃宗族以昭雍睦"功能之外，它还承载着该族的居地、迁徙、分布、旗籍、世系、支脉、世职、功绩、驻防、家传、人口、婚姻、伦理、宗教、交往、人物、风俗、墓地、艺文等极其丰富的原始记忆。满洲家谱编纂汲取了汉族修谱的长处，既有国家开馆编纂整个满洲部族的通谱，又有私家编修本支宗谱。17世纪后期，八旗官员世职缺出，需要附呈家谱，以证身世。从此满洲氏族修谱蔚然成风。

雍正五年（1727年），管理旗务王大臣议准："嗣后凡系世职官员，令其预先缮造家谱，存贮都统衙门。其后若有应行增入者，令于岁底具保增入。"[1] 此后，满洲姓氏世袭选官，或纷争诉讼等事，则依据家谱参断。这就标志着满洲贵族已将氏族家谱纳入到旗人的政治生活。

清前期编修的满洲牒谱多用满文书写，到了清中期，出现满汉文合璧谱书。例如，修成于嘉庆二十一年（1816年）的《乌苏氏家谱》即用满汉文书写，保持了本民族的特色。随着满洲汉化的加深，八旗氏族家谱满汉文合璧形式增多。清末民初，变法新章，兴立学校，满人多不读满文之书，从此"满文不振"。为防满文失传，重修宗谱时，又多满汉文并书，以利存世。"康乾盛世"时期，尤重满洲姓氏，正如高宗弘历所言："姓氏者，乃满洲

① 《八旗通志》（初集）卷三十七《职官志四·八旗世职承袭》，东北师范大学出版社1985年版，第694页。

根本，所关甚为紧要。"① 满洲经历了漫长的融合过程，乾隆初年修竣的钦定《八旗满洲氏族通谱》（以下简称《通谱》），在满洲部族的政治与心理认同上，无疑具有"法典"性质。《通谱》中编入了部分蒙古、高丽和尼堪家族，使他们成为满洲部族的一部分，这体现了清朝政治文明的开放性与文化多元的特征。

第一节　氏族姓氏文化内涵与民族心理趋同

经典作家在讨论氏族问题时，明确地指出："氏族有一定的名称，或一套名称，在全部落内只有该氏族才能使用这些名称。因此，氏族个别成员的名字，也就表明了他属于哪一氏族。氏族的名称一开始就同氏族的权利密切联系在一起。"② 满洲是华夏民族中历史悠久的成员之一，也有自己部族的"一套名称"。历史典籍清晰地记录，其先祖可以追溯至先秦的肃慎、两汉的邑娄、魏晋南北朝的勿吉、隋唐的靺鞨、宋明的女真、后金的满洲。随着人类社会的发展，特别是民族之间政治、经济、文化交往的加深，新的民族共同体逐渐形成并不断演变。不同历史阶段的各民族经历组合、裂变、再组合的过程，一些较为强势民族延续下来，弱势部族则以不同方式融合到其他民族，或者消亡，这就是民族最终确立所经历的漫长而复杂过程。基于这样的认识，可得出这样一个结论，肃慎不单是满洲先祖之族，也必然包括其他北方民族祖先在内。也就是说，满洲只是肃慎到女真长期裂变中得以强势延续下来的一个支脉，该族在各个历史阶段的不同称谓就是一个有力证据。

满洲民族共同体以建州女真为中坚，融入其他女真诸部，又吸纳部分周边民族成员。天聪九年（1635 年），皇太极下令，正式将旧族名"诸申"（女真）改称满洲③。纵观该民族共同体的发展史，其族名"满洲"包括两层含义：

第一，狭义上，清中期以前是指满洲本部族。从抚顺东到鸭绿江、长白山的建州女真为主体，其所属五部，即哲陈部、浑河部、苏克素河部、董鄂部、完颜部；长白三部，即珠舍里部、纳殷部、鸭绿江部；开原、铁岭东至

---

① 《钦定八旗通志》卷首十二《敕谕六》，第 251 页。
② ［德］恩格斯：《家庭、私有制和国家的起源》三《易洛魁人的氏族》，《马克思恩格斯选集》第四卷，人民出版社 1977 年版，第 83 页。
③ 《清太宗实录》卷二十五，天聪九年九月庚寅，第 2 册，第 330—331 页。

吉林地区的扈伦四部，即哈达、叶赫、乌剌、辉发；居住在黑龙江流域直到东海之滨的东海三部，即窝集部（一作渥集）、瓦尔喀部、库尔喀部等成员在内，也包括一部分与满洲关系密切的蒙古、高丽、尼堪（即沈阳、辽阳等尼堪、台尼堪、抚顺尼堪）。直至清朝中叶，满洲自我意识依然较强。乾隆七年（1742 年）八月，高宗弘历特别强调："满洲人等，凡遇行走齐集处，俱宜清语，行在处清语，尤属紧要。前经降旨训谕，近日在南苑，侍卫官员兵丁俱说汉话，殊属非是。侍卫官员，乃兵丁之标准，而伊等转说汉话，兵丁何以效法。嗣后凡遇行走齐集处，大臣侍卫官员，以及兵丁，俱著清语。将此通行晓谕知之。"① 十一年（1746 年）二月，弘历指出，驻扎西宁办理青海番子事务之副都统莽古赉、驻藏办事之副都统傅清，陈奏事件，莽古赉每次俱用汉折，傅清亦间用汉折。各省督抚提镇内，有满洲大臣用汉折奏事者。"用汉字奏折，殊属非是，著饬行。嗣后奏事，俱著缮写清字奏折。"② 要求满洲人说"清语"，不讲汉话；用"清字奏折"，不用"汉字奏折"，这是高宗自我民族意识的体现，也是防止满洲"汉化"的举措。

　　乾隆十三年（1748 年）三月，皇后富察氏病逝。锦州府知府金文淳等违犯"国丧"之例，自行剃发，拟议斩决。刑部尚书、满洲镶黄旗人盛安，以为判罚过重，迟延不奏。七月二十九日，高宗在满汉诸臣面前，责问盛安，知道"朕意在从宽而必不肯令改宽之旨"？他"以满语奏称，曾有是旨，而不肯用汉语承认"。高宗指责他"沽名"于汉官。③ 这也表明此时的一些满洲大臣"国语"尚好。但也有满语表达不清而不愿使用的满官，因此从满洲旗被降为汉军旗。比如，五十一年（1786 年），满洲正黄旗人虞礼宝，由山西按察使入觐，高宗以清语（满语）发问，他"未能娴习，命改汉军，自是始为汉军正黄旗人"④。虞礼宝因不谙满语，高宗将他由满洲"上三旗"的正黄旗降到汉军旗。可知以皇帝为首满洲贵族的民族自我认同意识始终是很强的。

---

　　①　《清高宗实录》卷一百七十三，乾隆七年八月戊申，第 11 册，第 213 页。

　　②　《清高宗实录》卷二百五十八，乾隆十一年二月丁酉，第 12 册，第 334 页。

　　③　《清高宗实录》卷三百十九，乾隆十三年七月辛亥，第 13 册，第 254 页。

　　④　（民国）恩华纂辑《八旗艺文编目》（点校本）之编目四《集类·别集五（汉军）》，辽宁民族出版社 2006 年版；《杨氏家谱·序》，参阅刘庆华编著《满族家谱序评注》，辽宁民族出版社 2010 年版。关于虞礼宝觐见高宗时的职务，前书曰广西按察使，后书说广西布政使。《清高宗实录》卷一二八二，乾隆五十二年六月庚子记载："以山西按察使虞礼宝，为广西布政使。"与《实录》相校，《编目》、《杨氏家谱》记载均误。

第二，广义上，系泛指八旗满洲、八旗蒙古、八旗汉军，即所谓的"旗人"。从清代中期起，满洲本部族的意识逐步淡化，成员扩大到蒙古、汉军，即所谓"旗人"便视同满洲，包括编入八旗佐领的厄鲁特蒙古、回子，以及域外的高丽、俄罗斯、安南等。在"首崇满洲"的社会里，满洲、蒙古、汉军之间仍等级森严，即便在满洲本部各姓氏之间，直到清末，仍有贵贱之别。尽管晚清时姓氏地位的高低已并非那么重要，但是，满洲人的氏族血统意识依然很强。例如，同治十二年（1873年）四月，满洲正白旗人、瓜尔佳氏荣禄，由工部右侍郎改任户部左侍郎，兼总管内务府大臣。一日，他遇到某都统，恭问贵姓，答曰："瓜尔佳氏。"荣禄说："然则吾等乃同族也。"该都统反问："有'苏完'二字否？"荣禄作答："无。"都统摇摇头说："殆非也！"瓜尔佳氏为满洲八"著姓"之一，而"居苏完者尤著"。因荣禄系乌喇地方瓜尔佳氏，而都统为位尊的苏完瓜尔佳氏，同姓不同宗，故该都统颇有轻蔑荣禄之意①。满洲这种姓氏认可，"一开始就同氏族的权力密切联系在一起"，在他们心里，姓氏是有尊卑之分，同姓亦有高下之差。此种传统观念深深地根植在满洲人的脑海中。

满洲氏族社会组织，是以血缘关系组成的集团，即氏族、胞族和部落。汉族的姓氏一词，满语称为"哈拉"（hala），与其相关的另一个词是家族，满语叫"穆昆"（mukun），"穆昆达"（mukun i da），即族长。《御制清文鉴》卷五"穆昆"条释义：一为同哈拉（姓）兄弟，一系一群人。这就说明穆昆是以血缘关系为纽带的社会单一家族组织。在氏族社会里，一个哈拉应当是一个穆昆。随着社会经济的发展，人口繁衍，迅速增加，一个氏族又会分裂为若干个单体氏族，一个哈拉也会分成两个或两个以上的穆昆，"包括一切女儿氏族的最初氏族，则作为胞族继续存在"②。由哈拉、穆昆衍生出新的若干哈拉、穆昆，又形成新的氏族，加上其他因素的影响，"满洲诸大家，多以地为氏，往往氏同而所自出异"③。

《通谱》所载姓氏与部族的差别颇多，分类如次：

1. 同族异姓。诸如，伊尔根觉罗氏，分居东西二寨，西寨改为蒙鄂啰氏，东寨改为巴雅喇氏；乌灵阿氏，其别支为乌尔达氏；瓜尔佳氏，其别支

---

① （民国）徐柯：《清稗类钞》第五册《姓名类·瓜尔佳氏以苏完为贵》，中华书局1984年版，第2145页。该书言荣禄时为户部尚书，不确。

② 《家庭、私有制和国家的起源》三《易洛魁人的氏族》，第85页。

③ 《清史稿》卷二百四十二《列传二十九论》，第9582页。

为石氏；佟佳氏，其别支为佟氏；内大臣瓜尔佳氏吴拜、兵部尚书舒穆禄氏纳木泰、一等大臣佟佳氏扈尔汉等，太祖努尔哈赤赐姓觉罗氏；秘书院大学士瓜尔佳氏车克、刘氏带翰，太宗皇太极赐姓觉罗氏；副将世职纳喇氏额尔德尼、副都统温徹亨氏布恕库，皇太极分别赐姓赫舍哩氏、乌噜氏。此外，还有的伊尔根觉罗氏改姓巴雅喇氏，乌灵阿氏改姓乌尔达氏等①，如此事例，为数不少。其因主要是汗、皇帝赐姓，氏族人口增长，分地而居，及改易姓氏等。

2. 同姓异宗。例如，纳喇氏，满洲"著姓"，其氏族散处于叶赫、乌喇、哈达、辉发等地方，"虽系一姓，各自为族"②。即便同地而居，也非同宗。诸如，叶赫地方纳喇氏，正黄旗人，原叶赫东城贝勒金台石家族最盛，子孙军功卓著，多人为军政大员。而与同地同姓的，国初、天聪时来归的镶黄旗人星格理、正黄旗人博屯、正白旗人古鲁格楚瑚尔、正红旗人安达理、镶白旗人额塞、镶红旗人吴达哈、正蓝旗人鄂谟克巴图鲁、镶蓝旗人喀山等，均非同宗③。"著姓"舒穆禄氏，该姓以正黄旗人舒穆禄氏扬古利额驸家族最盛，其兄弟、子侄战功卓著，身居军政要职。而世居同地、国初来归同姓同旗的尼雅宁阿布库，其子孙中亦有任理藩院尚书、都统等高官者，其家族与扬古利并非同宗。情况相同的倭赫，与他们两族也不同宗。世居穆溪地方的"著姓"觉罗氏，该姓正蓝旗人伊尔根觉罗氏阿尔塔什，国初率七村人口来归，太祖努尔哈赤妻以宗室之女，编立佐领；其孙夸察娶公主，封为额驸；元孙延布系和硕额驸，家族地位颇高。而与同姓同里同旗的萨穆察、噶哈并不同族④。居住叶赫地方的舒舒觉罗氏，该姓镶黄旗人图鲁什，英勇杀敌，屡立战功，太宗皇太极赐号"硕翁科洛巴图鲁"。与该地同姓同旗的新布、舒敏，正黄旗人禅禅、吴努春，正红旗人岱音布禄，镶蓝旗人安布禄均不同宗⑤。佟佳地方佟佳氏，正黄旗人哈普塔伊拉亲，正白旗人罗金都都，正蓝旗人穆隆额，镶蓝旗人都馨，亦非本家同宗。⑥ 其因或是祖辈世居之地，或为举族迁居，致使同里同姓，异宗杂处，而影响较大的姓氏同族者居多。

---

① 参阅清弘昼等修《八旗满洲氏族通谱》（以下简称《通谱》）本传，辽沈书社 1989 年版；《清朝通志》卷十《氏族略十》，《万有文库》，商务印书馆 1935 年版。

② 《通谱》卷二十二《纳喇氏》，第 280 页。

③ 同上书，第 280—289 页。

④ 《通谱》卷十二《觉罗氏》，第 181—182 页。

⑤ 《通谱》卷十六《叶赫地方舒舒觉罗氏》，第 223—224 页。

⑥ 《通谱》卷二十《佟佳地方佟佳氏》，第 260—265 页。

3. 同姓异地。譬如，瓜尔佳氏，"凡一百二派"：一出苏完，一出安褚拉库，一出尼马察，一出瓦尔喀，一出嘉木湖，一出长白山，一出蜚悠城，一出辉发，一出哈达，一出叶赫，一出讷殷，一出费德里，一出虎尔哈，一出殷，一出乌巴塔城，一出雅尔湖，一出吉阳，一出沙晋穆尔吉，一出沾，一出噶哈里，一出蓋鸡，一出松花江，一出黑龙江，一出聂尔巴，一出佛讷赫，一出兴堪，一出乌费和罗，一出浑春，一出嘉通阿，一出辽河，一出马察，一出伊兰倭赫，一出瓜尔察，一出囊武，一出尚阳堡，一出绥分，一出扎库塔，一出界凡，一出沈阳，一出白都讷，一出宁古塔，一出佛阿拉，一出铁岭，一出扎库木，一出尼雅满洲，一出辉哈江，一出伊苏河，一出费雅郎阿，一出嘉拉库等。钮祜禄氏，"凡二十三派"。舒穆禄氏，"凡四十二派"。马佳氏，"凡二十九派"。赫舍里氏，"凡五十八派"等①。而只有少数姓氏仅出二派，如泰楚鲁氏、齐佳氏、哲尔济氏、布尔察氏、温徹亨氏等。当然，他们多数也不同宗同族。像栋鄂氏"凡十三派"，"俱系出栋鄂地方"②，也是罕见的。

4. 异地同族。比如，镶黄旗人瓜尔佳氏胡瞻，世居长白山地方，与镶红旗人、居住吉阳地方的苏炳炎，正蓝旗人、世居吉颜地方的玛胡理等同族③。镶黄旗人钮祜禄氏那尔察，世居安图瓜尔佳地方，与镶红旗人、移居英额地方的赖庐浑都督同族④。正黄旗人马佳氏瑚石，世居绥分地方，与本旗包衣人、世居虎尔哈地方的席本，镶白旗包衣人、世居马佳地方的对齐巴，正蓝旗人、世居宁古塔地方的尼喀理等同族⑤。正白旗人佟佳氏巴笃理扎尔固齐，世居马察地方，与本旗居住雅尔湖地方达尔汉、侍卫扈尔汉，正蓝旗人、世居加哈地方的浑托和，镶黄旗汉军旗分人、居住佟佳地方的佟养正，正红旗人、世居长白山地方的尼堪洪科等同族⑥。正白旗人他塔喇氏岱图库哈理，世居扎库木地方，与正红旗人、居住安褚拉库地方的罗屯，正黄旗人、世居纳殷江地方的纳林等同旗⑦。镶蓝旗人赫舍里氏阿颜塔，世居哈达地方，与

① 《钦定八旗通志》卷五十五《氏族志二》，第1029—1030页。
② 同上书，第1031页。
③ 《通谱》卷二《瓜尔佳氏胡瞻》，第63页下。
④ 《通谱》卷五《钮祜禄氏那尔察》，第109页下。
⑤ 《通谱》卷七《马佳氏瑚石》，第130页上。
⑥ 《通谱》卷十九《佟佳氏巴笃理扎尔固齐》，第247页下。
⑦ 《通谱》卷十一《他塔喇氏岱图库哈理》，第167页下。

本旗世居瓦尔喀地方的乌雅那，正蓝旗人、居住何殷村地方的得尔瑚理等同族①。

在满洲社会里，异地同族的现象较为普遍，其因应是部落人口增长较快，以寻求能够为该部提供所需物资的栖息地，这样就迫使他们多次迁徙，从而出现了氏族分化。例如，佟养正家族，世居佟佳地方，在明朝时，其祖达尔汉图墨图，同东旺、王肇州、索胜格等往来近边贸易，遂居住于开原，继迁抚顺。天命初年，举家归附后金，居住佛阿拉②。佟佳氏四祖嘎尔翰图谋图在迁徙中，路过多伯库名旺地方，所用米面完结。又至鄂密浑地方，饥饿难忍，欲杀三岁之子以充饥，伊妻不允。又行至河沿，看见河内鱼多跳跃，山中禽兽会合成群，"如此好处抛舍，又往何方去呢？就在此居住罢"③。这一典型的事例反映了氏族迁徙是为谋求改善自身的生存条件。这是他们时常迁移的重要原因之一。

各部族之间相互攻杀，掠夺人口、财产，扩充领地，迫使一些氏族四处逃散。这种相互攻掠的方式，即是一些部族改善经济窘况的一种暴力手段，也是造成同族异地之因。例如，蒙古人星根达尔汉，原姓土默特氏，初期灭掉扈伦国，所居张地纳喇部，因姓纳喇氏。之后，迁居叶赫河岸，遂号叶赫国④。《那拉氏宗谱·序》记载，老祖纳齐布，由居地长白山移至混同江西扈尔奇山以东启尔萨河源处，独自居住。因受到蒙古威胁，迁居乌喇河上哨，于岸旁构舍二所以居。纳齐布五世孙、乌喇贝勒纳喇氏布颜，率族众亲疏长幼，收服附近诸路屯寨，俱移居松阿里乌喇河岸洪尼地方，修筑城垣厅室，部号乌喇，众议推为部主⑤。《马佳氏族谱·序》记述，乃知我族之先，源出于费莫，元末明初之际，"缘遭家难，移居嘉理库城马佳地方，因以为氏"⑥。早期氏族为了各自的利益，相互攻伐，彼此兼并，此类事例，屡见不鲜。

随着清朝战略部署的实施，依照政治军事任务之需，同族异地而居的情况经常出现。后金立国之后，努尔哈赤开始实施一系列开国方略，以"七大

① 《通谱》卷九《赫舍里氏阿颜塔》，第154页上。

② 《通谱》卷二十《佟佳氏佟养正》，第260页下。

③ 《佟佳氏图谱·图说》，《满族家谱序评注》，第188页。

④ 《通谱》卷二十二《纳喇氏》，第280页下。

⑤ （清末民初修）《那拉氏宗谱·序》，赵立静等主编《满族家谱选》，中国社会科学出版社1994年版，第59页。

⑥ （民国十六年修）《重修马佳氏族谱·十七世孙马佳绩序》，《满族家谱序评注》，第128页。

恨"为由，对明宣战，兵进辽沈，攻掠辽西。皇太极绍述父业，打破北部蒙古、西部明廷、东部朝鲜的三面包围，立足东北，为清朝入主中原奠定了基础。伴随着后金的战略转移，他们将都城赫图阿拉（兴京）迁至辽阳（东京），又北移沈阳（盛京），大批满洲氏族均随之迁移。世祖福临再迁都北京，定鼎中原，一大批满洲人"从龙"入关，除了京营八旗劲旅，又有许多八旗官兵驻防全国要塞，比如，杭州、福州、荆州、广州、西安、绥远等地，其后裔"而以为家"。例如，福陵觉尔察氏，六世传至阿金那穆都，生子四人，长子某力甲，次子班布理，三子邦太，四子吉伯理。除班布理葬在兴京陵园内之外，其阿祖父子均葬在辽阳上瓦沟子。顺治元年（1644 年），奉命班布理之长子达喀穆、次子他察，均看守福陵外，其余"从龙"入关，"因差而分驻防焉"①。自清代定驻防之制，部分满洲氏族往京外迁移，而"瓜尔佳氏之族，满天下矣"，"今则南北各省驻防旗籍，无不有我瓜尔佳之族"②。

有的家族因内部矛盾纷争而别居异地，例如，《满洲苏完瓜尔佳氏全族宗谱》记载，瓜尔佳氏，先父生三子，长子曰佛尔和，次子曰尼亚哈齐，三子曰珠察。后兄弟三人因捣翎争气离居，佛尔和仍居苏完之地，尼亚哈齐迁往西襖地方，珠察由瓦尔喀再迁西尔希昂阿济哈渡口。③ 当然，此种情况并不多见。

"生民之本，在于姓氏。"④ 汉族是这样，其他民族亦是如此。满洲族内蒙古氏族与其姓氏相似，而高丽、尼堪的单字姓，与之不类。然而，随着满洲化的深入，他们子孙的名字多与满洲人划一。诸如，朝鲜人、正红旗韩尼之孙名花色，镶蓝旗包衣人李氏腾那弼，其孙名满达，曾孙名达崇阿等⑤；尼堪镶黄旗包衣人王宏德之子名西特库，其孙名乌喇；镶黄旗包衣人王东海其孙名费扬古⑥；台尼堪正黄旗人沈氏丰库之曾孙名僧额勒、七十八⑦；抚顺尼堪的正蓝旗包衣旗鼓人李应试之孙名索克济哈、罗克济哈，其曾孙名六

---

① （乾隆四年修）《福陵觉尔察氏谱书·序》，《满族家谱选》，第 3 页。
② （民国四年修）《满洲苏完瓜尔佳氏全族宗谱·序》，《满族家谱选》，第 217 页。
③ 《满洲苏完瓜尔佳氏全族宗谱·瓜尔佳氏》，《满族家谱选》，第 222 页。
④ （宋）郑樵：《通志·总序》，《通志二十略》，王树民标点本，中华书局 1995 年版，第 5 页。
⑤ 《通谱》卷七十二《韩尼》，第 792 页；《李氏腾那弼》，第 793 页下。
⑥ 《通谱》卷七十五《王宏德》、《王东海》，第 812 页上。
⑦ 《通谱》卷七十五《沈氏丰库》，第 860 页上。

十五等①，他们的名字与满洲人名无别，难以区分其族属。满洲姓氏吸纳了周边部族习俗，"有直以国语蒙古语为姓者"，体现了北方民族姓氏的多元特色，构成了满洲部族姓氏内容的多样性②。

一　以地名为姓氏

明初女真三大部之一的建州女真因地为名，建州原系唐代渤海国之地名，斡朵里故城今在吉林敦化、三姓城（今黑龙江依兰县），还是在宁古塔（今黑龙江宁安市）、珲春河（今吉林珲春市东，为图们江支流）？部族不断地迁徙，居址地望大有变化。总之，其故城的今地均在牡丹江流域。辽金以来，一些部族已有以居地名为姓氏的旧俗。满洲姓氏沿袭了北方民族的习俗，以地名为姓氏者，《通谱》中一一标明。清国史馆编纂的满洲大臣的姓氏也多出于地名。例如，满洲正白旗人康果礼，"先世居那木都鲁，以地为氏"。满洲家族谱书之中，也多记氏族姓氏与世居地有关。例如，《福陵觉尔察氏谱书》记载："我始祖姓觉尔察氏，讳索尔火，于明世中叶，迁于长白山觉尔察地方，践土而居，因以为氏。"③《永陵喜他拉氏谱书》记述："溯自达祖昂武都理巴彦德，于明世中叶，迁于长白山喜他拉地方，践土而居，因以为氏。"④

满洲氏族"系地名因以为姓"者颇多，比如，马佳氏、栋鄂氏、郭啰罗氏、兆佳氏、萨克达氏、瓦尔喀氏、宁古塔氏、瑚锡哈哩氏、佟佳氏、性佳氏、齐佳氏、索绰啰氏、裕瑚噜氏、噶努氏、卦勒察氏、洪鄂氏、乌苏哩氏、徐吉氏、恺颜氏、爱珲氏、巴尔达氏、喀尔沁氏、贤达禅氏、德都勒氏、绰可秦氏、海拉苏氏、褚库尔氏、崇果噜氏、穆和林氏、蒙古楚氏、扎噜特氏、巴岳特氏、乌噜特氏、老沟氏、席鲁特氏、阿苏克氏、克什克腾氏

---

①　《通谱》卷八十《李应试》，第867页下。

②　20世纪以来，已有学者较系统地研究女真、满洲氏族与姓氏问题，例如，莫东寅《明初女真族的社会形态》一文《明初建州女真的社会组织》一节中，论述满洲阶级分化、酋长的世袭、血缘脐带的松弛、一夫多妻制的出现，及社会停滞在氏族阶段的原因，参阅《满族史论丛》，人民出版社1958年版。陈述《金史氏族表》、《女真汉姓考》等探讨了金代女真姓氏诸问题，参阅《金史拾补五种》，科学出版社1960年版。刘庆华《满族姓氏录》代序比较全面地考察了满族姓氏的源流，将满族姓氏列表，标注该姓氏世居地、所冠汉字姓，及备考，参阅辽宁省新宾县民族事务委员会等编，1982年铅印本。

③　《福陵觉尔察氏谱书》附《奏章原案》，《满族家谱序评注》，第46页。

④　（光绪二十三年修）《永陵喜他拉氏谱书·序》，《满族家谱选》，第43页。

等①，均取自该族世居地之名。

二 以山水名为姓氏

北方少数民族生活在山川之间，对山河的依恋与敬畏之感极为浓厚，以山水之名作为氏族姓氏，也渐成习俗。例如，满洲洪鄂氏，"本系山名，因以为姓"，其氏族散处于长白山等地方②。拜格氏，"世居拜格山地方"，因以山名为姓。蒙古楚氏，"散处于乌拉蒙古楚山等地"，因以为姓。海西女真又称扈伦四部，因生活在海西江，今松花江上源，因而得名。四部的哈达、叶赫、乌喇（一作乌拉）、辉发之名，源于他们分别居住的四条河，以河名为姓氏。《满洲实录》卷一记载，乌拉国，本名呼伦，姓纳喇，居乌拉河岸，故名乌拉。哈达国汗，姓纳喇，名万本，呼伦族，住哈达（河）处，故名哈达。叶赫国始祖蒙古人，姓土默特，所居地名璋减，呼伦国内纳喇姓部，遂居其地，因姓纳喇；后移居叶赫河，故名叶赫。辉发国，本姓益克得哩氏，原系萨哈连乌拉（即黑龙江）尼马察部人，其始祖星古礼之五世孙旺吉努，征服辉发部于辉发河边呼尔奇山，筑城居之，故名辉发③。

满洲部族以水名为姓氏者，还有满洲"八著姓"之一赫舍里氏，原系河名，以之为姓④。精奇理氏，正白旗人巴尔达奇、鄂谟尔托，正黄旗人扎理穆，其氏族散处精奇理乌喇（即精奇理江）⑤，该姓氏取自江名。"佟佳，本系水名，因以为氏。其氏族甚繁，散处于马察、雅尔湖、加哈，及长白山附近之地"⑥。章佳氏，"原以长白山瞻河地名为姓"⑦，该姓氏取自河名。

三 以部落名为姓氏

《通谱》之中以部族名称为姓氏的也不少，譬如，瓜尔佳氏、钮祜禄氏、纳喇氏、科尔沁氏、察哈尔氏、辉和氏、土默特氏、巴颜氏、完颜氏、富察氏、乌苏氏、克哷氏、温特赫氏、尼玛察氏、温都氏、乌梁海氏、哈苏特氏、阿克占氏、阿尔拉氏、图克坦氏、珠格氏、图们氏、拜格氏、珠佳氏、

---

① 参阅《通谱》该姓氏，《清朝通志》卷十《氏族略十·总论》，第803—805页。

② 《通谱》卷五十五《洪鄂氏》，第614页下。

③ 《满洲实录》卷一，第21—26页。

④ 《通谱》卷九《赫舍里氏》，第146页下。

⑤ 《通谱》卷三十六《精奇理氏》，第445页下。

⑥ （同治三年修）《襄平佟氏族谱·前序》，《满族家谱序评注》，第213页。

⑦ 《钦定八旗氏族通谱辑要》卷一《章程》，第23页。

珠噜氏、卓津氏、伊喇氏、喀喇氏、兆垒氏、尼玛哈氏、莽果氏、郭尔罗斯氏、翁牛特氏、乌喇特氏、扎拉氏、巴林氏、奈曼氏、蒙古氏等①，皆以部落称谓作为本族姓氏。

四　以姓为姓氏

以姓为姓氏，也是满洲人姓氏构成的一部分。例如，舒穆禄氏、那木都鲁氏、赛密勒氏、尼沙氏、博和哩氏、辉罗氏、乌苏占氏、萨察氏、珠尔根氏、额苏哩氏、广佳喇氏、赫书氏、纳塔氏、都克达氏、伊喇氏、舒尔都氏、塔坦氏、沙达喇氏、纳哈塔氏、富珠哩氏、锡尔馨氏、布萨氏、乌什拉氏、哈萨拉氏、鄂尔图特氏、卓特氏、博尔济克氏、锡璘氏、苏尼特氏、卓多穆氏、库布克氏、托罗特氏、徹穆衮氏等，均以姓为姓氏②。

五　以名为姓氏

满洲人亦有以名字为姓氏的，数量相对较少。诸如，汉军正白旗人石廷柱，官工部尚书，封三等男。先世居住苏完地方，本姓瓜尔佳氏。其父石翰，始家居辽东，因名石字，遂以"石"为氏③。满洲镶黄旗人顾八代，官历翰林院侍读学士、侍讲学士，值上书房，内阁学士、礼部尚书，本姓伊尔根觉罗氏，自八代始，子孙以顾为姓。鄂拜，官国子监祭酒，本姓西林觉罗氏，自鄂拜始，子孙以鄂为氏。包衣强效，本姓强恰哩氏，自强效始，其子孙皆以强字为姓氏④。

六　君主赐姓

对有功勋与杰出贡献者，皇帝赐姓。例如，正黄旗人舒穆禄氏纳木泰，位次贝勒八人之下的额驸扬古利第三弟，因功太祖努尔哈赤赐姓觉罗氏，官历兵部尚书、都统，封三等男⑤。正白旗人瓜尔佳氏吴拜，青年时，太祖召入内庭抚养，赐姓觉罗氏，承袭其父佐领，预"十六大臣"之列，封二等

---

① 《清朝通志》卷十《氏族略十·总论·以部族为氏》，第 6803 页中。
② 同上《以姓为氏》，第 6804 页中。
③ 《清史列传》卷五《石廷柱传》，第 312 页。
④ 《清朝通志》卷十《氏族略十·总论·以名为氏》，第 6805 页上。
⑤ 《通谱》卷六《纳木泰》，第 116 页上。

伯①。正白旗人佟佳氏扈尔汉，随其父扈喇琥来归，太祖优待其族，以扈尔汉为养子，赐姓觉罗氏，授为一等大臣，居"五大臣"之列，封三等子②。正黄旗包衣人兆佳氏满平阿，太祖以归附后，效力多年，征界凡城，身被重伤，特恩赐姓觉罗氏③。镶白旗人瓜尔佳氏车克，承袭其父席尔那佐领，太宗皇太极赐姓觉罗氏，作战勇敢，屡立军功，历任户部尚书、议政大臣、内秘书院大学士，加太子太师等衔④。正黄旗人纳喇氏额尔德尼巴克什，兼通满、汉、蒙古文字，太祖时，为文学侍从，创制满文等，著有劳绩，授副将世职，太宗赐姓赫舍哩氏，入硕色巴克什族⑤。温彻亨氏布恕库，官副都统，太宗赐姓乌噜氏。翁金，翰林院侍读学士，系员外郎浑金养子，原籍江西，本姓无考，圣祖玄烨命编入满洲，姓赫舍哩氏。高丽那氏准泰，官广东巡抚，"奉旨"赐姓满洲纳喇氏。厉氏杜纳，官礼部尚书，圣祖玄烨赐姓励氏⑥。此类事例不为少数。

七　改易姓氏

满洲人改变姓氏，或因氏族人口繁盛，分寨别居；或外族人，改满洲姓氏；或继嗣，改为外姓；或迁居，而改姓氏等。例如，伊尔根觉罗氏，其族甚繁，西寨改为蒙鄂啰氏，东寨改为巴雅喇氏。瑚什布，本姓无考，为莽爱养子，承袭云骑尉，改姓巴雅喇氏。星根达尔汉，蒙古人，本姓土默特，灭纳喇姓部，因据其地，改姓纳喇氏。星古里，本姓伊克达哩，后依呼兰人噶扬噶土默图，遂改姓纳喇氏。富明阿，本姓萨克达氏，任云骑尉，世祖福临令承袭伊舅乌尔丹世职，因改为赫舍哩氏。乌鲁理，本姓乌苏氏，世宗胤禛命过继其舅武英殿大学士、一等公富宁安为嗣，改富察氏。敏森，本姓那木都鲁氏，受命承袭其妻之外祖纠纳世职云骑尉，改姓库雅拉氏。颜达色，本姓无考，袭轻车都尉，为班济养子，班济无嗣，世宗命其承袭，因改博尔济吉特氏。又如，元末明初之时，马佳氏先祖源出于费莫氏，"缘遭家难，移居嘉礼库城马佳地方，因以为氏"。费莫氏言，"原为马佳氏，世居瓦尔喀地

①　《通谱》卷四《吴拜》，第86页下。
②　《通谱》卷十九《达尔汉侍卫扈尔汉》，第251页上。
③　《通谱》卷三十一《满平阿》，第399页上。
④　《通谱》卷一《车克》，第37页下。
⑤　《通谱》卷九《额尔德尼巴克什》，第147页下。
⑥　《清朝通志》卷十《氏族略十·总论·赐氏》，第6803页上。

方。后因择地立业，迁居乌拉地方"。费莫、马佳氏，原系一姓①。颜体恳，本姓纳喇氏，其祖图鲁伦迁居伊罕阿林城，改姓伊拉哩氏。嘉浑，本姓乌灵阿氏，后移居观音屯，改姓乌尔达氏。额尔登布，本姓无考，为穆成额养子，"奉旨"承袭云骑尉，改为乌苏氏。伊常阿，本姓实宝禅氏，其舅祖寨楞无嗣，"奉特恩"，承袭云骑尉，改塔塔尔氏。腾起，本姓兆佳氏，改姓伊尔根觉罗氏等②。

八　以动植物名为姓氏

北方少数民族多为渔猎民族，普遍崇敬熊、狼、鹿、鹰、天鹅、喜鹊等动物，乃至一些民族以某种动物为图腾徽记。在女真氏族社会的初级阶段，他们的生产与生活经常同各种动植物打交道，自然对动植物等产生敬重和膜拜之情。以狩猎采集为生的满洲人长期居住在白山黑水之间，对狼、野猪等动物油然而生的依恋与敬畏，以动物名称为部族姓氏，也成为一种习俗。这从满洲人的姓氏中可看出一些端倪。例如，散处长白山、英额等地的钮祜禄氏，满语为 niohe，汉义为"狼"，以为其姓。之后，冠汉字姓取其谐音为郎姓。世居宁古塔、那木都鲁、赫图阿拉、黑龙江等地的萨克达氏，满语为 sakda，汉义是"野猪"，以之为姓。尼玛哈氏，满语 nimaha，汉义系"鱼"；乌雅氏，满语 ulgiyan，汉义为"猪"；世居黑龙江的绰罗氏，满语 toro，汉义为"桃子"等③。这也表明满洲人姓氏形成似带有原始宗教崇拜的色彩。

九　以颜色、数字等为姓氏

满洲姓氏中以颜色、数字为姓氏者也不少。以颜色为姓氏者，诸如，哲尔德氏，满语为 jerde hala，jerde 汉义为红色（赤色），hala 汉义为姓；吴鲁氏，满语为 ulu hala，ulu 汉义为喜鹊青；舒舒觉罗氏，满语为 šušu gioro hala，šušu 汉义为紫色；钮望佳氏，满语为 niowanggiyan hala，niowanggiyan 汉义为绿色、青色。以数字为姓氏者，比如，札库塔氏，满语为 jakuta hala，jakuta 汉义为八（姓）；宁古塔氏，满语为 ningguta hala，ningguta 由 ninggun 汉义为六演变而来，汉义为各六（姓），此即清先祖世居地宁古塔之名的由

---

① 《马佳氏族谱》卷首《序言》，参见《满族姓氏录·代序》；《费莫氏族谱·序》，《满族家谱序评注》，第 134 页。

② 以上俱参阅《清朝通志》卷十《氏族略十·总论》。

③ 参阅《满族姓氏录·代序》。

来；唐古氏，满语为 tanggū hala，tanggū 汉义为百（姓）；图门氏，满语为
tumen hala，tumen 汉义为万（姓），等等①。

满洲姓氏具有丰富的历史文化底蕴，一方面，以居地、山水、动植物等
名为姓氏，反映他们对自己世代生息繁衍环境的依恋，以及对大自然的尊崇
与敬意。另一方面，姓氏延续了辽金以来原始部落名称，说明他们对先祖的
敬仰与怀念，数典而未忘祖。例如，完颜氏，经辽、金、元、明、清等五
朝，均沿用此姓；赫舍里氏，曾称为纥石烈、乞石烈；觉罗氏，曾叫加古、
夹古、夹温；钮祜禄氏，亦曰敌烈、女溪烈、亦乞烈等。尽管历代汉字标音
的写法不同，但语音基本相近，此类姓氏的部族仍有几十种②。"今以《通
谱》所载，满洲氏族见于《金史》者什之三。"③ 这充分地表明北方民族发
展的延续性，体现出了民族共同体中各个氏族相似的文化心理。这也是一个
民族不断分化、组合与构建的原动力之一。辽金以来，北方民族受汉族姓氏
的影响而发生变化。然而，从姓氏文化上看，在特殊的历史环境里，对于新
的民族共同体而言，各部族文化认同就显得格外重要。而民族间文化的彼此
交融，也正是一个民族最终形成不可缺少的环节。

第二节　满洲部族认同的基本"法典"

中华民族纂修族谱、家谱的传统源远流长，而官修皇室牒谱、世家大族
姓氏录对王朝发展影响尤大。先秦时期的《世本》，记录了黄帝以降历代帝
王、诸侯、卿大夫的世系，反映了古代社会的宗法制度。秦汉之际，大家族
制逐步解体，涌现出大量的五口小农之家，并沿袭了一个颇长的历史时期。
此时选官实行察举制，不按门第，强调德才。东汉后期，士族门阀制度开始
萌芽，曾一度衰落的家谱、世系编纂重新复活。尤其是魏晋南北朝阶段，士
族门阀制度确立，按照门望高低，选拔任用官吏；户籍按官位高下排列，士
庶等级森严。随之而来的是谱书编修的繁荣，《百家谱》、《冀州姓族谱》、
《益州谱》、《十八州士族谱》、《谢氏谱》、《杨氏谱》等几十种大型的谱书问
世，由此"尊世胄，卑寒士"，"以定门胄，品藻人物"，于是"谱有世官，

---

① 参阅马竞浟《满族姓名历史演变初探》，《满语研究》2011 年第 1 期。
② 参阅《满族姓氏录》附表《满族姓氏源流举要简表》。
③ 《清朝通志》卷一《氏族略一》，第 6759 页上。

贾氏、王氏谱学出焉"①。

唐初政权仍然依靠关陇地区等世家豪强地主的支撑。太宗李世民熟谙门阀制度，延续魏晋修谱之风，编纂《氏族志》，重订世族谱，规定"止取今日官爵高下作等级"，将皇族列一等，外戚列二等，山东世族崔氏列三等，而列入谱系的计 293 姓，1651 家。武则天当政，又重修《氏族志》，更名《姓氏录》，其"以后族列一等，其余悉以仕唐官品高下为准，凡九等"，"士卒以军功致位五品，豫士流"②。这说明唐前期士族与庶族地主之间争夺权力斗争的依旧激烈。中原王朝为世家大族纂修谱书，也影响着北方民族的政权建设。金朝的金源郡王完颜勖编纂《女真郡望姓氏谱》（今佚），记载女真世家望族谱系，以突出他们在朝廷的特殊政治地位。历代王朝编纂皇室玉牒和士族谱系，以维系社会的等级名分。应当说官修谱系的编纂正是古代官僚政治文化的组成部分。

满洲贵族入主中原，比较全面地继承了中原传统文化。康乾时期，清朝步入繁荣的"盛世"阶段，经过百余年的发展，经济迅速增长，社会秩序稳定，各项制度日臻完善。此时清朝文化发展的一个明显特征，就是以政治文化建设为主导，开始了巩固王朝统治的文化大总结。"钦定"官修的政治、军事、法律、民族、文史等典籍大量的涌现，文化事业一派兴盛。在一定程度上说明，这些图书编纂是对清初以来满洲民族文化成就的集中展示，同时也是对来自坊间"不经之语"的回击。高宗弘历登基伊始，为了加强满洲自身建设，增强民族凝聚力，强化满洲民族认同意识，以阻止渐习汉俗的滋生蔓延，下令编纂满洲谱系——《八旗满洲氏族通谱》。乾隆九年（1744 年）修竣其书，整理划一了满洲氏族姓氏，成为确认满洲部族成员的第一部钦定"法典"。

高宗对仅仅梳理本部氏族的历史与现状尚感不够，还需探究满洲族源的来龙去脉，考镜源流，厘清社会流传的"不实之语"，显示本民族的辉煌历程。乾隆四十二年（1777 年）八月十九日，大学士阿桂等"钦奉上谕"，"命辑《满洲源流考》"。该书二十卷，以"上谕"为指南，博采诸书，以广参稽，内容分成四大门类，即部族、疆域、山川、国俗。其体例，每门以国

---

① 《新唐书》卷一百九十九《柳冲传》，该传中柳芳论述了魏晋时期谱学的源流，反映了门阀制度的膨胀，目的是维护士族门阀地主的特殊地位与权益。中华书局 1975 年版，第 5677 页。

② （宋）司马光等编纂：《资治通鉴》卷二百，高宗显庆四年六月丁卯，中华书局 1987 年版，第 6315 页。

朝为纲,详述列代,以溯始末,正本清源,"勒为一书,垂示天下万世"。以此证明满洲贵族入关,定鼎燕京,统一寰宇,"得天下之堂堂正正","孰有如我本朝者乎?"该书首列"部族","俾源流分合,指掌瞭然",并将满洲风俗视为"国俗"。《满洲源流考》的编纂,一方面,高宗以族群、地理、文化加以界定,突出满洲悠久历史、民族尊崇地位,以达到自我夸耀之目的①。另一方面,该书标榜"我朝发祥基业,媲美豳岐(西周)"②。其"凡例"指出:"史称东方仁谨,道义所存,朴厚之源,上追隆古。我朝肇基东土,旧德敦庞,超轶前代,即如祀神之礼,无异于豳人之执豕酌匏,三代遗风,由兹可睹,而参稽史乘,其仪文习尚,亦往往同符。"③ 以此表示清朝已接续中原王朝统绪。圣祖、高宗祖孙各六次巡幸江南,多次封禅泰山,祭拜历代帝王庙,以及明太祖朱元璋孝陵、曲阜孔庙等,皆是认同与承袭中原王朝法统的实践。这一点也是清朝统治者尤为看重的。

《通谱》刊布40年后,清朝又多次开馆,依次修竣《皇朝通志·氏族略》、《钦定八旗氏族通谱辑要》、《钦定八旗通志·氏族志》三部典籍,再叙满洲氏族史事。而后两部书则彰显国姓,"弁冕此门,不敢与庶姓并列","盖礼贵尊贵,《春秋》之大例,古今之通义矣"④。三部文献均以《通谱》为蓝本,分述满洲本部氏族世系,因为谱牒与史志编修体例不一,各书侧重点不同,内容有所损益。三部典籍与《通谱》一样,皆为"奉敕纂修",并经高宗、仁宗"钦定",在满洲氏族认同上无疑均具有"法典"性质。多次编纂本部族的谱系,足见清朝统治者对满洲本部族的高度重视。

一　《八旗满洲氏族通谱》八十卷

雍正十三年(1735年)十二月一日,高宗登基之初,即令满洲大学士会同福敏、徐元梦等,特开姓氏馆,编纂《八旗满洲氏族通谱》。他指示:"八旗满洲,姓氏众多。向无汇载之书,难于稽考,著将八旗姓氏,详细查

①　参阅《清高宗实录》卷一〇三九,乾隆四十二年八月壬子,第21册,第918页下—920页下。

②　(清)阿桂等:《满洲源流考》卷十四《山川一·长白山》,孙文良等点校本,辽宁民族出版社1988年版,第242页。

③　《满洲源流考·凡例》,第32页。

④　(清)纪昀等编纂:《钦定八旗通志》卷五十四《氏族志》,李洵等校点本,吉林文史出版社2002年版,第1027页。以下版本同。

明，并从前何时归顺情由，详记备载，纂成卷帙。候朕览定刊刻，以垂永久。"[1] 和硕亲王弘昼为监理，大学士鄂尔泰、查郎阿、迈柱、福敏、徐元梦等任总裁，经过总裁、副总裁、提调、纂修、翻译、满汉誊录等120人的通力合作，历时9年，乾隆九年（1744年）十二月，《八旗满洲氏族通谱》八十卷修竣。高宗为之御制序，反映了清廷对此书编纂的重视。该谱收录满洲645姓，而目录所载641姓，其中阿颜觉罗、呼伦觉罗、阿哈觉罗、察喇觉罗四姓，附载于卷十八《雅尔湖地方通颜觉罗氏》之后。《钦定八旗氏族通谱辑要》将此四姓列入目次，即满洲645姓；蒙古235姓，高丽43姓，尼堪246姓（含90个重复姓），计1169姓。高宗在《御制序》中高度颂扬了列祖列宗的功德，充分肯定了满洲氏族的业绩。

《通谱·凡例》计二十四款，详载了编纂准则，大体可分成四类：1. 书写格式。每卷之首，以书名卷次，顶格写；姓氏为纲，标出地名、人名为目，并低二格写；纲目下加注语，俱另起双行细书，各低二格，以便抬写；姓氏下总书地名，地名下各叙得姓缘由，及支分派别，人名下撮其人官阶事迹为传。2. 满洲纳入谱系规定。《凡例》有十三款，占一半以上，事关满洲氏族，包括大臣官员勋绩最著者，无事迹可考者的立传原则；开载始立姓、始归顺之人，立传者的卒年下限；纂辑姓名，以原籍地名分类，各为一帙；人名之下，开列所隶旗分，赐姓者书赐姓缘由，无名位的希姓亦可载入；将满洲世职之名，改为今制汉称，蒙古、汉军旗分内，实系满洲者可纳入。3. 蒙古、高丽、尼堪、台尼堪、抚顺尼堪编入条例。乾隆五年（1740年）十二月奏定，这三个民族人员，从前入满洲旗分内，历年久远者，注明情由，附满洲姓氏之后。4. 内外官员品秩表述。京堂以上大员，品秩不一，注明所隶衙门，以便叙次；郎中以下俱属附载，部属衙署；外省督抚以下，司道以上，俱系大员注明省份，知府以下不写；在京都统、副都统不写旗分，外省都统、副都统，及将军、提镇俱注明驻扎地方[2]。

《通谱》编辑满洲氏族各姓，"记载姓氏，不使湮没"，"以昭族望"。高宗深知该谱并非是满洲世家大族专谱，也不能与魏晋、隋唐以来官修的士族门阀家谱等书可比。但是，该谱在编纂方式上，却独具匠心，按照门第高低，凸显满洲阀阅之家。开卷即为满洲"著姓"，排列祖孙数代，概述家族

---

① 《清高宗实录》卷八，雍正十三年十二月丙寅，第9册，第298页上。
② 《通谱·凡例》，第3—5页。

事迹。诸大姓鳞次栉比，依序排开。卷一至卷四，首列八个"著姓"之一的瓜尔佳氏，氏族甚繁，散处于苏完、叶赫、讷殷、哈达、乌喇、安褚拉库、蕫悠城、瓦尔喀、长白山等地。卷一又首排开国元勋、五大臣之一的苏完瓜尔佳氏费英东家族，列传者有其子孙、兄弟、同族子弟等，纳海、索海、图赖、巴本、朗格、雅尔巴、卫齐、卓普特、鳌拜、巴哈、穆理玛、杨善、宜苏、吉苏、吉赛、吴赖、希福、三谭、扎鼐、克尔素、车克、达古善、尼堪、吴巴海等84人，他们军功卓著，位居要职①。

各大家族依次为钮祜禄氏、舒穆禄氏、马佳氏、董鄂氏、赫舍里氏、他塔喇氏、伊尔根觉罗氏、舒舒觉罗、西林觉罗、通颜觉罗、佟佳氏、那木都鲁氏、纳喇氏等，皆在前30卷内。五大臣、八大臣、十六大臣、议政大臣、四辅政大臣等股肱之臣，均出自满洲世家大族②，在朝廷政治生活中发挥着骨干作用。而附在满洲姓氏之后的蒙古、高丽、尼堪姓氏，也照此法排序。比如，蒙古博尔济吉特氏开辟专卷，高丽家族前列金、韩、李、朴四大姓，尼堪、台尼堪、抚顺尼堪则以军功突出者，以及三品以上大员的张、李、高、沈、赵等姓，排于卷首，显示其家族地位。其余多数姓氏史事从略。纵观《通谱》一书，似有一种通览满洲望族大户谱系之感，足知这样修谱的独特设计之所在。

二　《皇朝通志·氏族略》十卷

《皇朝通志》，又称《清朝通志》。为乾隆时期仿照宋人郑樵《通志》体例，编纂的一部清前期制度史。该书修竣于乾隆五十一、二年间（1786—

---

① 参阅《通谱》卷一《苏完地方瓜尔佳氏》。

② 值得注意的是，《通谱》中竟未录觉尔察氏，即开国元勋的五大臣之一、镶蓝旗人安费扬古，正蓝旗人巴克什达海、正黄旗人领侍卫内大臣希尔根等所在氏族。《皇朝通志·氏族略》增补了觉尔察氏，标注简略。造成这种"特殊现象"之因是什么？清人吴振棫《养吉斋丛录》卷一记载："（觉尔察氏）达海，世称满洲圣人，其支下子子孙孙皆用紫带，其女不挑秀女。"这表明爱新觉罗氏与觉尔察氏原本为同一氏族。［日］敖冰河《清太祖努尔哈赤族属考——兼论觉尔察氏与爱新觉罗氏的历史渊源》一文指出：满洲爱新觉罗氏原"出自于觉尔察氏，即清太祖族属为觉尔察氏族"。太宗修纂《太祖实录》时，将此隐讳起来，突出"爱新觉罗血缘高贵之由和强调其政权的正统性、权威性，掩盖了自己'建州枝部'的出身"。皇太极将"自福满从觉尔察世系移出，挂靠建州左卫都督世系"，又眷顾自己真正先祖的后裔，"对觉尔察与己同宗是认同的"，将觉尔察氏视同国姓，这是《通谱》未录的缘由。《清史研究》1999年第3期。《氏族略》把觉尔察氏作为普通满洲姓氏补录，说明当时清朝已经历了150余年"被视为国姓与准皇族地位"的觉尔察氏已无足轻重。

1787 年）①，凡一百二十六卷。首列《氏族略》十卷，"自应仿《八旗氏族通谱》之例，每姓俱系以人"，"姓氏前后次序，悉照《八旗氏族通谱》恭载"。该志辑录满洲 645 姓，增补《通谱》遗落的满洲 33 姓，计 678 姓；蒙古 218 姓（比《通谱》少 17 姓），补充蒙古 125 姓，计 343 姓；高丽 43 姓，漏掉朱氏，乃 42 姓②；尼堪 135 姓，台尼堪 38 姓，抚顺尼堪 48 姓，计 221 姓（比《通谱》少 25 姓），合计 1285 姓（含重复汉姓）。其内容为：卷一首列"国姓爱新觉罗"，"以昭亿万年之鸿基"，叙述先世发祥，列祖相承，创建帝业；卷二至卷五，记载满洲八旗姓；卷六记录蒙古八旗姓；卷七附载补充满洲八旗姓、蒙古八旗姓；卷八记述满洲旗分内高丽姓、尼堪、台尼堪、抚顺尼堪姓；卷九附录汉稀姓；卷十为满洲氏族总论，包括赐姓、改姓、以部为姓、以地为姓、以姓为姓、以名为姓、同族异姓。《皇朝通志》将八十卷《通谱》浓缩为十卷《氏族略》，增补了遗落的满洲、蒙古姓氏，使满洲姓氏记载愈加完整。除了汉族仅有"汉希姓"一卷，而不载清朝其他民族姓氏。《皇朝通志·氏族略》对郑樵《通志·氏族略》体例多有改变，突出了满洲部族的核心地位。

《氏族略》专载满洲氏族，"以彰我朝之族望，以备一代之典章"③。例如，卷二、卷三《满洲八旗姓》所列大姓瓜尔佳氏、钮祜禄氏、舒穆禄氏、马佳氏、董鄂氏、赫舍里氏、他塔喇氏、伊尔根觉罗氏、舒舒觉罗、西林觉罗、通颜觉罗、佟佳氏、那木都鲁氏、纳喇氏等，将异地同姓的氏族集中一起，分述事迹，并加案语说明姓氏由来。而卷四、卷五的满洲氏族，所列简要，多数姓氏下，仅标世居地。再如，卷六《蒙古八旗姓》，也照满洲之例，只记戚畹之家博尔济吉特氏业绩，其余诸姓十之九少列事迹，姓氏下只注世居地。

《皇朝通志》编纂凡例是："国姓而下，凡后族尚主、开国战功，及位跻一品、爵列五等者，咸为登载。此外不及格者，不能编录。其以勋绩贤能，特予谥法名入祀典者，虽平等官职，自应采入。若袭世职，膺高位而无

---

① 王锺翰：《清三通纂修考》，《王锺翰清史论集》第三册，中华书局 2004 年版，第 1615—1667 页。

② 《通谱》卷七十二至七十三，编录高丽 43 个姓氏，把朱氏排在第 21 位，宋氏排在第 33 位。《清朝通志》卷八《满洲旗分内高丽姓》将高丽 43 姓漏掉朱氏，宋氏排在第 21 位，朱、宋混淆，校勘不精所致。

③ 《清朝通志》卷一《氏族略一·臣等谨按》，第 6759 页中。

事功；或罹罪谴，虽洊历贵显，亦从删节。此又微寓变通之义，而非尽以名位据也。"①《皇朝通志·氏族略》是遵照高宗弘历旨意，精心编排的。这表明《氏族略》的编修是以满洲氏族之等级与门望为标准的。

三　《钦定八旗氏族通谱辑要》二卷

乾隆五十七年（1792 年）二月，大学士阿桂、和珅等"奉旨"撰成的二卷《钦定八旗氏族通谱辑要》（以下简称《辑要》）。又有清抄本《钦定八旗满蒙氏族通谱》，其编纂者、内容与《辑要》无别，而书名异。《钦定八旗通志》编修者认为，《八旗氏族通谱》已"条分缕析，叙述详备"。因卷帙稍繁，检寻未易，又恐无识之徒，拾元末明初人陶宗仪之瞽说，特敕廷臣编为《辑要》一书，"原原本本，既简且赅，为古今姓氏书之最"。"今序述八旗族系，一以是编为宗。"②《辑要》照录满洲 645 姓，蒙古 235 姓，高丽 43 姓，尼堪 246 姓（含重复汉姓），计 1169 姓。未载《氏族略》所增补的满洲、蒙古诸姓氏。

《辑要》是八十卷《通谱》的简编本，删减之处就在于每个姓氏下，省略人物事迹，简述该姓氏名称由来、世居地，考《金史国语解》，指出该姓的原姓，揭示陶宗仪《辍耕录》将女真姓对译汉姓"实属非是"等。例如，瓜尔佳氏，之下注："瓜尔佳，为满洲著姓，原系地名，因以为姓。其氏族甚繁，散处于苏完、叶赫、讷因、哈达、乌拉、安褚拉库、斐优城、瓦尔喀、嘉穆湖、尼玛察、辉发、长白山，及各地方。今考《金史国语解》，谷里甲，即顾斡勒基雅；《辍耕录》载金姓氏条内，谷里甲，汉姓曰汪，而俗称瓜尔佳曰姓关，均属非是。又查其氏族，有隶正白旗汉军旗分，改姓石者，实亦瓜尔佳氏也。"再如，穆和林氏之下注："穆和林，原系地名，因以为氏，世居穆和林地方。"③而绝大多数姓氏之下，只是抄录《通谱》原注某为满洲一姓，世居某地。例如，图萨喇氏，之下注："图萨喇为满洲一姓，世居叶赫地方。"④所录姓氏内容简略，便于翻检，这是《辑要》的明显特征。

---

① 《清朝通志》卷二《氏族略二》，第 6761 页上。
② 《钦定八旗通志》卷五十四《氏族志》，第 1026 页。
③ （清）阿桂等编纂《钦定八旗氏族通谱辑要》（以下简称《辑要》）卷一《瓜尔佳》、《穆和林》，清乾隆间武英殿刻本，《北京图书馆藏家谱丛刊·民族卷》，2003 年版。
④ 《辑要》卷一《图萨喇》，第 149 页。

《辑要》对《通谱》的氏族姓氏排序与内容作了调整和订补。在姓氏编排上，首列完颜氏，其因是完颜部为大金之后，其氏族散处于完颜等地。《金史国语解》云，完颜，即斡英基雅。《辍耕录》金姓氏条内则载："完颜，汉姓曰王，实属非是。"编纂者案："完颜为大金国姓。我朝诞膺天命，与金源别派完颜之后，久隶八旗。今奉旨仿《通鉴辑览》，明祚既移，犹存'弘光'年号之例，仍列其姓于篇首。"① 次列爱新觉罗，简陈先世由来，列祖奇功，以为国姓，"万年卜世之长"。再列"著姓"瓜尔佳、钮祜禄、舒穆禄、他塔喇、佟佳、纳喇。其他姓氏排列也有变化，比如，《通谱》中马佳氏排在第四位，他塔喇氏排在第七位，佟佳氏排在第十二位，纳喇氏排在第十四位；《辑要》则马佳氏排在第九位，他塔喇氏排在第六位，佟佳氏排在第七位，纳喇氏排在第八位等。《辑要》排序先后的调整，说明当时满洲家族地位已有变动。其内容的增补主要在一些姓氏名下，溯源金时原姓，指出《辍耕录》把女真姓氏对照汉姓之非。譬如，富察氏，"考《金史国语解》，蒲察，即富察。《辍耕录》载金姓氏条内，蒲察，汉姓曰李。实属非是"。再如，乌雅氏，"考《金史国语解》，兀颜，即武雅。《辍耕录》载金姓氏条内，兀颜，汉姓曰朱。实属非是"② 。该书编纂之法显然体现了高宗的民族史观。

四　《钦定八旗通志·氏族志》八卷

雍正五年（1727 年），鄂尔泰等奉敕纂修的《八旗通志》（初集），乾隆四年（1739 年）修竣，该书未修《氏族志》。五十一年（1786 年），纪昀等"奉敕"再编纂《钦定八旗通志》，嘉庆年间成书三百五十六卷，补修《氏族志》七卷。《氏族志》再一次抨击陶宗仪《辍耕录》，妄以金源氏族，分配汉姓，并强调国家"龙兴"之初，东北诸部率先归附，辽、金、元之旧姓往往而存。其他因地为氏，因事为氏，子孙世守，迁徙不改。朝鲜密迩边陲，归为臣仆者，世系——能稽。汉军之隶八旗者，阀阅巨族，世承爵秩，大抵皆谱牒分明。指出《辑要》之不足，"惟是编所列氏族凡散居各地者，皆标一最著之地，而以等处括其余"。该书《氏族志》，"凡一姓系出数处者，皆——胪列。盖是编为总括便览，故仅举大纲，今则从志乘之体，分详

---

① 《辑要》卷一《完颜》，第 8 页。
② 《辑要》卷一《富察》，第 16 页；《乌雅》，第 17 页。

支派"①。该书收录满洲616姓，蒙古235姓，高丽43姓，尼堪原为246姓（含重复汉姓），刊刻时漏掉曹氏，成为246姓，合计1140姓。而《氏族略》补充的满洲、蒙古诸姓氏亦未辑录。

《氏族志》前五卷为八旗满洲谱系，将"国姓原始"，依照《满洲开国方略》体例，爱新觉罗列为卷首，弁冕此门，不与庶姓并列，体现"礼贵尊贵，《春秋》之大例"②。依次开列满洲诸姓，再仿照《辑要》编纂体例，先列完颜氏，各姓氏下列各支派所出。例如，马佳氏，凡29支派，分别出自绥分、马佳、穆丹、罗山、嘉木湖、宁古塔、嘉理库城、沈阳、叶赫、和罗、沙济、蘑菇沟、虎尔哈、阿拉、长白山、辉发、沾河、殷、尼玛察、苏完、福尔江阿河、开原、哈达、黑龙江、扎林、杭佳、佛阿拉、吉林乌拉、黄古屯。再如，栋鄂氏，凡13支派，俱系董鄂地方，因以为姓；支派繁衍，亦间有入汉军及内务府包衣者，同系一族③。多数氏族注释简单，诸如，郭浑氏，系出黑龙江；伏尔哈氏，系出佛阿拉④。蒙古、汉军姓氏下注更简，只列族属，比如，蒙古布鲁特氏，系出喀尔喀；威古特氏，系出察哈尔⑤。汉军姓氏亦如此，譬如，周氏，系出沈阳；董氏，系出抚顺⑥。而《氏族志》在姓氏排序上也有变化，比如，他塔喇氏，《辑要》排在第六位，《氏族志》则排在第八。满洲姓氏后附八旗蒙古姓氏、八旗高丽姓氏、八旗汉军（此提法不确，实即八旗尼堪，非汉军姓氏）姓氏，各一卷，排列不变。《氏族志》的编修对《通谱》《氏族略》《辑要》等内容均有修订之处。《氏族志》收录满洲姓氏的数量比《辑要》减少了29个。这表明《通谱》刊印后五十余年，满洲氏族发生了变化，或死亡无嗣，姓已无存；或因罪革职，被逐出族；或入赘为婿，改以他姓等因，《氏族志》的记载从一个侧面反映了满洲社会的变化。

总之，《通谱》《氏族略》《辑要》《氏族志》，这四部"钦定"典籍，在满洲民族认同上，无疑都具有同样的效应。高宗弘历尤为注重首部《通谱》，卷帙繁多，内容宏富，这是满洲氏族根源的"祖本"。《氏族略》、《辑

① 《钦定八旗通志》卷五十四《氏族志》，第1026页。
② 同上。
③ 《钦定八旗通志》卷五十五《马佳氏》、《栋鄂氏》，第1031页。
④ 《钦定八旗通志》卷五十七《郭浑氏》、《伏尔哈氏》，第1061页。
⑤ 《钦定八旗通志》卷五十九《布鲁特氏》、《威古特氏》，第1081页。
⑥ 《钦定八旗通志》卷六十一《周氏》、《董氏》，第1095页。

要》、《氏族志》皆由《通谱》衍生而出，它们因编纂体例不同，编排有所变化，内容偏简，以便检阅。《氏族略》在《通谱》基础上，增补了满洲33姓，因事绩平淡，未为《辑要》《氏族志》所采纳。这就是四部记录满洲氏族典籍之间的内在关联。

第三节　"钦定"满洲谱系与其社会功能

《礼记正义》卷二十六《郊特牲》云："万物本乎天，人本乎祖。"[①] 清朝纂修本部族谱，亦继承了中原传统文化，尊亲睦族。那么，由《通谱》派生出《皇朝通志·氏族略》《钦定八旗氏族通谱辑要》《钦定八旗通志·氏族志》三部典籍，既然有了民族认同的原典《通谱》，为什么还要再编纂三部满洲氏族谱系之作呢？一方面，三部谱书记述的满洲本部族世系，与《通谱》相比较，编修体例不同，内容相类，繁简有别，对《通谱》在不同程度上作了匡正与补充。另一方面，满洲谱系的多次梳理与编修，适应了清前期满洲氏族的变化，从中可以折射出满洲谱系所具有的独特社会功能。

一　"敬宗收族"，勿忘旧部功德，增进本民族凝聚力

从明万历年间始，到清乾隆时期，在近200年的历史中，满洲崛起辽东，控制东北，入主中原，经历了艰苦卓绝的斗争，建立了统治全国的王朝。从康熙中期起，满洲将士由金戈铁马的颠沛生涯变为稳定安逸的生活，民族特有的进取精神逐渐消退，追求享乐，渐成风气。康熙十二年（1673年）十二月，圣祖玄烨指明，近见满洲"贫而负债者甚多，赌博虽禁，犹然未止"。满洲人"习于嬉戏，凡嫁娶丧祭，过于糜费，不可胜言"，又见以佐领争讼者甚多，"但知希图荣贵，而爱养所属之道，全然不知"[②]。二十二年（1683年）九月，玄烨指示杭州副都统洪尼喀说："杭州驻防满兵，渐染陋俗，多不束带，靸履而行。既为满洲，则当遵满洲职业，勤于骑射。"[③] 雍正五年（1727年）正月，世宗胤禛指出："满洲风俗，原以淳朴俭约为尚。

---

① 《礼记正义》卷第二十六《郊特牲》，《十三经注疏》（标点本），北京大学出版社2001年版，第801页。

② 《清圣祖实录》卷四十四，康熙十二年十二月辛丑，第4册，第583页上。

③ 《清圣祖实录》卷一百十二，康熙二十二年九月戊寅，第5册，第149页下。

今渐染汉人习俗，互相仿效，以致诸凡用度，皆涉侈靡，不识撙节之道。"①这表明定鼎中原80余年，清朝统治者已觉察满洲将士贪图享乐之风渐盛。

从清中期始，上自宗室、世职、闲散，下至八旗子弟多沾染恶习，"耽玩丝竹，演戏观鱼，城内关厢放鹞"。一些宗室觉罗子弟不系红色带，私去官顶，游手好闲，混迹青楼酒肆，与人斗殴，滋事招侮②。由此也影响八旗蒙古、八旗汉军的"习俗不善"。满洲贵族已经清楚地意识到问题的严重性，虽然世祖、圣祖、世宗、高宗"屡经降旨训诫"，但成效不显。嘉庆十三年（1808年）七月，仁宗颙琰特令颁示《御制宗室训》，警告诸王及其子弟，并御笔一纸，悬挂尚书房，俾诸皇子触目儆心。可见八旗子弟蜕化、民心涣散的程度之深。如何实现"亲亲和睦，移风易俗为先务"的治族理念？这是摆在清朝统治者面前的一项重要任务。

"八旗为国家根本"③。满洲乃朝廷基石，这是满洲贵族的共识。如何凝聚本民族？《礼记注疏》卷第三十四《大传第十六》记述："君有合族之道，族人不得以其戚戚君，位也。""尊祖，故敬宗；敬宗，尊祖之义也。"④ 高宗下令编纂满洲氏族谱系，聚敛部族，增强民族自我认同意识，再祭"首崇满洲"旗帜，增进民族向心力。满洲人渐习汉姓之风，引起了他的高度关注。乾隆二十五年（1760年）六月，高宗明确指出："八旗满洲、蒙古，各有姓氏，只因年久，竟有将本姓弃置，而习于汉字，如钮钴禄姓，竟呼为郎姓者。"他明令："姓氏乃旗人根本，甚关紧要，今若不整顿，必致各忘本姓而不知。"嗣后八旗、各省，凡有引见人等，姓氏俱于绿头牌缮写，予限一年，如逾限经朕问及，不能回奏者，定将该管大臣，一并治罪⑤。

弘历决心制止这种"不良风气"的蔓延。他在《御制八旗满洲氏族通谱序》中强调："盖万物本乎天，人本乎祖。木有根而枝附焉，水有源而流出焉。牒谱者，所以联人情之涣，而维旧俗之漓，不可忽也。"并引《尚书》之语"古我先王，暨乃祖乃父，胥及逸勤"；"惟乃祖乃父，世笃忠贞，服劳王家，缵乃旧服，无忝祖考"；"前之人既以忠实勤劳覆帱，其嗣后凡兹

① 《清世宗实录》卷五十二，雍正五年正月癸巳，第7册，第781页上。

② （光绪）《钦定大清会典》卷九《宗人府·职制·禁令》，第5175页；参阅《清高宗实录》卷一〇五八，乾隆四十三年六月壬辰，第22册，第139页。

③ 《乾隆帝起居注》乾隆七年四月二十六日，广西师范大学出版社2002年版，第447页。

④ 《礼记注疏》卷第三十四《大传第十六》，《礼记正义》中，《十三经注疏》（标点本），北京大学出版社1999年版，第1007、1008页。

⑤ 《清高宗实录》卷六百十四，乾隆二十五年六月甲申，第16册，第614页上。

食旧德而服先畴者，其何以无斁厥绪"①。高宗修谱不忘旧部功德，以此激励满洲官员与将士去掉汉俗，振奋民族精神，忠于君主，报效国家，"是则朕所厚望"。这就是清廷历时九年编纂《通谱》的宗旨。

二 甄别家世，以备选官、诉讼之据

《通谱》是清朝检验满洲氏族家世的总簿册，首列阀阅之家，其次按照氏族对国家功绩的大小，作出排序。《皇朝通志·氏族略》《钦定八旗氏族通谱辑要》《钦定八旗通志·氏族志》，从体例、内容等对《通谱》作了调整，使满洲姓氏记载进一步完整。《通谱》编纂推动了满洲、蒙古、汉军等各氏族谱系的修纂，并上递奏章，"恭呈御览"。而私修谱系又补充了官修《通谱》《氏族志》的缺失。清廷在确定家族地位、备选官员，及解决诉讼，必以官私修谱系相互参证，以确保朝廷与各家族的切身利益。这就是上下编修满洲氏族谱系的目的，体现出满洲家谱特有的社会功能。

1. 氏族身份，凭据家谱

高宗批览八旗都统衙门议定进呈的家谱，查阅八旗佐领根源，区分勋旧佐领、优异佐领、世管佐领、互管佐领、公中佐领、无根源佐领、包衣佐领等不同情况，作为认定该家族地位的高低，以及家族享受待遇的一种凭据②。为此清廷特设"办理八旗世职佐领根源事务王大臣"一职，编制《八旗佐领根源册》，形成办理佐领根源档案③。这种作法很快就推广到八旗蒙古、八旗汉军，乃至绿营、察哈尔蒙古、东北民族，以示其家族门等的尊卑。乾隆三年（1738年）十二月，高宗允许蒙古多尔济绝嗣之世职承袭，查从前八旗绝嗣停袭世职，令将本族亲属过继立官之人为嗣，复予承袭者。其意"恐泯灭创立世职人之劳绩，轸念加恩之意"④。五年（1740年）五月，理藩院进呈蒙古王等源流档册。高宗指示："蒙古王、贝勒、贝子、公、台吉等源

① （清）弘历：《御制八旗满洲氏族通谱序》，《清高宗御制诗文全集》第十册《御制文初集》卷十，中国人民大学出版社1993年版，第396—397页。

② 《清高宗实录》卷八十，乾隆三年十一月戊午，第10册，第260页上—262页上。

③ 《钦定八旗通志》卷三《镶黄旗满洲佐领下》第五参领第十二佐领谨案载："乾隆二年，经办理八旗世职佐领根源事务王大臣具奏。"高宗谕允。故知此职设置当在高宗御极之初，编制《八旗佐领根源册》等，参阅《清高宗实录》卷八十一，乾隆三年十一月乙亥，第10册，第277页下—278页上。

④ 《清高宗实录》卷八十三，乾隆三年十二月丁酉，第10册，第308页上。

流档册家谱，嗣后著五年一次，详明缮写进呈，将旧档家谱换出。"①同月，他命令理藩院，现今察哈尔八旗袭补世管佐领，俱造其家谱进呈。嗣后归化城土默特袭补世管佐领之时，亦著造具家谱，一并进呈②。由此观之，在旗人社会中，各氏族编纂家谱的必要性。

2. 世袭官职，进呈家谱

从前八旗袭补世职官员佐领时，无用家谱，皆由管旗大臣拣选奏放。其中亦有管旗大臣办理的偏私弊端。乾隆三年（1738 年）十一月，高宗指示，"其八旗世袭官员，袭职家谱，亦著一并详查，定拟具奏"。要求将初管佐领人员之子孙，作为应得正分，续管佐领人员之子孙，视其佐领根源，分其支派之远近，量其管理次数之多寡，有定为正分应得者，有定为拟陪、拟备者。分别定为应拟正陪，拟备之分，其应入家谱，与不应入家谱，贴签何以分别明白等处，详为划一办理③。二十四年（1759 年）四月，镶蓝旗满洲都统等奏，承袭永陵防御伊德纳员缺，以其子德棱额拟正，侄伊成额拟陪。高宗指明："嗣后承袭此等防御，照世袭官例，进呈家谱。"④ 二十七年（1762 年）正月，军机大臣等议奏，新设察哈尔都统、副都统等应办事宜，"承袭官爵，副都统按家谱拣选，送都统衙门阅看。年终咨赴该旗，带领引见"。高宗"从之"⑤。三十年（1765 年）四月，正白旗满洲办理世管佐领白格员缺承袭之分不均，因交该旗查覆。高宗指出，获重罪者之子孙，不应列名；在任病故者之子孙，仍应列名，"例有明文，而按其家谱，论其远近，办给拟正拟陪之序，亦殊不难"⑥。同时，八旗蒙古、八旗汉军等世袭官员，该旗请将伊之佐领，或委员署理，或另行补放等因具奏，"嗣后八旗有似此者，将承袭家谱进呈请旨"⑦。满洲职官世袭，均要"节以其家谱，核其拟请承袭之人"。这足以证明家谱在满洲、蒙古、汉军等世袭选官中的作用之大。

3. 纷争诉讼，参酌家谱

旗人在选官等事务中出现纠纷诉讼之案，尤其是八旗承袭世职官员时，起初无家谱参照，加上管旗大臣办理不公，或有将不应挑之人挑选，将应挑

---

① 《清高宗实录》卷一百十六，乾隆五年五月辛亥，第 10 册，第 704 页上。

② 《清高宗实录》卷一百十七，乾隆五年五月壬戌，第 10 册，第 711 页上。

③ 参阅《清高宗实录》卷八十，乾隆三年十一月戊午，第 10 册，第 260 页上—262 页上。

④ 《清高宗实录》卷五百八十五，乾隆二十四年四月己卯，第 16 册，第 495 页下。

⑤ 《清高宗实录》卷六百五十二，乾隆二十七年正月乙巳，第 17 册，第 304 页下。

⑥ 《清高宗实录》卷七百三十五，乾隆三十年四月庚午，第 18 册，第 93 页下—94 页上。

⑦ 《清高宗实录》卷七百二十四，乾隆二十九年十二月辛卯，第 17 册，第 1075 页上。

之人，反而落选，且于佐领缘故，亦多不明晰，必至争讼不息。例如，在勋旧佐领中，系功臣等带来奴仆，或因奋勉，赏予奴仆，作为佐领，故惟将始立佐领人员之子孙挑选。无论曾否管过佐领，概予有分。其始立佐领人员之亲兄弟，虽曾管过佐领，而其子孙，亦作为无分。"八旗佐领根源，若不详查酌定，日后必至争讼不息"①。乾隆六年（1741 年）三月，正蓝旗汉军佐领佟世锁，缘事参革，拣选应放人员。佟世瑛等控告，佟世琳并非管过佐领佟养敬之子孙，是旗叔佟国璨，将伊等造入家谱。而佟养敬之子佟熙年，现有孙佟世瑛等十余人，一人不录，实属冤抑。后查其族谱，不惟佟世琳非为佟养敬后裔，连原告佟世瑛，亦非佟养敬之子孙。高宗指示，"八旗佐领根源，未能清晰，每致互相控告"，令彻底清查，以期永息争端②。十三年（1748 年）六月，正红旗满洲奏，袭原任佐领和德所遗员缺。高宗详阅其族谱，有永泰亦在应袭之列，因永泰家仅承袭三次，故此次欲令其承袭，业将绿头签交与该大臣等。他指出："永泰竟详陈履历首告，此风断不可长。"已将永泰斥革，仍令出缺之子和音布承袭。"八旗世仆，理当安分以俟，何得任意首告，此等恶习，殊属不堪，大失满洲纯谨之风"③。这说明满洲氏族谱系也是平息旗人诉讼的一份司法凭证。

三 整齐本族姓氏，以防侵染汉俗

金元以来，女真人及附属的其他氏族，已有改易汉姓的现象。金世宗、章宗多次下令女真人不准改为汉姓，不得以姓氏译为汉字，犯者抵罪，"编为永制"。然而，这种强行阻止并没有达到预期的效果④。在清前期，随着满汉融合的加深，又再现了满洲姓氏冠以汉字问题。乾隆十二年（1747 年）七月，高宗校阅《金史》，认为所附《国语解》一篇，讹舛甚多。他指出，金源即满洲，其官制，其人名，用本朝语译之，历历可见。大金全盛时，幅员辽广，"语音本各不同"。"当时惟以国语为重，于汉文音义，未尝校正画一"。元臣纂修，沿袭纪载旧文，无暇一一校正，以讹传讹。"至于姓氏，惟当对音，而竟有译为汉姓者，今既灼见其谬，岂可置之不论"。即命大学士

① 《清高宗实录》卷八十，乾隆三年十一月戊午，第 10 册，第 260 页。
② 《清高宗实录》卷一百三十九，乾隆六年三月甲申，第 10 册，第 999 页下—1000 页。
③ 《清高宗实录》卷三百十七，乾隆十三年六月壬午，第 13 册，第 215 页上。
④ 参阅《女真汉姓考》卷一《改易汉姓的女真人》。

讷亲、张廷玉等，"用国朝校定切音，详为辨正"，"并注清文，以便考证"①。尔后，高宗对满洲人改汉姓，渐习汉俗，非常反感，多次降旨予以禁止。三十二年（1767年）五月，吏部引见觉罗氏满保之子满吉善。高宗指问："似竟以满为姓，何必学汉人，更立姓氏？""当即改名吉善，并令交宗人府王公等，查宗室内有似此者，一律更改"②。清朝统治者对宗室成员改易汉姓多次明令禁止。

乾隆四十三年（1778年）六月，高宗指示，今日览镶红旗满洲世袭佐领呈进家谱，将一支父子之名，其首一字，俱用齐字。又一支数人之名，首字俱用杜字。"齐、杜二字，见之汉姓"。以此命名，"必致数传而后，竟成伊家之姓，沾染汉习，莫此为甚"。嗣后满洲命名，断不可数代俱用一字起头。"我满洲原有满洲姓氏，岂可忘旧"。将此通行宣谕八旗、及各省城将军、副都统等遵行③。七月，他又指明，翻译取中之举人第一名陶光、第十三名郭布亨，俱与汉姓相同。将"陶"字改为"殺"字，"郭"字改为"国"字。大学士傅恒将其诸子姓"傅"，经朕令改"福"字。大学士阿桂父阿克敦，其子名阿迪斯、阿弥达者，虽俱系清语，究属三代沿用，恐其家遂以"阿"为姓。令自其孙始，名字之首，不必再用"阿"字。盖满洲原有姓氏，而通行乃其名字。"今妄效汉姓，不特遗忘根本，观之亦甚不雅"。著交八旗、各省将军、都统、副都统等，通谕各官兵，令各遵奉。如有效尤者，定行治罪，该管大臣等一并议处④。

仁宗秉承其父旨意，多次下禁令满洲姓名蹈袭汉俗。嘉庆十二年（1807年）七月，他指出，原任宗人府府丞徐绩之孙达冲阿候选通判，虽系汉军，其名则系清语。奏折内截"冲阿"二字，似将"达"字作为姓氏，沾染汉人习气，殊属非是。嗣后凡以清语取名者，俱著全书⑤。高宗、仁宗等决心阻止满洲人改汉姓，以违者治罪，予以警示。后三部官修谱书的编纂，皆遵照"上谕"所定基调，均批判改易汉姓之根源——陶宗仪所撰《辍耕录》，指责其说"妄以金源氏族，分配汉姓"，是凿空杜撰，无稽之谈，沿陶宗仪余波，尤为乖谬。清朝统治者如此煞费心机，提醒本族不得仿效汉姓，遗忘

① 《清高宗实录》卷二百九十五，乾隆十二年七月丙午，第12册，第863页上、下。
② 《清高宗实录》卷七百八十四，乾隆三十二年五月乙亥，第18册，第646页下。
③ 《清高宗实录》卷一千〇五十九，乾隆四十三年六月辛亥，第22册，第156页下—157页上。
④ 《清高宗实录》卷一〇六二，乾隆四十三年七月辛丑，第22册，第206页。
⑤ 《清仁宗实录》卷一百八十三，嘉庆十二年七月癸丑，第30册，第410页上。

满洲姓氏根本，力图遏止满洲汉化趋向。

晚清阶段，满人姓氏冠汉字姓的趋势已难阻挡。此时满洲家谱中其姓氏明确冠汉字姓者，已大有人在。譬如，光绪十五年（1889 年）编修的《索绰罗氏谱书》，原谱作者署名"曹氏延亭庆春"，即索绰罗氏，汉姓为"曹氏"①。民国时期，旗人以冠汉字姓者更为普遍，从诸多旗人家谱记载中均可验证。譬如，民国四年（1915 年）编纂的《满洲苏完瓜尔佳氏全族宗谱·序》记载，瓜尔佳氏，满洲巨族，为清代"八大姓"之一。"尝考瓜尔佳之字义，译写为关"，遂以"关"为姓氏②。应当地说，旗人以单体汉字为姓者，包括部分汉人《百家姓》，也有汉姓之无者，比如，图、德、恒、布、海等。即使有的单姓与汉姓重合者，是取满洲姓氏之字头，如宁古塔氏姓"宁"，富察氏姓"富"，温特赫氏姓"温"等，"只是原来姓氏的简化，不必叫作汉姓"③。然而，旗人受汉族姓氏文化的影响，多种家谱皆拟出辈分名字次序，诸如，瓜尔佳氏辈次范字："世家文英，继传毓溥；承祖维新，钟振延懋。"④ 章佳氏排辈次范字："文魁继世永，家运启麟祥；万代延承祚，德纯瑞润长。"⑤ 民国二十三年（1934 年）纂修的《奉天通志》特辟《氏族志》两卷，专载满洲姓氏对译汉姓，或冠汉字姓⑥。足知满洲汉化速度之快是满洲贵族所始料未及的。

四　校补匡正，缩编简本，以备稽览

《通谱》卷帙繁多，尚存阙如。《皇朝通志·氏族略》补充了《通谱》遗漏。该书据《八旗通志》内名臣、勋臣、忠烈各传，以及查阅《八旗档册》，有《通谱》所未见者，"仅令载一卷，以备稽览"，而"其原籍无考者，概不登载"⑦。《氏族略》补录满洲姓洪罗氏等 33 姓，蒙古姓揆龙氏等 125 姓。因所载之人无多，不以官阶高低为别，悉照本传及原册录入。每姓

---

① （光绪十五年修）《索绰罗氏谱书》编者按，《满族家谱选》，第 124 页。
② （民国四年修）《满洲苏完瓜尔佳氏全族宗谱·宝泰等序》，《满族家谱选》，第 217 页。
③ 《女真汉姓考》卷一《改易汉姓的女真人》。
④ 《满洲苏完瓜尔佳氏全族宗谱·苏崇阿序》，《满族家谱选》，第 218 页。
⑤ 《章佳氏哈拉宗谱·后序》，《满族家谱选》，第 258 页
⑥ （民国）王树楠等编纂《奉天通志》卷一百五《氏族志·氏族五·清上》，第 2352—2369 页；卷一百六《氏族志·氏族六·清下》，第 2369—2376 页，《东北文史丛刊》（影印本），辽宁沈阳古旧书店 1983 年版。
⑦ 《清朝通志》卷七《附载满洲八旗姓·臣等按》，第 791 页上。

氏之下，举一至三位代表人物，简注旗籍、世居地、事迹，或加案语说明姓氏由来。例如，满洲老沟氏：金泰，正黄旗人，世居老沟地方；雍正中，由前锋校，从征准噶尔，阵亡，赠云骑尉，祀昭忠祠。蒙古乌密氏：巴赖都尔莽鼐，正黄旗人，世居察哈尔地方；崇德中来归，从征锦州，阵亡，赠三等子，祀昭忠祠。其子哈岱袭职，以征浙江海寇功，加授一等子，任内大臣；阿喇纳袭职，康熙中叶，以征吐鲁番功，授都统，晋封三等伯，谥号僖恪①。《氏族略·总论》参照《通谱》《金史国语解》《金史》《辽史国语解》《元史国语解》《国史列传》《八旗通志》，将满洲、蒙古姓氏名称由来分为赐姓、改姓、以部为氏、以地为氏等七类，订补了《通谱》记载的阙失。

《通谱》已刊布近50年，为何再修《辑要》？其因有三：1. 补充姓名含义。八旗满洲姓氏多系复姓，自二字，至三字、四字、五字不等，与汉人以单字姓不同。前编《通谱》时，只就各家先世口相传授，或有记载姓氏者，编入谱内。645姓中以山川、地名为姓者，仅有38姓，其余均未注明。校阅全书，类似地名者，竟居其半。也有直接用满洲、蒙古语为姓者。2. 订正满洲姓氏对译汉姓，防止以讹传讹。陶宗仪《辍耕录·金姓氏》载，完颜氏，汉姓曰王；富察氏，汉姓曰李。编纂者案语：此言"牵合附会，殊为荒谬"，不知满洲姓氏源流，凡姓氏误译为汉姓者，一一订正。3. 以《金史国语解》、《皇舆图》，详细校阅《通谱》满洲姓氏，"以昭划一，以垂永久"②。《辑要》对《通谱》内容作了调整，更符合满洲氏族的历史与现状。

从总体上看，记录满洲部族姓氏的四部"钦定"典籍，《通谱》是部总册，其余三部由此派生而来，在编排体例和内容上有所不同，目的是尽使满洲姓氏记录在案，不致遗漏。诸书所记氏族数量稍有变化，除了《辑要》与《通谱》相同外，《氏族略》《氏族志》与《通谱》均有差异。满洲姓氏数量，《氏族略》与《通谱》相比，《氏族略》增补的满洲、蒙古姓氏，而《辑要》和《氏族志》并未载入；《氏族志》载满洲姓氏数616姓，同《通谱》相差29姓。蒙古姓氏数目，《氏族志》与《通谱》一样，《氏族略》则少17姓。高丽姓氏数，各书一致。三项尼堪数，《氏族略》亦差26姓，连同其补充的满洲、蒙古姓氏，《辑要》同《氏族志》均未补录。其因当有三

---

① 《清朝通志》卷七《附载满洲八旗姓》中《老沟氏》，第791页上；《乌密氏》，第791页下。

② 《钦定八旗氏族通谱辑要》卷首，阿桂、和珅：《为遵旨订正满洲姓氏编辑成书恭请圣鉴事》，《北京图书馆藏家谱丛刊·氏族卷》，2003年版，第1—4页。

点：1.《氏族略》补录的满洲、蒙古姓氏，他们的部族地位已得到确认，而其家族事迹平常，多与世袭官职无关，已载《氏族略》，故后出之书未录。2. 四部典籍是民族认同的依据，但因"叙其事迹官爵，略书梗概"，"凡查考各项世职根由，自有内阁、吏部、兵部档册可凭，不得执此为据"①。3.《钦定八旗通志》修竣于嘉庆初年，距清朝定鼎中原已有150余年，满洲氏族发生了很大变化，一些家族或膝下无嗣，或以罪罚没，或家族衰败等。例如，《辑要》中的鲍佳、喀尔佳、方佳、富珠理、瑚图理、济拉喇、布希、留济理八个姓氏，《氏族志》中未录，似应出于上述之由。

第四节　满洲部族与其他"旗人"划一

高宗弘历钦定《通谱》是满洲部族认同的一部"法典"。它将满洲民族共同体内成员作了严格的界定，以彰显"首崇满洲"的等级观念。

《旗军志》记述：

> 我国家自太祖高皇帝创业，以上圣起东垂，用兵威兼并傍小国。及太宗文皇帝，抚有全辽，臣服朝鲜，百度渐举，爰立八旗，曰正黄、镶黄、正白、镶白、正红、镶红、正蓝、镶蓝。每旗析三部，以从龙部落，及傍小国臣顺者子孙、臣民为满洲；诸漠北引弓之民，景化内徙者，别为蒙古；而以辽人、故明指挥使子孙，他中朝（即明朝）将众来降，及所掠得，别隶汉军。②

乾隆四年（1739年）四月二十七日，高宗在《御制〈八旗通志〉（初集）序》中指出：

> 太祖高皇帝，龙兴东土，创造鸿基，肇建八旗，以统满洲、蒙古、汉军之众，规模宏远，立极万世。太宗文皇帝，继绪膺图，遐迩率服，

---

① 《通谱·凡例》，第5页。
② （清）金德纯：《旗军志》，金毓绂主编，《辽海丛书》第四册，辽沈书社1985年版，第2603页。

输诚归附者，云集景从，咸隶旗籍，以固根本。①

从文献记载中可以看出，满洲民族共同体主要由三个部族人组成，即满洲、蒙古、汉军，三部隶属旗籍者，统称为"旗人"。《通谱》确定了满洲部族成员的姓氏，为该民族共同体的核心。满洲部族人是旗人，但旗人不一定都是满洲部族人，其中是有严格规定的。满洲上层社会的自我认同意识一直很强。如前文所言，原本隶满洲正黄旗的山西按察使虞礼宝，入觐未能以清语应对，令降为汉军正黄旗人。将是否会说满语作为划定满洲部族人的标准，这充分反映了清朝统治者对满洲民族文化的捍卫，希冀将其文化特质发扬光大。

嘉庆六年（1801 年）三月，给事中尹壮图奏称："满洲子弟宜于十五六岁以前，专责熟读经书，讲明义理。俟心性融澈，精力完固，再责以骑射翻译，更易为力。"仁宗颙琰予以批驳：

> 尤属纰缪！本朝家法，以国语骑射为重。从前定鼎之初，满洲人才，并未娴习汉文，不能汉语，而建功立绩，勋业昭然。此时设尚有人，区区教匪，早已殄除。是今日满洲风气，实不如从前之务勤本业。而尹壮图乃以翻译一道，必先通晓汉文，易于明透。伊并不知清文义理，为此瞽论。况满洲国语，本应不学而能，而骑射亦须童年练习。若如尹壮图所言，必俟十五六岁以后，始行学习，安能精熟？朕方谆谆以国语骑射，为国家根本，屡经训饬，尚恐未能尽副朕望……（尹壮图）复行渎奏，更张本朝家法，本应治以妄言之罪。但朕正当求言之际，不肯以言罪人。著伊桑阿将原折掷还。②

他将保持民族的"国语骑射"，视为"国家根本"，是不能更张的"本朝家法"。在满洲部族认同上，仁宗的态度极其鲜明。

自清朝初期起，满洲、蒙古、汉军的关系越发密切，彼此之间通婚，多元文化进一步整合，使三者融为一体，满洲部族与旗人视为等同。乾隆五十

---

① （清）鄂尔泰等：《八旗通志》（初集）《御制八旗通志序》，东北师范大学出版社 1985 年版，第 2 页。

② 《清仁宗实录》卷八十一，嘉庆六年三月癸卯，第 29 册，第 51 页。

八年（1793年）八月，秋审人犯。山西巡抚蒋兆奎奏报"佈兰殴毙济成"一案，拟议出现差错。因佈兰与济成同系正蓝旗，误以被殴之蒙古济成，亦属满洲，照例拟入情实。经查此案原判错误，应改为缓决。高宗弘历明确地指出：

> 向来定例，满洲杀死满洲例文，本未妥协。自应以旗人杀死旗人，载入条例，则蒙古、汉军皆可包括，况此例不过严禁旗人相杀之意。虽入情实，数年以来，朕酌其情不匀，改为监候者甚多。今该抚误会例意，以被殴之济成系属蒙古，误拟情实，请改为缓决。试思八旗俱有蒙古、汉军，岂蒙古、汉军独非旗人？而满洲杀死蒙古、汉军，竟可毋庸抵偿，如是异视，岂公道乎？[1]

他将蒙古、汉军与满洲视为一体，皆以"旗人"对待，写进八旗条例，在司法等权利上，一视同仁，从而进一步提高了蒙古、汉军的地位。这就说明，从乾隆后期始，更加确认，凡是编入八旗之人，不分满洲、蒙古、汉军，均视为"旗人"，即满洲人。这样满洲"同化"了纳入本部族的其他民族，使他们"满洲化"。然而，在清代社会里，满洲部族人与其他"旗人"还是有着很大区别的。

旗人家庭，尤其是文化家族之间联姻，加强了彼此文化的认同。以恩华编著的《八旗艺文编目》所录作者名号为例，《清文小学集注》作者顾八代，字文起，伊尔根觉罗氏；《筹算浅说》作者瑞浩，字凤纶，博尔吉特氏；《槐厅载笔》作者蒙古法式善，原名运昌，诏改法式善（汉义为奋勉），字开文，号时帆，一号梧门，又号陶庐，自署小西涯居士，乌蒙吉氏，又作孟氏，奉诏姓伍尧氏；《梅崖诗集》作者汉军李基和，字协万，一字梅崖，号梅江。再以《编目》所载的满洲完颜氏家庭为例，第一代文学家恽珠，出身汉军，嫁给麟庆之父廷璐为妻。她编辑《红香馆诗词集》、《国朝闺秀正始集》等诗集，成为清代著名的文学家，对未曾写过诗词而后成为了文学世家的完颜氏家族产生很大影响。其后，麟庆又娶汉军出身的才女程孟梅为妻，对该家庭文学的发展起到促进作用[2]。这就表明满洲民族共同体成员之间广

---

① 《清高宗实录》卷一千四百三十四，乾隆五十八年八月甲子，第27册，第169页上。

② 参阅关纪新《八旗艺文编目·前言》，辽宁民族出版社2006年版，第1—9页。

泛接触必然会加速文化的相互认知。

满、蒙、汉多元文化的融合，促进了满洲民族共同体的巩固，保持鲜明的民族特色，以利满洲的可持续发展。《通谱》、《辑要》、《氏族略》、《氏族志》所载满洲姓氏，并将蒙古235姓、高丽43姓、尼堪247姓直接纳入满洲姓氏内。此外，《八旗通志》（初集）卷一至十七首列《旗分志》，依次记载八旗满洲，即镶黄旗、正黄旗、正白旗、正红旗、镶白旗、镶红旗、正蓝旗、镶蓝旗佐领；八旗蒙古，即镶黄旗、正黄旗、正白旗、正红旗、镶白旗、镶红旗、正蓝旗、镶蓝旗佐领；八旗汉军，即镶黄旗、正黄旗、正白旗、正红旗、镶白旗、镶红旗、正蓝旗、镶蓝旗佐领。尽管八旗蒙古、汉军佐领编制较之满洲偏少，但《八旗通志》编纂说明，从雍正初期始，八旗蒙古、汉军已正式纳入"旗人"之列。高宗钦定的《满洲名臣传》立传者633人，其中满洲461人，蒙古36人，汉军136人①。事实证明，此时的满洲已将蒙古、汉军融合一体。清末盛昱编辑《八旗文经》六十卷，共收录197位旗人的作品，其中满洲107人，蒙古18人，汉军72人②；《八旗艺文编目》编入旗人作家近800人，其中满洲557人，蒙古227人，汉军123人③。从文化融合的视角上看，晚清时期八旗蒙古、汉军人员已经完全被视同满洲，成为一个民族整体④。

在满洲民族的认同上，"钦定"四部谱系典籍无疑具有"法典"意义。高宗屡次"降旨"编纂本民族志书，目的是强化本民族自我意识，增强民族自豪感。伴随着满洲民族共同体成员的文化趋同，经过一段较长历史时期的磨合，本部族与其他"旗人"逐步融为一体。而面临着满洲整体日渐"汉化"的棘手问题，高宗则采取编纂《通谱》，提升满洲民族自信心，以"祖宗家法"名义，加大贯彻"国语骑射"的力度，竭力阻止"汉化"，这样就形成了一股以皇帝为代表的满洲贵族集团抵制"汉化"的强劲势力。历史证明，随着满汉文化交融的深入，清朝统治集团所采用抵制"汉化"的举措越发难以奏效。

---

① 参阅《满洲名臣传》（依清国史馆抄录），菊花书室刻，巾箱本。
② 参阅盛昱《八旗文经》，光绪二十年（1894年）刻本。
③ 参阅恩华《八旗艺文编目》，附《八旗艺文编目补》，民国四年（1915年）铅印本。
④ 参阅王锺翰《关于满族形成中的几个问题》，《王锺翰清史论集》第一册，中华书局2004年版，第124—140页。

第二章　满洲"乃国家之根本"

　　属于古肃慎系的女真族历史演进之脉络清晰。明初，东北边区的"以东濒海，西接兀良哈，南邻朝鲜，北至奴儿干北海，皆系女真"①。此时女真族已分为三大部落，即居住在牡丹江流域的建州女真，活动于海西江（今松花江上源）的海西女真，二者因地而名族；另一部族是生活在黑龙江、乌苏里江，直至东海之滨的"野人女真"。因生产、生活方式的差异，明朝人将建州、海西称为"熟女真"，"野人"叫作"生女真"；以居地而分，又称海西女真为"山夷"，"野人女真"谓"江夷"。三部女真的社会经济发展是不平衡的，建州、海西女真既狩猎采集，又知畜牧和农业。但本族人并不务农，多役使俘获的汉人、朝鲜人为其耕作。海西女真受蒙古族生产方式的影响，又从事畜牧业。"野人女真"则是狩猎经济。女真人生计主要是狩猎与采集相结合，因此，又称"打牲部"，以别蒙古草原的"游牧部"。

　　16世纪中叶，即明朝后期，多次南迁的女真三部已经发生了很大变化，形成了建州女真所属的哲陈、浑河、苏克素护河、董鄂、完颜五部，以及长白山的珠舍里、讷殷、鸭绿江三部；海西女真，即扈伦四部的哈达、叶赫、乌喇、辉发，以及东海三部，即"野人女真"的瓦尔喀、虎尔哈（一作虎尔喀）、窝集三部②。此时女真部落"各主其方，争相雄长，强凌弱，众暴寡"③，互相杀伐。万历十一年（1583年），建州女真首领努尔哈赤以父祖十

---

　　① （民国）曹廷杰：《东北边防辑要》卷上《明季三卫分建诸国考》，丛佩远等编《曹廷杰集》上，中华书局1985年版，第7页。

　　② 曹廷杰在《明季三卫分建诸国考》一文中，对清官书所载东海三部瓦尔喀、虎尔喀、窝集部进行考辨，提出东海女真即东海窝集部，所属虎尔喀、瓦尔喀二部，无单独之窝集部。学者对此意见不一，本文持东海女真三部说。

　　③ （清）魏源：《圣武记》卷一《开国龙兴记一》，中华书局1984年版，第4册，第2页。

三副遗甲，乘机起兵，凭借着强劲的武装力量，先兼并本部，"时满洲环境，五豪部皆服"，后征服海西、东海各部，历时三十四年，成就了统一女真的霸业。尔后，又吸纳部分蒙古、朝鲜、尼堪，形成了以建州女真为核心的满洲族。圣祖玄烨多次明确地指出："满洲乃国家根本，宜加轸恤。"① 直到清代中期，满洲官僚士大夫仍然认为，"夫草昧之初，以一城一旅敌中原，必先树羽翼于同部。故得朝鲜人十，不若得蒙古人一；得蒙古人十，不若得满洲部落人一"②。足见满洲部族在清朝开国创业时所起的中流砥柱作用。

第一节　本部族构成准则与氏族来归年份

在"首崇满洲"的思想支配下，《通谱》编纂首列满洲本部氏族，卷一至卷六十五，占整个谱系八十卷的81%，可知卷帙之多。《通谱》记载了满洲各部族641个姓氏，《辑要》将《通谱》目录未载4个姓氏列出，成为645姓。加上《皇朝通志·姓氏略》补充的满洲33个姓氏，合计678姓。《通谱·凡例》记载了收入满洲部族姓氏的准则，兹录如下：

一、八旗满洲大臣官员，功劳懿行，俱详载于国史馆《功臣传》及《八旗通志》列传。此书每姓之中，应择功业最著者，冠于一姓之首，略举梗概作传。其余无事迹可立传，及科尔沁撤回者，俱附载于各姓各地方篇末。

一、满洲大臣官员，凡应立传之人，自得其姓以来，至雍正十三年以前，物故者，依次择入。其有始归顺之人，虽系平等官职，而其后人功业昭著者，并其后人，一并撰入。

一、满洲内始立姓，始归顺之人，其居地名可考者，俱遂一开载，以昭族望。其地名无实据可凭者，惟开载姓氏、旗分、官爵，以备族姓之源。

一、凡初来归依，有名位可考者，通行载入外，其有自始归依之人，及后世子孙俱无名位者，伊等自有家谱可考，概不登录。惟系希

<hr>

① 《清圣祖实录》卷四十四，康熙十二年十二月辛丑，第6册，第583页上。
② 《圣武记》卷一《开国龙兴记一·臣源曰》，第九页。

姓，虽无名位，亦载入一、二人，以存其姓。

一、满洲内有赐姓者，应详书赐姓原由，仍附书本姓内，以昭世系。

一、汉军、蒙古旗分内，有满洲姓氏，实系满洲者，应仍编入满洲姓中。

一、满洲姓氏甚繁，而一姓之中，所居地名不一。此书应将所居地名，先标一姓总纲之下，使展卷了然。

一、满洲各族内，有旗分移易者，应书现今旗分，注明移易情由。其年岁久远，无案卷可查，而本家记载详悉者，亦与添入。

一、满洲八旗内，有同姓而不同宗，有本属同姓同宗，而其支族别为一姓，应于本姓内，详晰注明，以严族姓之辨。

一、八旗满洲族姓，有本人忘其姓氏祖居，及归顺情由，又无凭可查者，概不载入。其归顺情由虽无考，而功业显著者，仍应载入，并注明于各小传之下。①

编录满洲本部姓氏的准则有十款，概括如次：1. 满洲大臣官员"功业最著者"，始归顺系平等官职，"后人功业昭著者"辑录。2. 开始立姓、初始归顺居地名可考者，以昭族望；地名无实据可凭，开列姓名、旗分、官爵，以备族姓之源。3. 初来归依有名位可考者，无名位的希姓可载入一、二人，以存其姓。4. 赐姓应详书原由；汉军、蒙古旗分内实系满洲姓氏；及从科尔沁撤回者可编入。5. 关于同姓同宗，或不同宗，以及世居地，旗分变更，如何编排，均作规定。《通谱》编纂以部族姓氏为经，以传主为纬，将同姓氏、同原籍之人，并列于同目之下，详注其由，以备稽考②。

满洲姓氏来归年份，《通谱》分为"国初"、"天聪"、"崇德"、"顺治"、"康熙"五个时段，年份不清者，则标以"来归年分无考"。其中传主虽列一人，但实为一个家族几代人事迹，故在传主人数之后加（户）字，以反映满洲家族状况。

---

① 《通谱·凡例》，第 3 页下—5 页下。
② 《清朝通志》卷七《附载满洲八旗姓》对《八旗通志》（初集）人物传中所载而《通谱》满洲姓氏未录者，增补 33 姓，两书合计满洲姓氏 678 个。

以《通谱》记载统计，"国初来归"者：

瓜尔佳氏 475 人（户），钮祜禄氏 67 人（户），舒穆禄氏 80 人（户），马佳氏 40 人（户），董鄂氏 18 人（户），赫舍里氏 107 人（户），他塔喇氏 84 人（户），伊尔根觉罗氏 191 人（户），舒舒觉罗氏 30 人（户），西林觉罗氏 27 人（户），通颜觉罗氏 4 人（户），阿颜觉罗氏 7 人（户），呼伦觉罗氏 3 人（户），阿哈觉罗氏 1 人（户），佟佳氏 136 人（户），那木都鲁氏 41 人（户），纳喇氏 216 人（户），富察氏 187 人（户），完颜氏 74 人（户），叩德氏 4 人（户），吴雅氏 14 人（户），兀札喇氏 39 人（户），戴佳氏 20 人（户），兆佳氏 54 人（户），郭络罗氏 23 人（户），颜扎氏 24 人（户），碧鲁氏 20 人（户），李佳氏 43 人（户）。

黄佳氏 4 人（户），吴扎库氏 5 人（户），锡克特理氏 10 人（户），库雅拉氏 11 人（户），萨克达氏 65 人（户），精奇理氏 1 人（户），赛密勒氏 12 人（户），扎库塔氏 23 人（户），乌苏氏 65 人（户），巴雅拉氏 63 人（户），辉和氏 18 人（户），鲁布理氏 2 人（户），尼马察氏 13 人（户），伊尔库勒氏 11 人（户），章佳氏 26 人（户），宁古塔氏 28 人（户），苏哈尔察氏 9 人（户），嵩佳氏 10 人（户），富特墨氏 14 人（户），扎思瑚理氏 4 人（户），瑚锡哈理氏 8 人（户），喜塔腊氏 32 人（户），泰楚鲁氏 3 人（户），性佳氏 8 人（户），穆尔察氏 8 人（户），费墨氏 25 人（户），索佳氏 12 人（户）。

萨马尔吉氏 1 人（户），齐佳氏 1 人（户），葛济勒氏 25 人（户），哲尔济氏 5 人（户），索绰络氏 12 人（户），鄂卓氏 18 人（户），钮赫勒氏 9 人（户），鄂济氏 12 人（户），裕瑚鲁氏 9 人（户），布尔察氏 2 人（户），伊拉理氏 39 人（户），虎尔哈氏 7 人（户），苏佳氏 10 人（户），温彻亨氏 2 人（户），哲尔德氏 5 人（户），温察氏 5 人（户），额苏理氏 6 人（户），吴鲁氏 4 人（户），觉禅氏 2 人（户），科奇理氏 4 人（户），把尔达氏 7 人（户），尼沙氏 3 人（户），托活洛氏 18 人（户），阿穆鲁氏 1 人（户）。

索尔多氏 1 人（户），俞尔库勒氏 1 人（户），满扎氏 6 人（户），乌色氏 2 人（户），佑祜鲁氏 9 人（户），图色理氏 7 人（户），温特赫氏 5 人（户），梅勒氏 5 人（户），博和理氏 3 人（户），钮颜氏 5 人（户），乌尔古辰氏 1 人（户），扎拉理氏 14 人（户），温都氏 23 人（户），蒙古尔济氏 2 人（户），阿礼哈氏 7 人（户），奇塔喇氏 2 人（户），鄂托氏 4 人（户），洪吉理氏 9 人（户），索齐勒氏 6 人（户），托谟氏 3 人（户），汤务氏 2 人（户），喀尔达苏氏 1 人（户），赫舒理氏 2 人（户），辉罗氏 3 人（户），济礼氏 2 人（户），拜都氏 2 人（户），赖布氏 1 人（户），布赛氏 2 人（户），噶努氏 1 人（户），乌苏古氏 2 人（户），尼奇理氏 2 人（户），董佳氏 6 人（户），阿克占氏 6 人（户），叶穆氏 5 人（户），喀尔拉氏 3 人（户），萨克察氏 5 人（户），乌尔达氏 3 人（户），图克坦氏 2 人（户），郭尔佳氏 1 人（户），洪鄂春氏 10 人（户），额尔图氏 3 人（户），彰锦氏 11 人（户），聂格理氏 3 人（户），扬佳氏 9 人（户），洪鄂氏 14 人（户），贤达禅氏 2 人（户），赫锡赫理氏 1 人（户），库穆图氏 3 人（户），康仪理氏 2 人（户），额尔吉氏 2 人（户），舒墨理氏 2 人（户），德敦氏 1 人（户），珠格氏 3 人（户），卦尔察氏 2 人（户），洪佳氏 1 人（户），孟佳氏 4 人（户），克音氏 3 人（户），乌礼苏氏 4 人（户），萨哈尔济氏 3 人（户）。

蒙鄂索氏 5 人（户），萨察氏 7 人（户），锡墨勒氏 7 人（户），刘佳氏 1 人（户），果尔吉氏 1 人（户），武佳氏 1 人（户），佟鄂络氏 4 人（户），郭佳氏 3 人（户），梅赫理氏 5 人（户），瑚锡理氏 2 人（户），蒙古楚氏 3 人（户），崇古喇氏 2 人（户），额尔赫氏 1 人（户），布雅穆齐氏 3 人（户），都理氏 2 人（户），倭勒氏 2 人（户），叶赫勒氏 1 人（户），朱佳氏 1 人（户），瑚雅拉氏 2 人（户），鄂苏尔瑚氏 1 人（户），罗佳氏 1 人（户），敖拉氏 3 人（户），瓦色氏 3 人（户），哈尔察氏 1 人（户），布尼氏 2 人（户），高佳氏 1 人（户），叶赫氏 2 人（户），孙佳氏 1 人（户），喀尔沁氏 1 人（户），翰颜氏 2 人（户），乌苏理氏 3 人（户），尼佳氏 1 人（户），舒玛理氏 1 人（户），卓晋氏 2 人（户），色穆奇理氏 2 人（户），广佳喇氏 2 人（户），吴察喇氏 1 人（户）。

苍玛尔纪氏 1 人（户），吉鲁氏 2 人（户），都鲁氏 2 人（户），色拉氏 2 人（户），鄂穆绰氏 2 人（户），培佳氏 1 人（户），舒穆理氏 1 人（户），鄂尔绰络氏 1 人（户），徐吉氏 1 人（户），达尔充阿氏 2 人（户），乌尔瑚济氏 1 人（户），颜济理氏 1 人（户），卓起氏 2 人（户），乌雅察氏 2 人（户），穆克图氏 1 人（户），札拉氏 1 人（户），傅佳氏 1 人（户），尼锡理氏 1 人（户），赫佳氏 1 人（户），钟吉氏 2 人（户），舒禄氏2人（户），琨都勒氏1人（户），额色氏1人（户），伏尔哈氏2人（户），觉佳氏1人（户），瑚雅氏2人（户），都佳氏1人（户），谟克拖氏1人（户），虞佳氏1人（户），碧喇氏2人（户），伊库鲁氏2人（户），多罗宏氏1人（户），钮赫氏2人（户），翁钮络氏1人（户），吉普褚氏1人（户），石穆鲁氏2人（户），马察氏1人（户），蒙鄂络氏1人（户），郭罗氏2人（户），纳塔氏1人（户），佟赛勒氏2人（户），及其他姓氏158人（户），合计379姓，3274人（户）。

"天聪时来归"者：

瓜尔佳氏39人（户），钮祜禄氏5人（户），舒穆禄氏11人（户），马佳氏7人（户），董鄂氏1人（户），赫舍里氏11人（户），他塔喇氏2人（户），伊尔根觉罗氏46人（户），舒舒觉罗氏8人（户），西林觉罗氏4人（户），阿颜觉罗氏2人（户），阿哈觉罗氏6人（户），佟佳氏10人（户），那木都鲁氏1人（户），纳喇氏48人（户），富察氏57人（户），完颜氏10人（户），叩德氏1人（户），吴雅氏1人（户），兀札喇氏39人（户），兆佳氏3人（户），郭络罗氏4人（户），颜扎氏2人（户），碧鲁氏1人（户），李佳氏3人（户），黄佳氏2人（户），锡克特理氏5人（户）。

库雅拉氏2人（户），萨克达氏9人（户），赛密勒氏8人（户），扎库塔氏2人（户），巴雅拉氏2人（户），鲁布理氏2人（户），尼马察氏2人（户），章佳氏6人（户），嵩佳氏3人（户），富特墨氏1人（户），喜塔腊氏1人（户），性佳氏1人（户），索佳氏1人（户），萨马尔吉氏5人（户），齐佳氏1人（户），葛济勒氏1人（户），索绰络氏1人（户），鄂卓氏7人（户），裕瑚鲁氏1人（户），伊拉理氏12人（户），虎尔哈氏1人（户），苏佳氏3人（户），温彻亨氏1人（户），温察氏1人（户），额苏理氏2人（户），觉禅氏12人（户），科奇理氏1人（户）。

把尔达氏1人（户），托活洛氏1人（户），阿穆鲁氏1人（户），俞尔库勒氏1人（户），佑祜鲁氏1人（户），图色理氏2人（户），博和理氏2人（户），乌尔古辰氏2人（户），温都氏1人（户），奇塔喇氏1人（户），墨尔哲勒氏14人（户），索齐勒氏1人（户），托谟氏2人（户），汤务氏1人（户），喀尔达苏氏1人（户），赫舒理氏1人（户），扎苏理氏1人（户），赖布氏1人（户），鄂谟托氏2人（户），董佳氏1人（户），叶穆氏3人（户），喀尔拉氏1人（户），额尔图氏2人（户），彰锦氏3人（户），扬佳氏1人（户），洪鄂氏1人（户），洪佳氏1人（户），克音氏1人

（户），明安氏2人（户），刘佳氏1人（户），郭佳氏1人（户），崇古喇氏1人（户），倭勒氏1人（户），叶赫勒氏1人（户），朱佳氏1人（户），鄂苏尔瑚氏1人（户），珠尔根氏1人（户），巴理氏2人（户），孙佳氏1人（户），鄂尔绰络氏1人（户），禄叶勒氏1人（户），傅佳氏1人（户），郭浑氏2人（户），赫佳氏1人（户），强恰理氏1人（户），梅楞氏2人（户），谟克拖氏1人（户），吉普褚氏1人（户），金佳氏2人（户），马察氏1人（户），赫济理氏2人（户），其他姓氏45人（户），合计151姓氏549人（户）。

"来归时间无考"者：

瓜尔佳氏174人（户），钮祜禄氏5人（户），舒穆禄氏19人（户），马佳氏19人（户），董鄂氏2人（户），赫舍里氏49人（户），他塔喇氏11人（户），伊尔根觉罗氏146人（户），舒舒觉罗氏6人（户），西林觉罗氏8人（户），阿颜觉罗氏8人（户），呼伦觉罗氏3人（户），阿哈觉罗氏36人（户），佟佳氏13人（户），那木都鲁氏11人（户），纳喇氏94人（户），富察氏58人（户），完颜氏1人（户），吴雅氏2人（户），兀札喇氏24人（户），戴佳氏5人（户），兆佳氏28人（户），郭络罗氏3人（户），颜扎氏4人（户），李佳氏11人（户），黄佳氏9人（户），吴扎库氏3人（户），锡克特理氏3人（户），库雅拉氏6人（户），萨克达氏20人（户），精奇理氏2人（户），赛密勒氏2人（户），扎库塔氏3人（户），乌苏氏9人（户），巴雅拉氏19人（户）。

辉和氏1人（户），鲁布理氏1人（户），尼马察氏3人（户），伊尔库勒氏1人（户），章佳氏14人（户），宁古塔氏3人（户），苏哈尔察氏1人（户），嵩佳氏4人（户），扎思瑚理氏2人（户），喜塔腊氏8人（户），泰楚鲁氏1人（户），性佳氏2人（户），费墨氏9人（户），索佳氏6人（户），萨马尔吉氏5人（户），葛济勒氏4人（户），索绰络氏1人（户），鄂卓氏7人（户），钮赫勒氏3人（户），鄂济氏2人（户），裕瑚鲁氏5人（户），伊拉理氏12人（户），虎尔哈氏2人（户），苏佳氏1人（户），哲尔德氏2人（户），额苏理氏3人（户），吴鲁氏1人（户），把尔达氏3人（户），托活洛氏25人（户），索尔多氏1人（户），俞尔库勒氏1人（户），乌色氏5人（户），佑祜鲁氏3人（户），图色理氏4人（户），扎拉理氏1人（户）。

温都氏4人（户），阿礼哈氏1人（户），苏都理氏6人（户），奇塔喇氏5人（户），鄂托氏1人（户），墨尔哲勒氏4人（户），托谟氏7人（户），都拉喇氏3人（户），墨尔迪勒氏2人（户），喀尔达苏氏2人（户），赫舒理氏1人（户），辉罗氏1人（户），乌尔汗氏2人（户），赫宜氏4人（户），布赛氏1人（户），噶努氏1人（户），尼奇理氏2人（户），乌尔达氏1人（户），图克坦氏1人（户），洪鄂春氏2人（户），额尔图氏2人（户），彰锦氏2人（户），聂格理氏2人（户），扬佳氏3人（户），洪鄂氏2人（户），贤达禅氏1人（户），赫锡赫理氏1人（户），锡克济拉氏2人（户），德敦氏2人（户），卦尔察氏2人（户），多尔衮氏2人（户），乌礼苏氏2人（户），萨哈尔济氏1人（户），蒙鄂索氏3人（户），萨察氏3人（户），锡墨勒氏1人（户），刘佳氏4人（户），武佳氏1人（户），瑚锡理氏1人（户），额尔赫氏2人（户）。

布雅穆齐氏1人（户），都理氏2人（户），倭勒氏1人（户），专塔氏3人（户），布达喇氏2人（户），鄂苏尔瑚氏1人（户），罗佳氏2人（户），珠尔根氏1人（户），哈尔察氏2人（户），高佳氏2人（户），叶赫氏1人（户），巴理氏1人（户），喀尔沁氏2人（户），翰颜氏1人（户），尼佳氏2人（户），舒玛理氏1人（户），苍玛尔纪氏1人（户），赫书氏1人（户），康杰达氏2人（户），培佳氏1人（户），徐吉氏1人（户），乌尔瑚济氏1人（户），鄂索络氏2人（户），钮瑚特氏2人（户），盛佳氏2人（户），倭彻赫氏2人（户），索察氏2人（户），赫叶勒氏1人（户），禄叶勒氏1人（户），拜音氏2人（户），穆克图氏1人（户），札拉氏1人（户），尼锡理氏1人（户），强恰理氏1人（户），琨都勒氏1人（户），额色氏1人（户），觉佳氏1人（户），都佳氏1人（户），虞佳氏1人（户），多罗宏氏1人（户），翁钮络氏1人（户），蒙鄂络氏1人（户），纳塔氏1人（户），其他姓氏154人（户），合计307姓，1270人（户）。

"崇德时来归"者：

克音氏1人（户），鄂苏尔瑚氏1人（户），楞布尔勒氏1人（户），都克塔理氏1人（户），合计4姓，4人（户）。

"顺治时来归"者：

精奇理氏2人（户），计1姓，2人（户）。

康熙时"从科尔沁撤回"者：

瓜尔佳氏71人（户），钮祜禄氏1人（户），舒穆禄氏12人（户），马佳氏1人（户），赫舍里氏16人（户），他塔喇氏3人（户），舒舒觉罗氏3人（户），佟佳氏5人（户），纳喇氏5人（户），富察氏51人（户），完颜氏28人（户），吴雅氏7人（户），兀札喇氏6人（户），戴佳氏7人（户），颜扎氏6人（户），锡克特理氏1人（户），库雅拉氏1人（户），宁古塔氏1人（户），苏哈尔察氏1人（户），扎思瑚理氏1人（户），瑚锡哈理氏1人（户），鄂济氏2人（户），伊拉理氏1人（户），虎尔哈氏1人（户），温都氏3人（户），墨尔迪勒氏1人（户），扎苏理氏1人（户），郭尔佳氏1人（户），扬佳氏1人（户），赫锡赫理氏1人（户），刘佳氏2人（户），果尔吉氏6人（户），武佳氏3人（户），佟鄂络氏1人（户），郭佳氏1人（户），瑚锡理氏1人（户），蒙古楚氏1人（户），崇古喇氏1人（户），尼阳尼雅氏4人（户），朱佳氏1人（户），布尼氏1人（户），吴察喇氏1人（户），赫书氏1人（户），舒穆理氏1人（户），颜济理氏1人（户），赫叶勒氏1人（户），其他姓氏35人（户），合计81姓，293人（户）。

"康熙时来归"者：

墨尔哲勒氏1人（户），墨尔迪勒氏1人（户），合计2姓，2人（户）①。

总计满洲645姓，5394人（户）。"国初"系指天命时期，此时来归附者3274人（户），占总人数的60.7%，人数最多。天聪、崇德时期归顺者553人（户），占总人数的10.3%。"来归时间无考"者1270人（户），占总人数的23.5%。据其人及后代子孙的事迹分析，"来归时间无考者"，绝大多数为天命、天聪时期投顺之人。例如，《通谱·明爱传》记载：

> 明爱，正蓝旗人，世居叶赫地方，来归年分无考。由闲散从征大同，攻左卫第二登城，殁于阵，赠云骑尉。②

明爱参加了清入关前的对明战争，可见他最迟是在太宗时归附的。"顺治"、"康熙"时段来归之人，仅有3姓，4人（户）；加上康熙时"从科尔沁撤回"的81姓，293人（户），合计84姓，297人（户），占总人数的

---

① 此节数据依《通谱》统计，未计《皇朝通志·氏族略》增补的满洲33姓。

② 《通谱》卷三《瓜尔佳氏》，第74页上。

5.5%。传主均载于《通谱》每一姓氏之后，子孙有一定功绩，得以纳入谱内，多数人仅载其世居地，及子孙供职名称，无传略。这部分人的姓氏、族属当为锡伯、卦勒察族人①。

康熙二十八年（1689 年），清军击败罗刹，拓土至克鲁伦河、兴安大岭。科尔沁蒙古"复献出嫩江左右之锡伯、卦勒察，及黑龙江北之达瑚尔壮丁万四有奇"。达瑚尔亦在额尔格河、精奇里江之间，与索伦同地。"盖打牲部落之错邻蒙古者，故献归满洲"②。《黑龙江志稿》记述："锡伯，打牲部落，本鲜卑遗种，属科尔沁，献之，编入八旗，分驻齐齐哈尔、伯都讷两城。""卦勒察，亦瓜尔察，打牲部落，属科尔沁蒙古。"③ 三十一年（1692年）四月，圣祖指示科尔沁之王、台吉等，"将所属席北、卦尔察、打虎尔等一万四千四百五十八丁进献，内可以披甲当差者，一万一千八百五十余名，分于上三旗安置"④。为了征战的需要，康熙时期曾经向东北边区的少数民族招抚壮丁，将他们编入满洲八旗佐领，成为清兵的组成部分。这些被编入八旗之人，在《通谱》中以"康熙时期从科尔沁撤回"之身份，附载于所属的满洲姓氏之后，计293 人（户），占总人数的 5.4%。

从时间上看，满洲民族共同体的形成大体可分为三个阶段：天命、天聪年间为初建期，崇德至康熙中叶为扩充期，康熙后期到乾隆初年为确立期。加上努尔哈赤统一女真族的三十余年，满洲民族从酝酿到最终确立，经历了一个半世纪的漫长岁月。其核心成员为本部族，尚有别部女真及其他族归顺者、征战降伏者，以及部族投献者，此即满洲民族的构成。

---

① 这部分人应是锡伯、卦勒察人。《黑龙江将军衙门满文档》康熙三十年至三十七时期记载，康熙三十年夏，圣祖要求科尔沁蒙古王公将所属锡伯、卦勒察部，交还朝廷，编入满洲八旗。他对中间人喇嘛活佛说："科尔沁十旗，乃是你的檀越，也是朕的舅家。那里有我们满洲的席北、呼勒沁部落。你去把席北、呼勒沁人（卦勒察）请来，朕欲赏赉其诺颜，把他们招收过来。"科尔沁蒙古王公并不情愿，说："我们都是圣主的臣民奴仆，我们的属民席北、呼勒沁，同样也是圣主的百姓。尽管我们似乎没有理由把他们交给圣主……满足圣主的心愿，将所属一百个苏木的席北、呼勒沁人，全部献了出去。"三十七年二月，兵部咨文称："席北、呼勒沁原系科尔沁之奴，皇上以伊等为满洲，恻然垂佑，不惜出钱粮，银数十万两，由科尔沁赎出。……席北、卦勒察等，本应仰副皇上加恤赎出，披甲安置，冀希各得生计之至意，奋勉行事。"此份满文档案转引自佟铮《历史典籍中的满语地名汇释·前言》（未刊本）这段史事为《清圣祖实录》等未载。

② （清）魏源：《圣武记》卷一《开国龙兴记一》，韩锡铎等点校本，中华书局 1984 年版，第8页。

③ （民国）张伯英等：《黑龙江志稿》卷十一《经政志·氏族》，黑龙江人民出版社 1992 年版，第 514 页。

④ 《清圣祖实录》卷一百五十五，康熙三十一年四月乙巳，第 5 册，第 711 页上。

第二节　本部氏族部属和世居地分布

《通谱·凡例》指出："满洲族姓甚繁，而一姓之中所居地名不一。"因资料所限，特此说明两点：一是满洲氏族部属和世居地，如前文所述，同姓氏不同地而居，一地不同族同姓，其中氏族不断迁徙，时间久了部分姓氏难以确立其族属。二为一些氏族世居地或大或小，大者世居某河某山，小者原住某村某堡，或区域辽阔，或地望变化，实难核查今地所在。兹据《通谱·满洲姓氏》中立传、标注原籍者，试将满洲氏族部属和世居城寨考略如次。

一　建州女真部属

建州女真各部活动区域，分布在从今辽宁抚顺东，直到鸭绿江流域，以及长白山一带。

1. 建州五部

（1）苏克素护河部

苏克素护河部，一作苏苏河部，又作苏克苏浒河部。该部因居住苏克素护河（今辽宁苏子河）而得名。其所居地为兴京（今辽宁新宾县永陵镇东）以西，苏克素河下游，自该河与浑河交汇点以东；东北与哲陈部相连，西边同浑河部搭界，东南和满洲本部为伍。其所属城寨有图伦城（今辽宁抚顺县李家乡浑河南北向的大台地上）、萨尔浒城、玛尔墩寨、安图瓜尔佳城、嘉穆湖寨、沾河寨、扎喀城、黑济革城（今约在辽宁新宾县上夹河镇胜利村一带）、古埒城（一作古勒城，今辽宁新宾县上夹河镇胜利村南龙头山上古城遗址）、沙济等①。

佛阿拉城（今辽宁新宾县永陵镇二道河村南山上）②：伊尔根觉罗氏18

---

① 本节关于女真诸部居住区域及所属城寨，参阅刘选民《清开国初征服诸部疆域考》，《燕京学报》民国二十七年（1938年）第23期。

② 以下该地区地名今地，参阅清乾隆年间绘制《盛京吉林黑龙江等处标注战迹舆图》，《清初史料丛刊》第十四种，辽宁大学历史系，1981年印本；日本铁路总局编《满洲地名索引》，昭和十一年（1935年）十月发行；孙文良主编《满族大辞典·地理类》，辽宁大学出版社1990年版；傅波主编《抚顺地区清前遗迹考察纪实》，辽宁人民出版社1994年版；孙诚等主编《建州女真遗迹考察纪实》，中国文史出版社2008年版；《中国历史地图集》第八册《清时期》、《中国地图集》、臧励和等编《中国古今地名大辞典》，史为乐主编《中国历史地理大辞典》，［日］佐藤种治编《满蒙历史地理辞典》等工具书。今地不明者，标明待考。张德玉先生将多年来研究满洲历史地理的成果无保留地提供给我，在此表示衷心的感谢！

人（户），钮祜禄氏1人（户），瓜尔佳氏3人（户），舒舒觉罗氏3人（户），完颜氏1人（户），兆佳氏5人（户），西林觉罗氏1人（户），李佳氏4人（户），赖布氏1人（户），聂格理氏1人（户），黄佳氏1人（户），觉禅氏1人（户），通颜觉罗氏1人（户），锦章氏1人（户），计15姓，42人（户）。

赫图阿拉城（今辽宁新宾县永陵镇东苏子河南岸台地上）：完颜氏1人（户），通颜觉罗氏3人（户），兆佳氏3人（户），李佳氏1人（户），萨克达氏1人（户），鄂托氏2人（户），计6姓，11人（户）①。

李佳和罗城（今辽宁新宾县李家沟）：李佳氏10人（户），兆佳氏1人（户），刘佳氏1人（户），计3姓，12人（户）。

佳木湖城，一作嘉穆湖，又作嘉木湖（今辽宁新宾县上夹河镇西北）：瓜尔佳氏15人（户），马佳氏1人（户），富察氏1人（户），完颜氏1人（户），兆佳氏3人（户），伊尔根觉罗氏12人（户），董佳氏2人（户），

---

①　赫图阿拉是努尔哈赤家族发祥之地。其中一个问题值得关注，《满洲实录》卷一记录，环绕满洲发祥地的建州女真有苏克素护河、浑河、完颜、栋鄂、哲陈五部。那么，努尔哈赤家族当属于建州何部？文献多语焉不详。佟铮《努尔哈赤的"部"》一文，认为建州女真所属五部之外，别有一部，即努尔哈赤家族为"宁古塔部"。（参阅《清史研究通讯》1985年第3期）薛虹《努尔哈赤的姓氏和家史》一文，指出努尔哈赤的祖父觉昌安是"苏克素护部内的宁古塔穆昆"，受治于居住古埒城的"建州左卫的巨酋王杲"（参阅《清史研究通讯》1989年第4期）。据《清太祖武皇帝实录》卷一记载，兴祖福满生有六子，长子德石库住觉里父，次子刘诣住阿哈河洛，三子曹常刚住河洛刚善，四子觉常刚住祖居赫图阿拉，五子豹常刚住尼麻兰，六子豹石住张家。"六子六处，各立城池，称为六王，乃六祖也"。五城距苏子河畔的赫图阿拉，"远者二十里，近者五里里"。《清太祖高皇帝实录》卷一则称"宁古塔贝勒，是为六祖"。《圣武记》卷一《开国龙兴记一》记载："四祖（即兴祖福满）虽迁建州，仍称宁古塔贝勒。"景祖世兄弟六人，各筑城环赫图阿拉而居，"皆称宁古塔贝勒"。同周边部族相比，努尔哈赤起兵之前，建州女真势力相对较弱，蛰居苏克苏浒河上游，即赫图阿拉一带，与该河下游的苏克素河部地界相近。值得注意的是，觉常刚时期是各部"强凌弱，众暴寡，处处大乱"的时代。《满洲实录》卷一记载，彼时，一人名硕色纳，"生九子，皆强悍"。又一人名加呼，"生七子，俱骁勇，身披重铠，走跃九牛"。"二姓恃其强勇，每各处扰害。""觉常刚有才智，其子礼敦又英勇，遂率其本族六王，将二姓尽灭之。"从此，"自五岭迤东，苏克素护河迤西，二百里内，诸部尽皆宾服，六王自此强盛"。此役之后，觉常刚则成为宁古塔部的贝勒。但其兄弟六人及子孙分居十二处，仍然隶属苏子河下游的苏克素河部王杲管辖，而两部关系比较密切（参阅张德玉《努尔哈赤起兵前史迹新探》，《满族发源地历史研究》，辽宁民族出版社2001年版）明季人程令名《东夷奴儿哈赤考》认为："奴儿哈赤，王杲之奴。"（《筹辽硕画》，《国立北京图书馆善本丛书》）从二者关系看，努尔哈赤家族当属苏克素护河部，而非单为一部。至于《清太祖武皇帝实录》卷一有"环满洲国扰乱者"；蒋良骐《东华录》卷一载"是时，满洲别有五部"；魏源《圣武记》卷一记"时满洲环境，五豪部皆服"等，努尔哈赤之时并无"满洲"之称，皇太极改国号"清"之前方有此名。史官修史时，为了突出努尔哈赤家族地位，站在清朝统治者立场上编纂。这些资料显系要打个问号。

计 7 姓，35 人（户）。

沙济城，一作夏吉城（今辽宁新宾县上夹河镇古楼村东天桥岭山城遗址）：富察氏 16 人（户），钮赫勒氏 1 人（户），图色理氏 1 人（户），计 3 姓，18 人（户）。

马儿敦，一作马尔敦（今辽宁新宾县上夹河镇马尔墩村西红店北山墩台）：彰佳氏 8 人（户），计 1 姓，8 人（户）。

安图瓜尔佳（今辽宁新宾县上夹河镇西堡北山城遗址）：钮祜禄氏 2 人（户），计 1 姓，2 人（户）。

沾河寨（原辽宁新宾县汤图乡觇村，今划入抚顺县内）：舒穆禄氏 1 人（户），郭络罗氏 23 人（户），兆佳氏 2 人（户），完颜氏 3 人（户），洪鄂春氏 1 人（户），舒墨理氏 1 人（户），计 6 姓，31 人（户）。

加哈，一作嘉哈，即加哈河（今辽宁新宾县苏子河支流，今名夹河地方）：佟佳氏 21 人（户），计 1 姓，21 人（户）。

嘉拉库（今辽宁新宾县镇西三十里夹河一带）：瓜尔佳氏 1 人（户），计 1 姓，1 人（户）。

嘉理库城（今辽宁新宾县镇西三十里夹河村，亦称三道堡）：马佳氏 1 人（户），计 1 姓，1 人（户）。

扎克丹（今辽宁新宾县南杂木镇之西）：他塔喇氏 1 人（户），计 1 姓，1 人（户）。

十里河（今辽宁沈阳市南）：兆佳氏 1 人（户），计 1 姓，1 人（户）。

（2）完颜部

完颜部，一作王甲，又作王家。该部居地为哈达河上游支流阿济纳河流域，杏岭以南，鄂尔多峰之北，相当于今辽宁开原一带。其所属城寨有王甲等城寨。

王甲城（一说今辽宁新宾县老城东北清河上游，一说今吉林通化县西南王家堡附近）：完颜氏 36 人（户），计 1 姓 36，人（户）。

牛山（今辽宁锦州市北）：完颜氏 1 人（户），计 1 姓，1 人（户）。

松山（今辽宁凌海市西南松山乡）：完颜氏 1 人（户），计 1 姓，1 人（户）。

黑山（今辽宁黑山县东北）：完颜氏 1 人（户），计 1 姓，1 人（户）。

抚顺（今辽宁抚顺市北抚顺旧城）：完颜氏 1 人（户），计 1 姓，1 人（户）。

科拉沁，一作科尔沁，又作格尔钦（今吉林西部，内蒙古兴安盟、哲里木盟境内）：完颜氏1人（户），计1姓，1人（户）。

锦州（今辽宁锦州市）：完颜氏1人（户），计1姓，1人（户）。

沈阳（今辽宁沈阳市）：完颜氏2人（户），计1姓，2人（户）。

（3）浑河部

浑河部因河得名，所居地为抚顺关以东，浑河与苏克素护河会流处以西，以及西南连明朝辽东边墙，东北与哲陈部为邻，东部同苏克素护河部毗连。其所属城寨有播一混寨（今辽宁抚顺县东浑河流域）、鹅尔浑城（一作鄂尔浑城，今辽宁抚顺东浑河北岸）、兆佳城、甲版城、杭佳（一作杭甲）城、扎库木城、界藩城、贝珲、嘉班、栋嘉（一作东佳）、巴尔达（今辽宁抚顺市大伙房水库东南）等。

兆佳城（今辽宁新宾县上夹河镇西韩家路南山上旧城址①）：完颜氏2人（户），兆佳氏1人（户），计2姓，3人（户）。

撒尔湖城，一作萨尔浒城（今辽宁抚顺县上马古乡哈唐村北萨尔浒山上）：伊尔根觉罗氏11人（户），计1姓，11人（户）。

界凡，一作界藩（今辽宁抚顺县章党乡高丽营子村南）：瓜尔佳氏1人（户），富察氏1人（户），兆佳氏1人（户），伊尔根觉罗氏2人（户），李佳氏1人（户），哲尔德氏1人（户），明安氏2人（户），计7姓，9人（户）。

扎库木城（今辽宁新宾县下营子河村西岸）：他塔喇氏62人（户），瓜尔佳氏10人（户），钮祜禄氏2人（户），李佳氏14人（户），赫舍里氏1人（户），舒舒觉罗氏1人（户），扎拉理氏1人（户），伊尔根觉罗氏1人（户），佟佳氏1人（户），完颜氏2人（户），颜扎氏2人（户），戴佳氏3人（户），赖布氏1人（户），兆佳氏1人（户），西林觉罗氏1人（户），碧鲁氏2人（户），萨克达氏3人（户），计17姓，108人（户）。

杭佳城，一作杭甲城（今辽宁清原县西南，新宾县西北浑河北岸）：戴佳氏1姓20人（户），计1姓，20人（户）。

（4）哲陈部

---

① 次说依据张德玉《兆佳城》，参阅《建州女真遗迹考察纪实》；一说则倾向于兆佳城在新宾县徐家村的徐家城遗址，参阅傅波主编《抚顺地区清前遗迹考察纪实》九《兆佳城》，辽宁民族出版社1994年版，第109—113页；另一说则在"辽宁新宾县下营子赵家村附近"，参阅《满族大辞典》，辽宁大学出版社1990年版。

哲陈部所居地在浑河上游北岸，鄂尔多峰之南，五陵山之北；北接哈达、王甲（完颜），西邻浑河部，东南为苏克素护河部。其所属城寨有托漠河城、英额城、巴尔达城、洞城等。

把尔达城，一作巴尔达城（今辽宁清原县浑河流域）：把尔达氏 10 人（户），计 1 姓，10 人（户）。

英额城（一说今辽宁清原县英额门村，一说今吉林安图县石门镇）：钮祜禄氏 28 人（户），兆佳氏 1 人（户），完颜氏 2 人（户），钮赫勒氏 1 人（户），佑祜鲁氏 1 人（户），计 5 姓，33 人（户）。

（5）董鄂部

董鄂部，一作栋鄂部，又作东果，以董鄂河得名。该部所居地在鸭绿江支流佟佳江及其西岸诸之流一带，即今辽宁桓仁县浑江流域，及富尔江下游。西北与建州努尔哈赤部相接，东邻讷殷部，南至鸭绿江部，北达辉发部。其所属城寨有齐吉答城（疑为今辽宁桓仁县四道河村东南大平台上）、翁郭落城（今辽宁桓仁县东南横道川地方）、栋鄂城、瓦尔喀什寨（今辽宁桓仁县华来镇洼子沟村）、雅尔古寨等①。

董鄂城（今辽宁桓仁县八里甸子镇韭菜园子村）：董鄂氏 21 人（户），瓜尔佳氏 1 人（户），嵩佳氏 10 人（户），伊尔根觉罗氏 2 人（户），喜塔腊氏 7 人（户），计 5 姓，41 人（户）。

雅尔古寨，一作雅尔瑚城（今辽宁桓仁县大雅河与婆猪江交汇处西北今吴家街、肖家街）：伊尔根觉罗氏 11 人（户），瓜尔佳氏 3 人（户），通颜觉罗氏 4 人（户），佟佳氏 16 人（户），兆佳氏 1 人（户），舒穆禄氏 2 人（户），颜扎氏 1 人（户），李佳氏 2 人（户），卓克佳氏 1 人（户），阿图拉墨氏 1 人（户），计 10 姓，42 人（户）。

额尔敏（一说今吉林通化市二密镇一带，一说今吉林白山市浑江区西北地带）：兆佳氏 12 人（户），通颜觉罗氏 1 人（户），顺布鲁氏 1 人（户），计 3 姓，14 人（户）。

2. 长白山部属

长白山三部，"横亘长白山阴"，因以得名。其属有三部，即鸭绿江部，

---

① 建州五部的地理方位俱参阅《清太祖武皇帝实录》卷一；《圣武记》卷一《开国龙兴记一》，第 3 页；《东北边防辑要》卷上《明季三卫分建诸国考》，第 8 页；《建州女真遗迹考察纪实》，第 300 页。

以江得名，其部居于鸭绿江两岸，及明辽东边墙以东，明末伸展边墙于宽甸六堡之地①。讷殷部，以河得名，居住松花江上源，即额赫讷殷河、三音讷音河，以及温河、雅哈河、奇雅库河、纳尔珲河、尼什哈河流域。珠舍里部，当居于额赫讷殷河之东北的塞朱伦河流域，位于讷殷部之东，瓦尔喀部之西。

长白山（今吉林长白山麓一带）：瓜尔佳氏22人（户），钮祜禄氏23人（户），富察氏15人（户），乌苏氏4人（户），辉和氏8人（户），赫舍里氏1人（户），他塔喇氏1人（户），伊尔根觉罗氏2人（户），舒舒觉罗氏2人（户），佟佳氏1人（户），洪鄂氏1人（户），那木都鲁氏1人（户），郭尔佳氏1人（户），尼竺浑氏1人（户），纳喇氏1人（户），济理氏1人（户），完颜氏6人（户），吴雅氏1人（户），颜扎氏1人（户），兆佳氏5人（户），西林觉罗氏3人（户），李佳氏5人（户），萨克达氏2人（户），巴雅拉氏2人（户），章佳氏4人（户），嵩佳氏1人（户），喜塔腊氏2人（户），费漠氏3人（户），裕瑚鲁氏1人（户），乌色氏1人（户），觉禅氏5人（户），卦尔察氏1人（户），计32姓，128人（户）。

马察（今吉林白山市西南）：佟佳氏20人（户），瓜尔佳氏1人（户），他塔喇氏1人（户），富察氏1人（户），完颜氏7人（户），兆佳氏5人（户），郭络罗氏1人（户），伊尔根觉罗氏1人（户），李佳氏1人（户），萨克达氏1人（户），章佳氏1人（户），额苏理氏1人（户），计12姓，41人（户）。

讷殷江（今吉林抚松县东南松花江中游地区）：富察氏8人（户），温都氏10人（户），他塔喇氏1人（户），舒舒觉罗氏1人（户），兆佳氏1人（户），郭络罗氏1人（户），伊尔根觉罗氏1人（户），伊拉理氏1人（户），黄佳氏2人（户），计9姓，26人（户）。

哈尔敏（今吉林通化市哈尼河地区）：舒穆禄氏1人（户），赫舍里氏1人（户），伊尔根觉罗氏1人（户），伊拉理氏1人（户），计4姓，4人（户）。

拉哈（今俄罗斯库页岛拉哈河口南岸）：完颜氏9人（户），计1姓，9人（户）。

_____

① 《盛京吉林黑龙江等处标注战迹舆图》，第一排二上。

二　海西女真部属

海西女真部，即扈伦四部，为叶赫部、哈达部、乌喇部、辉发部。其活动区域为今辽宁开原、铁岭以东至吉林地区。苏完部初期势力尚弱，族属关系不清，因居地与叶赫、辉发、乌拉三部相邻，故将该部附于海西女真之后。

1. 叶赫部

叶赫部，一作夜黑部。该部居地明朝威远堡的东北，叶赫河流域，明人称之北关。南接哈达，以至喜穆鲁山为界，北到科尔沁郭尔罗斯，西南抵明朝边墙。其所属城寨有叶赫城、叶赫山城、张城、阿气兰城（叶赫河流域，与张城比邻）、兀苏城（今吉林伊通县老城）、吉当阿（今吉林伊通县二道河镇南）、呀哈（一作雅哈，今吉林伊通县大孤山）、黑儿苏（今吉林辽源市二龙湖水库淹没区）、俄吉岱（今吉林辽源市境内）、克亦特（今辽宁开原市与吉林梨树市之间）、粘罕（今吉林梨树市叶赫古城东5里）等城寨。

叶赫城（今吉林梨树县东南叶赫乡满族镇南边古城遗址）：瓜尔佳氏64人（户），赫舍里氏32人（户），伊尔根觉罗氏46人（户），舒舒觉罗氏19人（户），纳喇氏133人（户），富察氏35人（户），叩德氏5人（户），颜扎氏5人（户），叶穆氏4人（户），鄂卓氏14人（户），梅勒氏2人（户），布赛氏1人（户），蒙古尔济氏2人（户），鄂托氏1人（户），乌色氏3人（户），喀尔拉氏3人（户），拜都氏2人（户），伊拉理氏9人（户），钮颜氏5人（户），满扎氏1人（户），聂格理氏3人（户），舒穆禄氏1人（户），蒙古楚氏1人（户），完颜氏1人（户），吴雅氏1人（户），戴佳氏2人（户），兀札喇氏1人（户），兆佳氏1人（户），通颜觉罗氏2人（户），碧鲁氏5人（户），锡克特里氏1人（户），图普苏氏1人（户），乌尔达氏1人（户），李佳氏1人（户），萨克达氏4人（户），武格尔齐氏1人（户），鲁布理氏1人（户），宜特墨氏3人（户），齐佳氏1人（户），索齐勒氏1人（户），索绰络氏1人（户），萨哈尔济氏2人（户），鄂济氏1人（户），苏佳氏8人（户），温彻亨氏2人（户），温察氏3人（户），吴鲁氏1人（户），多罗氏1人（户），瑚锡理氏1人（户），托活洛氏1人（户），计41姓，440人（户）。

张城，一作璋城（一说今吉林四平市铁东区满族张家村一带，一说今吉林伊通县河源镇）：纳喇氏6人（户），计1姓，6人（户）。

辽阳（今辽宁辽阳市）：纳喇氏1人（户），计1姓，1人（户）。

科尔沁（今吉林西部，内蒙古兴安盟、哲里木盟境内）：纳喇氏4人（户），计1姓，4人（户）。

2. 哈达部

哈达部居地在哈达河和柴河流域，南邻浑河哲陈部，北抵叶赫部，东接辉发部，西界明朝边墙。其属城寨有哈达城、绥哈城（今吉林市西古城遗址）、柴河寨（今辽宁开原市东南柴河堡乡）、富家儿齐寨（一作富尔坚寨，今辽宁西丰县小清河畔古城遗址）等。

哈达城（今辽宁开原市八棵树古城屯旧城）：瓜尔佳氏45人（户），赫舍里氏22人（户），伊尔根觉罗氏17人（户），舒舒觉罗氏2人（户），纳喇氏63人（户），吴雅氏12人（户），佟佳氏1人（户），完颜氏3人（户），夸尔达氏1人（户），扬佳氏1人（户），兀札喇氏8人（户），洪鄂氏1人（户），阿克占氏1人（户），托谟氏1人（户），叶穆氏3人（户），赫舒理氏2人（户），汤务氏5人（户），哈尔达苏氏1人（户），梅勒氏3人（户），西林觉罗氏1人（户），萨克达氏2人（户），哲理氏1人（户），哲尔德氏2人（户），计23姓，198人（户）。

费德里（今吉林靖宇县南）：瓜尔佳氏4人（户），纳喇氏1人（户），佟佳氏1人（户），计3姓，6人（户）。

尚阳堡（今辽宁开原市东，清河水库淹没区）：瓜尔佳氏1人（户），计1姓，1人（户）。

3. 辉发部

辉发部居地在辉发河流域，西接叶赫、哈达二部，东北至乌喇部，东南界讷殷部。其属城寨有辉发城、多壁城（今吉林辉南县辉发旧城遗址之南，辉发河上游）等。

辉发城（今吉林辉南县靠山屯东南辉发旧城）：瓜尔佳氏39人（户），钮祜禄氏2人（户），赫舍里氏19人（户），纳喇氏41人（户），索绰络氏4人（户），兀札喇氏1人（户），兆佳氏7人（户），布赛氏1人（户），富察氏1人（户），李佳氏1人（户），聂格理氏2人（户），洪鄂春氏3人（户），乌尔达氏1人（户），萨克达氏1人（户），章佳氏1人（户），鄂卓氏1人（户），钮赫勒氏1人（户），辉罗氏1人（户），伊拉理氏1人（户），计18姓，128人（户）。

4. 乌喇部

乌喇部，一作乌拉，又作兀喇。该部居地在松花江上源乌喇河流域，南与辉发部相接，西南界至苏完，东至张广才岭。其所属城寨有乌喇城、宜罕阿麟城（今吉林松花江支流宜罕河北岸）、金州城（今吉林市土城子乡土城子古城遗址）、孙扎泰城（今吉林市龙坛区泡子沿古城遗址）、鄂漠城（今吉林市郊区东团山子古城遗址）、郭多城（今吉林市郊区旧屯）、伏尔哈城等。

乌喇城，一作乌拉（一说今吉林市永吉县北乌拉街满族镇西北半里古城遗址，一说今吉林松花江上游）：富察氏17人（户），完颜氏1人（户），吴雅氏2人（户），兆佳氏1人（户），颜扎氏6人（户），纳喇氏2人（户），锡克特里氏1人（户），库雅拉氏1人（户），赫锡赫理氏1人（户），萨克达氏2人（户），图克坦氏1人（户），扎瑚理氏2人（户），乌尔达氏2人（户），索齐勒氏1人（户），计14姓，40人（户）。

伏尔哈城，一作富尔哈（今吉林市万家村与富尔村之间的富尔哈古城遗址）：瓜尔佳氏1人（户），计1姓，1人（户）。

乌喇河（今松花江上游支流）：瓜尔佳氏64人（户），伊尔根觉罗氏14人（户），纳喇氏46人（户），兀札喇氏20人（户），伊拉理氏4人（户），富察氏1人（户），吴雅氏1人（户），尼奇理氏1人（户），兆佳氏1人（户），赫舍里氏1人（户），碧鲁氏6人（户），索尔多氏2人（户），敖拉氏1人（户），克尔德氏1人（户），墨尔齐氏1人（户），瑚雅拉氏1人（户），鄂托氏2人（户），图门氏1人（户），瑚裕鲁氏1人（户），扎拉理氏1人（户），萨克达氏1人（户），库雅拉氏1人（户），乌苏氏1人（户），鲁布理氏2人（户），萨哈尔察氏2人（户），索绰络氏1人（户），鄂济氏1人（户），温彻亨氏1人（户），哲尔德氏1人（户），洪吉理氏9人（户），吴鲁氏1人（户），蒙古楚氏2人（户），朱格氏1人（户），洪佳氏1人（户），武佳氏1人，崇古喇氏1人（户），倭赫氏1人（户），托活洛氏1人（户），计38姓，199人（户）。

珲春（今吉林珲春市境内）：舒穆禄氏10人（户），瓜尔佳氏1人（户），钮祜禄氏1人（户），那木都鲁氏7人（户），兆佳氏1人（户），舒穆禄氏2人（户），颜扎氏2人（户），库雅拉氏2人（户），泰楚鲁氏2人（户），尼奇理氏1人（户），博和理氏1人（户），穆燕氏1人（户），萨察氏4人（户），锡墨勒氏5人（户），计14姓，40人（户）。

蜚悠城，一作斐悠城（今吉林珲春市三家子满族乡古城村）：瓜尔佳氏

13 人（户），富察氏 24 人（户），喜塔腊氏 8 人（户），费墨氏 1 人（户），伊拉理氏 1 人（户），把尔达氏 1 人（户），计 6 姓，48 人（户）。

马佳（今吉林马佳河流域）：马佳氏 12 人（户），计 1 姓，12 人（户）。

喀木屯（今地待考）：托活洛氏 1 人，计 1 姓，1 人。

苏完部

苏完部，一作"酸"。该部族世居苏瓦延河（一作苏完延河，今吉林双阳河）一带，因以河为族名。《清太祖武皇帝实录》记载，万历十六年（1588 年），"时有酸之酋长葛儿气唆儿戈（索尔果），率本部军民归。太祖以其子非英冻（费英东）为大臣"①。"酸"是为苏瓦延河名音读的汉字缩写。苏完部世居在松花江支流伊通河上游的苏瓦延河与伊勒们河流域，东北同以吉林地区松花江支流舒兰河、鄂河流域的乌喇部相邻，西南与松花江支流的尹丹巴河、伊屯河流域，东辽河上游支流的雅哈河、黑儿苏河流域，以及叶赫河流域的叶赫部相接，正南则是松花江支流辉发江流域的辉发部②。

该部与扈伦四部的三部比邻而居，未被纳入海西女真部属。为什么会出现这种现象？崇德年间编纂的《清太祖武皇帝弩尔哈赤实录》记录："左翼固山额真总兵官、爵一等大臣蜚英东（费英东）扎尔固齐卒，年五十七，酸人。"康熙朝修订的《太祖高皇帝实录》稿本甲中，将"酸"字圈掉，改为"苏完"二字③。这说明苏完部原本势力单薄，仅以"酸"地称之。然而，苏完部对外强势，周边部族不敢小觑。清初加入满洲，该部因开国功臣费英东为代表的家族 24 位叔伯、兄弟、子孙的杰出贡献，声名鹊起。清朝编纂《八旗满洲氏族通谱》，故将"著姓"瓜尔佳氏费英东家族名列谱首，以示崇敬。

苏完城（今吉林双阳县境内）：瓜尔佳氏费英东家族，以及吴巴海、扎尔瑚纳、丹布、鄂泰、海音布、巴布喀、巴林等 126 个家族，173 人（户）；完颜氏 1 人（户），兆佳氏 2 人（户），富察氏 2 人（户），碧鲁氏 1 人（户），托活洛氏 1 人（户），温都氏 1 人（户），托谟氏 2 人（户），图克坦氏 1 人（户），计 9 姓，184 人。

---

① 《清太祖武皇帝实录》卷一，戊子年四月，《清入关前史料选辑》第一辑，中国人民大学出版社 1984 年版，第 312 页。

② 参阅刘选民《清开国初征服诸部疆域考》，《燕京学报》，民国二十七年（1938 年），第 23 期。

③ 康熙朝编修《太祖高皇帝实录稿本甲》卷之八，天命五年三月丙戌，罗振玉辑录《太祖高皇帝实录稿本三种》，哈尔滨出版社 2003 年版，第 129 页。苏完部之初既不属于扈伦四部，又不隶属女真部族，该部族源属待考。

三 东海女真部属

东海女真部，即野人女真，分为三部，即虎尔哈部、瓦尔喀部、渥集部，活动区域在吉林长白山麓、鸭绿江、图们江、黑龙江、乌苏里江，以及东海之滨的广大地区。

1. 虎尔哈部

虎尔哈部，一作库尔喀，又作库尔哈、虎尔喀、瑚尔喀、呼尔喀。该部居地在库尔哈河，及黑龙江中游，即精奇里江与呼玛尔河之间的黑龙江流域。其所属城寨有呼玛尔城（今黑龙江呼玛县境内）、乌鲁苏城（今俄罗斯库马拉偏南科尔沙科沃附近）、穆鲁苏城（今俄罗斯海兰泡以北苏赫基诺附近）、额苏哩城（今黑龙江北岸俄罗斯斯沃特德西南）等。

穆丹（今黑龙江宝清县境内）：舒穆禄氏1人（户），计1姓，1人（户）。

鄂尔浑（今地待考）：完颜氏6人（户），李佳氏1人（户），索佳氏3人（户），计3姓，10人（户）。

德都勒，一作德都理（今黑龙江德都县内）：德都勒氏1人（户），计1姓，1人（户）。

库尔喀（今黑龙江黑河市北俄罗斯境内）：舒穆禄氏18人（户），颜扎氏1人（户），计2姓，19人（户）。

扎库塔（今黑龙江省乌苏里江毕新河口处）：富察氏11人（户），扎库塔氏1人（户），巴雅拉氏1人（户），佟鄂络氏3人（户），计4姓，16人（户）。

虎尔哈（今黑龙江黑河市江北俄罗斯境内）：巴雅拉氏16人（户），瓜尔佳氏5人（户），虎尔哈氏6人（户），伊尔根觉罗氏1人（户），兀札喇氏2人（户），舒穆禄氏1人（户），库雅拉氏2人（户），伊尔库勒氏1人（户），宁古塔氏1人（户），裕瑚鲁氏1人（户），萨马尔吉氏3人（户），托活洛氏2人（户），崇古喇氏1人（户），叶库理氏1人（户），计14姓，43人（户）。

喀木屯（今地待考）：托活洛氏1人（户），计1姓，1人（户）。

2. 瓦尔喀部

瓦尔喀部，一作斡儿哈。该部居住在乌苏里江两岸，及图们江迤东海滨，即"沿瓦尔喀河入鸭绿江，濒海两岸。在兴京南，近朝鲜鸭绿江、图们

江之间及诸海岛，为东海瓦尔喀部，安楚库属焉"。"其地自图们江源，抵图
们江口，自乌苏里江源，抵乌苏里江口，皆隶焉"①。其所属城寨有安褚拉
库、额赫库抡（今俄罗斯东海滨省赫塔赫河一带）、额勒约索（今地待考）、
阿库里（今黑龙江支流乌苏里江上游阿里河流域）、尼满（今黑龙江省虎林
市乌苏里江东俄罗斯境内伊曼河流域）等。

安褚拉库（今吉林安图县西南，松花江上游地区）：瓜尔佳氏 18 人
（户），他塔喇氏 11 人（户），李佳氏 1 人（户），乌苏氏 1 人（户），钮赫
勒氏 1 人（户），珠尔苏氏 1 人（户），计 6 姓，33 人（户）。

3. 窝集部

窝集部，一作渥集，又作兀吉、窝稽、乌稽、阿集②。该部居地在虎尔哈部
之东，松花江以南，乌苏里江西南，东界瓦尔喀部。其所属城寨有那木都鲁城、
绥分城、宁古塔城、尼马察、乌尔古宸（今俄罗斯境内流入我国兴凯湖的乌尔古
宸河流域）、木楞、木伦、扎库塔城（今吉林珲春市西图们江北岸，海兰江以西
地区）、乌札拉城（今黑龙江下游宏加里河口）、额黑库伦城等。

木楞，一作穆棱（今黑龙江穆棱市地区）：乌尔古宸氏 1 人（户），计 1
姓，1 人（户）。

尼马察（今俄罗斯乌苏里斯克地方）：瓜尔佳氏 25 人（户），通颜觉罗
氏 1 人（户），纳喇氏 1 人（户），完颜氏 1 人（户），兆佳氏 2 人（户），
西林觉罗氏 1 人（户），尼马察氏 1 人（户），扬佳氏 1 人（户），哲尔吉氏
3 人（户），和和齐氏 1 人（户），都理氏 1 人（户），鄂谟拖氏 3 人（户），
专塔氏 1 人（户），计 13 姓，42 人（户）。

绥芬城（今黑龙江东宁县境内）：马佳氏 8 人（户），瓜尔佳氏 3 人
（户），富察氏 1 人（户），兆佳氏 1 人（户），那木都鲁氏 23 人（户），吴

---

① 《东北边防辑要》卷上《明季三卫分建诸国考》，第 9 页；《东三省舆地图说》之《国初征
服吉江二省各部考》，第 150 页。

② 窝集部实指呼尔哈部，本处所指窝集部是南呼尔哈部。《清实录》多将其混用，有时也明确它们
之间的关系。例如，《清太祖武皇帝实录》卷二，己亥年正月记载："东海兀吉部内虎儿哈二酋长王格、张
格，率百人来贡土产：黑白红三色狐皮，黑白二色貂皮。自此兀吉虎儿哈部内所居之人，每岁入贡。"潘喆
等编《清入关前史料选辑》第一辑，中国人民大学出版社 1984 年版，第 319 页。曹廷杰在《明季三卫分建
诸国考》一文中认为："自长白山东北至三姓下数百里，沿今牡丹江及混同江南岸居者，通称虎尔喀部；
自图们江源抵图们江口，自乌苏里江源抵乌苏里江口，凡沿此两岸居者，通称瓦尔喀部。二部皆东海渥集
地也。东海国部亦云，东海渥集部二，曰虎尔喀部，曰瓦尔喀部，不得于二部之外，又云窝集部也。"拙著
持野人女真三部说。

扎库氏 2 人（户），库雅拉氏 2 人（户），宁古塔氏 1 人（户），温都氏 1 人（户），穆尔察氏 6 人（户），额尔赫氏 1 人（户），萨克察氏 1 人（户），葛济勒氏 5 人（户），计 13 姓，55 人（户）。

那木都鲁（今俄罗斯东滨海省境内）：那木都鲁氏 13 人（户），李佳氏 1 人（户），萨克达氏 1 人（户），尼沙氏 1 人（户），扎库塔氏 1 人（户），库穆图氏 1 人（户），穆察氏 1 人（户），梅赫理氏 4 人（户），鄂苏尔瑚氏 1 人（户），计 9 姓，24 人（户）。

额赫库伦（今俄罗斯东海滨省纳赫塔赫河一带）：富察氏 19 人（户），计 1 姓，19 人（户）。

宁古塔（今黑龙江宁安市境内）：萨克达氏 7 人（户），瓜尔佳氏 1 人（户），马佳氏 1 人（户），宁古塔氏 20 人（户），伊尔根觉罗氏 1 人（户），西林觉罗氏 1 人（户），他塔喇氏 1 人（户），黄佳氏 1 人（户），费漠氏 1 人（户），葛济勒氏 3 人（户），计 10 姓，37 人（户）。

木伦（今黑龙江支流乌苏里江左岸穆棱河地区）：巴雅拉氏 9 人（户），计 1 姓，9 人（户）。

佛讷赫（今吉林珲春市境内佛多和河附近）：瓜尔佳氏 2 人（户），计 1 姓，2 人（户）。

鄂多里，一作斡朵里，又作斡朵邻、吾都里（一说今黑龙江依兰县西南马大屯，一说今吉林敦化市）：伊尔根觉罗氏 1 人（户），计 1 姓，1 人（户）。

雅兰（今俄罗斯海参崴市东北雅兰河一带）：葛济勒氏 1 人（户），洪鄂春氏 1 人（户），计 2 姓，2 人（户）。

托克索（清代黑龙江六十四屯之一，今地待考）：葛济勒氏 1 人（户），计 1 姓，1 人（户）。

松花江（今松花江流域）：伊尔根觉罗氏 8 人（户），墨尔哲勒氏 19 人（户），瓜尔佳氏 2 人（户），兀札喇氏 2 人（户），巴雅拉氏 19 人（户），锡克特里氏 1 人（户），碧鲁氏 2 人（户），锡克特里氏 2 人（户），扎库塔氏 1 人（户），萨马尔吉氏 1 人（户），贤达禅氏 1 人（户），布达喇氏 4 人（户），鄂济氏 2 人（户），俞尔库勒氏 1 人（户），辉罗氏 2 人（户），奇塔喇氏 4 人（户），索齐勒氏 1 人（户），富尔库鲁氏 1 人（户），计 18 姓，73 人（户）。

雅兰西楞（今俄罗斯东滨海省境内）：颜扎氏 6 人，计 1 姓，6 人

（户）。

海兰，即海兰河屯（今黑龙江虎林市区）：乌苏氏6人（户），瓜尔佳氏3人（户），计2姓，9人（户）。

噶哈里（今吉林延吉市西）：瓜尔佳氏1人（户），吴扎库氏3人（户），扎库塔氏2人（户），布雅穆齐氏2人（户），计4姓，8人（户）。

白都讷（今吉林扶余县境内）：瓜尔佳氏3人（户），颜扎氏2人（户），吴雅氏1人（户），札苏理氏1人（户），萨哈尔济氏2人（户），瑚锡理氏1人（户），计6姓，10人（户）。

乌苏（今吉林伊通市境内）：库雅拉氏1人（户），觉禅氏1人（户），瑚雅拉氏1人（户），计3姓，3人（户）。

阿库里（今黑龙江虎林市东俄罗斯境内）：伊尔根觉罗氏1人（户），萨克达氏1人（户），布尔察氏1人（户），吴鲁氏2人（户），科奇理氏2人（户），温都氏1人（户），计6姓，8人（户）。

四　索伦部属

索伦部世居地，"当在黑龙江极北，兴安大岭之麓，介俄罗斯及喀尔喀蒙古之间"[①]，约黑龙江上游地区。"今黑龙江两岸，及齐齐哈尔全境"[②]。

索伦地方（今黑龙江嫩江市西部地区）：喀尔达苏氏1人（户），武佳氏1人（户），鄂苏尔瑚氏1人（户），计3姓，3人（户）。

五　属部不详、居地待考者

哈克三（疑今为内蒙古海拉尔市东哈克乡）：吴雅氏1人（户），计1姓，1人（户）。

萨哈尔察（今黑龙江嫩江市东北地方）：吴扎库氏2人（户），赛密勒氏2人（户），萨哈尔察氏2人（户），图色理氏1人（户），布赛氏1人（户），额尔吉氏2人（户），武聂氏1人（户），计7姓，11人（户）。

阿尔喇（今内蒙古莫力达瓦旗境内）：萨克达氏1人（户），计1姓，1人（户）。

---

① 《圣武记》卷一《开国龙兴记一》，第8页。
② 《东三省舆地图说》之《国初征服吉江二省各部考》记载：索伦居地，"今黑龙江两岸，及齐齐哈尔全境"（《曹廷杰集》，第150页），此记录不确。

布尔哈，一作布特哈（今黑龙江嫩江流域，及大小兴安岭地区，原总管衙门治所位于嫩江西岸宜卧奇）：萨克达氏 1 人（户），费漠氏 4 人（户），计 2 姓，5 人（户）。

精奇里乌喇（今俄罗斯结雅河一带）：精奇里氏 3 人（户），计 1 姓，3 人（户）。

齐齐哈尔（今黑龙江齐齐哈尔市境内）：乌礼苏氏 3 人（户），托尔佳氏 1 人（户），倭勒氏 1 人（户），计 3 姓，5 人（户）。

爱浑，一作爱珲（今黑龙江黑河市爱珲镇）：爱浑氏 1 人（户），额尔赫氏 1 人（户），计 2 姓，2 人（户）。

海拉苏台（今黑龙江嫩江西五百余里海拉苏台河流域）：海拉苏氏 1 人（户），计 1 姓，1 人（户）。

锦州（今辽宁锦州市）：图色理氏 1 人（户），赫宜氏 1 人（户），计 2 姓，2 人（户）。

法库（今辽宁法库县）：颜扎氏 6 人（户），计 1 姓，6 人（户）。

沈阳（今辽宁沈阳市）：瓜尔佳氏 2 人（户），兀札喇氏 8 人（户），马佳氏 2 人（户），李佳氏 2 人（户），库雅拉氏 1 人（户），伊拉理氏 1 人（户），瑚雅拉氏 1 人（户），计 7 姓，17 人（户）。

铁岭（今辽宁铁岭市）：瓜尔佳氏 2 人（户），组佳氏 1 人（户），计 2 姓，3 人（户）。

塔山堡（一说今辽宁绥中县东南塔山屯镇，一说今辽宁义县东南）：赫舍里氏 1 人（户），托谟氏 1 人（户），计 2 姓，2 人（户）。

郭尔罗斯（今吉林前郭尔罗斯蒙古族自治县）：孟佳氏 1 人（户），计 1 姓，1 人（户）。

科尔沁（今内蒙古通辽市、吉林前郭尔罗斯蒙古自治县与黑龙江杜尔伯特蒙古自治县地区）：瑚塔氏 1 人（户），计 1 姓，1 人（户）。

从上述满洲部族的世居地看，构成满洲各部属之人，散居于东北广阔的地域，各部族不断地向南迁徙于各大水系之间。他们南迁之因，如同前文所述，主要是出于人口增长和物资匮乏的巨大压力，弱肉强食，彼此征伐，抢掠人畜等资产，不少部族为避乱而远离世居地，举族南下，进入吉林、辽宁地区，逐渐地落脚或靠近于较为发达的辽东商贸文化圈，部族获得生存与发展空间。在长期的奋争中，建州女真日益壮大，最终形成了新的满洲民族共同体。

第三节　"旧满洲"与"新满洲"成员构成

满洲族肇兴于清太祖努尔哈赤起兵创业之时。长期的频仍征战，加速了东北地区民族的分化与再组建。18 世纪中叶，即乾隆初期，满洲民族共同体得以确认，其标志是钦定《八旗满洲氏族通谱》的刊布。努尔哈赤从统一建州本部族开始，扩大到海西女真、东海女真，用了 30 余年完成兼并战争，使得女真族大部成为一族。皇太极屡次远征散处黑龙江山林的索伦、锡伯、达瑚尔、鄂伦春、卦勒察等部，理由是"兹地人民语言、骑射，与我国同，抚而有之，即可为我用"①。从此满洲部族成员呈现多元性。从总体上来看，以建州女真为核心，融入东北地区女真诸部，及生活习俗相近的一些北方民族，形成一个满洲族。

建州女真是满洲的基础部族，包括苏克素浒河部、浑河部、哲陈部、董鄂部、完颜部，及属于长白山部的朱舍里部、讷殷部、鸭绿江部。从明万历十一年（1583 年）至二十一年（1593 年）的 11 年间，努尔哈赤率先统一本部。《通谱》中属于建州女真、世居地可考的诸部有 147 姓氏，传主 907 人（户），这些部落多为率先归附者。例如，《通谱·和和理》记载：

> 和和理（一作何和里），正红旗人，世居董鄂地方。原系董鄂部长，国初率部下来归，尚长公主，为头等大臣，编佐领。

《清太祖实录》卷一亦载：

> 戊子（万历十六年）四月甲寅（初二日），董鄂部主克辙巴颜之孙何和里，亦率本部军民来归，上以长女妻之，授为一等大臣。②

由于董鄂部首领率众归顺，努尔哈赤将其整个部族纳入建州左卫。此类事例在《通谱》中颇多。建州部属苏克素浒河部、董鄂部、浑河部、哲陈部、完颜部，及长白山诸部女真，则成为满洲民族共同体的骨干成员。

---

① 《圣武记》卷一《开国龙兴记一》，第 5 页。
② 《清太祖实录》卷二，戊子（万历十六年）四月甲寅，第 1 册，第 35 页下。

万历二十七年（1599年）九月，努尔哈赤吞并哈达部。尔后，相继兼并辉发、乌拉部。天命四年（1619年）八月，又灭掉叶赫部，统一了海西女真。努尔哈赤不断地把俘获和前来归附部落编入营伍，成为本部族的一部分。《通谱》中属于扈伦四部的有138个姓氏。

努尔哈赤征服东北部落，"用兵最勤，且征且抚者，莫如东海三部，及黑龙江之索伦等部"①。万历二十六年（1598年），遣长子褚英、巴雅喇，及扎尔固齐噶盖、费英东等人，"统兵一千，征安褚拉库路，星驰而往，取屯寨二十余，所属人民尽招徕之"②。他还用力招抚东海女真，吸引部落首领来归。为数不少的东海女真人即在这一时期加入建州部。例如，《通谱·他塔喇氏·罗屯传》记录：

> 罗屯，正红旗人，世居安褚拉库地方，国初率八百户来归，居五大臣之列，编二佐领。③

在后金安抚政策感召之下，东海女真人陆续地被编入建州女真之内。"盖南沿鸭绿江、图们江之间，及诸海岛，为东海瓦尔喀部；北沿乌拉河、松花江至混同江南岸则虎尔哈部；东抵长白山荫则渥集部，今大都并入满洲矣"④。《通谱》属于东海女真人世居地可考的瓦尔喀、窝集、虎尔哈三部就有172个姓氏。

东海女真成为满洲族成员，经历了漫长的历史过程。从天命到康熙年间，不断地有该部落氏族前来归附，或被征服，编入满洲。太宗皇太极继承乃父遗志，继续兼并东海女真，将其人口编入旗籍。例如，天聪九年（1635年），征伐瓦尔喀部落主将季思哈、吴巴海等，"俘获虎尔哈部落男子，五百六十六名；妇女幼稚，九百二十四口"。皇太极下令："此次俘获之人，不必如前八分均分，当补壮丁不足之旗。八旗制设牛录，一例定为三十牛录，如一旗于三十牛录之外，余者即行裁去，以补各旗三十牛录之不足者。如有不

---

① （民国）曹廷杰：《东北边防辑要》卷上《征东海窝集瓦尔喀部》，《曹廷杰集》，丛佩远等编，中华书局1985年版，第15页。

② 《清太祖实录》卷二，戊戌（万历二十六年）正月丁亥，第1册，第42页下。

③ 《通谱》卷十一《罗屯》，第175页上。

④ 《圣武纪》卷一《龙兴开国记一》，第7页。

满三十牛录旗分，择壮年堪任牛录之人，量能补授。"① 这样将东海女真各部壮丁按照八旗编制，增强了后金军事实力。

清兵进京，八旗将士多"从龙"入关，东北地区防御出现虚势。为了加强关外驻防，抵抗沙俄侵略，顺治、康熙时期，留守东北边区的东海女真人陆续被编入八旗，融合满洲一体。例如，东海女真虎尔哈部著姓墨尔哲勒氏、墨尔迪勒氏，于康熙年间在屯长扎努喀的带领下，举族南迁内附，隶属八旗满洲。清朝将其安置在宁古塔附近戍守，成为"新满洲"。《圣武记》卷一记载："迨圣祖康熙十年，墨尔哲勒氏屯长来归，编为墨尔根四十佐领，号新满洲。"②《黑龙江志稿》卷二十六亦载："康熙十年，墨尔哲勒氏屯长率众来归，宁古塔将军巴海安辑之，墨尔根编为四十佐领，号'新满洲'。"③《通谱·墨尔哲勒氏》则称："墨尔哲勒氏，为满洲一姓，其氏族世居松花江地方。"④《通谱·强图理》记述："其子扎努喀因累世输诚进贡，又率四十四户与佐领鄂尔博绰瓦旒迁于宁古塔地方，一体效力。太宗文皇帝嘉之，优赐骑都尉，兼一云骑尉，任佐领。"⑤《通谱·希尔关》记录了墨尔哲勒氏被编入满洲的过程，"希尔关，镶黄旗人，世居松花江马那哈村地方，因输诚进贡，遂授村长，卒。其兄之子额尔住，亦授村长，后奉圣祖仁皇帝特旨，将新满洲编佐领，因授村长额尔住为佐领"⑥。这些东海女真作为"新满洲"成为满洲族的一员。

索伦，"辽之族裔，族类至繁"⑦，居于黑龙江地区，该部"散处山谷，挽强命中，洞兕虎，迹禽兽，雄于诸部"⑧。天命元年（1616 年），努尔哈赤命扈尔汉与安费扬古等人，率兵征伐东海萨哈连部，"收乌勒简河南北三十六寨，黑龙江北十一寨"，又"招降使犬诸啰习喇忻诸部"⑨。天聪期间，皇太极对于索伦部多次用兵，并实行招抚之策，各部长多前来输贡，"京古齐、巴尔达齐、

---

① 《清太宗实录》卷二十，天聪八年九月甲戌，第 2 册，第 269 页下。
② 《圣武纪》卷一《龙兴开国记一》，第 8 页。
③ 《黑龙江志稿》（中册）卷二十六《武备志·兵制·旗兵下》，第 1157 页。
④ 《通谱》卷五十二《墨尔哲勒氏》，第 584 页下。
⑤ 同上，此中"清太宗"当为《通谱》之误。
⑥ 《通谱》卷五十二《墨尔哲勒氏》，第 584 页下。
⑦ 《东北边防辑要》卷下《征索伦》，第 33 页。
⑧ 《黑龙江志稿》卷十一《经政志·氏族》，第 512 页。
⑨ 《清国史》（第五册）卷三《扈尔汉传》，中华书局 1993 年版，第 135 页下。参阅《满文老档》第二函《太祖皇帝天命元年正月至四年十二月》，第五册《征萨哈连部》，中华书局 1990 年版，第 46—49 页。

哈拜、孔恰泰、吴都汉、讷赫徹、特白哈尔塔等，率三十五人来朝，贡貂
皮"①。天聪八年（1634年）十一月，皇太极命令梅勒章京霸奇兰、甲喇章京
萨穆什喀，率章京四十一员，二千五百余兵，征服黑龙江，收编索伦部人口。
此时不少来归索伦人，编入八旗满洲。诸如，阿鲁氏，"此一姓世居索伦地方。
扬武，正白旗人，国初来归，其孙倭精额原任三等侍卫"②。世居地索伦地方、
被纳入《通谱》的有21姓，传主33人（户）。将索伦人编制佐领，驻防东北，
其中部分人编入八旗满洲。还有一些累世输贡的索伦部落，清入关后，举族南
迁，投归满洲，编为八旗。例如，世居于黑龙江支流精奇里江的索伦部落精奇
里氏，其部长巴尔达齐于顺治时期举族归附清朝。《通谱·精奇里氏巴尔达齐》
记载：

> 巴尔达齐，正白旗人，世居精奇理乌拉地方。顺治时，同族众弃土
> 内附，抒诚来归，优授三等男。两遇恩诏，加至一等男。③

《通谱》记录索伦姓氏有：多拉尔氏、都拉尔氏、都佳氏、多尔托尔氏、
图勒理氏、阿拉尔氏、阿鲁氏、阿拉边前氏、敖拉氏、墨尔迪勒氏、穆卢
氏、博都理氏、马察氏、罗察氏、罗佳氏、朱尔克氏、朱尔根氏、楞布尔勤
氏、喀尔佳氏、萨穆布尔氏。这表明此部分索伦人已经成为满洲的正式
成员。

"与索伦同乡而别为部落"者，有打虎尔、鄂伦春、瓜勒查、席北、赫哲
等民族。打虎尔，即达斡尔族，为契丹贵族，辽亡之后，迁徙黑龙江北境，
"与索伦部杂居于精奇里江"。鄂伦春，元时称为"林木中百姓"，清初谓之
"树中人"。"其在鄂伦春之东部者，又呼为使鹿部；其在鄂伦春上游西部者，
又呼为使马部；其在黑龙江下游之鄂伦春，又呼为使犬部"④。其居地在"黑
龙江以北，精奇尼江源以南，虞人鄂伦春地，其众夹精奇尼江以居"⑤。卦勒
察，亦称瓜尔察，"打牲部落，属科尔沁蒙古"⑥，其居地"在嫩江左右，近伯

---

① 《清太宗实录》卷二十，天聪八年十月壬辰，第2册，第270页下。
② 《通谱》卷六十《扬武》，第673页下。
③ 《通谱》卷三十六《巴尔达齐》，445页下。
④ 《黑龙江志稿》卷十一《经政志·氏族》，第513页。
⑤ （清）方式济：《龙沙记略》之《方隅》，《辽海丛书续集》第二册，沈阳古籍书店1993年版，第1011页上。
⑥ 《黑龙江志稿》卷十一《经政志·氏族》，第513页。

都讷，则瓜勒察。当即今郭尔罗斯前后二旗地"①。席北，即今锡伯族，清初属科尔沁蒙古。赫哲，即今赫哲族，清初其居地在混同江南岸，宁古塔以东，即今黑龙江省依兰县以东松花江和乌苏里江两岸。这些东北边区的少数民族，"世皆索伦呼之"。其中一部分人被编入八旗满洲，成为满洲族的正式成员。后金曾经多次对这一地区的少数民族发动掠夺战争，诸如，天命八年（1623年）、十一年（1626年）、崇德二年（1637年），清兵三次出兵征伐东海瓜勒察部，仅其中一次战役，就获"男子六百四十名、家口一千七百二十名、马一百五十六匹，牛一百有四头"②。此间，也有一些少数民族成员主动投奔满洲。例如，《通谱》卷三十四《锡克特理氏·伊讷克》记载：

> 伊讷克，正黄旗人，世居卦尔察地方，国初时，以不劳军力来归，授云骑尉。③

《塔那喀传》亦载：

> 塔那喀，镶红旗人，世居卦尔察地方，天聪时，率三百人来归，编佐领，使统之。④

再如，生活在诺罗河流域的使犬部伊尔库勒氏，《通谱》记载，该氏族成员八人，皆属"国初来归"之人⑤。入关之后，为了加强东北地区的防御，也将该地区部分民族成员编入八旗。"康熙时期从科尔沁撤回"之人，即是由科尔沁进献的"席北、瓜勒察、打虎尔"人丁组成的。他们也成为满洲民族的一部分。

从《通谱》的世居地看，一些原生活在辽东和蒙古东部地区的部分女真人也编入八旗满洲。《通谱》记载世居辽东的传主，分布在沈阳、辽阳、锦州、抚顺等地，计21姓38人（户）。诸如，正蓝旗人索济雅喇氏，世居大凌河地方；镶黄旗人拉颜氏，世居界凡地方；正黄旗人郑佳氏，世居沈阳地

---

① 《东北边防辑要》卷上之《卦勒察考》，《曹廷杰集》，第30页。
② 同上。
③ 《通谱》卷三十四《锡克特理氏·伊讷克》，第427页上。
④ 同上。
⑤ 《通谱》卷三十九《伊尔库勒氏》。

方；正红旗人全佳氏，世居盖州地方；镶蓝旗人郎佳氏，世居辽阳地方等①。少数人为"国初"，或"天聪"时期来归；而多数人归附年份无考。这些女真人多数是在太祖、太宗攻掠辽东时，被纳入满洲的。世居蒙古地方的传主，主要生活在科尔沁、郭尔罗斯等处。这部分人比较少，《通谱》中世居地可考者仅有3姓6人（户），例如，正黄旗人孟佳氏，世居郭尔罗斯地方；镶蓝旗人瑚塔氏，世居科尔沁地方②。

满洲民族共同体在形成中，出现了"佛满洲"和"伊彻满洲"之别。"佛满洲"即"旧满洲"，"伊彻满洲"即"新满洲"。清人西清说："满洲有佛、伊彻之分，国语'旧'曰佛，'新'曰伊彻，转而为伊齐，一气。其初多吉林产也。又有所谓库雅喇满洲，瓜勒察满洲者，以地名，皆伊彻满洲也。"百余年来，他们分驻齐齐哈尔、黑龙江、呼兰三城，编其部为八旗，"佛满洲不过什一"③。《圣武记》卷一记载："东三省驻防兵，有老满洲，有新满洲，犹史言生女真、熟女真也。国初收服诸部，凡种人之能成数佐领、数十佐领者，咸归于满洲；若东海三部、扈伦四部，今皆无此名目，盖已归入满洲故也。其它壮丁散处，随时编入旗籍，畸零不成一佐领者，则以新满洲统之，国语所谓'伊彻满洲'也。此皆崇德以前所归服之部落。"④

早在清入关前，已有新旧满洲之分。天聪九年（1635年），皇太极"召各旗新旧满洲、汉人、蒙古众官，并新附蒙古虎尔哈"，分宴于馆中⑤。崇德五年（1640年）七月，萨尔纠、英古，往征库尔喀部落，"所获新满洲壮丁四十二人，充补各旗披甲之缺额者"⑥。十一月，索海、萨穆什喀征索伦还，"携来新满洲男子二千七百五十一名，妇女三千九百八十九口，编入八旗。至是，均赏衣服布匹，复令较射，分别等第"，"赐朝服袍褂等物"⑦。新满洲是与旧满洲相对而言的，主要指天聪以后入旗的东海女真瓦尔喀、虎尔哈等部和索伦、瓜勒察等。旧满洲则指天命、天聪时期满洲建州诸部和海西四部等女真的早期成员。在长期融合中，新旧满洲的差异日渐地缩小，新满洲

①　参阅《通谱》卷六十二《索济雅剌氏》，卷六十三《拉颜氏》、《郑佳氏》，卷六十四《全佳氏》，卷六十五《郎佳氏》。

②　参阅《通谱》卷五十五《孟佳氏》，卷六十二《瑚塔氏》。

③　（清）西清：《黑龙江外记》卷三，黑龙江人民出版社1984年版，第28页。

④　《圣武记》卷一《龙兴开国记一》，第12—13页。

⑤　《清太宗实录》卷二十三，天聪九年六月庚子，第2册，第310页。

⑥　《清太宗实录》卷五十二，崇德五年七月癸未，第2册，第695页上。

⑦　《清太宗实录》卷五十三，崇德五年十一月壬辰，第2册，第711页。

也变成旧满洲了。

　　清入关后，刚入满洲的成员又被称为"新满洲"。为了充实东北"龙兴之地"的驻防兵力，清朝将遗留在东北边区的女真部落和其他民族的一部分直接编入满洲佐领，这些人就是入关后的"新满洲"。清人何秋涛在《朔方备乘》中指出："国初收服诸部，往往迁其家于盛京，选其壮丁，入旗披甲，故凡种人之能成数佐领，数十佐领者，咸归于满洲。若瓦尔喀，若呼尔哈，若叶赫，若辉发，若乌拉，若哈达，今皆无此目，盖已归入满洲故也。其顺康年间，续有招抚壮丁，愿迁内地，编佐领隶旗籍者，则以'新满洲'名之，国语所谓'伊彻满洲'也。"① 前文提到的康熙十年（1671 年）率族内附的东海女真虎尔哈部的墨尔哲勒氏，便是"新满洲"之一。《宁古塔纪略》描述了纳入"新满洲"的情况，呼儿喀、黑斤（即赫哲）、非牙哈（即费雅哈），总名乌稽鞑子，"今上爱其勇，赐以官爵，时以减等流徙者，赐之为奴。如是者数年，令从呼儿喀迁至宁古（塔），又迁至奉天。又二年，令入都。今名'衣扯（新）满洲'者，即此也"②。

　　按照入关以前划分新旧满洲的标准，《通谱》中"国初来归"、"天聪年间来归"和"来归年分无考"的建州女真、海西女真人皆属于"佛满洲"。太宗中期编入八旗满洲的东海女真瓦尔喀、虎尔哈等部和黑龙江流域索伦、打虎尔、鄂伦春各部众则属于"伊彻满洲"。入关后的划分标准，则是入关前者，均为"佛满洲"；"顺治时来归"、"康熙时来归"和"康熙时期从科尔沁撤回"之人皆属"伊彻满洲"。从人数比例来看，《通谱》中"佛满洲"之人占有大多数，皆为"先世随太祖、太宗拨乱反正，立有战功"③，加上新满洲转化为旧满洲者，《通谱》中所录之人多为"佛满洲"也就不足为奇。"伊彻满洲"虽只占有很少的部分，但他们已融入满洲族内，至乾隆时期，这些氏族也都变成"佛满洲"。

---

　　① （清）何秋涛：《朔方备乘》卷一，《中国边疆丛书》第二辑，台北文海出版有限公司印行，1964 年版，第 135—136 页。

　　② （清）吴振臣：《宁古塔纪略》，《辽海丛书续集》第二册，沈阳古籍书店 1993 年版，第 1007—1008 页。此书将第七页至二十页前后颠倒，阅读殊属不便。

　　③ （清）萨英额：《吉林外记》卷三《满洲蒙古汉军》，《辽海丛书续编》二册，第 915 页下。

第四节　旗籍分属和世家大族佐领编制

一　满洲姓氏的旗分佐领

满洲姓氏隶属旗分佐领情况，据《通谱》卷一至卷六十五记载满洲姓氏姓氏与人数统计，列表如下[①]：

满洲姓氏旗籍隶属表

姓氏＼旗籍／人数	镶黄旗	镶黄旗包衣	正黄旗	正黄旗包衣	正白旗	正白旗包衣	正红旗	正红旗包衣	镶白旗	镶白旗包衣	镶红旗	镶红旗包衣	正蓝旗	正蓝旗包衣	镶蓝旗	镶蓝旗包衣
瓜儿佳氏	67	18	72	7	90	9	81	2	94	6	68	7	107	12	109	10
钮祜禄氏	13	1	4	1	8	3	10	1	1		25		6	1	4	
舒穆禄氏	6	1	22	4	7	4	6	1	10	4	15		22	2	18	
马佳氏	8	1	12	2	2	1	2	1	5		6	1	12	1	8	5
董鄂氏		1	3		3		6	1			6				1	
赫舍里氏	9	2	12		10	4	29	1	13		29	2	30	3	38	1
他塔喇氏	2		4	3	13		11		29	5	11	1	3		7	
伊尔根觉罗氏	43	9	39	5	42	9	36	1	40	13	29	9	40	17	22	31
舒舒觉罗氏	7	1	11		16	2	8	2								
西林觉罗氏	1	1	1		6		3	1	2	4	1		5		12	3
通颜觉罗氏													4			
阿颜觉罗氏			2		3	1		1	3	1	1		2		4	
呼伦觉罗氏			1		1		1				1				1	
阿哈觉罗氏		22		2	13						3				2	1
察喇觉罗氏						2										
佟佳氏	13		7	1	46	1	15	1	8	6	11	3	12	3	33	4
那木鲁氏	2		6	1	17				3		20					

---

①　此表据《八旗满洲氏族通谱》卷一至卷六十五《满洲姓氏》绘制。表中姓氏包括《通谱》中一姓氏下记载人数超过一人的姓氏 250 个，一姓氏下仅一人的姓氏 393 个；"希姓"一栏不再逐一列出，参阅《通谱》卷五十六至卷六十五。

续表

姓氏　　旗籍／人数	镶黄旗	镶黄旗包衣	正黄旗	正黄旗包衣	正白旗	正白旗包衣	正红旗	正红旗包衣	镶白旗	镶白旗包衣	镶红旗	镶红旗包衣	正蓝旗	正蓝旗包衣	镶蓝旗	镶蓝旗包衣
纳喇氏	29	31	30	16	39	20	23	7	39	11	46	5	26	11	25	5
富察氏	52	7	47	4	30	25	30		51	7	42	3	20	9	24	2
完颜氏	7		8		12	6	1		6		33		3	6	30	1
叩德氏			1		3		1									
吴雅氏	2		6		6		3	1	3	1			1	1		
兀札喇氏	6			40	9		7		15		10		18		3	
戴佳氏	1		2	2	2		1		7		5		1	1	10	
兆佳氏	1		3	2	27	7	9	1	10	11	5		6		2	
郭络罗氏	3	1		1	1	1			13	1	1		7	1		
颜扎氏	7		3	1	7		3		3		2		9	1		
碧鲁氏	6				5		1		7		1				1	
李佳氏	8		7		8	1	14	3	2	1	4		5		3	
黄佳氏			1		1				2		3		4		3	1
吴扎库氏					3						5					
锡克特理氏	1		7		2		3		1		5					
库雅拉氏			1		10		1	1	1		3		3			
萨克达氏	7		13	4	14		10		9		10	2	5	1	17	2
精奇理氏			1		3		1									
赛密勒氏	4		5		1		2		5				4		1	
扎库塔氏	2		4		4		3		6		1		6		2	
乌苏氏			4		4		3	1	42		5		8	1	4	2
巴雅拉氏	20		7		32		3		1		8		9	4		
辉和氏					1		13		1		4		1			
鲁布理氏					2				1		1					1
尼马察氏	2		2	1			1		6	1	4		1			
伊尔库勒氏			1		2		8						1			
章佳氏	9	2	4	1	4	1	6	1	3	1	2		3	3	2	4
宁古塔氏	4		8		1	1	1		4	1	3		7		2	

续表

姓氏＼人数＼旗籍	镶黄旗	镶黄旗包衣	正黄旗	正黄旗包衣	正白旗	正白旗包衣	正红旗	正红旗包衣	镶白旗	镶白旗包衣	镶红旗	镶红旗包衣	正蓝旗	正蓝旗包衣	镶蓝旗	镶蓝旗包衣
萨哈尔察氏	6				2				2		1					
嵩佳氏		2									1	1	10		1	2
宜特墨氏	1				1		5		3				4		1	
扎思瑚理氏					6						1					
瑚锡哈理氏	5	1			2						1					
喜塔腊氏	3		1	1	6	3	5		2	1	2		8	1	8	
泰楚鲁氏					1								3			
性佳氏		1	1		2						4		1		2	
穆尔察氏					5				2						1	
费墨氏	3		1		11	1	2		4		3	2	3	1	2	
索佳氏		1	5	1	2	3	1		3						3	
萨马尔吉氏	1				2										8	
齐佳氏											2					
葛济勒氏	2		2		8		4		7		1		5		1	
哲尔济氏									1						4	
索绰络氏	1		2		2	1	4		2	1			1			
鄂卓氏			3				7				7		3	1	9	2
钮赫勒氏	3		1				4				2		2		1	
鄂济氏					5		5		2		1		1		2	
裕瑚鲁氏	4				2		1		1	1			1		4	1
布尔察氏	1		1													
伊拉理氏	5		8		4	4	1		12		9		11		10	
虎尔哈氏							5		1		2				3	
苏佳氏					2		2		3	1	2		3		1	
温彻亨氏	3															
哲尔德氏		1	1		1	1							1		2	
温察氏						3			1						2	
额苏理氏	3				5				3							

续表

姓氏＼旗籍＼人数	镶黄旗	镶黄旗包衣	正黄旗	正黄旗包衣	正白旗	正白旗包衣	正红旗	正红旗包衣	镶白旗	镶白旗包衣	镶红旗	镶红旗包衣	正蓝旗	正蓝旗包衣	镶蓝旗	镶蓝旗包衣
吴鲁氏			1						2	1			1			
觉禅氏				12		1							1			
科奇理氏					1						3		1			
把尔达氏	1			1	1						5		1		2	
尼沙氏					1						2					
托活洛氏	1			2	32	4			1				2		2	
阿穆鲁氏	2															
索尔多氏									1	1						
俞尔库勒氏	1				1				1							
满扎氏															6	
乌色氏	1				2	1	1				1		1			
佑祜鲁氏	6				2				1		3					1
图色理氏	1		8		1						2		1			
温特赫氏			3										2			
梅勒氏		2	1				2									
博和理氏							1		2		2					
钮颜氏													5			
乌尔古辰氏	1		1				1									
扎拉理氏					3		1						10	1		
温都氏			1		4		1		10	2	2		8		2	1
蒙古尔济氏			1				1									
阿礼哈氏			1						6							1
苏都理氏			5		1											
奇塔喇氏	6				1										1	
鄂托氏							3		2							
洪吉理氏	8				1											
墨尔哲勒氏	18															
索齐勒氏			1		1								1		4	

续表

姓氏＼人数＼旗籍	镶黄旗	镶黄旗包衣	正黄旗	正黄旗包衣	正白旗	正白旗包衣	正红旗	正红旗包衣	镶白旗	镶白旗包衣	镶红旗	镶红旗包衣	正蓝旗	正蓝旗包衣	镶蓝旗	镶蓝旗包衣
托谟氏	2			4	2				1		2		1			
汤务氏		2	1													
都拉喇氏				3												
墨尔迪勒氏			7													
喀尔达苏氏											4					
赫舒理氏	4															
辉罗氏	3								1							
济礼氏			1												1	
乌尔汗氏									2							
赫宜氏			4													
扎苏理氏											2					
拜都氏				1					1							
赖布氏				1	1											
布赛氏							1		1				1			
葛努氏				2												
乌苏古氏					2											
尼奇理氏	1		1				1		1							
鄂谟托氏	2															
董佳氏	5										1				1	
阿克占氏							3		1						2	
叶穆氏	2		2						2		1		1			
喀尔拉氏	1		2								1					
萨克察氏							1		1				2		1	
乌尔达氏									2		2					
图克坦氏	1					1	1									
郭尔佳氏															2	
洪鄂春氏				3					2					2	6	
额尔图氏	2		1						2		1					

续表

姓氏＼旗籍＼人数	镶黄旗	镶黄旗包衣	正黄旗	正黄旗包衣	正白旗	正白旗包衣	正红旗	正红旗包衣	镶白旗	镶白旗包衣	镶红旗	镶红旗包衣	正蓝旗	正蓝旗包衣	镶蓝旗	镶蓝旗包衣
彰锦氏	1				1		4	1			6		4	1		
聂格理氏			2						1						2	
扬佳氏	1	1			5		2				3	1			1	
洪鄂氏	2		1				2		7		2				3	
贤达禅氏			1												2	
赫锡赫理氏					2								1			
库穆图氏					3											
康仪理氏	2															
额尔吉氏									2							
舒墨理氏															2	
锡克济拉氏			2													
德敦氏	1												2			
珠格氏					1				1		1					
卦尔察氏	1				1						1				1	
多尔衮氏			2													
洪佳氏					1											1
孟佳氏			2								1	1				
克音氏			1		2				1							
明安氏	2															
乌礼苏氏					2		2								2	
萨哈尔济氏				1			1		2							
尼竺浑氏				1												
武尔格齐氏											1					
瑚玉鲁氏													1			
和和齐氏													1			
塔穆察氏													1			
夸尔达氏							1									
德都勒氏			1													

续表

人数／旗籍／姓氏	镶黄旗	镶黄旗包衣	正黄旗	正黄旗包衣	正白旗	正白旗包衣	正红旗	正红旗包衣	镶白旗	镶白旗包衣	镶红旗	镶红旗包衣	正蓝旗	正蓝旗包衣	镶蓝旗	镶蓝旗包衣
恺颜氏	1															
珠尔苏氏							1									
绰克秦氏													1			
安达拉氏													1			
爱浑氏															1	
海拉苏氏													1			
吴灵阿氏									1							
图门氏					1											
勒第氏	1															
克尔德氏									1							
哲栢氏											1					
图普苏氏									1							
托尔佳氏	1															
格格氏							1									
韩札氏																1
穆察氏					1											
多罗氏							1									
褚库尔氏													1			
武聂氏									1							
郭尔本氏									1							
图克敦氏															1	
叶库理氏							1									
哲理氏	1															
组佳氏		1														
唐达氏									1							
卓克佳氏															1	
崇果鲁氏															1	
墨尔齐氏					1											

续表

姓氏 ＼ 旗籍	镶黄旗	镶黄旗包衣	正黄旗	正黄旗包衣	正白旗	正白旗包衣	正红旗	正红旗包衣	镶白旗	镶白旗包衣	镶红旗	镶红旗包衣	正蓝旗	正蓝旗包衣	镶蓝旗	镶蓝旗包衣
瓦理氏											1					
蔡佳氏	1															
克叶勒氏									1							
富尔库鲁氏	1															
万旒哈氏			1													
穆燕氏															1	
都善氏	1															
拜格氏											1					
阿图拉墨氏				1												
赛音萨尔图氏											1					
穆和林氏				1												
蒙鄂索氏	1					1						2			4	
萨察氏															1	
锡墨勒氏				2											7	
刘佳氏							4		1	1				2		
果尔吉氏	1				1		1		2						2	
武佳氏	1								1		3					
佟鄂络氏									4						1	
郭佳氏					1						1				2	3
梅赫理氏				5												
瑚锡理氏						1					1		1		1	
蒙古楚氏				2									1	1		
崇古喇氏						1			1		1		1			
额尔赫氏				2									1			
布雅穆齐氏	1		1			1							1			
都理氏				2		1		1								
倭勒氏						1			1		1				1	
尼阳尼雅氏				4												

续表

姓氏＼旗籍	镶黄旗	镶黄旗包衣	正黄旗	正黄旗包衣	正白旗	正白旗包衣	正红旗	正红旗包衣	镶白旗	镶白旗包衣	镶红旗	镶红旗包衣	正蓝旗	正蓝旗包衣	镶蓝旗	镶蓝旗包衣
专塔氏					3											
布达喇氏	2															
叶赫勒氏	1				1											
朱佳氏		1					1					1				
瑚雅拉氏					1		1									
鄂苏尔瑚氏															3	
罗佳氏											1		1		1	
敖拉氏							3									
瓦色氏					1							2				
珠尔根氏									1				1			
哈尔察氏											1		1		1	
布尼氏									2			1				
高佳氏			1		1										1	
叶赫氏									2		1					
巴理氏	1						2									
孙佳氏												1			1	
喀尔沁氏											1				2	
翰颜氏					1										2	
乌苏理氏															2	1
尼佳氏							1				1	1				
舒玛理氏												1			1	
卓晋氏	2															
色穆奇理氏	2															
广佳喇氏					1				1							
吴察喇氏					1						1					
苍玛尔纪氏	1		1													
赫书氏										1			1			
康杰达氏					2											

续表

姓氏＼人数＼旗籍	镶黄旗	镶黄旗包衣	正黄旗	正黄旗包衣	正白旗	正白旗包衣	正红旗	正红旗包衣	镶白旗	镶白旗包衣	镶红旗	镶红旗包衣	正蓝旗	正蓝旗包衣	镶蓝旗	镶蓝旗包衣
吉鲁氏															2	
都鲁氏															2	
沙拉氏									2							
鄂穆绰氏									2							
培佳氏															1	1
舒穆理氏															2	
鄂尔绰络氏			2													
徐吉氏											1	1				
达尔充阿氏			1												1	
乌尔瑚济氏			1										1			
颜济理氏	1												1			
卓起氏					1								1			
鄂索络氏													2			
钮珊特氏				2												
盛佳氏					2											
倭彻赫氏			2													
索察氏													2			
赫叶勒氏			1		1											
禄叶勒氏	1		1													
拜音氏					2											
乌雅察氏									1				1			
穆克图氏						1	1									
扎拉氏						1	1									
傅佳氏	1															1
郭浑氏	2															
尼锡理氏						1										1
赫佳氏	1		1													
强恰理氏		1								1						

续表

姓氏＼人数旗籍	镶黄旗	镶黄旗包衣	正黄旗	正黄旗包衣	正白旗	正白旗包衣	正红旗	正红旗包衣	镶白旗	镶白旗包衣	镶红旗	镶红旗包衣	正蓝旗	正蓝旗包衣	镶蓝旗	镶蓝旗包衣
钟吉氏							1						1			
梅楞氏			1				1									
舒禄氏					2											
琨都勒氏															2	
额色氏													1	1		
伏尔哈氏					2											
觉佳氏					1				1							
瑚雅氏				2												
都佳氏					1	1										
谟克拖氏											1				1	
虞佳氏					1										1	
碧喇氏		1											1			
伊库鲁氏													2			
多罗宏氏				2												
钮赫氏		1					1									
翁钮络氏									1				1			
吉普褚氏									1				1			
金佳氏		1					1									
石穆鲁氏		2														
马察氏					1										1	
赫济理氏															2	
蒙鄂络氏	1										1					
郭络氏									1							1
纳塔氏															2	
佟赛勒氏		1									1					
希姓（略）	35	6	41	3	50	7	37	2	36	11	45	8	36	12	48	13
总计	524	112	546	82	738	140	513	35	613	101	580	51	567	104	614	105

据上表数据统计，满洲姓氏 645 个，5425 人（户），属于镶黄旗的 524 人（户），占总人数的 9.7%；属于镶黄旗包衣的 112 人（户），占总人数的 2%。属于正黄旗的 546 人（户），占总人数的 10.1%；属于正黄旗包衣的 82 人（户），占总人数的 1.5%。属于正白旗的 738 人（户），占总人数的 13.6%；属于正白旗包衣的 140 人（户），占总人数的 2.6%。属于正红旗的 513 人（户），占总人数的 9.5%；属于正红旗包衣的 35 人（户），占总人数的 0.65%。属于镶白旗的 613 人（户），占总人数的 11.3%；属于镶白旗包衣的 101 人（户），占总人数的 1.9%。属于镶红旗的 580 人（户），占总人数的 10.7%；属于镶红旗包衣的 51 人（户），占总人数的 0.9%。属于正蓝旗的 567 人（户），占总人数的 10.5%；属于正蓝旗包衣的 104 人（户），占总人数的 1.9%。属于镶蓝旗的 614 人（户），占总人数的 11.3%；属于镶蓝旗包衣的 105 人（户），占总人数的 1.9%。

满洲姓氏属于"上三旗"者为 1808 人（户），"下五旗"者为 2887 人（户）；属于"内务府三旗"包衣者为 334 人（户），"下五旗"包衣旗者为 396 人（户）。满洲姓氏分隶各旗分佐领者计 4695 人（户），占满洲姓氏占总人数的 86.5%；而人数最多的正白旗为 738 人（户），人数最少的正红旗为 513 人（户）；在包衣旗分中，人数最多的正白旗包衣为 140 人（户），最少的正红旗包衣为 35 人（户）。分属各旗包衣佐领者凡 730 人（户），占满洲姓氏部分总人数的 13.5%。可见满洲姓氏比较均匀地分布在八旗旗分佐领之内。

牛录作为八旗的基本单位，它的相继编设从一个侧面反映了满洲民族共同体的形成历程。万历十一年（1583 年），嘉木湖寨主噶哈善、沾河寨主常书、扬书归附努尔哈赤时，曾请求："念吾等先众来归，勿视编氓，望待之手足。"遂以此言，"对天"盟誓①。努尔哈赤在统一建州女真本部中，尽量维系原有部长与部众关系，对苏克素浒河部内萨尔浒、嘉木湖、沾河、王甲（即完颜）、额尔敏、札昆漠、萨克达、苏完、董鄂、雅尔、安达尔齐等来归部落编设牛录。《八旗通志》记载，国初建立牛录，属于建州牛录额真皆用该部首领充任。例如，镶黄旗第二参领第七佐领，乃由苏完地方人丁组成，牛录额真为苏完人吴尔汉；镶黄旗第三参领第二佐领和第十佐领，由沙济地方人丁组成，牛录额真分别为沙济人万喀什和王吉努；正黄旗第四参领第十

---

① 《满洲实录》卷一，癸未岁，《清实录》第 1 册，第 31 页。

四佐领，由董鄂地方人丁组成，牛录额真为董鄂人喀喇；正白旗第三参领第三佐领、第五佐领和第七佐领，由雅尔浒地方人丁组成，牛录额真为雅尔浒人胡什他、浑塔和准塔；正白旗第五参领第四佐领，由苏完地方人丁组成，牛录额真为苏完人布赖；镶白旗第五参领第四佐领，由苏完地方人丁组成，牛录额真为苏完人宜荪；镶红旗第四参领第一佐领和第三佐领，由完颜地方人丁组成，牛录额真为完颜人博尔晋和噶禄；镶蓝旗第一参领第七佐领，由完颜地方人丁组成，牛录额真为完颜人特因柱；镶蓝旗第二参领第六佐领，由雅尔湖地方人丁组成，牛录额真为雅尔湖人颜布禄①。

以上事例均为"国初"自主来归人丁编制的牛录，其世居地可考，牛录额真及其所属人丁多是同族关系，诸如，苏完部、完颜部、董鄂部等部落。而对待征服部落，比如，兆佳、马尔敦、翁郭洛、安土瓜尔佳、浑河、哲陈、托漠河、章佳、巴尔达、佟佳、鄂尔浑等部，则将他们的人丁散编于各旗牛录，反映在《八旗通志》中见不到由这些部落人丁所组成的整个牛录。

对被降服海西女真的编制方式，也不同于建州女真，是将他们族人分隶各旗，打破该部族原有的隶属关系；而对于海西女真中率众来归者，则以原部众集中编成牛录。此类牛录在《八旗通志》中有：正白旗第二参领第二佐领，由叶赫地方来归人丁组成，牛录额真为叶赫人刚阿塔；正红旗第四参领第五佐领，由叶赫地方来归人丁组成，牛录额真为叶赫人傅岱；镶白旗第二参领第八佐领，由乌喇地方来归人丁组成，牛录额真为乌喇人长住；镶白旗第三参领第十二佐领，由哈达地方来归人丁组成，牛录额真为哈达人苏巴海；镶红旗第一参领第二佐领，由叶赫地方来归人丁组成，牛录额真为叶赫人霸奇兰；镶红旗第三参领第十佐领，由辉发地方来归人丁组成，牛录额真为辉发人通魏；镶蓝旗第一参领第十三佐领，由叶赫地方来归人丁组成，牛录额真为叶赫人护什布；镶蓝旗第三参领第一佐领，由辉发地方来归人丁组成，牛录额真为辉发人莽库；镶蓝旗第五参领第十佐领，由哈达地方人丁组成，牛录额真为孟阿。这些佐领多数隶属"下五旗"，牛录额真为率众来归之首领担任，其牛录成员则为原部族人。而其他被征服之人则由新属牛录额真管理，例如，正红旗第二参领的第八佐领，由乌喇地方人丁组成，牛录额真为苏完人拜都。将他们"分隶八旗"，以便于控制。

---

① 以上《八旗通志》（初集）关于满洲牛录额真的记载，对照《通谱》和《钦定八旗通志》所录人物而成。

对于东海女真编设牛录，努尔哈赤采取了比较宽松的政策，基本保持了其部族原貌。《八旗通志》属于东海女真的佐领有：镶黄旗第四参领第十四佐领，由宁古塔地方人丁组成，牛录额真为僧格；正白旗第一参领第十三佐领，由那木都鲁地方人丁组成，牛录额真为喀克笃礼；正红旗第五参领第十三佐领，由安处拉库地方人丁组成，牛录额真为安崇阿；镶白旗第一参领第九佐领，由瓦尔喀地方人丁组成，牛录额真为纪布喀达；镶白旗第三参领第十七佐领，由瓦尔喀地方人丁组成，牛录额真为瓦柱；镶白旗第五参领第十五佐领，由尼马察地方人丁组成，牛录额真为雅尔那；镶红旗第一参领第十四佐领，由尼马察地方人丁组成，牛录额真为胡球；镶蓝旗第二参领第十一佐领，由瓦尔喀地方人丁组成，牛录额真为额蒙格。

上述佐领之外，尚有东北边区索伦等所编成的八旗满洲佐领，及康熙时期编立的"新满洲"佐领。《八旗通志》属于索伦等部族编成佐领的有：镶黄旗第五参领第一佐领，系崇德五年（1640 年）将索伦人丁编为半个牛录，后因人丁滋盛遂编为一整牛录，牛录额真为布克沙；正白旗第一参领第十二佐领，系康熙元年（1662 年）以索伦地方来归人丁编立，牛录额真为布吉尔岱；镶蓝旗第五参领第十五佐领，系以索伦、瑚尔珲、鄂尔珲、瓦尔喀、呼尔哈五处人丁编立，初以孟甲管理。属于"新满洲"的佐领为：镶黄旗第一参领第十四佐领，系康熙十二年（1673 年）初编新满洲四十佐领之一，牛录额真为札努喀；镶黄旗第一参领第十五佐领，系康熙十二年始编新满洲四十佐领之一，牛录额真为二珠；正白旗第四参领第十五佐领，系康熙十三年初编盛京新满洲四十佐领之一，牛录额真为奇木纳；正白旗第五参领第十佐领，系康熙二十一年（1682 年）将新附满洲编为半个佐领，后补盛京人丁为一整佐领，牛录额真为巴当阿。八旗满洲牛录（佐领）的不断扩编，说明满洲民族共同体是逐渐确立的。

二 世家大族的佐领编制

努尔哈赤采用明朝兵制，将八旗牛录额真改称"备御"。皇太极又将八旗官职俱更名满语称谓，把备御改作"牛录章京"。入关之后，世祖福临再将牛录章京，定汉字名为"佐领"。它既是八旗的基层单位之名，又是基层组织的长官之称。随着大规模军事战争的结束，以及八旗满洲的变化，按照不同情况，佐领划分若干种类。主要有勋旧佐领、优异佐领、世管佐领、公中佐领、无根源公中佐领、互管佐领、族中承袭佐领，以及觉罗佐领、番子佐领等①。清人吴振棫在《养吉斋丛录》卷一中解释佐领的划分，指出："国初各部落长率属来归，授之佐领，以统其众者，曰勋旧佐领。率众归诚，功在旂常，赐户口者，曰优异世管佐领。仅同兄弟族里来归，授之以职者，曰世管佐领。户少丁稀，合编佐领，两姓三姓迭为是官者，曰互管佐领。各佐领拨出余丁，增编佐领，为公中佐领。"② 八旗满洲佐领类别颇多，体现了佐领的等级与不同的管理方式。

乾隆时期，依据无五品以上官员应袭者，或病故绝嗣，或族人争讦，或缘事获罪等因，佐领名称是变动的。比如，正黄旗第二参领第七佐领，"此佐领于乾隆四十五年八月，因误祭太庙献爵，经宗人府具奏参革，其世管佐领停袭，作为公中佐领"③。包衣佐领亦如此，例如，正红旗包衣第三参领第一满洲佐领，"此佐领系国初随礼烈亲王编立，原系世管。乾隆七年，因本族无五品以上现任应袭人员，经本旗奏改公中佐领"④。八旗满洲将士都生活在各自的佐领之中。佐领官系正四品，掌管本佐领所属人户、田宅、兵籍、教养等军政事宜。八旗佐领为满洲的社会根基，它关涉王朝大厦的巩固。

《通谱》中满洲人担任过佐领者颇众，其中世家大族子孙多为勋旧佐领、优异世管佐领、世管佐领，自然充任佐领之人多。他们同一家族之人，也不都编在同一旗内，或分编在两个旗，或三个旗之中。而同族者，或分散在各个旗者尤多。兹以《通谱》所记部分世家大族所辖佐领，依据八旗满洲序位，以《八旗通志》（初集）、《钦定八旗通志》的《旗分志》为例，就其分布，叙述如下。

1. 瓜尔佳氏费英东家族及同族所管佐领

镶黄旗佐领：

第二参领第七佐领，系国初以苏完地方来归人丁编立。始以索尔果第五子吴尔汉管理，续以吴尔汉之弟、二等阿思哈尼哈番吴赖管理。吴赖故，以其弟、一等阿思哈尼哈番巴赛管理，续以吴赖之子、三等侍卫多敏管理，续以多敏之子、二等阿思哈尼哈番、护军参领古德管理。古

① 参阅《钦定八旗通志》卷七《旗分志七·八旗佐领七》，第 125 页。
② （清）吴振棫：《养吉斋丛录》卷一，北京古籍出版社 1983 年版，第 2 页。
③ 《钦定八旗通志》卷四《旗分志四·八旗佐领四》，第 65 页。
④ 《钦定八旗通志》卷九《旗分志九·八旗佐领九》，第 158 页。

德缘事革退，以巴赛之子、护军参领勒和德（一作勒赫德）管理，续以勒和德之子、三等侍卫色尔图珲（一作赛尔图）管理，续以吴赖之孙、都统布尔寨管理，续以古德之子、一等侍卫吴克登管理，续以吴克登之弟、一等阿达哈哈番多晋管理，续以勒和德之孙、拜他喇布勒哈番南泰（一作南太）。南泰阵亡，以其子贵山（一作贵善）管理，续以札尔赛之子永宁管理。永宁故，以其子双禄管理。双禄故，以其弟兴禄管理。①

第八佐领，亦系国初以苏完地方人丁编立。始以索尔果之第九子卫齐管理。卫齐故，以其子都统兆布泰管理。兆布泰出征，以其弟内大臣巴哈管理。巴哈故，以其子一等侍卫拜思哈管理。拜思哈故，以其子二等侍卫官保管理。官保故，以其叔父领侍卫内大臣瓜尔察管理。瓜尔察缘事革退，以其兄子喜昌管理。喜昌故，以其子副都统明良管理。明良缘事革退，以其伯父之孙傅定（一作富定），续以傅定之子他克尚阿管理。他克尚阿故，以其叔祖明良之子希喇布管理。希喇布故，以其子巴彦布管理。②

第九佐领，原系第八、第十两佐领内人丁，康熙二十三年，官保、苏尔达管佐领时，将二佐领内余丁，另编一佐领，与兆布泰之孙、二等阿思哈尼哈番、护军参领西图（一作锡图）管理。西图故，以其子二等阿达哈哈番、二等侍卫官福（一作关福）管理。官福因病告退，以其子二等阿达哈哈番、三等侍卫兆岱管理。兆岱故，以其兄二等阿达哈哈番兆明管理。兆明因事革职，以兆布泰之三世孙色楞管理。色楞故，以其子宁禄管理。宁禄革职，以其伯曾祖石图之孙兆全管理。兆全故，以其兄色楞之次子宁安管理。③

第十佐领，原系第八佐领内人丁，康熙七年，拜思哈管佐领时，因人丁滋盛，分出一佐领，与拜思哈叔父苏尔玛管理。苏尔玛缘事革退，以其伯父之子苏尔达管理。苏尔达故，以其子护军参领苏尔住管理。苏

---

① 《钦定八旗通志》卷二《旗分志二·八旗佐领二》，第29页。
② 同上书，第29—30页。
③ 同上书，第30页。

尔住因病告退，以其弟一等侍卫哈禄管理。哈禄告退，以其伯父穆礼玛之二世孙诺伦管理。诺伦升任山西参将，以其曾伯祖巴哈之三世孙富尔敦管理。富尔敦升任云南游击，以穆礼玛之三世孙善德管理。善德故，以其弟兴德管理。兴德升任云南游击，以其弟灵德管理。[1]

第十一佐领，系康熙三十四年，将瓜尔察、苏尔达、西图三佐领内余丁编立。始以索尔果之第八子雅尔巴之二世孙、三等侍卫法色管理，法色故，以卫齐之二世孙唐喀管理。唐喀缘事革退，以雅尔巴之四世孙、骁骑校马楞岱管理。马楞岱故，以其子额陵特管理。额陵特故，以其子兆亮管理。兆亮故，以其弟傅森布管理。[2]

第十二佐领，亦系国初以苏完地方人丁编立。始以索尔果之孙查喀尼管理，续以查喀尼兄之子、副都统多颇罗（一作多颇络）管理，续以查喀尼之子倭赫管理，续以倭赫之弟、一等侍卫札秦管理，续以札秦兄之子、三等侍卫雅图管理，续以雅图之弟、三等侍卫雅尔赛管理。雅尔赛故，以其子关宁管理。关宁故，以其子瑞和管理。[3]

第一参领第十二佐领，亦系国初编设。始以爱通噶管理，爱通噶故，以其弟奇喇管理。奇喇故，以其弟俄木索科管理。顺治九年，改令一等功鳌拜管理。续以其子那穆福管理，那穆福因事革退，以觉罗他达管理。他达年老辞退，以那穆福之子、三等侍卫达礼善管理。达礼善故，以其叔父之子、一等阿思哈尼哈番苏合管理。苏合故，以达礼善之弟、公达福管理。达福阵亡，以其子、公岱屯管理。岱屯故，以其子德胜管理。[4]

正黄旗佐领：

第一参领第六佐领，系顺治八年编立。始以（费英东第七子）公图

① 《钦定八旗通志》卷二《旗分志二·八旗佐领二》，第30页。
② 同上书，第30—31页。
③ 同上书，第31页。
④ 同上书，第25页。

赖族子古苏管理，续以公图赖之子、一等公颇尔喷管理。颇尔喷故，以其子永泰管理。永泰缘事革退，以其弟永谦管理。永谦告病，以其子景惠管理。景惠革职，以其弟景恒管理。

　　第七佐领，系第六佐领内滋生人丁，康熙二十三年，一等公颇尔喷管佐领时，分编一佐领以其弟之子、员外郎马哈达管理。马哈达调任盛京员外郎，以马哈达之子、都统马尔萨管理。马尔萨缘事革退，以颇尔喷之孙德山（一作德善）管理。德山缘事革退，以马尔萨之弟、举人永庆管理。永庆故，以其兄之子敦住管理。敦住阵亡，以其子格瑈额管理。①

镶白旗佐领：

　　第五参领第四佐领，系国初以苏完地方来归人丁编立。始以（费英东第四弟）音达呼齐（一作音达户齐）墨尔根之子宜苏管理。宜苏缘事革退，以其弟吉孙管理。续以吉孙之弟那图祜（一作纳都祜）管理，续以那图祜兄之子福喀管理，续以福喀之兄苏伯赫管理，续以苏伯赫之子郭色管理，续以郭色第三弟福元管理，续以福元叔祖扬善之四世孙达翰管理。达翰故，以其弟鄂霈管理。鄂霈故，以吉孙之三世孙查伦太管理。查伦太升任，以高叔祖扬善之四世孙景福管理。景福故，以其子恒禄管理。②

　　第五佐领，即以第四参领内滋生人丁，康熙二十三年，郭色管理佐领时，分编一佐领，以其伯父苏色海之子、员外郎常德管理。常德故，以其子克星额管理。克星额故，以其族祖吉赛之孙、郎中七格管理。七格告退，以其伯祖钟音之四世孙金贵管理。金贵故，以其高叔祖苏伯赫之二世孙成廉管理。成廉故，以其子成善管理。③

---

①　《钦定八旗通志》卷四《旗分志四·八旗佐领四》，第60页。
②　《钦定八旗通志》卷十一《旗分志十一·八旗佐领十一》，第185页。
③　同上。

费英东，后金初随父索尔果率五百户来归，努尔哈赤以孙女妻之。他身先士卒，骁勇善战，被誉为"万人敌"，任开国"五大臣"之一①，参赞庙谟。世祖福临盛赞他为"开国佐命，第一功臣"②。费英东"尤以忠说著，历朝褒许，称佐命第一"③。其子孙管理镶黄旗7个佐领、正黄旗2个佐领、镶白旗2个佐领，计11个佐领。其中镶黄旗第二参领第七、第八、第十二，正黄旗第一参领第六佐领，镶白旗第五参领第四佐领，均为勋旧佐领，其余为世管佐领。费英东编在镶黄旗，同旗的有其子索海、费英东八弟雅尔巴，九弟卫齐、子卓普特、鳌拜、巴哈、穆理玛，以及费英东侄儿吴赖；编在正黄旗的有费英东次子纳海、七子图赖、费英东六弟巴本；编在镶白旗的有费英东七弟朗格、四弟音达户齐、子杨善、宜荪、吉荪、吉赛、堂孙希福。而编入"上三旗"两黄旗者，多为军功显赫之人。

2. 钮祜禄氏额亦都家族所管镶黄旗佐领

第一参领第二佐领，系康熙十三年，将内大臣、伯噶都、护军统领法噶、参领法哈喇三佐领内滋生余丁，分出一佐领，以额亦都之孙、都统拉哈达管理。拉哈达补驻防将军，以其子、少詹事喇巴管理。喇巴补开原防守尉，以喇巴伯祖班席之孙安都管理。安都缘事革退，以安都叔祖敖德之二世孙、一等侍卫哈达管理。后安都复职，仍管此佐领。又缘事革职，以安都叔父拉哈达之孙佛伦管理。佛伦降调，以安都兄之孙奇兰管理。奇兰缘事革退，以安都之子赫柱管理。赫柱出缺，以其子舒敏管理。舒敏出缺，以其弟舒昌管理。舒昌出缺，以其曾祖班喜之五世孙

① 清初"五大臣"，即努尔哈赤以费英东、额亦都、何和理、扈尔汉、安费扬古，为理政听讼大臣，参与军国大政的赞决，诉讼事项的审议。"五大臣"是否为专任官职之称？是否仅限于他们五人？在《通谱》之中尚可检索出任五大臣之人，比如，卷十一《罗屯》记载，正红旗人、他塔喇氏罗屯，"国初率八百户来归，居五大臣之列"；卷十七《布颜》记录，正白旗人、西林觉罗氏布颜，"国初同族众来归，擢置五大臣之列"；卷二十八《西喇巴》记述，镶红旗人、完颜氏西喇巴，"国初率属部来归，预五大臣之列"；《钦定八旗通志》卷十三《旗分志十三》亦载，镶红旗满洲第四参领第三佐领，亦系国初编立，"始以五大臣衔侍卫西喇巴之长子噶禄管理"。从中可以看出，"五大臣"似并非专指费英东等5人，任"五大臣"之人是有变化的。然而，"五大臣"之职是否扩及他人？《清史稿》卷二百二十五《论曰》指出："太祖建号后，诸子皆长且才，故五大臣没而四大贝勒执政。他塔喇氏希福祖罗屯，传言列五大臣，或初阙员时，尝简补欤？草昧传闻，盖不可深考矣。"此论持否定态度。但是，除了《通谱》外，其它文献亦载多有任职"五大臣"者。将此归于"草昧传闻"，"不可深考"，此说待商榷。

② 《清国史·大臣画一传档正编》卷二《费英东列传》，中华书局1993年版，第132页。

③ 《清史稿》卷二百二十五《论》，第9190页。

奚通阿管理。奚通阿出缺,以其子兴禄管理。兴禄出缺,以其曾祖班喜之五世孙哈丰阿管理。哈丰阿出缺,以其子智庆管理。①

第三佐领,系康熙六年,将护军参领法哈喇佐领内滋生余丁,分立一佐领,以忠义公图尔格之孙、参领顺古图管理。顺古图故,以其叔祖超哈尔之子、一等侍卫查拜管理。查拜故,以内大臣遏必隆之子、护军统领法喀管理。法喀缘事革退,以其弟内大臣、一等公殷德(一作尹德)管理。殷德因病辞退,以户部尚书车尔格之二世孙、二等侍卫连寿(一作连绶)管理。连寿以足疾辞退,以法喀之子萨穆哈管理。萨穆哈告退,以其伯祖鄂德之四世孙德新(一作德馨)管理。德新升任,以其曾叔祖绰哈尔之四世孙唐云管理。唐云故,以其高伯祖达隆爱之四世孙兴保管理。兴保升任,以其曾伯祖岳拜之四世孙拱照管理。②

第四佐领,系国初编立。始以额亦都第十六子遏必隆管理。遏必隆故,以护军参领法哈喇管理。法哈喇故,以一等侍卫延柱管理。延柱故,以二等伯唐保住管理。唐保住补奉天将军,以延柱之子哲尔金管理。哲尔金革职,以其堂弟阿敏尔图管理。阿敏尔图故,以其叔祖图尔喜之四世孙廷安布管理。③

第六佐领,系康熙六年,将工部尚书额赫里佐领内滋生余丁,分出一佐领,以其伯父伊尔登之孙、内大臣、二等伯噶都管理。噶都故,以其子护军统领应赫紫(一作殷赫紫)管理。应赫紫因病辞退,以其弟、郎中管理藩院侍郎事恒德管理。恒德缘事罢退,以应赫紫之子伊星阿管理。伊星阿缘事革职,以其曾叔祖鄂德之四世孙同太管理。同太补放游击,以其兄增书保之子俊德管理。俊德补放游击,以其叔祖海拉逊之二世孙明通管理。明通故,以其子钟敏管理。钟敏故,以其子常福管理。④

第七佐领,亦系国初编设。始以额亦都之子护军统领超哈尔管理,

① 《钦定八旗通志》卷二《旗分志二·八旗佐领二》,第21—22页。
② 同上书,第22页。
③ 同上。
④ 同上书,第23页。

超哈尔故，以其兄车尔格之子、尚书陈泰管理。陈泰为大将军南征卒于军前，以超哈尔之子、工部尚书额赫里管理。额赫里故，以其兄之子、护军参领宽保（一作官保）管理。宽保故，以额赫里之子、护军参领敦达礼管理。敦达礼以老病辞退，以其子苏柱（一作素柱）管理。苏柱年老休致，以其叔祖珠玛拉之二世孙常亮管理。常亮故，以其子中和管理。中和告休，以其子和伦泰管理。①

第八佐领，系康熙二十三年，将护军参领宽保，及内大臣、二等伯噶都，少詹事喇巴三佐领内滋生余丁，编立。始以额亦都二世孙、一等侍卫宜图库（一作伊图库）管理。宜图库故，以其子川柱（一作传柱）管理。川柱缘事发遣，以二等侍卫宝色管理。宝色往守泰陵，以其子、三等侍卫明海（一作海明）管理。明海故，以其子郭兴阿管理、郭兴阿补放山海关副都统，以其叔祖宝色之子达福管理。达福故，以其子善明管理。②

第九佐领，系康熙二十三年，以瓦岱、法喀二佐领滋生余丁，分立此佐领，以超哈尔之子、一等侍卫敦多和管理。敦多和故，以其叔父、内大臣、公遏必隆之子、领侍卫内大臣阿灵阿管理。阿灵阿故，以其子、三等侍卫阿尔邦阿管理。阿尔邦阿因病辞退，以额亦都之三世孙、三等侍卫宝积管理。宝积降调，以车尔格之二世孙、参领赫邦额管理。赫邦额故，以阿达海之三世孙舒林管理。舒林拣发浙闽，以游击用，以其弟、闲散富敏管理。富敏病故，以依尔登之三世孙、三等侍卫占布管理。占布革退，以其堂弟、护军参领玛清阿管理。玛清阿故，以其子、闲散苏勒通阿管理。苏勒通阿故，以英赫资之二世孙永强阿管理。永强阿因病告退，以其子、闲散乌尔图那思图管理。③

第十佐领，系康熙六年，于巴尔虎达佐领内，分出一佐领，以额亦都之孙、二等阿达哈哈番莫洛洪（一作谟洛浑）管理。莫洛洪故，以其

①　《钦定八旗通志》卷二《旗分志二·八旗佐领二》，第 23 页。
②　同上书，第 23—24 页。
③　同上书，第 24 页。

兄、都统兼议政大臣瓦岱管理。瓦岱缘事革退,以其兄托岱(一作陶岱)之子、二等侍卫阿永务(一作阿永果)管理。阿永务故,以莫洛洪之子、冠军使陆实管理。陆实故,以其子、冠军使申特管理。申特故,以额必伦之孙爱必达管理。爱必达升任布政使,以阿灵阿之二世孙穆克登管理。穆克登故,以其子祥保管理。①

第十一佐领,亦系国初编设。始以额亦都之子、侍郎敖德管理,敖德故,以其子、二等侍卫托岱管理。托岱故,以其兄班席之子巴尔虎达管理。巴尔虎达故,以内大臣遏必隆之子、二等侍卫福保(一作福宝)管理。福保故,以其子、二等侍卫额图珲管理。额图珲升任泰陵总管,以其兄之子恩特管理。恩特升任,以其伯祖之三世孙豁什巴管理。豁什巴故,以其子塔清阿管理。②

第十七佐领,系雍正十三年冬,奉旨:"外祖父凌柱之先人,世敦淳朴,克笃忠诚,积厚流光,惠及后裔。爰诞育我圣母皇太后,特赐佐领,俾其子孙世相传袭。但伊等一支人丁,不敷编集,凌柱之叔祖额亦都巴图鲁,军功所得属人甚众,故编为九佐领。此九佐领内滋生人丁颇多,可于此内酌编一佐领,共成十佐领。其新编之佐领,即令凌柱之子管辖。将来子孙世袭罔替。其族中子弟有愿入新编佐领者,听之。钦此。"虽将九佐领滋生人丁,併公凌柱之本支及族人合编一佐领,以公凌柱之子、散秩大臣、舅舅伊通阿管理。伊通阿故,以其子、亲军观音保管理。③

额亦都跟随努尔哈赤征战数十年,"攻城野战,所向皆捷",深得努尔哈赤褒奖,赐号"巴图鲁",位列开国"五大臣"之一④,佐理国事,"功勋丕著"。额亦都"归太祖最早,巍然元从,战阀亦最多"⑤。其子十六,长子班锡、次子达奇、三子车尔格、四子含岱、五子阿达海、六子达隆阿、七子茂

① 《钦定八旗通志》卷二《旗分志二·八旗佐领二》,第24页。
② 同上书,第25页。
③ 同上书,第26页。
④ 《清国史·大臣画一传档正编》卷二《额亦都列传》,第133页。
⑤ 《清史稿》卷二百二十五《论》,第9190页。

海、八子图尔格、九子图尔锡、十子宜尔登、十一子鄂德、十二子额森、十三子绰哈尔、十四子格尔特、第十五子索浑、第十六子遏必隆，皆编在镶黄旗前列。该家族子孙管理 10 个佐领，第四、第七、第十一佐领为勋旧佐领，其余均为世管佐领。

3. 舒穆禄氏扬古利家族所辖正黄旗佐领

第二参领第五佐领，系以超品公、额驸扬古利（一作杨古利）之满洲编立。始令巴尔布管理，巴尔布故，以郎中吴班管理。吴班故，令扬古利长子阿哈丹管理。阿哈丹故，以公福善之弟郑安（一作郑甘）管理。郑安故，以公福善（一作富善）之子、公海金管理。海金故，以其弟额楞格管理。额楞格缘事降调，以其子额勒登额（一作俄尔登俄）管理。额勒登额故，以其子舒玉本管理。舒玉本缘事革职，以其伯祖之二世孙阿克东阿管理。①

第六佐领，系康熙二十三年，以郑安、吉三二佐领滋生人丁编立。始令公福善兄之子海寿（一作海绥）管理。海寿故，以其弟讷青格（一作讷清额）管理。讷青格故，以其子多隆额（一作多隆武）管理。多隆额故，以其子许寿（一作徐绍）管理。许寿故，以其伯父、治仪正海冲阿（一作海崇阿）管理。海冲阿故，以其子舒元管理。舒元故，以其子苏勒管理。②

第七佐领，系国初编立。始以楞格里（一作楞格理）管理，楞格里故，以其子穆成格（一作穆成额）管理。穆成格故，以其子、一等伯穆和音管理。穆和音故，以其弟穆哈连管理。穆哈连缘事革退，以其族弟吉三管理。吉三年老告退，以其族孙、委署护军参领额尔卿格（一作额尔庆哉）管理。额尔卿格缘事革退，以一等精奇尼哈番，兼圆明园总管色克图（一作塞克图）管理。色克图升任副都统，以其子色楞额管理。色楞额故，以其伯之子杨桑阿管理。杨桑阿缘事革退，以其弟舒崇阿管

---

① 《钦定八旗通志》卷四《旗分志四·八旗佐领四》，第 64 页。
② 同上书，第 65 页。

理。舒崇阿故，以其子赛炳阿管理。①

第八佐领，系康熙三十四年，以福善、郑安、海寿、齐兰布、基当阿、敦拜六佐领滋生人丁编立。始令鸿胪寺卿阿尔拜管理，阿尔拜告退，以其兄子雅严管理。雅严故，以阿尔拜之子恭爱管理，续以舒泰管理。舒泰缘事革职，以其叔祖之三世孙富德管理。②

第九佐领，系国初以库尔喀地方来归人丁编立。始令岳兰之长子倭赫管理。倭赫从征阵亡，以其弟额尔济格管理。额尔济格复阵亡，以其弟伊尔德管理。伊尔德殁于云南军前，以都统图海管理。后将图海调管伊尔德之孙、侯巴珲岱佐领，以巴珲岱管理。巴珲岱升授荆州将军，以其子二格管理。二格故，以其子、副参领玛桑阿（一作马桑阿）管理。玛桑阿告病，以其子舒尔占管理。舒尔占故，以其子都尔嵩阿管理。③

扬古利侍从太祖努尔哈赤多年，日见信任，妻之公主，号为"额驸"。他"负大将才略，功视额亦都、费英东伯仲间"④。因劳绩突出，太祖命扬古利"位次贝勒八人下"，统八旗左翼兵，授一等总兵官。太宗皇太极以他侍两朝，卓越功勋，"进超品公，位亚贝勒，帽顶嵌珠"⑤，最后战死在征服朝鲜的战场上。其子孙管理5个佐领，其中第七佐领于乾隆四十五年（1780年）八月因祭太庙献爵之误，由世管佐领改为公中佐领；第五、第九佐领为勋旧佐领，第六、第八佐领为世管佐领。

4. 赫舍里氏硕色家族所辖正黄旗佐领

第三参领第一佐领，系国初编立。始以瓦笏达管理，瓦笏达故，以辅政大臣索尼管理。索尼故，以其子噶布喇管理。噶布喇故，以其子常海（一作长海）管理。常海因疾辞退，以銮仪使乌章阿管理。乌章阿故，以副参领唐喀管理。唐喀缘事革退，以副都统富德管理。富德缘事

---

① 《钦定八旗通志》卷四《旗分志四·八旗佐领四》，第65页。
② 同上。
③ 同上。
④ 《清史稿》卷二百二十六《论曰》，第9217页。
⑤ 《清史稿》卷二百二十六《扬古利传》，第9194页。

革退，以头等侍卫富庆管理。富庆故，以御史讷清额管理。讷清额升任，以参领催奇管理。催奇故，以伯、散秩大臣巴尔桑管理。①

第二佐领，系康熙八年，以第一佐领内余丁编立。始令噶布喇之弟、大学士索额图管理，索额图告休，以其子阿尔吉善管理。阿尔吉善缘事革退，以其叔父科尔坤管理。科尔坤故，以其弟之子、散秩大臣、一等伯法尔萨管理。法尔萨缘事革退，以其弟之子、公禄穆布管理。禄穆布缘事革退，以其叔祖之子哈尔萨管理，续以凌德（一作灵德）管理。凌德故，以什龄管理。什龄故，以强都管理。强都故，以其子祥福管理。②

第三佐领，系康熙二十三年，以第一、第二两佐领余丁编立。初以一等伯法保管理，法保故，以其子副都统达尔玛管理。达尔玛调任右卫副都统，以副都统西特库管理。西特库升任，以参领三格管理。三格缘事革退，以护军统领保平管理。保平休致，以骁骑校富兴安管理。富兴安故，以公爵阿克东阿管理，续以二等侍卫和山管理。和山调管佐领，以头等侍卫那穆扎管理。那穆扎告休，以三等侍卫佛伦保管理。③

第四佐领，系康熙三十四年，以第一、第二、第三佐领余丁编立。初以公常泰管理。常泰缘事革退，以其叔父之子、侍卫盛德管理。盛德缘事革退，以其伯父之子、三等侍卫朱贤（一作珠显）管理。朱贤缘事革退，以其叔父之子、拜唐阿明德管理。明德缘事革退，以其伯父之孙、笔帖士察岱管理。察岱卒于军，以副都统兼步军总尉常在管理。常在缘事革退，以副都统兼侍郎书楞额管理。书楞额从征阵亡，以一等侍卫赫奕管理。赫奕出差，以参领岳亮管理。岳亮调管佐领，以郎中广安管理。广安出差，以日讲学士瓦勒达管理。瓦勒达告病，以郎中广安管理。广安出差，以骁骑校额尔德尼管理。额尔德尼故，以副都统噶塔布管理。噶塔布出差，以轻车都尉宝玉管理。④

① 《钦定八旗通志》卷四《旗分志四·八旗佐领四》，第69页。
② 同上。
③ 同上。
④ 同上书，第69—70页。

都英额地方赫舍里氏，因出现"巴克什"硕色、希福，成为清前期第一文化家族。也是清初"八著姓"中唯一以繁荣国家文化见称的世家大族。他们熟谙满汉蒙文字，颇得努尔哈赤赏识，"文字之任，一以委之"，先后专任文馆，担任内三院大学士等要职。其子孙索尼、索额图等均为清前期政治文化建设做出了杰出贡献。"巴克什"硕色家族的子弟，出征则为将领，率兵作战；班师则为公卿，掌管文教。因功劳显著，该家族世代管理4个佐领，第一佐领为勋旧佐领，其他三个佐领皆为世管佐领。

5. 佟佳氏扈尔汉家族所辖正白旗佐领

第三参领第二佐领，系以第三佐领、第八两佐领内余丁编立。始以傅赫绅之弟温达管理，温达升任昭陵总管，以其子乌尔赛管理。乌尔赛因病辞退，以其子额尔德保管理。额尔德保故，以其子佟起管理。佟起派往牧场革退，以其伯父之三世孙额岱管理。额岱年老告退，以其子永安管理。永安故，以其子双山管理。双山故，以其子索欢管理。①

第三佐领，系国初以雅尔虎地方来归人丁编立。始以扈拉祜（一作扈拉瑚）次子瑚什他管理，瑚什他故，以其弟、工部尚书萨木什哈管理。萨木什哈故，以其子、长史罗什管理。罗什缘事革退，以萨木什哈之弟达尔泰管理。达尔泰故，以其弟、户部尚书雅赖管理。雅赖年老辞退，以其弟扬武泰之子傅赫绅管理。傅赫绅年老辞退，以雅赖之子花色管理。花色升任山海关城守尉，以其子、三等侍卫安图管理。安图缘事革退，以其伯父达尔汉辖之从孙、阿达哈哈番孔陀管理。孔陀故，以其子那亲管理。那亲缘事革退，以傅赫绅兄之孙、员外郎查尔布管理。查尔布缘事革退，以傅赫绅之孙、二等侍卫佟柱管理。佟柱升任游击，以花色之孙九格管理。九格升任浙江副将，以萨木世哈之三世孙罗尔博多管理。罗尔博多升任甘肃游击，以瑚西塔之三世孙佟斌管理管理。佟斌升任贵州游击，以勒泰之四世孙哈丰阿管理。哈丰阿病故，以其子福珠隆阿管理。②

---

① 《钦定八旗通志》卷六《旗分志六·八旗佐领六》，第108页。
② 同上书，第108—109页。

第四佐领，系第七佐领内滋生人丁，于色勒管佐领时，分出一佐领，始以丹布之子万布管理。万布故，以其弟大季管理。大季升任右卫固山大，以其兄之子额生额管理。额生额因病辞退，以其兄雅虎管理。雅虎年老解退，以其弟、护军参领集福管理。集福故，以其子、拜他喇布勒哈番，兼一拖沙喇哈番达海管理。达海故，以其子达扬阿管理。达扬阿故，以其子中福管理。中福获罪革退，以其曾伯祖之孙伽蓝保管理。伽蓝保故，以其堂弟清德管理。①

第五佐领，亦系国初以雅尔虎地方人丁编立。始以达尔汉辖第三子、三等精奇尼哈番珲塔管理。珲塔缘事革退，以其弟、内大臣、三等伯阿拉密管理。阿拉密年老辞退，以其子、一等侍卫，兼一等精奇尼哈番殷达管理。殷达缘事革退，以阿拉密弟达赖之子、一等侍卫禅布管理。禅布年老辞退，仍以殷达管理。殷达故，以其子、太常寺少卿衔、委署散秩大臣，兼一等精奇尼哈番关保管理。关保升任盛京户部侍郎，以给事中亨泰管理。亨泰故，以其叔曾祖瑚什布之三世孙柏熊管理。柏熊故，以其子玉柱管理。玉柱获罪革退，以其叔西灵阿管理。西灵阿故，以其子安福管理。②

第六佐领，系康熙二十三年因禅布、万布两佐领内人丁滋盛，又分出一佐领，以阿拉密第三子、二等侍卫希佛管理。希佛升任归化城副都统，以其子、二等侍卫保玉管理。保玉年老休致，以其子、三等侍卫班第管理。班第升任云南游击，阵亡，以其子保兴管理。③

第七佐领，亦系国初以雅尔虎地方人丁编立。始令达尔汉辖第四子、固山额真准塔管理。准塔故，以其弟丹布管理。丹布故，以其兄珲塔之子色勒管理。色勒故，以其次子巴尔布管理。巴尔布升任西安副都统，以其子巴泰管理。巴泰故，以其子达冲阿管理。达冲阿革退，以其

---

① 《钦定八旗通志》卷六《旗分志六·八旗佐领六》，第109页。
② 同上。
③ 同上书，第109—110页。

叔福善管理。福善故，以其孙六十三管理。①

第八佐领，系第三佐领内滋生人丁，于傅赫绅管佐领时，分出一佐领。以傅赫绅伯父达尔泰之子几图喀管理。几图喀故，以其兄之孙骚达色管理。骚达色缘事革退，以其伯父之孙西胜额管理。西胜额缘事革退，以傅赫绅弟温达之二世孙全保管理。全保故，以其子保德管理。保德告病，以其弟保岱管理。保岱故，以其子泰兴管理。②

扈尔汉，后金初从父扈拉瑚率属归顺，努尔哈赤"收养为子"，赐姓"觉罗"，授一等大臣，隶属满洲正白旗。他"感上恩，誓效死"，每战则为前锋，功劳突出，赐号"达尔汉"（darhan，蒙古语，汉义为神圣的）。扈尔汉"善言谈，计谋多"③，任命为五大臣，佐理国政④。其家族子孙掌管同一旗 7 个佐领，第三、第五佐领为勋旧佐领，其他 5 个佐领皆为世管佐领。

6. 瓜尔佳氏吴理勘（一作武理堪）家族所辖正白旗佐领

第一参领第八佐领，亦系国初编立。始以吴理勘管理，吴理勘故，以其子、内大臣吴拜（一作伍拜）管理。吴拜年老辞退，以其弟、内大臣苏拜管理。苏拜年老辞退，以其兄之子、内大臣郎坦管理。郎坦故，以其弟郎中李沙（一作礼沙）管理。李沙升任盛京理事官，以其弟、三等侍卫费查（一作费扎）管理。费查因病辞退，以郎坦次子、都统拉欣（一作拉馨）管理。拉欣年老告退，以其兄之子、郎中栋舒（一作栋书）管理。栋舒故，以其叔祖之孙尚德管理。尚德升任副将，以其伯父之孙文庆管理。文庆升任城守尉，任内参革，以尚德之子保庆管理。⑤

第九佐领，即第八佐领内滋生人丁，康熙六年，内大臣郎坦管佐领时，分编一佐领，以内大臣苏拜之长子、一等侍卫，兼一等阿思哈尼哈

---

① 《钦定八旗通志》卷六《旗分志六·八旗佐领六》，第 110 页。

② 同上。

③ 《重译〈满文老档〉》太祖朝，天命九年正月初十日，《清初史料丛刊》第一种，第三分册，辽宁大学历史系编，1979 年版，第 108 页。

④ 参阅《清国史·大臣画一传档正编》卷三《扈尔汉列传》，第 135 页下。

⑤ 《钦定八旗通志》卷六《旗分志六·八旗佐领六》，第 99 页。

番昂阿巴管理。昂阿巴年老辞退，以其弟、护军参领，兼拜他喇布勒哈番和託（一作和托）管理。和託故，以其子、三等侍卫巴尔泰管理。巴尔泰因病辞退，以其伯父之子、蓝翎侍卫托克托和管理。托克托和革退，以参领岳谦管理。岳谦参革，以其叔之孙贺绅管理。贺绅休致，以其子阿弥尔达管理。①

第十佐领，即第八、第九二佐领内滋生人丁，康熙二十三年，郎坦、昂阿巴管佐领时，分编一佐领，以郎坦之弟随赫图（一作绥赫图）管理。随赫图故，以其叔父苏拜之孙和山管理。和山因病辞退，以其叔祖詹岱之子常明管理。常明缘事革退，以其子明泰管理。明泰故，以其子永福管理。永福故，以郎坦之子忠顺管理。忠顺故，以其子英林管理。英林故，以其子保福管理。②

吴理勘，较早归附努尔哈赤，授卡伦章京，初定满洲旗制，隶属正白旗，分辖人户编为佐领。每有征伐，他任前锋统领，"摧锋陷阵，几死者数矣"③，因屡著战功，加授副将衔。其家族子孙所辖同旗3个佐领，第八佐领为勋旧佐领，另外两个佐领均为世管佐领。

7. 董鄂氏何和理（一作和和理）家族所辖正红旗佐领

第一参领第四佐领，系康熙三十四年，将富汉等佐领内滋生人丁，编一佐领，以都统七十兼管。七十缘事革退，以其兄之子增寿兼管。增寿故，以其弟富吉管理。富吉因人不及革退，以其子常青管理。常青故，以其子富清管理。富清故，以其伯祖之子、三等公恒泰管理。恒泰缘事革退，以其弟恒兴管理。恒兴告退，以其兄之子色楞额管理。色楞额故，以胡世布之三世孙能泰管理。④

第五佐领，初以噶布拉管理。噶布拉缘事革退，以恩格管理。恩格

---

① 《钦定八旗通志》卷六《旗分志六·八旗佐领六》，第99页。

② 同上书，第99—100页。

③ 《清国史·大臣画一传档正编》卷五《武理堪列传》，第154页上；《通谱》卷四《吴理勘》，第86页下。

④ 《钦定八旗通志》卷八《旗分志八·八旗佐领八》，第134页。

缘事革退，以夸占管理。夸占缘事革退，以其族叔、护军参领禅图管理。禅图缘事革退，以公彭春（一作朋春）管理。彭春因病告退，以其子苏喇章京富汉管理。富汉因病革退，以其子四十九管理。四十九故，以其子成福管理。①

　　第七佐领，初以罕楚哈管理，后改令伊特赫管理。伊特赫年老辞退，以其子金特赫管理。金特赫年老辞退，以其弟格德珲（一作葛德浑）管理。格德珲因年老告退，达汉泰管理。达汉泰升任，以其伯高祖之三世孙兆禄管理。兆禄告退，以其子五十九管理。五十九故，以其叔祖之孙敏住管理。敏住故，以其子双庆管理。②

　　第八佐领，系康熙十三年编立。初以何和理额驸二世孙、护军参领拉哈管理，拉哈故，以其子隆坤（一作隆科）管理。隆坤故，以其叔父罗达管理。罗达年老辞退，以其兄、副都统谟达之子、侍卫署护军参领巴克兰管理。巴克兰故，以其兄之子、副护军参领三太管理。三太升任，以其伯父巴裕管理。巴裕故，以其子董福管理。董福故，以其叔之孙如昌管理。如昌故，以其子德山管理。③

　　第九佐领，初令钮尼雅哈管理。钮尼雅哈故，以噶布什贤管理。噶布什贤缘事革退，以其族曾祖宜特黑管理。宜特黑故，以其族叔祖、副都统罗满色管理。罗满色故，以其子护军参领李柱管理。李柱故，以其子皂保管理。皂保缘事革退，以罗满色兄、公彭春之孙黑德（一作赫德）管理。黑德故，以其子和音布管理。和音布故，以其弟十格管理。十格革退，以其叔高祖之三世孙合庆管理。合庆革退，以其伯高祖之三世孙福太管理。④

　　第十佐领，初令夸占管理，后改令吉希管理。吉希故，以其弟七十管理。七十告退，以其叔父、护军参领禅图管理。禅图故，以其子萨克

---

① 《钦定八旗通志》卷八《旗分志八·八旗佐领八》，第134—135页。
② 同上书，第135页。
③ 同上。
④ 同上书，第136页。

素管理。萨克素故，以其子苏保管理。苏保升任，以其弟德保管理。德保革退，以其弟苏普通阿管理。苏普通阿革退，以其侄苏凌阿管理。苏凌阿升任，以其子魁敏管理。[1]

第十一佐领，亦系康熙十三年编立。初以副都统、觉罗杜尔巴管理。杜尔巴故，以护军参领、觉罗富尔敦管理。富尔敦因病辞退，以二等阿思哈尼哈番朱亮管理。朱亮故，以其弟、拜他喇布勒哈番，兼一拖沙喇哈番富永管理。富永缘事革退，以其族子恒德管理。恒德缘事革退，以其族兄富尔敏管理。富尔敏故，以其侄富昌阿管理。富昌阿故，以其伯祖之子二达色管理。二达色故，以其叔之孙额勒锦管理。额勒锦故，以其子舒敏泰管理。[2]

何和理，为董鄂部长，国初以所部来归，隶属满洲正红旗。努尔哈赤对他格外重视，"尚固伦公主，授一等大臣，领旗务"。何和理参与征战女真各部、攻占辽沈，智勇双全。太祖"命佐理国政，列五大臣"，视为股肱之臣。从征叙功，封三等子，世袭[3]。其家族子孙掌管 7 个佐领，第五、第九、第十佐领为勋旧佐领，余者皆为世管佐领。

8. 觉尔察氏安费扬古家族所辖镶蓝旗佐领

第一参领第一佐领，原系国初编立之半个牛录，始以硕翁科罗巴图鲁安费扬古之长子硕尔惠管理。硕尔惠故，以其子孙塔管理。康熙三年，因人丁滋盛，编为整个佐领，仍以孙塔管理。孙塔故，以其子马世泰管理。马世泰年老辞退，以其子吴尔吉管理。吴尔吉年老辞退，以其子德懿管理。德懿故，以其叔高祖之三世孙富敏管理。富敏故，以其伯高祖之四世孙达桑阿管理。达桑阿故，以其子扎尔杭阿管理。[4]

第二佐领，系第一佐领内余丁，康熙二十三年，马世泰管佐领时，

---

① 《钦定八旗通志》卷八《旗分志八·八旗佐领八》，第 136 页。
② 同上书，第 136—137 页。
③ 参阅《清国史·大臣画一传档正编》卷三《何和理列传》，第 136 页。《通谱》卷八《和和理》，第 138 页。
④ 《钦定八旗通志》卷十六《旗分志十六·八旗佐领十六》，第 275 页。

分编一佐领，以其叔父之子法赛管理。法赛故，以长禄管理。长禄故，以其伯曾祖之孙关新保管理。关新保故，以三等阿达哈哈番翁义管理。翁义故，以其叔高祖之孙明代管理。明代故，以其伯祖之三世孙德宁管理。德宁故，以其伯祖之孙书锦管理。书锦故，以其孙德通阿管理。[①]

第三佐领，亦系国初编立，始以安费扬古管理。安费扬古故，以其第四子阿尔代管理。阿尔代从征阵亡，以其子都尔德管理。都尔德故，以其子伊图管理。伊图升任布政使，以其兄西布管理。西布故，以其子常寿管理。常寿故，以其弟常在管理。常在故，以刑部员外郎额尔贝管理。额尔贝缘事革退，以其伯父之孙傅喇禅管理。傅喇禅缘事革退，以二等侍卫德玉管理。德玉故，以其伯曾祖之三世孙文格管理。文格故，以其子苏成阿管理。苏成阿故，以其叔高祖之三世孙书麟管理。书麟升任，以其叔高祖之二世孙七海管理。[②]

第四佐领，系第三佐领内余丁，康熙三十三年，常在管佐领时，分编一佐领，以其叔父之子、郎中额尔德管理。额尔德缘事革退，以监察御史朱满管理。朱满缘事革退，仍以额尔德管理。额尔德故，以其子额尔格图管理。额尔格图故，以其伯祖之孙钟音管理。钟音故，以其叔高祖之四世孙巴彦都管理。巴彦都故，以其孙伊立布管理。[③]

安费扬古，秉性忠贞，有勇略，"以早岁行兵，迄于白首，战辄居前，还则殿后，屡受重伤，多树勋伐"[④]。努尔哈赤嘉奖其功，赐号"硕翁克洛巴图鲁"，官至固山额真，位列"五大臣"。安费扬古与何和理、扈尔汉，"先后奔走，共成筚路蓝缕之烈，积三十年，辅成大业，功施烂然"[⑤]。其子硕尔辉、阿尔岱、达尔岱、敦兑等，其孙孙塔、赫色、杜尔德等，均英勇善战，叙功授奖。该家族子孙掌管 4 个佐领，第一、第三佐领为勋旧佐领，另

① 《钦定八旗通志》卷十六《旗分志十六·八旗佐领十六》，第276页。
② 同上。
③ 同上。
④ 《八旗通志》（初集）卷一百六十七《安费扬古传》，东北师范大学出版社1986年版，第4119页。
⑤ 《清史稿》卷二百二十五《论》，第9190页。

外两个为世管佐领。令人关注的是，《通谱》竟然未列开国功臣、安费扬古之姓觉尔察氏。《清朝通志·氏族略》以《八旗通志》内"名臣"、"勋臣"、"忠烈"各传，及《八旗档册》所载姓氏，补录《通谱》所缺漏的满洲 33 姓，其中第 16 位为觉尔察氏，列举了正蓝旗人、巴克什达海等人，仍无安费扬古之名，令人费解①。

以上列举数例满洲世家大族掌管佐领之事，足以说明，大家望族为八旗满洲的骨干力量，亦是后金政权的支柱。而掌管佐领数量的多寡，又标志着该家族在满洲的社会地位。掌管佐领的数量多，越能彰显他们显要身份。这样就造成了不管满洲人担任何种文武官员都要兼官佐领一职，绝不脱离八旗之根。满洲人都生活在八旗基层单位佐领之中，佐领是他们的民族归属感所在，也是满洲部族文化确认之处。

值得注意的是，《通谱》中所列任佐领者，与《八旗通志》（初集）中《旗分志》对照，可知这并非为该家族担任佐领的全部人员。任职佐领之人，多数在《八旗通志》中可以找到所在旗分，而少数人则在《旗分志》中无名，也有《通谱》中无载任佐领之人，在《旗分志》中赫然列名。究其原因，似有三点：一是八旗初创期，任牛录额真之人变化较大，时间久远，资料缺载，故《通谱》记录难以核实。比如，《通谱》卷一记载，费英东之曾孙哈达哈，"承袭三等公，现任都统、议政大臣、领侍卫内大臣、工部尚书（承政），兼佐领"②。从任职情况看，哈达哈当为天聪年间人，如此高官兼管佐领者，在《旗分志》中竟然不录。二为本家族所在佐领无名，而另任本旗，或它旗佐领。例如，鳌拜管理的镶黄旗第一参领第十二佐领，后成为世管佐领。三系修竣于乾隆九年的《通谱》，未参阅修成于乾隆四年的《八旗通志》（初集），导致两部官书记载出现差异。乾隆二年（1737 年），已设立办理八旗世职佐领根源事务王大臣，专门梳理世职佐领脉系。五十七年（1792 年）奉敕编纂，嘉庆初年完成的《钦定八旗通志》，是在《八旗通志》（初集）的基础上续修，《旗分志》雍正以前部分照录原文，编修《通谱》又未与《八旗通志》（初集）核校，记载失实，这不能不说是官修典籍的一种缺憾。

---

① 参阅《清太祖努尔哈赤族属考——兼论觉尔察氏与爱新觉罗氏的历史渊源》，《清史研究》1999 年第 3 期。

② 《通谱》卷一《费英东扎尔固齐》，第 32 页上。

第五节 部族成员职司与清初战争功绩

一 部族成员的职司

从《通谱》所载《满洲姓氏》传主及附传人物的任职情况看,满洲部族人员担任文职官的有:五大臣、八大臣、十六大臣、议政大臣、辅政大臣,内阁大学士、学士,翰林院侍掌院学士、侍读学士、侍讲学士、侍读、侍讲、编修、检讨、经筵讲官、起居注官;詹事府少詹事、左右春坊、左右中允;六部尚书、郎中、员外郎、启心郎、堂主事、主事、理事官、笔帖士;都察院左都御史,都察院左副都御史,六科给事中,监察御史、都事;通政司通政使、副使、知事;大理寺卿、少卿;内务府总管、织造监督、茶房总领、膳房总领;武备院卿、上驷院卿、太常寺卿、少卿、司胙官、太仆寺卿、牧长、牧副、厩长、光禄寺卿、少卿、鸿胪寺卿、少卿、鸣赞;国子监祭酒、司业、博士、助教;钦天监监正、监副、五官正、五官灵台郎、五官挈壶正、天文生;司经局洗马,包衣大,太医院院判、院使;部院寺典簿、主簿、典籍、赞礼郎、笔帖式、司库、教习、署丞、仓长、库掌、王府长史;总督、巡抚、漕运总督、督粮道、盐运使、盐法道、河道;布政使、按察使、教授、知府、同知、通判、知州、候补州同、知县、运判、县丞、司狱等。

担任文官要职者,诸如,镶黄旗人费英东等任五大臣,其曾孙富尔丹原任吏部尚书,元孙哈达哈原任议政大臣、工部尚书;额亦都之子车尔格历任八大臣、兵部承政(尚书)、工部尚书、户部尚书;兰珠之六世孙佟智原任兵部尚书。正黄旗人图赖之曾孙马尔泰署理川陕总督,达邦阿之曾孙马尔图任户部尚书,麻尔吉任两江总督。正白旗人吴拜任十六大臣,其子郎坦任议政大臣;石国柱任工部尚书,石天柱任刑部尚书;叶臣族孙佛伦任文渊阁大学士兼礼部尚书;席尔泰之子徐元梦任左都御史,兼翰林院掌院学士,历任工部尚书、署理内阁大学士、户部尚书。正红旗人拜音达理扎尔固齐之长子布颜任议政大臣。镶白旗人宜苏历任十六大臣、兵部尚书,吉苏任礼部尚书,阿哈之孙叶成额原任刑部尚书。镶红旗人赖卢浑原任弘文院大学士,殷泰因军功显赫,历任四川、陕西总督,程尼、罗璧原任议政大臣,额赫礼元孙阿士喜任江南江西总督,苏炳额曾孙巴什原任甘肃巡抚,郎格之弟郎色曾孙苏柱原任文渊阁大学士,兼兵部尚书。正蓝旗人宜巴理任内务府总管、议政大臣，宜巴理之弟宜拜任议政大臣；阿球巴图鲁之族弟敦拜任吏部尚书，班柱之第四子兑喀纳任文华殿大学士，兼吏部尚书。镶蓝旗人拜音岱之侄嵩祝任文华殿大学士，兼礼部尚书；尼唐阿任议政大臣，翁果春任礼部尚书，图赖之曾孙马尔泰由都统署理川陕总督印务等，皆为清朝枢要之职。

授命武职官者有：出征大将军，领侍卫内大臣、掌统领侍卫亲军内大臣、御前侍卫、乾清门头等侍卫、头等侍卫、二等侍卫、三等侍卫、蓝翎侍卫、銮仪使、冠军使、都统、副都统、署理副都统、佐领、内管领，印务参领、领催，骁骑参领、副骁骑参领、骁骑校、副骁骑校、前锋统领、前锋参领、前锋侍卫、前锋校、护军统领、护军参领、副护军参领、委署护军参领、护军校、步军统领、步军协尉、步军副协尉、步军校、署理步军校、城门领、信炮总管、监守信炮官、管守信炮、都司，驻防将军、提督、总兵官、副将、参将、游击、守备、千总、把总、防御、总管、城守尉、防守尉、热河翼长、关口章京、铁匠协领、弓匠协领、备箭首领。

出任将帅者，譬如，镶黄旗人费英东任都统，其曾孙富尔丹任领侍卫内大臣、靖边大将军，四世孙哈达哈任都统、领侍卫内大臣；额亦都之子拉哈达历任都统、镇东将军、署杭州将军；拉哈达之子任都统。正黄旗人图赖之子颇尔喷任领侍卫内大臣。正白旗人吴拜之子郎坦历任领侍卫内大臣、都统、绍武将军；鲁克素之曾孙费扬古任领侍卫内大臣，授抚远大将军。正红旗人何和理之四子和硕图承袭都统，第五子杜雷任都统，曾孙鹏春亦任都统；噶哈察鸾之五世孙董吉纳任江宁将军。镶白旗人多内之子额谟克图任都统，族侄索浑亦任都统；朗格之孙席卜臣，历任都统、镇西将军。镶红旗人钦拜原任青州将军，额洛图原任奉天将军。正蓝旗人赛华之元孙西伯任宁夏将军，加太子少保；赛华之元孙西伯任宁夏将军。镶蓝旗人尼唐阿任都统，桂勒赫之孙巴海任宁古塔将军等。他们均为清朝高级军事将领。

从《通谱》任职情况看，由中央到地方的主要权力机构，均由满洲官员掌控。在整个政权运作中，无论文官武职，满洲人均起主导作用。从中央的议政大臣、辅政大臣、内阁大学士、各部院尚书、都察院左都御史，至地方的总督、巡抚；自将军、都统，到前锋校、关口章京，皆有相当数量的满洲人担任其职。他们在中央任职的人数，多于在地方上为官者，而任武官人数又高于文职。在中央机构任文职的满洲人，又以六部官员为多，担任尚书、侍郎、郎中、员外郎的人数有3110余人。在中央衙署内，满洲人任职笔帖式者人数颇众，有2570余人。任武职者人数最多的是佐领一职，有3311

人；其次为骁骑校，达 3080 人。满洲人牢牢地控制政权，而任武职者超过了任文职者，说明了满洲贵族重视军权，绝不假手于他族成员，这样便能始终掌握王朝权力。

从旗籍上考察，任职的满洲总体人数，各个旗籍相差不多，"上三旗"就任官职人数略高于"下五旗"。任中央衙署四品以上高级官职的人数，"上三旗"明显多于"下五旗"。在地方上任职的满洲人，"下五旗"则略多于"上三旗"。在《通谱》中记录任职的满洲人中，约有 8% 属于各包衣旗人。内务府三旗包衣人担任官职的人数超出"下五旗"包衣人。例如，镶黄旗包衣人达古善家族，其孙郭迈，任内大臣；曾孙石图任佐领，李山、多伦俱任员外郎，佛伦任郎中；元孙费扬古任骁骑校，四世孙鄂尔多任笔帖士，五世孙特克慎任侍卫署参领，执谦系文进士，托克托和任三等护卫，佟保任包衣达①。再如，正白旗包衣人达士希家族，其子尼满任上驷院大臣，孙钱礼保任护军参领，兼佐领，曾孙绥成任员外郎，兼内管领，六格任库掌，锡兰泰任员外郎，元孙安保任员外郎，萨克新任笔帖士②。从整体上看，"三旗"包衣家族入仕者多，他们相对容易地得到任职或升迁的机遇。这就体现了作为准军事组织内务府三旗包衣人的特别性。

二 清前期部族成员的参战功绩

纵观满洲崛起，大金创建，占据辽沈，雄踞关外，八旗兵大踏步地挺进中原，定鼎燕京，八旗满洲、八旗蒙古及八旗汉军，均做出了突出了贡献。尤其是满洲本部将士们，为了实现"混一天下"的奋斗目标，他们将家与国的利益紧密地结合起来，攻城拔寨，冲锋陷阵，前仆后继，勇往直前，为满洲开国及清朝政权巩固立下了丰功伟绩。

清朝从立国之前到稳定中原统治，总的军事战略部署大体可分成四个阶段。

一是努尔哈赤起兵，统一女真各部。他用了三十四年时间，完成兼并本部和大部海西女真的事业，及后续对东海女真用兵，控制整个东北地区。满洲氏族成员参加了一系列的征战，诸如，镶黄旗人费英东，身先士卒，从征三十余国；征瓦尔喀部，取噶家路，"悉收降人以归"；又征瓦尔喀安褚拉库

---

① 参阅《通谱》卷一《达古善》，第 37 页下。
② 参阅《通谱》卷二《达士希》，第 65 页下。

路，"取屯寨二十余处"，迁"蜚悠城户口，尽收其环城屯寨"，"护五百户先归"；从征乌喇，力战破敌，乘胜夺门，遂克其城。攻打叶赫城，率部属冒投石飞火，终堕其城①；卓普特以佐领，征黑龙江有功，授云骑尉。正黄旗人扬古利额驸，征辉发，取讷殷，及朱舍里、安楚拉库、赫席黑穆伦诸路，生擒哈达孟格布鲁贝勒，皆著功绩。吴巴海，从征瓦尔喀，俘获多人；征乌扎拉，及阿库里尼满等处，获其户口以归。正白旗人吴理戡，当叶赫等九部来袭之时，奉命往侦，察其形势，提供军情，大获全胜；巡哨在呼兰地方，遇明总兵李如柏兵，率二十人击败其众，授副将衔。正红旗人何和理，征札库塔，取乌喇，有功，授为三等子；其四子和硕图，以都统领兵征北京，击败遵化马兰峪明兵，晋封三等公。镶红旗人阿格巴颜之长子、扎尔固齐阿兰珠，在征乌喇时，身已被创，直前冲入，颠仆不退，奋勇前进，战殁于阵，优赠三等男。镶蓝旗人郎塞从征乌喇，克取一村，又斩杀瓜尔察四十余人；尼唐阿之弟尼努，以云骑尉，从征黑龙江有功，加一云骑尉。

二为以"七大恨"兴兵，与明分庭抗礼，先据辽东，再伐辽西，巩固了清朝的东北基地。例如，镶黄旗费英东督将士取抚顺，击溃明援兵；巴图鲁鳌拜，从征锦州，先拆毁上方堡边墙，前往埋伏，清兵得以继进；又围锦州，击败杏山明兵，直抵塔山，追杀明马步兵过半。正黄旗人扬古利战斗中被创伤，仍率十个佐领兵，击溃明兵大营，取铁岭、沈阳、辽阳等处，命统八旗左翼兵；又屯戍耀州城，擒明三个千总，杀明将毛文龙派采参者九十余人；随太宗扰掠京畿地区，略通州，取蓟州、张家湾，皆率兵勇往直前，因功授"超品公"。正黄旗人纳海之子顾素，围攻锦州，击败松山来援明军，"又连败洪承畴三营兵十三万众"；图赖，围锦州，克其外关，拦击松山。正白旗人吴拜，征辽东，追击敌哨，斩杀甚众，授骑都尉；尔后，征宁远，围锦州，败松山等，皆立战功；多和伦以闲散，从征广宁，第三个登城力战，三围锦州，击败洪承畴三营马步兵，功授云骑尉；鲁克素之次子席尔泰，以游击世职，征沈阳阵亡，其子拉都征锦州，击败杏山明马步兵，攻打宁远城阵亡。正白旗人英俄尔岱，在萨尔浒，英勇迎敌，击退界凡来犯之人；攻开原，取沈阳，下铁岭，收辽阳，皆立战功。

参与此阶段战役的还有，正红旗人那兰之元孙杨霭，以护军参领，围锦州，击败明朝松山援兵。镶白旗人扬善进攻大凌河城时，引蠹直入，胸腕被

---

① 《通谱》卷一《费英东扎尔固齐》，第31页下。以下未注者，事迹均见先列者《通谱》传。

重创，授三等轻车都尉；车克以前锋侍卫，围锦州，连败洪承畴三营兵。镶红旗人劳萨由闲散人员克辽东，叙功，授三等轻车都尉；取大凌河，屡擒敌哨；征锦州，追击明朝监军道张春前队兵，大获全胜，授三等男，赐号硕翁科洛巴图鲁；后围锦州，战松山明兵，征朝鲜等，屡著战功①。正蓝旗人僧锡，以领催，从征北京顺义县，率先登城克敌，赐号巴图鲁；后征伐朝鲜，在桃山村阵亡。镶蓝旗人札尔纠之子颜布理，从征沈阳阵亡，赠二等轻车都尉；其弟格尔特袭职，围锦州，击败松山、杏山明兵，攻前屯卫，夺门而入，攻下其城，等等。

三系清兵入关，掀起大规模的征战，统一全国。比如，镶黄旗人索海之子多颇络，由佐领定鼎燕京时，入山海关，"击败流贼马步兵，二十万众"，"又追至庆都县败之"。参与山海关之战的还有正黄旗人图赖，正白旗人吴拜，镶红旗人马克札、夸瞻，镶蓝旗人尼唐阿之侄根特等。镶黄旗人图赖等于潼关等处屡败"流贼"众兵，攻陷太平府城，擒福王；又征福建，"击败贼黄鸣骏等于仙霞关，十五战皆捷，共下泉州府等十城，杀伪唐王朱聿键，及伪国公方国安等大小伪官一百五十四人，降其兵八千余众"②；雅尔巴之孙喀帕，以委署参领，征浙江、福建，击败"伪将"刘国轩兵；续征云南，于石门坎、黄草坝地方，击溃"贼伪将"何继祖等兵；又败"贼伪将"胡国秉于云南城下。正黄旗人顾素，从征福建，攻厦门，破"海寇"郑成功兵，叙功，授三等男。正白旗人格布库之元孙色赫讷，以护军校，从征浙江，于郭塘山等处，击败"贼伪将"刘国轩等兵万余众；续从征云南，屡败"伪将"何继祖等兵于石门坎、黄草坝地方，叙功，优授骑都尉。正白旗包衣人魏班之曾孙颜拜，以委署护军校，从征浙江、福建，击败"贼首"王宗仁等兵二千余众，在泉州祖头山阵亡，优赠骑都尉。

正红旗人罗尔机之曾孙遂哈达，以护军校，从征云南，于石门坎、黄草坝地方，打败"贼伪将"何继祖等兵，授云骑尉；何和理之孙萨汉，以委署章京，征"流贼"，追滕吉思硕罗，征江西，又屡立战功，授云骑尉。镶白旗人蒙古基巴颜之孙鄂博诺，以护军校，从征湖广，击败"流贼"一只虎于荆州府；征江西，于南昌府等处，屡败"贼首"金声桓，叙功，授云骑尉。镶红旗人额赫礼之曾孙舒恕，以亲军校，从征陕西，于平凉府，击败叛将王

①　《通谱》卷二《硕翁科洛巴图鲁劳萨》，第54页上。
②　《通谱》卷一《图赖》，第32页下至33页上。

辅臣兵。后征云南，屡败"伪将"何继祖等兵于黄草坝。正蓝旗人安楚达之元孙素蕭，以护军校，从征四川，于朝天关战败"伪总兵"石存礼等兵，在张飞庙战斗中阵亡，赠云骑尉。镶蓝旗人桂勒赫之孙戴察，从征广东，于新会县击败李定国兵"四万余众"；札尔纠之子格尔特从征四川，屡败张献忠农民军。

四为巩固多民族国家统一，平定内乱，重创外国侵略势力。清朝入主中原三十年后，先后爆发了"三藩之乱"、察哈尔蒙古布尔尼叛乱、台湾郑氏扰乱海疆、沙俄侵略东北边陲、准噶尔部蒙古作乱北疆等大事变。为了捍卫既得的胜利果实，巩固统一的多民族国家，满洲将士同八旗蒙古、汉军、绿营官兵展开了艰苦卓绝的斗争。譬如，镶黄旗人邦珠瑚之子图弼赫，以护军校，从征"叛逆"吴三桂，攻秦州，殁于阵，授三等轻车都尉。喀帕，从征察哈尔布尔尼叛乱，屡败其兵。正黄旗人巴本之曾孙席特库，以佐领从征厄鲁特噶尔丹，奋勇破贼，授云骑尉；纳海之曾孙、护军校哲尔布，图赖之曾孙、内大臣兼参赞大臣马尔萨，尼堪之八世孙、骁骑校马尔图，皆从征准噶尔部，在和通呼尔哈脑尔地方，击贼阵亡；哈穆坦之元孙满都理，以护军校，从征察哈尔伯尔尼，奋勇破敌，功授云骑尉。正白旗人锡哈巴克什之孙葛尔贝，从征江西、广东，英勇战败"贼伪总兵"唐配生兵四千人；又屡败"贼伪将"吴世琮于韶州府，续征云南，于石门坎、黄草坝地方，击败"贼伪将"何继祖等兵，功授二等男。

正红旗人胡什哈之元孙索尔科，以骁骑校，从征厄鲁特噶尔丹，奋力破阵，授云骑尉。镶白旗人迈佟阿之元孙乌纳海，以前锋校，从征准噶尔，在和通呼尔哈脑尔地方，搏击阵亡。镶红旗人顾普察，由护军参领，从征陕西，在平凉府，击叛将王辅臣兵，阵亡，赠云骑尉；佐领僧保从征厄鲁特噶尔丹，于昭莫多地方，奋勇战斗，功授骑都尉；瑚山从征噶尔丹，在乌尔辉河阵亡；殷泰由防御征噶尔丹，英勇破敌，功授云骑尉。正蓝旗人阿球巴图鲁之族侄塞克锡，以委署护军参领，从征四川，于槐树驿等处，击败"贼伪将"王屏藩等兵；又征陕西，再败"逆贼"王辅臣兵于平凉府，功授骑都尉。镶蓝旗人巴颜宗之孙阿尔泰，以护军校，从征厄鲁特噶尔丹，在乌兰布通地方阵亡；达卓之子满都，以护军校，从征厄鲁特噶尔丹，于昭莫多地方，拼搏有功，加一云骑尉。

满洲将士身经百战，摧锋攻坚，不惜身命，戮力王家，开疆拓土，屡奏捷报。从统一女真大业肇起，到征服东北诸民族；继而与明朝抗衡，占领辽东，开拓辽西；清朝实现五次迁都，完成了重大战略转移。皇太极批评一些汉官抱怨"差徭繁重"，指出："满洲竭力为国，有身经百战者，有经四五十战者。尔等曾经几战乎？"①他充分肯定满洲将士的功劳。清兵入关，便展开艰苦卓绝的战争，实现统一大业。顺治十年（1653 年）二月，世祖福临批览少詹事李呈祥《议部院衙门应裁去满官专用汉人》一折，驳道："李呈祥此书，大不合理。夙昔满臣赞理庶政，并畋猎行阵之劳。是用得邀天眷，大业克成。彼时可曾咨尔汉臣而为之乎？朕不分满汉，一体眷遇，而汉官奈何反生异意？若以此理言，首崇满洲，固所宜也。"②从太宗皇太极、世祖福临的两道"上谕"可以看出，一方面，入关前后满汉官员在磨合期的矛盾颇大；另一方面，满洲将士在开国创业与政权巩固上，立下了他族不可替代的卓越功绩。此即清朝"首崇满洲"的根本缘由。

第六节　功勋"八著姓"

有清一代，满洲"八大姓"诸说歧异，其源头当为《通谱》"满洲姓氏"中明确标注的八"著姓"，他们分别为瓜尔佳氏、钮祜禄氏、舒穆禄氏、赫舍里氏、他塔喇氏、伊尔根觉罗氏、佟佳氏、纳喇氏。随着时间的推移，满洲"八著姓"的兴衰，在不同地区"八大姓"多有更迭，究其根源是由清初满洲"八著姓"演绎而来的。"八著姓"为辽左名家，不少家族成员为后金（清）开国元勋、朝廷柱石。在国家政治生活中，八大姓家族发挥了至关重要的作用。

"八著姓"皆为满洲八大新贵，即辽左八家望族，据《通谱》记载依次为：

1. 瓜尔佳氏，该氏族分居于苏完、叶赫、讷殷、哈达等处，"居苏完者尤著"。先有佛尔和、尼雅哈齐、珠察同胞三兄弟，居住苏完地方。珠察之四世孙索尔果为苏完部长，育有 18 子，"其族最盛"。族人影响大者，索尔果之次子镶黄旗人费英东扎尔固齐，其次子索海、七子图赖；费英东第六弟巴本、七弟郎格、八弟雅尔巴、九弟卫齐；卫齐次子卓普特、三子鳌拜巴图鲁、四子巴哈、六子穆理玛，第五弟吴尔汉之次子吴赖；费英东兄阿都巴颜

---

① 《清太宗实录》卷十七，天聪八年正月乙未，第 2 册，第 223 页下。

② 《清世祖实录》卷七十二，顺治十年二月丙午，第 3 册，第 570 页上。

之孙希福；同族正白旗人三谭、扎鼐、克尔素、达古善、尼堪等①。

2. 钮祜禄氏，该氏族居住在长白山、英额、安图瓜尔佳、瓦尔喀、札库木等地，"居长白山者尤著"。该地有索和济巴颜，子兆三巴，孙德鲁拉哈，曾孙萨尔都巴图鲁，玄孙阿灵阿巴颜，第四代孙都灵格，第五代孙额亦都巴图鲁，"其族最盛"。族人影响大者，镶黄旗人宏毅公额亦都，及其第三子车尔格、八子图尔格、十子宜尔登、十一子鄂德、十三子绰哈尔、十五子索浑、十六子遏必隆，堂伯萨穆哈图，叔祖额素勒勒巴克什，同族萨哈多齐、图哈泰等②。

3. 舒穆禄氏，该氏族居住库尔喀、浑春、朱舍里、吉阳、哈尔敏、沾河、雅尔湖、叶赫、爱新和罗、黑龙江、虎尔哈、伊兰费尔塔哈、乌喇、石坝尔台、瑚普察、绥分、呼兰、辉发、讷殷江、精琦里、哲林、山岔、英额、山秦、诺殷江、哈达、榆树沟、诺洛、松花江、叶赫等处，世居"库尔喀者尤著"。族人影响大者，该部长郎柱长子、正黄旗人扬古利，及弟楞格理、纳木泰、谭泰、谭布，族侄伊尔德、额尔济赫，同族富达礼、朱策、吴勒、岱都喀等③。

4. 赫舍里氏，该氏族居住都英额、和多穆哈连、齐谷、哈达、叶赫、辉发、黑龙江穆理哈村、乌喇、沙尔虎、瓦尔喀、扎库木、塔山堡、哈尔敏、长白山等地。穆瑚禄都督世居都英额地方，迁居白河，再迁哈达之地。穆瑚禄有9子，七子特赫讷第三子瑚什穆巴彦，生2子，兄曰硕色巴克什、弟曰希福巴克什，兄弟二人各率所属来归，隶正黄旗。这是一个文化世家，多人深谙文墨，兼通满、汉和蒙古语言文字，在后金政治文化建设上发挥了重要作用。族人影响大者，硕色巴克什、索尼巴克什、希福巴克什、额尔德尼巴克什等④。

5. 他塔喇氏，该族多数人世居在扎库木、安褚拉库，其余散居在讷殷江、瓦尔喀、宁古塔、长白山、马察、占河、扎克丹、乌苏、伊兰木、乌喇、海州、萨尔湖、十方寺、吉林乌喇等处。族人影响大者，居住扎库木的正白旗人岱图库哈理，弟达音布、阿尔泰，兄镶黄旗包衣人达瑚巴颜；同族正白旗人朱鲁西尔哈、萨弼图，镶白旗人鼐格，镶红旗人郎格，镶蓝旗人和索理，正蓝旗

① 参阅《通谱》卷一至卷四《瓜尔佳氏》。

② 参阅《通谱》卷五《钮祜禄氏》。

③ 参阅《通谱》卷六《舒穆禄氏》。

④ 参阅《通谱》卷九至卷十《赫舍里氏》。

人巴达巴颜；居住安褚拉库的正红旗人罗屯、穆富阿、罗礼穆都；其它地方的正黄旗人纳林，正红旗人玛富他，镶白旗人宁古齐等①。

6. 伊尔根觉罗氏，内有伊尔根觉罗、舒舒觉罗、西林觉罗、通颜觉罗、阿颜觉罗、呼伦觉罗、阿哈觉罗、察喇觉罗等氏。该氏族分居于穆溪、叶赫、萨尔湖、呼讷赫、雅尔湖、乌喇、瓦尔喀、松花江、汪秦等地方。族人影响大者，穆溪地方的正蓝旗人阿尔塔什、齐玛塔等；叶赫地方的正黄旗人巴雅尔图什，镶黄旗人富拉塔，镶蓝旗人卢巴海，正蓝旗人金泰；嘉木湖地方的镶白旗人噶哈善哈思瑚，镶黄旗人拉哈，兴堪地方的正蓝旗人朱瑚达；萨尔湖地方的正黄旗人瓜喇、拉哈墨尔根，镶白旗人罗洛浑、格善，正蓝旗人色伯察哈；呼讷赫地方的镶红旗人噶盖扎尔固齐、孟格图、阿尔哈巴颜，正蓝旗人纳齐布，正白旗人瑚密色；雅尔湖地方的正白旗人桑古尼、哈尔巴巴图鲁；瓦尔喀地方的正黄旗人赫臣、喀齐兰、卓礼喀；松花江地方的镶黄旗人顾乔、雅尔布；叶赫地方的镶黄旗人硕翁科洛巴图鲁图鲁什、费扬古；汪秦地方的镶蓝旗人屯台鄂拜、西楞额②。

7. 佟佳氏，该氏族散处于马察、雅尔湖、加哈、佟佳、长白山、乌喇、俄漠和苏鲁、讷殷、哈尔敏、叶赫、辉发、萨哈尔察、白都讷等地，"居马察地方尤为著"。族人影响大者，正白旗人巴笃理扎尔固齐，同族人雅西塔，哲克锡巴班；雅尔湖地方的正白旗人达尔汉侍卫扈尔汉，正红旗人岱嵩阿；加哈地方的正蓝旗人浑托和，镶红旗人苏敏都都，镶黄旗人萨穆什喀；佟佳地方的镶蓝旗人努颜、噶哈、阿尔瑚理；长白山地方的正红旗人尼堪洪科；勒府屯地方的正蓝旗人夸山等③。

8. 纳喇氏，该氏族散居于叶赫、乌喇、哈达、辉发，以及伊巴丹、费德里、尼马察、老寨子、科尔沁、长白山、伊兰费尔塔哈、嘉木湖、萨尔湖、扎库木、清河、董鄂等地。族人影响大者，叶赫地方的正黄旗人金台石（一作锦台什），正红旗人布扬古，正白旗人苏纳额驸、阿什达尔汉柏尔赫图，镶白旗人克锡讷；乌喇地方的正白旗人达尔汉、阿布泰、爱音谷鲁、阿拜、喀喇，镶白旗人图达理、常住，镶红旗人罗萨，正黄旗人博瑚察；哈达地方的镶黄旗人吴尔瑚达、海塔，镶白旗人苏巴海，正红旗人约兰；辉发地方的

---

① 参阅《通谱》卷十一《他塔喇氏》。
② 参阅《通谱》卷十二至卷十八《伊尔根觉罗氏》。
③ 《通谱》卷十九至卷二十《佟佳氏》。

镶红旗人通贵，正蓝旗人三檀、硕色吴巴世，镶黄旗人博尔济；伊巴丹地方的镶红旗人巴奇兰；张地方的镶黄旗人恳，正白旗人札拉库哈思瑚，正红旗人多博诺、哈克萨哈等①。

满洲"八著姓"的新贵标识，集中体现在以下五个方面②：

一 举族来归，征伐之功显赫

满洲"八著姓"的绝大多数成员，是在天命初年投奔建州努尔哈赤的。例如，苏完地方瓜尔佳氏费英东，天命时，随父索尔果带领五百户人口，率先来归，努尔哈赤予以嘉奖。长白山地方的钮祜禄氏额亦都，青年时代就率族人，跟从努尔哈赤攻城野战数十载，得到表彰。库尔喀地方的舒穆禄氏郎柱部长，很早就翊戴努尔哈赤，深得厚遇。都英额地方的赫舍里氏的硕色、希福兄弟率所属，投奔太祖，一门文馆之臣，颇受青睐。天聪年间来附者有，瓜尔佳氏达兰、都智罢等；钮祜禄氏宁滚占岳波、杨安等；舒穆禄氏郎善、德库等；赫舍里氏岳色、布占等；他塔喇氏纳林、礼当阿等；伊尔根觉罗氏屯布禄、王山等；佟佳氏刚固、萨穆什塔等；乌拉纳喇氏古鲁格楚瑚尔、星格理等。他们或仰慕率众而来，或受他族侵凌来附，或只身来投后金。"八著姓"率部众来归，扩充了建州女真的社会基础，增强了后金的综合实力，也影响了周围部族的向背，加速了努尔哈赤统一女真，纪元开国，与明廷抗礼，直趋辽东战略部署的实施。

从后金建立起，满洲贵族为了实现既定目标，长年征战不已。"八著姓"子弟参加了入关前后一系列的重大战役，以及投身平定叛乱、抵御外来侵略、维护国家统一的战争，昔日军功显著，之后再立新功。努尔哈赤起兵辽左，首先兼并了建州女真五部和长白山三部，随即征伐"东海沿边散居各部"，继而基本统一海西女真等；皇太极在征服漠南、漠北蒙古的同时，继续收服黑龙江中上流域的部落，一批"八著姓"将士均参与其中。以钮祜禄氏额亦都为例，他从十九岁开始跟从努尔哈赤，凡皆身先士卒，身经百战，讨伐尼堪外兰，攻克图伦城、色克济城、舒尔格布占城、巴尔达城、尼麻喇城、章佳城、索尔和村，抵御叶赫等九部联军来侵，围攻诺音佛和多城，征服赫席黑、鄂漠惠苏鲁、佛纳赫村、东海兀集部诸部落，从征哈达、辉发、

---

① 《通谱》卷二十二至卷二十四《纳喇氏》。

② 参阅徐凯、常越男《满洲"八著姓"与清初政治》，《故宫学刊》2008 年第 4 辑。

乌拉、叶赫等，皆力战有功①。顺治十一年（1654 年），世祖在御制碑文中，盛赞他"开拓疆土，厥绩懋焉"，"国有若臣，可谓忠勇忘身，有始有卒者矣"②。再如，瓜尔佳氏费英东等，参加征伐哈达、乌拉、叶赫等战争，屡建功勋。

　　后金与明朝之间的战争是艰苦卓绝的，而参战的"八著姓"成员表现突出。天命四年（1619 年），爆发了著名的萨尔浒之战。"位亚八贝勒，统左翼兵"③ 的扬古利与贝勒阿巴泰等"争先赴敌"，先登陷阵。十一年（1626 年），宁远之战，后金受挫，努尔哈赤忧郁而死。皇太极继续征伐明朝、蒙古诸部和朝鲜。天聪五年（1631 年），后金发动了大凌河城之战，伊尔根觉罗氏图鲁什、阿山，瓜尔佳氏劳萨三人"直前奋击"，率领二百人迎击明朝援兵二千人，取得大胜，受到了皇太极"亲酌金卮以劳"④。崇德五年（1640 年），清兵以围困锦州为开端，由此爆发了持续近三年的松锦大战。以钮祜禄氏为例，在额亦都的子孙中，参加这次战斗的就有 8 人，分别是额亦都第八子图尔格、第十子益尔登、第十一子敖德、第十三子超哈尔、第十五子索欢、第十六子遏必隆、三房长孙陈泰（第三子车尔格长子）、从堂侄长子达哈塔。他们勇敢善战，其中第八子图尔格，"身被二十余矢，殿后力战"；三房长孙陈泰，"破锦州关厢，连胜敌"⑤；第十子益尔登与明总督洪承畴援兵交战，独率侍卫及四旗护军等英勇搏杀，"深入敌围中，殊死以战，身中三伤，所乘之内厩马，中十八伤死，则易马复战；马中八伤死，又易马，复力战；马中五伤，又死，又易马复战。凡四易马，而卒败敌军"⑥；第十五子索欢、第十六子遏必隆皆奋勇力战，太宗皇太极表扬遏必隆为"巴图

---

　　① 参阅（清）讷亲编《镶黄旗钮祜禄氏弘毅公家谱》，乾隆十二年清抄本，《北京图书馆藏家谱丛刊》（民族卷），北京图书馆出版社 2003 年版，第 43 册；以下抄本，版本均见此丛刊。（清）特成额、福朗编：《开国佐运功臣弘毅公家谱》，乾隆四十六年抄本，第 39 册；嘉庆三年合族修《钮祜禄氏弘毅公家谱》，清抄本，第 40、41 册；《镶黄旗满洲钮祜禄氏弘毅公家谱》，清抄本，第 41、42 册；《弘毅公第十房家谱》，从内容看，当为道光年间抄本，北京大学图书馆古籍部藏。

　　② （清）讷亲：《镶黄旗钮祜禄氏弘毅公家谱》之《世祖敕建碑文》，《北京图书馆藏家谱丛刊》（民族卷），第 43 册，第 70 页。

　　③ 《清史稿》卷二百二十六《扬古利传》，第 9193 页。

　　④ 《清史稿》卷二百二十六《劳萨传》，第 9196 页。

　　⑤ （清）讷亲：《镶黄旗钮祜禄氏弘毅公家谱》之《国史三代合传》，《北京图书馆藏家谱丛刊》（民族卷），第 43 册，第 101、108 页。

　　⑥ 《弘毅公第十房家谱》，不分卷页。

鲁之子，仍巴图鲁也"①。第十三子超哈尔在围锦州之战中殁于阵，从堂侄长子达哈塔在征松山之战时，亡于阵前。此外，伊尔根觉罗氏赫臣的长子克福在此次战役中，"追杀敌众至锦州城南高台，斩获无算"②。纳喇氏康喀勒在攻克四城的战斗中，勇猛搏杀③。额亦都第三子车尔格与其长子陈泰、第八子图尔格与其长子伍尔格、次子科普索、第十三子超哈尔等人，参与了天聪、崇德年间兵侵朝鲜、征伐山东的战役，皆获军功。

从清军入关初到统一全国时期，战争频仍。顺治元年（1644年）四月，摄政王多尔衮率领清兵征明，在山海关，清军与李自成大顺军发生了激战。钮祜禄氏敖德"三入山海关，击败流贼"；陈泰"入山海关，击流贼"④。安褚拉库地区瓜尔佳氏奇满，"以护军从大兵入北京"，奇玛禅"命以护军从大兵入山海关，阵亡"⑤。入关之后，清朝面临着统一全国的艰巨任务。次年，钮祜禄氏陈泰，征湖广，大败农民军一只虎；再征福建，攻克十三县，招抚一州七县；八年（1651年），以宁远靖寇大将军征湖广，俘获南明官员五十一员、兵三千余，最终由于劳累，卒于军中。额亦都第十三子超哈尔之次子额赫里，顺治九年，征福建，与郑成功激战，招抚二县一百五十三寨、南明总兵一员、副将一员、兵七千余⑥。此外，钮祜禄氏额亦都子孙，如遏必隆、瓦岱、巴喀、顺古图等人，先后都参加征伐湖广、云南等地的激战。在清初征战中，"八著姓"子弟多身经百战，不惜流血牺牲。

康熙初期，清朝在全国的统治日趋稳定。树欲静而风不止，一些震惊朝野的大事变接踵而至。康熙十二年（1673年）十一月，平西王吴三桂举旗反清，福建、广东的耿精忠、尚之信先后响应，爆发了持续八年之久的"三藩之乱"。一批"八著姓"成员随军南下，参与平乱。以额亦都家族为例，分别有三房的拉哈达、巴喀，六房的伊图库，十一房的瓦岱等人参战，皆有功绩。额亦都第三子车尔格的第七子巴喀，驻守陕西、湖广等地，在南漳县，吴三桂先后两次

① （嘉庆三年修）《钮祜禄氏弘毅公家谱》，《北京图书馆藏家谱丛刊》（民族卷），第41册，第21页。

② （清）清德：《伊尔根觉罗氏家谱》之《家传》，道光元年刊本，第2页，北京大学图书馆古籍部藏。

③ 《清史稿》卷二百三十《康喀勒传》，第9319页。

④ （清）讷亲：《镶黄旗钮祜禄氏弘毅公家谱》之《国史三代合传》，第43册，第106、109页。

⑤ （清）富廉等辑：《家谱易知录》，民国间朱丝栏抄本，《北京图书馆藏家谱丛刊》（民族卷），第36册，第585、587页。

⑥ 《钮祜禄氏弘毅公家谱》，《北京图书馆藏家谱丛刊》（民族卷），第40册，第713页。

派遣将领王惠、张宜臣、杨来嘉等合力进攻南漳,均被巴喀击败①。额亦都第十一子敖德的第三子瓦岱,转战江西、湖广等地,屡次作战,负伤多处。在东乡县,他招抚了吴三桂副将林振、游击蔡隆、都司陈丰位等官 56 员,兵 11000名。在建昌府,他一日连战五次,大败叛军。在萍乡县与叛军夏国相、李良栋部力战,在武冈州双井堡地方与叛军大战三昼夜。十九年(1680 年),瓦岱来京叙功,授云骑尉世职,补授护军统领②。此外,哈达地方瓜尔佳氏尼雅济布的第二代阿拉密、第三代沙必汉、阿钮等人均参加了平叛战争,战绩显著③。

康熙中期,西北地区发生了蒙古准噶尔部噶尔丹的作乱。为了捍卫国家统一,从康熙二十九年至三十六年(1690—1697 年),圣祖玄烨先后三次亲征准噶尔部,不少"八著姓"子弟随驾参战。再以钮祜禄氏为例,有 21 人奔赴战场,其中额亦都之子以各房为序,参与者有三房十世赖达、十一世善岱,六房十世锡特木布、殷都,八房十世七十、十一世桑格、苏丹、满丕,十房十一世英赫资、玛琅、渥式哈、棠保住,十二世额楚,十一房九世瓦岱,十世露施(六十),十三房十世宽保、英素,十五房十世苏尔瑚,十六房九世法喀、富保、殷德。他们在昭莫多等关键性战役中多立新功。

在高宗弘历自我标榜的"十全武功"系列战争中,仍有不少的"八著姓"子弟出征。钮祜禄氏额亦都的后代中,三房十三世的仁和,曾先后参加了征伐缅甸和平定金川的战斗,前次战役"共打仗二十五次",后次战争"共打仗七十二次",皆立军功④。伊尔根觉罗氏乌什哈达,也先后征讨缅甸和金川,"奔走于千峰万壑,风雨霜露,冰雪烟雾,瘴疠烽火泥淖间,以夜为昼,冒凶险、历百战而成功"⑤。嘉庆时期,在平定五省白莲教起义的战斗中,仍有"八著姓"将士参与。比如,嘉庆十五年(1810 年),伊尔根觉罗氏承禄由銮仪卫升任绿营,在湖北、陕西、四川边界追剿"教匪",因功得

---

① (清)讷亲:《镶黄旗钮祜禄氏弘毅公家谱》,《北京图书馆藏家谱丛刊》(民族卷),第 43 册,第 174 页。

② 《钮祜禄氏弘毅公家谱》,《北京图书馆藏家谱丛刊》(民族卷),第 40 册,第 609—611 页。

③ (清)恩龄:《正红旗满洲哈达瓜尔佳氏家谱》,道光二十九年刻本,《北京图书馆藏家谱丛刊》(民族卷),第 36 册,第 68、72 页。

④ (清)讷亲:《镶黄旗钮祜禄氏弘毅公家谱》,《北京图书馆藏家谱丛刊》(民族卷),第 43 册,第 283、284 页。

⑤ (清)鄂恒:《伊尔根觉罗氏家传》,咸丰四年刻本,《北京图书馆藏家谱丛刊》(民族卷),第 37 册,第 319 页。

授超等功牌二次,二次蒙恩加副将①。由此可见,"八著姓"将士们在满洲贵族打江山、守社稷的奋斗中皆能尽忠效力,所起的作用绝非他族可比。

二 世袭佐领,根植于八旗满洲

"八著姓"族人均独立编入八旗满洲佐领,大部分精干力量均纳入大汗(皇帝)直属的镶黄、正黄两旗,成为满洲军队的中坚势力。入关后,又纳入皇帝自将"两黄一白"的"上三旗"。"八著姓"子弟单编佐领,子孙世袭,这对他们家族来说尤为重要。诸如,苏完部长瓜尔佳氏索尔果之子孙,编入镶黄旗满洲都统第二参领所属的3个佐领,即第七佐领、第八佐领、第十二佐领,均由索尔果后裔管理②。钮祜禄氏额亦都隶属镶黄旗,其子孙管理满洲都统所属第一参领下10个佐领③。舒穆禄氏部长郎柱子孙,则在正黄旗满洲都统所属第二参领第五佐领,此系以"超品公"额驸扬古利编立的④。

"八著姓"所编佐领主要分两类,多为"国初各部长率属来归,授之佐领,以统其众者",名曰"勋旧佐领";少数"率众归诚,功在旗常,赐户口者",称为"优异佐领"⑤。例如,瓜尔佳氏费英东家族掌管的镶黄旗第二参领第七佐领:

> 系国初以苏完地方来归人丁编立。始以索尔果第五子吴尔汉管理,续以吴尔汉之弟、二等阿思哈尼哈番吴赖管理。吴赖故,以其弟、一等阿思哈尼哈番巴赛管理,续以吴赖之子、三等侍卫多敏管理,续以多敏之子、二等阿思哈尼哈番、护军参领古德管理。古德缘事革退,以巴赛之子、护军参领勒和德(一作勒赫德)管理,续以勒和德之子、三等侍卫色尔图珲(一作赛尔图)管理,续以吴赖之孙、都统布尔寨管理,续以古德之子、一等侍卫吴克登管理,续以吴克登之弟、一等阿达哈哈番多晋管理,续以勒和德之孙、拜他喇布勒哈番南泰(一作南太)。南泰阵亡,以其子贵山(一作贵善)管理,续以札尔赛之子永宁管理。永宁

---

① (清)清德:《伊尔根觉罗氏家谱》,第32页。

② 《钦定八旗通志》卷二《旗分志二·八旗佐领二》,第29、31页。

③ 参阅《八旗通志》(初集)卷三《旗分志三》,第25—28页。

④ 《八旗通志》(初集)卷四《旗分志四》,第27页。

⑤ (清)吴振棫:《养吉斋丛录》卷之一,第2页。

故，以其子双禄管理。双禄故，以其弟兴禄管理。①

又如，赫舍里氏硕色家族所辖正黄旗第三参领第一佐领：

> 第三参领第一佐领，系国初编立。始以瓦笏达管理，瓦笏达故，以
> 辅政大臣索尼管理。索尼故，以其子噶布喇管理。噶布喇故，以其子常
> 海（一作长海）管理。常海因疾辞退，以銮仪使乌章阿管理。乌章阿
> 故，以副参领唐喀管理。唐喀缘事革退，以副都统富德管理。富德缘事
> 革退，以头等侍卫富庆管理。富庆故，以御史讷清额管理。讷清额升
> 任，以参领催奇管理。催奇故，以伯、散秩大臣巴尔桑管理。②

再如，佟佳氏扈尔汉家族所辖正白旗第三参领第七佐领：

> 第三参领第七佐领，亦系国初以雅尔虎地方人丁编立。始令达尔汉
> 辖第四子、固山额真准塔管理。准塔故，以其弟丹布管理。丹布故，以
> 其兄珲塔之子色勒管理。色勒故，以其次子巴尔布管理。巴尔布升任西
> 安副都统，以其子巴泰管理。巴泰故，以其子达冲阿管理。达冲阿革
> 退，以其叔福善管理。福善故，以其孙六十三管理。③

这些佐领的特殊之处，就在于他们的子孙"世袭罔替"，掌管佐领，以
此展示"八著姓"非凡实力与显著地位。

在《通谱》与《八旗通志·旗分志》记载中，有一种独特的现象值得
注意，即满洲人无论封爵世职高低，也不论文官武弁，普遍地兼任佐领（正
四品）一职。"八著姓"家族多为"勋旧佐领"，此种状况更为突出。这在
古代政治制度史上是罕见的。依据上述两部文献记载，文武官员兼职佐领大
体可分为四类：

1. 高级文武大员（三品以上）兼任佐领

诸如，镶黄旗人瓜尔佳氏费英东五世孙哈达哈承袭三等公，"现任都统

---

① 《钦定八旗通志》卷二《旗分志二·八旗佐领二》，第29页。
② 《钦定八旗通志》卷四《旗分志四·八旗佐领四》，第69页。
③ 《钦定八旗通志》卷六《旗分志六·八旗佐领六》，第110页。

（从一品）、议政大臣、领侍卫内大臣（正一品）、工部尚书（从一品），兼佐领"①；耀普托诺的元孙三泰，任"经筵讲官、议政大臣、协理内阁大学士（从一品）、礼部尚书（从一品），兼佐领"②；钮祜禄氏额亦都之孙陈泰，"历任都统、吏部尚书（从一品）、国史馆大学士（正一品），兼佐领"③；富察氏旺吉努之孙哈锡，"历任太子太保（正一品）、议政大臣、内大臣（从一品）、内务府总管（正二品），兼佐领"；旺吉努之曾孙马齐，"历任太保、太子太傅、议政大臣、保和殿大学士（正一品）、户部尚书，兼佐领"④。正黄旗人舒穆禄氏扬古利的二弟楞格理，"历官刑部尚书（从一品）、都统，兼佐领"；其长子穆成额，"历任副都统（正二品）、兵部侍郎（正二品），兼佐领"⑤。正白旗人瓜尔佳氏吴拜之子郎坦，"历任议政大臣、领侍卫内大臣、都统、昭武将军，兼佐领"⑥。正红旗人纳喇氏约兰之孙噶达浑，"历任兵部尚书、都统，兼佐领"⑦。正蓝旗人纳喇氏三檀次子吴达礼，"原任吏部尚书，兼佐领"；三檀之孙扬岱，"原任都统，兼佐领"⑧。镶白旗人纳喇氏苏巴海之曾孙马缉，"原任都统、镇安将军，兼佐领"⑨ 等。

2. 同级（正四品）文武官员兼任佐领

例如，镶黄旗人纳喇氏吴尔瑚达之元孙浑布，"任太仆寺卿，兼佐领"⑩。正黄旗人伊尔根觉罗氏瓜喇次子董阿布，"原任二等侍卫（正四品），兼佐领"；孙吴尔卿阿，"任副参领（正四品），兼佐领"⑪。正白旗人瓜尔佳氏吴理戡之孙常明，"原任云麾使（正四品），兼佐领"⑫；佟佳氏沙纳海之曾孙赉柱，"现任副参领（正四品），兼佐领"⑬。正红旗人纳喇氏布扬古之四世孙恩特赫，"现任副护军校，兼佐领"⑭；纳喇氏多博诺之六世孙，"现

---

① 《通谱》卷一《费英东扎尔固齐》，第31页下。
② 《通谱》卷三《耀普托诺》，第77页上。
③ 《通谱》卷五《车尔格》，第101页下。
④ 《通谱》卷二十五《旺吉努》，第325页下。
⑤ 《通谱》卷六《楞格理》，第116页上。
⑥ 《通谱》卷四《吴拜》，第87页上。
⑦ 《通谱》卷二十三《约兰》，第303页下。
⑧ 《通谱》卷二十四《三檀》，第313页上、下。
⑨ 《通谱》卷二十三《苏巴海》，第303页上。
⑩ 《通谱》卷二十三《吴尔瑚达》，第302页上。
⑪ 《通谱》卷十五《瓜喇》，第211页下。
⑫ 《通谱》卷四《吴理戡》，第86页下。
⑬ 《通谱》卷十九《沙纳海》，第254页上。
⑭ 《通谱》卷二十二《恩特赫》，第281页下。

任副护军参领（正四品），兼佐领"①。镶白旗人纳喇氏图达理亲弟阿斋之元孙阿什图，"袭云骑尉，历任鸿胪寺卿（正四品），兼佐领"②。镶蓝旗人佟佳氏阿尔瑚理之孙都色密，"原系骑都尉，兼任佐领"③ 等。

3. 中下级官员（四品以下）兼任佐领

比如，镶黄旗人伊尔根觉罗氏富拉塔之元孙莽泰，"原任员外郎（从五品），兼佐领"④；瓜尔佳氏耀普托诺之元孙桑吉纳，"任笔帖士（六至八品），署佐领"⑤ 等。正黄旗人伊尔根觉罗氏赫臣之四世孙定长，"任内阁侍读（正六品），兼佐领"⑥。正白旗人瓜尔佳氏吴拜之子绥赫图，"原任翰林院侍讲（从四品），兼佐领"；他塔喇氏岱图库哈理之元孙常在，"原任光禄寺少卿（正五品），兼佐领"⑦；佟佳氏巴笃理扎尔固齐次弟蒙阿图之元孙进爱，"现任钦天监监正（正五品），兼佐领"⑧。正红旗人伊尔根觉罗氏巴岱之五世孙三保，"己未科（乾隆四年）翻译进士，现任中书（从七品），兼佐领"⑨。镶白旗人纳喇氏常住之元孙文殊保，"原任亲军校（正六品），署佐领"⑩。正蓝旗人伊尔根觉罗氏齐玛塔之元孙明德，"原任三等侍卫（正五品），兼佐领"⑪。镶蓝旗人瓜尔佳氏桂勒赫之孙佛尔津，"原任步军副尉（正五品），兼佐领"⑫ 等。

4. 其他人员兼任佐领

封爵与世职兼任佐领，譬如，镶黄旗第一参领第十二佐领，钮祜禄氏达理善故，"以其叔父之子、一等阿思哈尼哈番（男爵）苏合管理。苏合故，以达理善之弟、公达福管理。达福阵亡，以其子公岱屯管理"⑬；富察氏拉弼之元孙鄂内，"授一等轻车都尉（正三品），任佐领"⑭。正黄旗第二参领第

①　《通谱》卷二十四《多博诺》，第318页下。
②　《通谱》卷二十三《图达理》，第296页上。
③　《通谱》卷二十《阿尔瑚理》，第263页上。
④　《通谱》卷十二《富拉塔》，第183页下。
⑤　《通谱》卷三《耀普托诺》，第77页。
⑥　《通谱》卷十四《赫臣》，第201页上。
⑦　《通谱》卷十一《岱图库哈理》，第168页上。
⑧　《通谱》卷十九《巴笃理扎尔固齐》，第248页下。
⑨　《通谱》卷十五《巴岱》，第210页下。
⑩　《通谱》卷二十三《常住》，第297页上。
⑪　《通谱》卷十二《齐玛塔》，第182页上。
⑫　《通谱》卷四《桂勒赫》，第88页上。
⑬　《钦定八旗通志》卷二《旗分志二》，第25页。
⑭　《通谱》卷二十六《拉弼》，第340页下。

十一佐领，系康熙十一年（1672 年）分编，"令镇国将军兼散秩大臣（从二品）瑚实禄管理。瑚实禄故，以其兄之子、辅国将军德义管理。德义故，以其子、奉国将军尚嘉宝管理"[1]。正白旗人富察氏策穆特赫之子索博多，"原系骑都尉（正四品），任佐领"[2]。包衣旗员兼任佐领，例如，镶黄旗包衣人多赖之曾孙海拉荪，"原任内务府总管，兼佐领"[3]。镶白旗包衣人博托波之元孙勒尔谨，"现任四品典仪，兼佐领"[4] 等。科举功名兼任佐领。譬如，正黄旗第一参领第七佐领，系康熙二十三年（1684 年）分编，"（佐领）德山缘事革退，以马尔萨之弟、举人永庆管理"[5] 等。

满洲文武官员兼任佐领事例颇多。其中包括八旗满洲的蒙古、朝鲜、尼堪等姓氏，其程度远不如满洲。

兼官事例，古来有之。在特殊情况下，当为高官短期兼任同级或低职之衔。但是，像清代这样无论品级高低的文武官员均兼任佐领实属特例。那么，其原因何在？这与清朝统治者"满洲乃国家根本"、"首崇满洲"的治国理念密切相关。八旗满洲将士在创立国家、建设与巩固政权上，皆立下卓越功绩，尤其是"八著姓"之人功劳更显。八旗旗分佐领则是他们在朝廷得以安身立命之本，也是显示他们身份与地位的标志。因此，他们无论居官何种职务，始终保持佐领的世袭权，从不脱离满洲的基层组织佐领。

三　开国功勋，身居朝廷中枢要职

"八著姓"归附时间早，几十年来跟随太祖、太宗南征北战，对后金政权的草创和发展，以及在与明廷抗衡的战争中，诸如，萨尔浒之战、辽阳之战、锦州之战、宁远之战、山海关之战，以及统一全国之战等，他们驰驱沙场，勋劳卓著，颇得满洲贵族信赖，执掌着中央枢要机构。万历四十三年（1615 年）十一月，努尔哈赤统一了女真诸部后，整顿八旗建制，设置理政听讼五大臣、扎尔固齐十人，佐理国事。瓜尔佳氏费英东、钮祜禄氏额亦都、佟佳氏扈尔汉[6]等充当五大臣。另外，如八大臣、十六大臣、议政大臣、

---

① 《钦定八旗通志》卷四《旗分志四》，第 66 页。
② 《通谱》卷二十五《策穆特赫》，第 335 页上。
③ 《通谱》卷二十五《多赖》，第 330 页下。
④ 《通谱》卷五十《博托波》，第 563 页下。
⑤ 《钦定八旗通志》卷四《旗分志四》，第 60 页。
⑥ 参阅《清史列传》卷四《费英东传》、《额亦都传》、《扈尔汉传》，中华书局 1987 年版。

辅政大臣等，均有"八著姓"人员充任，参决军国大计。而出任六部尚书、侍郎、领侍卫内大臣、都统、驻防将军等军政要职，以及地方督抚疆吏之人数颇多。

以镶黄旗人瓜尔佳氏费英东家族为例，他自少从征数十年，屡奏肤功，历任五大臣、都统，佐成帝业。其嫡曾孙富尔丹任领侍卫内大臣、吏部尚书、靖边大将军；其弟哈达哈历任都统、议政大臣、领侍卫内大臣、工部尚书。费英东第四子托辉，原任散秩大臣；第六子索海，任刑部尚书，其子多颇络，任副都统；第七子图赖子颇尔喷，原领侍卫内大臣，其子永谦，任副都统，其孙永泰，原任副都统，曾孙马尔泰，由都统署理川陕总督，巴灵阿任副都统，马尔萨由内大臣兼参赞大臣；费英东第七弟朗格，历任尚书、议政大臣，其孙席下臣，历任都统、镇西将军；第八弟雅尔巴曾孙罗密，原任副都统；第九弟卫齐次子卓普特，原任都统，三子鳌拜巴图鲁，为辅政大臣，其子纳穆福，任领侍卫内大臣，孙达福、曾孙岱屯，皆任散秩大臣，达礼善，原任副都统；卫齐第四子巴哈，任内大臣，巴哈次子苏尔达，任领侍卫内大臣，八子瓜尔察，任领侍卫内大臣；第四弟音达户齐长子杨善，任十六大臣，其曾孙鄂奇，任兵部侍郎，杨善之子罗硕，原任内阁学士，兼礼部侍郎；音达户齐次子宜苏，历任十六大臣、兵部尚书；第三子吉苏，任礼部尚书，其子吴丹，任副都统；第五子吉赛之弟纳都祜，历任都察院副都御史、副都统；第五弟吴尔汉次子吴赖，任都统，其子拉哈，原任副都统，布尔赛，原任都统①。可见"八著姓"子弟担任着朝廷枢要之职。

在清初政治制度的创建中，其权重莫过于八固山额真、五大臣、八大臣、十六大臣、议政大臣、辅政大臣等枢要之职，这是后金由家族式管理向国家官僚体制转变的标志之一。"八著姓"诸多人员，充任其职，参与重大军国决策与实施，成为满洲高级官僚集团的主要成员，有利于在政治和军事领域发挥他们的作用。

努尔哈赤在建国之前一年，即明万历四十三年（1615 年）十一月，设立理政听讼大臣五员，即命额亦都、费英东、何和里、安费扬古、扈尔汉担任，"凡军国重务，皆命赞决"。钮祜禄氏额亦都、瓜尔佳氏费英东、佟佳氏扈尔汉，"八著姓"占有三席。"凡事都堂先审理，次达五臣。五臣鞫问，

---

① 参阅《通谱》卷一《费英东扎尔固齐》，第 31 页下。

再达诸王"①，议定奏明。五大臣"以理政听讼，有征伐则帅师以出，盖实兼将帅之重焉"。每有征战，他们身先士卒，登城力战；国事阙失，强行力谏，"共成筚路蓝缕之烈，积三十年，辅成大业，功施烂然"②。额亦都"归太祖最早，巍然元从，战阀亦最多"。费英东"尤以忠说著，历朝褒许，称佐命第一"③。二人功绩出众，隶属太祖亲领的两黄旗之一镶黄旗，死后赐号封爵，配享太庙。

同月，太祖努尔哈赤"为了审理国家的事情，选出了正直贤良的大臣八员"，每五日，与诸贝勒、诸大臣在衙门讨论事务是非，公平地审断④。天命八年（天启三年、1623 年）正月，又"于八和硕贝勒外，设大臣八人副之，欲察其心"⑤。十一年（天启六年、1626 年）九月，皇太极即位，设立八大臣。他们是正黄旗纳穆泰（舒穆禄氏）、镶黄旗额驸达尔汉（郭络罗氏）、正红旗额驸和硕图（栋鄂氏）、镶红旗博尔晋（完颜氏）、镶蓝旗顾三泰（纳喇氏）、正蓝旗托博辉（觉罗氏）、镶白旗车尔格（钮祜禄氏）、正白旗喀克笃礼（那木都鲁氏），为八固山额真，"总理一切事务。凡议政处，与诸贝勒偕坐共议之"。在八大臣中，"八著姓"的纳穆泰、顾三泰、彻尔格，占三席。他们"出猎行师，各领本旗兵行，凡事皆听稽察"⑥。八大臣又职掌司法监察之权。

与此同时，又增佐管十六大臣，"佐理国政，审断狱讼"。他们是正黄旗人舒穆禄氏楞格礼，镶黄旗人瓜尔佳氏伊孙，镶红旗人伊尔根觉罗氏吴善，正蓝旗人纳喇氏萨壁翰，镶白旗人瓜尔佳氏吴拜、佟佳氏萨穆什喀，正白旗人佟佳氏孟阿图、伊尔根觉罗氏阿山等。除去属宗室、觉罗的拜尹图、布尔吉、屯布禄 3 人外，"八著姓"有 8 人，占十六大臣之半。再设驻防十六大臣，任命宗室、觉罗的巴布泰、汤古代、昂阿喇、色勒 4 人，属于八著姓的有正黄旗人纳喇氏霸奇兰、镶黄旗人瓜尔佳氏多内、瓜尔佳氏扬善、镶白旗人钮祜禄氏图尔格、钮祜禄氏伊尔登、正白旗人伊尔根觉罗氏阿达海 6 人，

① 《清太祖武皇帝实录》卷二，乙卯年十一月，第 335 页。

② 《清史稿》卷二百二十五《论》，第 9190 页。

③ 同上。

④ 广禄、李学智译注：《清太祖朝老满文原档》第一册，台湾中央研究院历史语言研究所专刊之五十八，第 50 页。

⑤ 《清太祖实录》卷八，天命八年正月戊戌，第 1 册，第 118 页上。

⑥ 《清太宗实录》卷一，天命十一年八月丁丑，第 2 册，第 27 页上。

其他姓氏6人。他们"出兵驻防，以时调遣，所属词讼，仍令审理"①。虽然十六大臣后有变化，但"八著姓"人员仍占较大比例。

崇德二年（1637年）四月，皇太极于每旗设议政大臣三员，参与国政。这次添设的八旗议政大臣27人，其中有宗室巩阿岱、锡翰、汉岱3人，在旗觉罗阿尔海、达哈塔、巴布赖、郎球4人，蒙古博尔济吉特氏阿喇善，及厄鲁特部贝勒额驸多尔济2人，余下18人，除了郭络罗氏俄罗塞臣，富察氏锡翰，叩德氏德尔得赫，及布赛、谆退二人姓氏不清外，其他皆是"八著姓"成员，其中瓜尔佳氏图赖、巴哈、劳萨、吴拜（一作武拜）、扬善、哈宁嘎、沙尔虎达7人、舒穆禄氏谭布1人、伊尔根觉罗氏阿尔津拜1人、佟佳氏雅赖、萨穆什喀2人、他塔喇氏英俄尔岱1人、钮祜禄氏超哈尔1人，总计13人，占议政大臣近一半②。据《清史稿》列传记载，崇德时议政大臣22人，"八著姓"17人③，占77.3%；顺治时议政大臣22人，"八著姓"11人④，占50%；康熙时议政大臣25人，"八著姓"13人⑤，占52%；雍正时，军机处设立，议政大臣减少，仅列3人，其中1人属"八著姓"⑥，约占33%；乾隆时议政大臣4人，"八著姓"2人⑦，占50%。从统计结果看，崇德和顺治、康熙年间，"八著姓"为议政大臣者占半数以上。这表明"八著姓"在国家政权中的特殊位置。

顺治十八年（1661年）正月，世祖福临病逝，"遗诏"命"上三旗"正黄旗人赫舍里氏索尼、正白旗人纳喇氏苏克萨哈、镶黄旗人钮祜禄氏遏必隆、瓜尔佳氏鳌拜为辅政大臣。世祖生母孝庄文皇后之所以选择这四位异姓大臣辅政，一方面，鉴于以往叔王摄政权势过重，对皇权构成威胁，而异姓

---

① 《清太宗实录》卷一，天命十一年八月丁丑，第2册，第27页上。
② 参阅《清太宗实录》卷三四，崇德二年四月丁酉，《通谱》、《八旗通志》等。
③ 索浑（钮祜禄氏）、劳萨（瓜尔佳氏）、程尼（瓜尔佳氏）、扬善（瓜尔佳氏）、谭布（舒穆禄氏）、萨穆什喀（佟佳氏）、雅赖（佟佳氏）、布善（伊尔根觉罗氏）、英俄尔岱（他塔喇氏）、吴拜（瓜尔佳氏）、萨璧翰（纳喇氏）、伊尔登（钮祜禄氏）、超哈尔（钮祜禄氏）、图赖（瓜尔佳氏）、阿尔津（伊尔根觉罗氏）、巴哈（瓜尔佳氏）、沙尔虎达（瓜尔佳氏）。
④ 瑚沙（钮祜禄氏）、阿济格尼堪（他塔喇氏）、巴哈（瓜尔佳氏）、伊拜（赫舍里氏）、费扬武（纳喇氏）、博尔辉（他塔喇氏）、索尼（赫舍里氏）、苏克萨哈（纳喇氏）、遏必隆（钮祜禄氏）、鳌拜（瓜尔佳氏）、拉哈达（钮祜禄氏）。
⑤ 巴海（瓜尔佳氏）、尹德（钮祜禄氏）、穆占（纳喇氏）、阿密达（他塔喇氏）、玛奇（纳喇氏）、额赫讷（纳喇氏）、沙纳哈（伊尔根觉罗氏）、瓦岱（钮祜禄氏）、宜里布（他塔喇氏）、索额图（赫舍里氏）、郎坦（瓜尔佳氏）、满丕（伊尔根觉罗氏）、佟国维（佟佳氏）。
⑥ 庆复（佟佳氏）。
⑦ 鄂尔泰（西林觉罗氏）、和珅（钮祜禄氏）。

大臣更易效忠皇帝，是于掌控；另一方面，是对他们在八旗内部纷争中旗帜鲜明地站在孝庄文皇后一边的肯定；第三方面，也显示了满洲贵族对"八著姓"在"上三旗"家族的格外倚重。四辅臣承前启后，对康熙前期统治政策的制定和实施，及清初政治产生了重大影响。

雍乾时期，"八著姓"成员担任军政要职者亦多。例如，弘毅公额亦都第十六房遏必隆家谱中记录，第三子讷亲，雍正时，历任领侍卫内大臣、军机处行走；乾隆初期，又任兵部尚书、吏部尚书、保和殿大学士、御前大臣、议政大臣等。四子阿敏尔图，曾任热河总管、吏部员外郎、吏部侍郎。五子爱必达，曾任贵州巡抚、云南巡抚、山东巡抚、江苏巡抚、云贵总督、湖广总督等。六子阿里衮，历任山西巡抚、湖广总督、两广总督、吏部侍郎、兵部尚书、工部尚书、礼部尚书、户部尚书等要职。九子世音德的次子策楞，乾隆初期，历任福州将军、闽浙总督、广州将军、两广总督、两江总督、川陕总督、兵部尚书、两广总督等要职①。再如，瓜尔佳氏尼雅济布第五代塞得立之子雅德，历任江西巡抚、广东巡抚、福建巡抚、浙闽总督等职；广德曾任福建、广东、广西按察使；常德屡任云南直隶州知州、顺宁府知府、曲靖府知府等；玉德历任浙江巡抚、浙闽总督；文德曾任云南临安府知府、直隶大名道道员；宝德曾任直隶同知、泰东陵礼部员外郎；辅德曾任盛京员外郎、刑部员外郎等②。由此可见，直到清朝中叶，"八著姓"子孙仍在参与军国要务，对王朝政治生活依然起着不小的作用。

四 参与政治文化建设，巩固政权

满洲"八著姓"还有部分成员，如赫舍里氏家族等，专门致力于朝廷文化建设，开创之功卓著。

后金草创之初，文化相对落后，随着国家战略部署的实施，满洲贵族深感文化事业对政权稳定的作用。天聪三年（1629年），皇太极设立"文馆"，职掌翻译典籍，记注本朝政事。以满洲学识渊博的儒臣分成两班，轮流入值。巴克什达海，同笔帖式刚林、苏开、顾尔马浑、托布戚等四人，"翻译汉字书籍"。巴克什库尔缠，与笔帖式吴巴什、查素喀、胡球、詹霸等四人，

---

① （嘉庆三年修）《钮祜禄氏弘毅公家谱》，清抄本，《北京图书馆藏家谱丛刊》（民族卷），北京图书馆出版社2003年版，第41册，第54—77页。

② 《正红旗满洲哈达尔佳氏家谱》第四册《四门家谱》，道光二十九年刻本，第3—14页，北京大学图书馆善本室藏。

"记注本朝政事，以昭信史"①。其中不少人赐号"巴克什"。据《通谱》记载，赐号"巴克什"者，有赫舍里氏硕色、希福、额尔德尼、索尼，觉尔察氏大海，瓜尔佳氏刚林，钮祜禄氏额素勒勒，伊尔根觉罗氏阿敦，佟佳氏萨穆哈，西林觉罗氏罗奇，马佳氏雅哈、锡哈，萨克达氏德特讷等 13 人，其中 9 人出自"八著姓"。尔后，纳喇氏尼堪，钮祜禄氏库尔缠等，也赐号"巴克什"。再有阿林察、额尔兴额、图鲁什、库拜、哈坤等均获此号。皇太极治国宏图的拓展，亦需开阔文化视野，"分命满汉儒臣，翻译记注，欲以历代帝王得失为鉴，并以记己躬之得失"②。尤其"八著姓"的"巴克什"就成为他最得力的助手。这说明后金统治者已经意识到加强文化建设的必要性。

都英额地方赫舍里氏是满洲第一文化世家。其代表人物为硕色和希福兄弟，系穆瑚禄都督孙子，国初来归，隶属正黄旗。努尔哈赤以兄弟二人兼通满汉及蒙古文字，赐号"巴克什"，职司文案。硕色之子索尼亦兼通满汉蒙古文字，命在文馆办事，亦赐号"巴克什"③。其孙索额图任保和殿大学士，兼户部尚书。希福专任文馆，奉使诸蒙古国宣谕德音，审理讼狱，调集兵马，俱承命弗辱④。太宗改文馆为内三院，设立大学士，命希福为内弘文院大学生，充任辽金元三史编纂总裁官；又奉命前往察哈尔等蒙古地区，查户口，编佐领，审罪犯，颁法律。崇德三年（1638 年），希福与大学士范文程等，疏请更定部院官制，加强政治制度建设，影响颇大⑤。希福亦三朝任使，冲命驰驱，奋勇奔走，尽心竭力。世祖嘉奖其功，特授三等子、议政大臣，死后谥号"文简"，勒石表彰。希福历仕太祖、太宗、世祖三朝，其家族出现了四位"巴克什"，对清初政治文化建设做出了特殊贡献。

额尔德尼，原姓纳喇氏，皇太极赐姓赫舍里氏，奉"上谕"加入硕色巴克什族中。额尔德尼生而聪敏，亦兼通满汉蒙古文字⑥。他以文学侍从出征，每到汉人、蒙古人聚居的地方，皆以当地语言文字宣传"诏旨"，广为安抚，深得努尔哈赤赏识，授副将世职。太祖起兵初期，文书往来使用蒙古文字，殊属不便，亟须创制满洲族自己的文字。万历二十七年（1599 年）二月，

①　《清太宗实录》卷五，天聪三年四月丙戌，第 2 册，第 70 页下。
②　《清太宗实录》卷五，天聪三年四月丙戌，第 2 册，第 70 页下。
③　《通谱》卷九《硕色巴克什》，第 146 页下。
④　《通谱》卷九《希福巴克什》，第 147 页上。
⑤　同上。
⑥　《通谱》卷九《额尔德尼巴克什》，第 148 页上。

努尔哈赤召集额尔德尼和扎尔固齐噶盖，商讨研制满文事宜。额尔德尼、噶盖以夙习蒙古文字，未易更制，颇有难色。太祖说："汉人诵汉文，未习汉字者皆知之。蒙古人诵蒙古文，未习蒙古字者皆知之。我国语必译为蒙古语，始成文可诵，则未习蒙古语者，不能知也。奈何以我国语制字为难，而以习他国语为易耶？"额尔德尼、噶盖请更制之法。他又说："是不难。但以蒙古字协我国语音，联属为句，因文以见义可矣。"① 于是，额尔德尼等人根据蒙古字创立了满文，制成国书，颁布族中，满洲有文字自此始。创制满洲文字，额尔德尼当居首功，谢世后，皇太极称赞他为"一代杰出"之人，世祖赐谥号"文成"。尔后，达海等人对满文进行改造，增加十二字头，并将大量汉文书籍翻译成满文，进一步促进了满洲文化发展。

天聪年间，钮祜禄氏库尔缠召值文馆，"命记注时政，备国史"②；瓜尔佳氏罗硕、刚林"命直文馆"，授国史院大学士，③ 掌翻译汉书、记注当朝政事。天聪五年（1631年）正月，皇太极视察文馆，适库尔缠值房。太宗问所修何书？回答："记注上所行事。"他说："此史臣之事，朕不宜观。"④这反映了皇太极对记注官的尊重，说明国家初创时期一些制度正在逐步健全。而这一时期，一些文化素质较高的"八著姓"子弟又相续应召，值勤文馆，直接服务于朝廷文化建设。

天聪十年（1636年）三月，改文馆为内三院，即内国史院、内秘书院、内弘文院，分任职掌。天聪、崇德年间，"八著姓"子弟出任国史院大学士的有，钮祜禄氏陈泰，他塔喇氏苏纳海；任内秘书院大学士、学士的有，瓜尔佳氏车克，马佳氏图海，富察氏额色黑；任内弘文院大学士的有瓜尔佳氏瞻霸、刚林，钮祜禄氏赖卢浑都督，赫舍里氏希福巴克什，马佳氏图海，乌苏氏祁充格，索齐勒氏敦多辉，周氏周国彬。在《通谱》所列的13位内三院长官中，有7位是属于"八著姓"成员。在满洲姓氏中，对文化建设有功、死后谥号"文"字者，据《通谱》统计，有15人，其中8人为"八著姓"成员。他们是瓜尔佳氏车克，谥"文端"；钮祜禄氏兑喀纳，谥"文端"；舒穆禄氏徐梦元，谥"文定"；赫舍里氏索尼，谥"文忠"；赫舍里氏

① 《清太祖武皇帝实录》卷二，己亥年二月，第319—320页；《清史稿》卷二百二十八《额尔德尼传》，第9253—9254页。
② 《通谱》卷二百二十八《库尔缠传》，第9261页。
③ 《通谱》卷二百四十五《刚林传》，第9629页。
④ 《清太宗实录》卷八，天聪五年正月己亥，第2册，第110页上。

希福，谥"文简"；赫舍里氏额尔德尼，谥"文成"；伊尔根觉罗氏伊桑阿，谥"文端"；伊尔根觉罗氏顾八代，谥"文端"。从这一侧面可以看出，"八著姓"子弟们对清初文化建设功绩颇显。

康雍乾时期，"八著姓"不少人才入值内阁、翰林院等枢要机构，充当内阁学士、内阁侍读学士、侍读，翰林院学士、侍读学士、侍讲学士，及经筵讲官。据《钮祜禄氏弘毅公家谱》记载，弘毅公额亦都后代中，充当经筵讲官者有，康熙时期，堂侄房十一世法良；雍正时期，十一房十一世德龄；乾隆时期，十一房十一世德龄、十二世书山、十六房十世讷亲、阿里衮，合计6人次。他们能够跻身帝王经筵日讲官之列，这表明部分满洲官员文化程度有了质的飞跃。

"八著姓"后裔亦有多人入值国史馆、八旗志书馆、经史馆、会典馆、实录馆、四库全书馆等部门，其职上自总裁，下到检讨，已置身朝廷政治文化建设的行列。以钮祜禄氏为例，其家谱记载，额亦都的后代，雍正十年（1732年），十一房中十一世德龄，任一统志馆总裁、八旗志书馆副总裁；乾隆二年（1737年），任一统志馆总裁；七年（1742年），任经国史馆总裁；十年（1745年），任武英殿总裁。乾隆元年，十一世德馨，任八旗志书馆修撰官；四年（1739年），十二世书宁，任志书馆修撰；八年，任实录馆修撰；十一世德麟，任八旗志书馆翻译官。二十二年（1757年），十房中十二世玛明阿，任会典馆修撰。四十八年（1783年），十二世索宁安，兼国史馆修撰。三十五年（1770年），十六房中十一世丰升额，任国史馆正总裁、清字经馆正总裁。十二世成裕，曾在玉牒馆效力，任方略馆译汉官；四十三年（1778年），十二世瑞保，任四库全书馆提调。五十一年（1786年），兼方略馆修撰。其他著姓人员亦参与官修典籍，贡献尤大。

"八著姓"子弟肄业于各类官学，接受文化教育，参加科举考试，取得功名。《钮祜禄氏弘毅公家谱》《正红旗满洲哈达瓜尔佳氏家谱》等家谱记录，这些家族考中进士多名。如钮祜禄氏家族，从康熙到乾隆年间，考中进士4名，康熙时2名，分别是十一房十一世德龄和堂侄房十二世拉都立；雍正时1名，为堂侄房十二世查克丹；乾隆时1名，为十六房十二世瑞保①。此外，还

---

① 《钮祜禄氏弘毅公家谱》，《北京图书馆藏家谱丛刊》（民族卷），第40册，第633页，第41册，第267、261、180页。

有乾隆时期进士瓜尔佳氏吴达善①、依兰泰②、叶赫纳喇氏那淳、达林③；嘉庆时期的伊尔根觉罗氏图隆阿④、恩科进士伊尔根觉罗氏成格⑤。由此观之，随着清朝教育事业的发展，满洲广泛地吸纳先进的中原传统文化，"八著姓"成员自身文化素质普遍有了提升，涌现了一批文化素养较高的名臣，对清前期政治文化建设发挥了作用。

五 同皇室联姻，密切家国裙带

努尔哈赤、皇太极等同女真、蒙古、朝鲜、尼堪等实行联姻，相互通婚，加强部族之间的血缘裙带关系，以巩固满洲民族共同体。联姻举措的推行效果颇佳，一方面，出于家族集团利益的需要，满洲贵族与相关部族婚媾，结成同盟，扩大自己的政治势力。入关后，皇族婚配逐步规范，主要在八旗范围内，以"选秀"方式，为皇帝挑选后妃及宗室子弟的配偶，也选部分汉官女子为妃。另一方面，汗或皇帝以"指婚"形式，将皇室（包括宗室）女子有目的地下嫁至满洲、蒙古、尼堪等显贵之家，密切了家国关系。因满洲"八著姓"的特殊地位，与皇室姻缘联系更为紧密。诸如，太祖后妃14 位，"八著姓"女子 10 位，纳喇氏 4 人（孝慈高皇后系叶赫纳喇氏阿什达尔汉之姐，为太宗生母）、佟佳氏 1 人、觉罗氏 4 人、钮祜禄氏 1 人。太宗后妃 15 位，以"五宫"为核心的科尔沁蒙古博尔济吉特氏等 6 人，"八著姓"女子 5 位，钮祜禄氏 1 人，纳喇氏 3 人，觉罗氏 1 人。世祖后妃 19 位，主要来自科尔沁蒙古博尔济吉特氏女子，"八著姓"女子 2 位，佟佳氏 1 人（圣祖生母孝康章皇后佟佳氏）、纳喇氏 1 人。圣祖后妃 40 位，"八著姓"女子有 8 人，赫舍里氏 2 人（其中孝诚仁皇后为辅政大臣索尼之孙女）、钮祜禄氏 3 人（孝昭仁皇后为辅政大臣遏必隆之女）、瓜尔佳氏 1 人、纳喇氏 2 人。世宗后妃 9 位，"八著姓"女子有 2 位，纳喇氏 1 位（孝敬宪皇后为内

---

① （清）恩龄：《正红旗满洲哈达瓜尔佳氏家谱》，道光二十九年刻本，《北京图书馆藏家谱丛刊》（民族卷），第 36 册，第 393 页。

② （清）富廉等辑：《家谱易知录》，《北京图书馆藏家谱丛刊》（民族卷），第 36 册，第 597 页。

③ （清）叶赫那拉氏·那淳纂修：《叶赫那拉氏世系生辰谱》，《北京图书馆藏家谱丛刊》（民族卷），第 38 册，第 287、333 页。

④ 《伊尔根觉罗氏家传》，咸丰四年刻本，《北京图书馆藏家谱丛刊》（民族卷），第 37 册，第 368 页。

⑤ 《伊尔根觉罗氏家谱》，第 34 页，北京大学图书馆善本室藏。

大臣费扬古女）、钮祜禄氏 1 位。由此可知，清初皇室与"八著姓"女子结亲较为普遍，其女子是后宫妃嫔的主要来源之一，并有多位"母仪天下"的皇后，这样"八著姓"就成为荣耀至尊的戚畹之家。

　　大汗、皇帝对"八著姓"功臣视为新贵，为了笼络他们，以"指婚"方式，妻以公主，号称"额驸"，或嫁宗室女，使之成为皇室尊亲。诸如，瓜尔佳氏费英东随父率众来归，太祖努尔哈赤"以皇长子台吉褚英女妻焉"①，其侄儿讷尔都系"和硕额驸"②。钮祜禄氏额亦都攻城所向皆捷，太祖"以和硕公主降焉"③。额驸舒穆禄氏扬古利，年少入侍太祖，晋超品公，"以公主降焉"④。他塔喇氏诺裔漠为多罗额驸⑤。伊尔根觉罗氏阿尔塔什，太祖"以宗室女妻之"；噶哈善哈思瑚随侍太祖有功，"尚占河公主，封为额驸"⑥。叶赫纳喇氏苏纳，国初来归，"尚公主，封为额驸"。纳喇氏布瞻泰继任乌拉国，太祖"以公主降焉"，封为额驸。同族人禅布亦系"多罗额驸"⑦。哈达纳喇氏吴尔瑚达，国初来归，太祖"以公主降焉"，又以郡主妻其子额森德礼⑧。清朝公主下嫁"八著姓"者有，太祖 8 个女儿，5 位下嫁伊尔根觉罗氏、纳喇氏、钮祜禄氏；太宗 14 个女儿，10 位下嫁科尔沁蒙古博尔济吉特氏，3 位指婚瓜尔佳氏、伊尔根觉罗氏；世祖 6 个女儿，5 位早殇，1 位下嫁瓜尔佳氏；圣祖 20 个女儿，12 位早殇，6 位下嫁蒙古，1 位下嫁佟佳氏；世宗 4 个女儿，3 位早殇，1 位下嫁纳喇氏；高宗 10 个女儿，5 位早殇，1 位下嫁钮祜禄氏⑨。从数字上看，不同历史阶段，皇室与"八著姓"联姻的人数在减少，但他们与皇家的血缘关系，始终未断。"八著姓"不少成员成为当朝皇亲国戚，位极人臣，家国交融，经久不衰。

　　"八著姓"为满洲大家望族，均有各自杰出人物。他们在后金和清初军

　　①　《清史稿》卷二百二十五《费英东传》，中华书局 1976 年版，第 9179 页。《通谱》卷一《瓜尔佳氏·费英东扎尔固齐》，第 31 页下。

　　②　《通谱》卷一《巴哈》，第 34 页下。

　　③　《通谱》卷五《额亦都巴图鲁》，第 100 页下。

　　④　《通谱》卷六《杨古利额驸》，第 115 页上，《清史稿》卷二百二十六《杨古利传》，第 9191 页。

　　⑤　《通谱》卷十一《岱图库哈理》，第 167 页下。

　　⑥　《通谱》卷十二《阿尔塔什》，第 181 页上；《噶哈善哈思瑚》，第 186 页下。

　　⑦　《通谱》卷二十二《苏纳额驸》，第 281 页下。

　　⑧　《通谱》卷二十二《吴尔瑚达》，第 302 页上。

　　⑨　参阅《清皇室四谱》卷四《皇女》，第 1—18 页。

事、政治、文化等方面皆发挥了重要作用。在军事方面，从努尔哈赤起兵到清前期战争，作为八旗兵中坚的"八著姓"将士，疆场拼博，军功显赫；在政治方面，"八著姓"很多成员在中央和地方机构中担任要职，成为清王朝大厦的柱石；在文化方面，"八著姓"在政治制度拟定、创立满洲文字、编译典籍、纂修国史、传播民族文化等方面，均发挥了骨干作用。他们积极地吸纳中原传统文化，科举成名，晋升到社会文化上流阶层，与汉族文人学士比肩，成为清初一个显耀的社会群体。努尔哈赤曾经指出："天命之汗，恩养大臣。大臣敬汗而生，乃礼也。"① 在"朕乃国家"的时代里，"八著姓"与"国家泰运，相为参会"，一贯地将家族的切身利益同国家命运紧密地联系在一起。这就是"八著姓"忠贞不渝地效力清朝的原动力。

① 《满文老档》（上册），第十七册，天命六年闰二月十六日，中华书局 1990 年版，第 65 页。

第三章 "誓天"盟友——蒙古氏族

由于地缘比邻，生产生活方式相近，满洲与蒙古有着很深的渊源关系。早在明代初期，女真先民与蒙古族联系密切，例如，海西女真叶赫部的始祖星根达尔汉就是蒙古人。此时蒙古入经常骚扰女真族，在不断地交往中，两个民族的经济与文化交融加深。当时，蒙古在军事等实力上强于女真族，蒙古的政治文化在北方占强势地位。早期建州女真受到蒙古影响颇大，努尔哈赤曾对朝鲜人称："我是蒙古遗种。"① 在制度上，后金曾模仿过蒙古文化，比如，设断事官扎尔固齐，赐号"巴图鲁"等；在文字上，利用蒙古字母，创制了满文等。随着后金军事力量的增强，逐步征服了蒙古部落。在政治、军事、文化等方面，满洲逐渐占据主导地位，彼此关系发生了改变，即女真的蒙古化转向蒙古的满洲化。这在八旗满洲内蒙古姓氏与八旗蒙古体现得颇为明显。

清代八旗实为是 24 旗，即八旗满洲、八旗蒙古、八旗汉军。八旗满洲建制全，装备精，实力强，这当是清朝统治者"居重驭轻"之虑。作为八旗满洲成员一部分的蒙古氏族，在建州女真崛起最困难的时候，他们率部投奔后金，与满洲"盟誓天地"，结成政治军事联盟，成为生死至交。与明廷抗衡，进军辽沈，征伐朝鲜，挺进辽西，立足东北，蒙古骑兵与满洲将士并肩作战，立下显著战功。满洲贵族将他们视为一体，亲如手足，突显他们的政治地位。这些蒙古氏族与蒙古八旗的姓氏不同，他们是最早归附，或联姻皇室，或战功卓著，为满洲化比较深的一部分蒙古人。他们不仅旗籍隶属于满洲，而且也被纳入满洲部族之内。这是他们同八旗蒙古的区别所在。

---

① ［朝鲜］《宣祖大王实录》卷二十二，宣祖四十年二月己亥，《李朝实录》，第30册，日本学习院东洋文化研究所刊，1953—1966 年版，第696 页。

第一节 纳入满洲部族准则与来归之因

蒙古氏族纳入满洲姓氏，在《通谱·凡例》之中有明文规定：

一、乾隆五年十二月初八日奏定，蒙古、高丽、尼堪、台尼堪、抚顺尼堪等人员，从前入于满洲旗分内，历年久远者，注明伊等情由，附于满洲姓氏之后。其间有不能画一之处，爰条例于左。

一、满洲旗分内，蒙古、尼堪、台尼堪、抚顺尼堪姓氏，照满洲例，有名位者载，无名位者删。

一、满洲姓氏原有希姓，若蒙古、高丽、尼堪其姓氏，外藩各省俱有，只应论其有名位与否，不便列为希姓。

一、蒙古、高丽事迹，多与满洲相同，应照满洲姓氏式样编载。

《凡例》表明蒙古姓氏要纳入满洲谱系，需具备三个条件：1. 是八旗满洲旗分之内的蒙古氏族。2. 要有名声地位的蒙古氏族，即有封爵和位居高职者。3. 具有显著事迹，堪与满洲成员相比较的蒙古氏族。《通谱》按照这样标准来选择蒙古姓氏的优异者。

八旗满洲旗分内蒙古姓氏的记载见于《通谱》卷六十六至卷七十一，共录蒙古氏族 235 姓，传主有 495 人（户）。其编排原则是"择功业最著者，冠于一姓之首，略举梗概作传，其余无事迹可立传，及科尔沁撤回者，俱附载于各姓各地方篇末"[1]。在 457 人（户）中，又分为应立传的有 360 人（户）、附载的有 97 人（户）。《清朝通志·氏族略》"考《八旗通志》内名臣、功臣、忠烈各传，及行查《八旗档册》所载姓氏，有《八旗氏族通谱》所未见者"[2]，另作一卷，加以补充。其中记载满洲内蒙古姓氏 218 个，又补 125 姓，计 343 姓，加上删去《通谱》的蒙古 17 姓，合计满洲中蒙古姓氏 360 个，传主 582 人（户）。

关于蒙古姓氏来归的时间，《通谱》所载 495 人（户）分三种情况：一是"国初来归"，计 247 人（户），分布在 61 个姓氏中，占总人数的

---

① 《通谱·凡例》，第 3 页下。
② 《清朝通志》卷七《氏族略》，附载蒙古八旗姓，第 791—794 页。

49.9%。二为"天聪来归",计 110 人(户),分布在 76 个姓氏中,占总人数的 22.2%。三系"来归年份无考",计 138 人(户),分布在 103 个姓氏中,占总人数的 27.9%。其中"国初来归"多指努尔哈赤天命时期。比如,世居西拉木椤地方的博尔济吉特氏恩格德尔额附,即"国初来归",《清史稿》本传记载:"(天命)九年春正月,恩格德尔携其妻郡主来朝,请率所部来归。"① 再如,兀鲁特地方的博尔济吉特氏明安,也是"国初来归",《清史稿》本传记称,天命七年(1622 年)二月,明安同兀尔宰图等贝勒,及诸台吉等三千余户,驱赶牲畜来归②。可见"国初"即"天命"。

清朝征服蒙古各部落有一个较长的历史过程,如同李兆洛《皇朝藩部要略·序》所云:"太祖高皇帝抚有科尔沁、扎赉特、杜尔伯特、郭尔罗斯,太宗文皇帝绥定奈曼、巴林、扎噜特、喀喇沁、土默特、敖汉、四子部落、茂明安、乌喇特、阿噜科尔沁、翁牛特、克什克腾、乌珠穆沁、浩齐特、苏尼特、阿巴噶、鄂尔多斯,世祖章皇帝又纳喀尔喀右翼,圣祖仁皇帝又纳阿尔巴哈纳尔,而内扎萨克四十九旗备,乃平喀尔喀、厄鲁特、土尔扈特、西藏、和硕特四部。"③ 八旗满洲内蒙古 360 姓大体来自上述部落,他们归附后金的主要原因可概括为以下几点:

一、战争征服,率部族归附

建州女真的发迹是伴随对周围女真部族的征服,也包括对蒙古各部落的讨伐与招抚。建州女真在军事上的明显优势是当时许多蒙古部落举族来归的重要原因,一场战争过后,就有战败的蒙古部族来归,例如,兀鲁特地方博尔济吉特氏明安的来归就是一个例子。万历二十一年(1593 年),明安参与叶赫部贝勒布斋率领九部围攻建州女真的战争,战败后,明安"马蹶裸以遁"④。次年春,科尔沁部便遣使通好。天命二年(万历四十五年、1617 年)二月,明安来朝。七年(天启二年、1622 年),他最终率部归顺。再如,西拉木椤地方博尔济吉特氏古尔布什额驸来归也是如此。天命六年(天启元年、1621 年)三月,后金攻下沈阳,喀尔喀部兵来掠夺该地钱粮,被击溃。

---

①　《清史稿》卷二百二十九《恩格德尔传》,第 9276 页。

②　同上卷二百二十九《明安传》,第 9272 页。

③　(清)李兆洛:《皇朝藩部要略·序》,包文汉整理《清朝藩部要略稿本》,黑龙江教育出版社 1997 年版,第 2 页。此段引文中在"土尔扈特"之后,标有"西藏",又言圣祖平喀尔喀等四部,可知"西藏"乃衍文。

④　(清)祁韵士:《皇朝藩部要略》卷一《内蒙古要略一》,光绪十年刻本,《中国边疆丛书》第一辑,台湾文海出版社 1965 年版,第 12 页。

冬十一月，喀尔喀部台吉古尔布什、莽古勒率六百户并驱牲畜归附①。十一年（天启六年、1626 年），后金派兵征伐札鲁特部和喀尔喀部，以武力震慑两个部落，为日后两个部落来归做了铺垫。

二、通婚示好，联姻结为盟友

在后金的统一战略中，与蒙古贵族联姻是巩固满蒙结盟的一种行之有效的举措，促使一些蒙古部落摆脱元后裔察哈尔蒙古林丹汗的羁绊，投奔后金。满洲与蒙古联姻的典型例子就是科尔沁蒙古博尔济吉特氏家族。太祖努尔哈赤的寿康太妃，太宗皇太极的孝端文皇后、孝庄文皇后、敏惠恭和元妃、懿靖大贵妃、康惠淑妃，及一些侧妃、庶妃等不少出自该家族。清帝又将公主"指婚"下嫁给科尔沁蒙古博尔济吉特氏家族子弟。据《通谱》记载，该家族"额附"有四人，即西拉木楞地方的恩格德尔额附、古尔布什额附；阿霸垓地方的噶尔马琐诺木；乌叶尔白柴地方琐诺木的元孙硕瞻。满蒙两族通婚频繁，主要是在王公贵族之间进行的，这对蒙古部族归顺后金起了促进作用。例如，西拉木楞地方博尔济吉特氏恩格德尔，天命二年（1617 年）来朝，"上以贝勒舒尔哈齐女妻焉，号为'额附'"②。九年（1624 年），他即偕妻率领部落来归，双方盟誓，努尔哈赤赐以"敕书"："非叛逆，他罪皆得免。"后金给予蒙古王公以优厚待遇，对于他们来说颇具吸引力。

三、相互攻掠，投归以避战乱

明末蒙古一些部族主动地投奔后金，主要源于察哈尔蒙古林丹汗对周围部族的欺压所致。比如，天聪元年（1627 年）正月，"有喀尔喀部人逃至者，言察哈尔林丹汗兴兵，攻掠其都，从者收之，拒者被杀。札噜特、巴林二部，奔依科尔沁部"③，转投后金。关于当时情形，博尔济吉特氏后世子孙有描述。雍正十三年（1735 年）八月初一日，都统裔孙罗密为《蒙古博尔济吉特氏族谱》作序，指出："至林丹呼图克图汗，国纪倾颓，所部之众皆分崩离析，未有宁宇。恭逢我太高祖皇帝，龙飞东国，蒙古宗支济农、诺音辈，相率归诚，仰叨高厚之恩，抚恤优渥，愿居塞外者，或封王，或封贝勒，各率所属，以藩卫北边；其愿为内臣者，则锡以公、侯、伯世职，或尚

---

① （清）祁韵士：《皇朝藩部要略》卷一《内蒙古要略一》，光绪十年刻本，《中国边疆丛书》第一辑，台湾文海出版社 1965 年版，第 12 页。

② 《清史稿》卷二百二十九《恩格德尔传》，第 9276 页。

③ 《皇朝藩部要略》卷一《内蒙古要略一》，第 22 页。

公主，或婚郡臣，延及子孙，世叨荣宠。"① 林丹汗对蒙古各部落的压榨与后金的优待政策形成鲜明对比，加上此时后金军事实力正处于上升时期，这使得很多蒙古部落主动归附。大量蒙古部众来归，极大地扩充了满洲军事实力。

四、物资匮乏，缓解经济压力

众多的蒙古姓氏归附，不可忽视的一个缘由是一些部族人口增长所带来的经济压力，所需要的物资量日益加大。满洲崛起后，他们与明朝互市受到限制，再加上察哈尔林丹汗的掠夺，造成许多部落生活困苦，迫使他们向后金靠拢。例如，福余卫恍惚太二营，因与明朝贡道受阻，互市关闭，经济拮据，转而"西交北关，南交奴酋，以通贸易"②。同时，以辽阳、沈阳为中心的辽东贸易圈逐步形成，极大地吸引着蒙古部落南迁。从经济看，蒙古的游牧生产与后金的渔猎生计较为接近，而两种经济成分都不像农耕经济那样有其相对稳定性，均需要与中原物资交换作为补充。而且，两种经营方式都具有一定的局限性，如受季节等影响比较大。这些蒙古部族归附后金，在物质生活上会得到一定的保障。后金对来归蒙古部落赏赐丰厚的物品，这也是他们愿意归附的一种经济吸引力。

除此之外，蒙古姓氏的来归还有地理、气候等方面原因。蒙古草原与东北平原山水相依，两地之间没有不可逾越的天然屏障，加之气候无别，这就为游牧与渔猎民族在经济、文化等方面的密切交往提供了有利条件。

第二节　蒙古氏族世居地分布

八旗满洲蒙古姓氏的世居地，主要分布在西拉木楞、兀鲁特、札鲁特、察哈尔、克西克腾、科尔沁等地方。《通谱》中所列传之人，包括其子孙世系，传主一人，乃是一户，一个家族，故在传主人后，加上括号户字。《清朝通志·氏族略七》补充蒙古姓氏，多为一氏一人（户）。据两部文献所载统计，蒙古氏族居住地有80余处，概述如下：

西拉木楞，一作萨喇穆鲁（今内蒙古西拉木伦河流域，四王子旗西希拉

---

① 朱风、贾敬颜译：《汉译蒙古黄金史纲》，附录三《蒙古家谱·蒙古博尔济吉忒氏族谱序（一）》，内蒙古人民出版社1985年版，第206页。

② （明）冯瑗：《开原图说》卷下《福余卫夷枝派图考》，《玄览堂丛书》第三函，第二十七册，第8页。

莫日高勒、塔布河一带）：博尔济吉特氏 5 人（户）、乌新氏 4 人（户）、把岳忒氏 15 人（户）、翁科特氏 2 人（户）、兀鲁特氏 3 人（户）、库布特氏 1 人（户）、满津氏 7 人（户）、博尔济氏 2 人（户）、博尔苏特氏 1 人（户）、韩佳氏 1 人（户）、哈尔济诺特氏 1 人（户），计 11 姓，42 人（户）。

兀鲁特，一作兀鲁兀（今内蒙古东部地区）：博尔济吉特氏 16 人（户）、把岳忒氏 2 人（户）、科本氏 2 人（户）、翁科特氏 6 人（户）、乌齐喜特氏 6 人（户）、龚吉尔氏 2 人（户）、布尔哈齐氏 1 人（户）、乌亮海氏 1 人（户）、扎拉尔氏 2 人（户）、博尔济斯氏 1 人（户）、巴雅喇氏 1 人（户）、齐穆克氏 1 人（户）、布楞都尔本氏 2 人（户）、奈曼氏 1 人（户）、白佳氏 1 人（户）、锡讷楚克氏 2 人（户）、雅苏氏 1 人（户）、乌理特氏 1 人（户）、乌尔汉氏 1 人（户）、钟吉氏 1 人（户）、博尔器济斯氏 1 人（户）、博第斯氏 1 人（户）、喀尔努克氏 1 人（户）、乌纳特氏 1 人（户）、沙岳特氏 1 人（户）、牛佳氏 1 人（户）、鲁布理氏 1 人（户）、佳吉理氏 1 人（户）、卓多穆氏 1 人（户）、库布克氏 1 人（户）、克穆楚特氏 1 人（户），计 31 姓，62 人（户）。

札鲁特（今内蒙古哲里木盟以北札鲁特旗）：博尔济吉特氏 6 人（户）、萨尔图氏 5 人（户）、岳诺特氏 2 人（户）、巴雅喇氏 1 人（户）、耨勒特氏 1 人（户）、李佳氏 1 人（户）、玛佳氏 1 人（户）、张佳氏 1 人（户）、博尔济克氏 1 人（户）、肇佳氏 1 人（户）、谟尔启特氏 1 人（户）、泰锡纳喇氏 1 人（户）、玛尔吉特氏 1 人（户）、翁济尔金氏 1 人（户）、纳雅氏 1 人（户）、瑚岳络氏 1 人（户）、达络克氏 1 人（户）、札哈苏亲氏 1 人（户）、兆巴尔氏 1 人（户）、博络氏 1 人（户），计 20 姓，30 人（户）。

克尔伦，一作克勒伦，又作阿巴噶克噜伦（今蒙古国东部及我国内蒙古呼伦贝尔盟西部之克鲁伦河流域）：博尔济吉特氏 12 人（户）、把岳忒氏 2 人（户）、巴雅喇氏 1 人（户）、沙喇图鲁腾氏 2 人（户）、卓尔和亲氏 1 人（户）、博尔津氏 1 人（户）、塔尔瑚努特氏 1 人（户）、赫锡特氏 1 人（户）、巴颜图氏 1 人（户）、沙查海氏 1 人（户），计 10 姓，23 人（户）。

把岳忒，一作巴岳特，又作白玉图（今辽河河套地区）：博尔济吉特氏 6 人（户）、把岳忒氏 1 人（户）、兀鲁特氏 3 人（户）、雅苏氏 1 人（户）、博尔和罗氏 1 人（户）、乌齐熙理氏 1 人（户），计 6 姓，13 人（户）。

察哈尔（初居辽宁义州边外，后迁徙宣府大同边外等地，今内蒙古乌兰察布盟东南部，锡林郭勒盟南部地区）：博尔济吉特氏5人（户）、郭尔罗特氏2人（户）、塔他尔氏3人（户）、赫鲁克氏1人（户）、郭尔罗斯氏1人（户）、公吉喇特氏3人（户）、把岳忒氏5人（户）、刘佳氏2人（户）、兀鲁特氏1人（户）、龚吉尔氏1人（户）、威古特氏1人（户）、吹霍克亲氏1人（户）、扎拉尔氏1人（户）、宝济氏3人（户）、博尔济斯氏3人（户）、巴雅喇氏1人（户）、卓特氏1人（户）、叶何氏3人（户）、鄂尔济斯氏1人（户）、肇佳氏1人（户）、白佳氏1人（户）、奇垒氏1人（户）、乌理津氏2人（户）、阿鲁特氏2人（户）、察哈尔氏1人（户）、札鲁特氏1人（户）、伍尧氏1人（户）、赦尔诺络雅苏氏1人（户）、玛喇拉氏1人（户）、王吉氏1人（户）、哈尔图特氏1人（户）、赫尔氏1人（户）、乌喇特哈克氏1人（户）、阿鲁络特氏1人（户）、额哲特氏1人（户）、启普樵氏1人（户）、杭津氏1人（户）、唐古特氏1人（户）、伊尔佳氏1人（户）、札穆雅氏1人（户）、卓尔特氏1人（户）、陶佳氏1人（户）、来默氏1人（户）、墨尔启氏1人（户）、博尔齐特氏1人（户）、吴佳氏1人（户）、兀札喇氏1人（户）、汪札尔氏1人（户）、博罗特氏1人（户）、孙尼耀特氏1人（户）、曹丹氏1人（户）、崔珠克氏1人（户）、李塔理氏1人（户）、侯佳氏1人（户）、索罗噶尔氏1人（户）、叶古禄特氏1人（户）、郑讷鲁特氏1人（户）、白禅氏1人（户）、兆达尔翰氏1人（户）、步古鲁特氏1人（户）、孙津氏1人（户）、锡喇图氏1人（户）、佟尼耀特氏1人（户）、乌密氏1人（户）、坦开氏1人（户）、鄂尔沁氏1人（户）、阿喇克球氏1人（户）、奇尔果特氏1人（户）、萨尔图克氏1人（户）、布尔哈齐特氏1人（户），计70姓，92人（户）。

瑚伦博宜尔，即呼伦贝尔（今内蒙古海拉尔市地区）：博尔济吉特氏2人（户）、萨尔图氏4人（户）、乌兰氏3人（户）、纳伊氏1人（户），计4姓，10人（户）。

克西克腾，即克斯克腾（今内蒙古昭乌达盟克什克腾旗及林西县西部）：博尔济吉特氏2人（户）、萧奇特氏1人（户）、乌济吉特氏3人（户）、博尔济斯氏2人（户）、卓特氏1人（户）、齐穆克氏1人（户）、墨尔吉济特氏2人（户）、翁舍占氏1人（户）、功格喇普氏1人（户）、齐普楚特氏1人（户）、谟锡勒氏1人（户）、额尔辉额哲特氏1人（户）、精吉集氏1人（户）、托罗特氏1人（户）、龚吉特氏1人（户）、舒穆尔氏1人（户）、兆络特氏1人（户）、尹齐氏1人（户）、岳罗亲氏1人（户）、布尔图氏1人

（户）、伊札尔氏1人（户）、札穆恳氏1人（户）、萧齐哩氏1人（户）、揆龙氏1人（户）、巴逊氏1人（户）、萨拉塔克氏1人（户）、乌济奇特氏1人（户）、洪鄂罗特氏1人（户），计28姓，33人（户）。

科尔沁（今内蒙古通辽市、吉林前郭尔罗斯蒙古自治县及黑龙江杜尔伯特蒙古自治县地带）：博尔济吉特氏3人（户）、蒙古尔济氏1人（户）、舒鲁氏1人（户）、彰札尔氏1人（户）、伊图默氏1人（户）、海佳氏1人（户）、宝济氏4人（户）、巴雅喇氏1人（户）、博硕氏1人（户）、塞克图氏1人（户）、玛佳氏1人（户）、鄂尔济斯氏1人（户）、博尔济克氏1人（户）、纳喇氏1人（户）、唐古尔氏1人（户）、奇垒氏1人（户）、克尔德氏2人（户）、王札普氏1人（户）、马朗阿氏1人（户）、巴理氏1人（户）、艾耀施氏1人（户）、冬果尔氏1人（户）、章穆氏1人（户）、色彻氏1人（户）、济鲁特氏1人（户）、鸿果络氏1人（户）、瑚尔库尔氏1人（户）、博和罗克氏1人（户）、锡喇氏1人（户）、乌璘氏1人（户）、齐岳噶穆特氏1人（户），计31姓，37人（户）。

阿霸垓（今蒙古国鄂嫩河、克鲁伦河流域）：博尔济吉特氏2人（户）、翁阿理氏1人（户）、把岳忒氏1人（户）、纳喇氏1人（户）、札哈拉氏1人（户），计5姓，6人（户）。

乌叶尔白柴（一作乌野尔拜柴，今地待考）：博尔济吉特氏1人（户）、式勒氏1人（户），计2姓，2人（户）。

阿禄科尔沁（今内蒙古赤峰市阿禄科尔沁旗北一带）：博尔济吉特氏1人（户）、博络氏1人（户）、禹尔氏1人（户），计3姓，3人（户）。

塔布诺特（今地待考）：和尔氏2人（户），计1姓，2人（户）。

喀喇乌苏齐巴汉台（疑今喀喇乌苏河附近，叶尔羌河上源地带）：实宝禅氏2人（户）、阿拉克塔氏2人（户），计2姓，4人（户）。

阿喇克绰忒（今内蒙古老哈河及辽宁大凌河上游一带）：公吉喇特氏1人（户）、锡尔哈氏1人（户），计2姓，2人（户）。

西喇塔拉（今内蒙古锡林郭勒正蓝旗境内）：公吉喇特氏1人（户）、把岳忒氏1人（户）、卓特氏1人（户）、耨勒特氏2人（户）、巴雅克氏2人（户）、鄂密特氏1人（户）、恰特氏2人（户）、锡讷特氏2人（户）、吉礼图氏2人（户）、哈纳克氏1人（户）、布苏克氏1人（户）、齐普齐特氏1人（户）、达鲁特氏1人（户）、阿苏特氏1人（户）、哈理特氏1人（户）、札赖氏1人（户）、珠尔吉特鄂谟克氏1人（户）、济喇敏鄂玛特氏1

人（户）、玛札克氏1人（户）、瑚尔浑氏1人（户），计20姓，25人（户）。

喀拉沁，一作喀喇沁（今河北平泉县以北地区）：公吉喇特氏1人（户）、佟尼果特氏1人（户）、完颜氏1人（户）、扣恳氏1人（户）、乌亮海氏2人（户）、巴雅喇氏1人（户）、博硕氏1人（户）、黄吉台氏1人（户）、索诺图氏1人（户）、白苏氏1人（户）、阳吉氏1人（户）、彻穆衮氏1人（户）、扬蔼氏1人（户）、表特氏1人（户）、阿勒坦鄂谟克氏1人（户）、卓巴鲁特氏1人（户）、锡尔德特氏1人（户）、喀尔诺特氏1人（户）、窦里济特氏1人（户）、图罗鲁特氏1人（户）、噶必齐克氏1人（户）、齐木克图氏1人（户）、莽格努特氏1人（户），计23姓，24人（户）。

喀尔喀（今内蒙古赤峰市东北与呼和浩特市西北地区）：把岳忒氏1人（户）、布鲁特氏1人（户）、莽那特氏1人（户）、哈尔吉努氏1人（户）、鄂尔果诺特氏1人（户），计5姓，5人（户）。

辉发（今流经吉林桦甸、磐石、辉南、海龙等县的辉发河流域）：把岳忒氏1人（户）、费雅氏1人（户）、钮旺坚氏1人（户），计3姓，3人（户）。

喀喇穆伦（疑今内蒙古赤峰巴林右旗察罕穆伦河流域）：把岳忒氏1人（户），计1姓，1人（户）。

鄂尔绰克鄂漠（今地待考）：把岳忒氏1人（户），计1姓，1人（户）。

中卫（今宁夏回族自治区中卫县境内）：把岳忒氏1人（户）、土默特氏1人（户）、旺舒特氏1人（户）、王古尔亲氏1人（户），计4姓，4人（户）。

苏尼喀札理（今地待考）：阿穆尼普塔斯氏1人（户），计1姓，1人（户）。

巴颜喀喇（今地待考）：乌济吉特氏3人（户），计1姓，3人（户）。

叶赫（今吉林梨树县内）：鄂卓氏1人（户）、鄂岳氏1人（户）、颜济氏1人（户）、鄂秦氏1人（户）、科特氏1人（户），计5姓，5人（户）。

乌喇（今吉林市永吉县内）：鄂尔图特氏1人（户）、精格哩氏1人（户）、索尔济氏1人（户），计3姓，3人（户）。

鄂尔多斯（今内蒙古伊克昭盟地带）：博硕氏2人（户）、苏穆察氏1人（户）、高达玛氏1人（户），计3姓，4人（户）。

土默特（今内蒙古呼和浩特市、包头东胜市地区）：博硕氏1人（户）、塞克图氏3人（户）、珠佳氏1人（户）、章图理氏1人（户）、蒙古氏1人（户）、马吉特氏1人（户），计6姓，8人（户）。

义州（今辽宁锦州市义县）：卓特氏1人（户）、齐墨氏1人（户），计2姓，2人（户）。

吴喇特，一作乌喇忒（今内蒙古巴彦淖尔盟乌拉特前旗东北部）：纳赖氏3人（户）、瑚佳氏1人（户），计2姓，4人（户）。

札赖特，一作扎赉特（今内蒙古兴安盟音德尔扎赉特旗一带）：博尔济氏1人（户），计1姓，1人（户）。

归化城土默特（今内蒙古呼和浩特市地区）：张佳氏1人（户）、黄吉台氏1人（户），计2姓，2人（户）。

敖汉（今内蒙古敖汉旗全境及辽宁建平县大部地方）：奈曼氏1人（户）、萨尔珠特氏1人（户）、阿尔塔斯氏1人（户），计3姓，3人（户）。

毛家屯（今地待考）：唐古尔氏1人（户），计1姓，1人（户）。

布尔噶苏台，一作布尔噶台（今内蒙古化德县东北七号村一带）：察哈尔氏1人（户）、潮穆特氏1人（户），计2姓，2人（户）。

鄂嫩果尔（疑为今黑龙江石勒喀河上源的今蒙古国、俄罗斯境内的鄂嫩河一带）：达喇明安氏2人（户），计1姓，2人（户）。

上都河（今河北滦河上游支流，流经今河北平定堡，内蒙古郭达浩特正蓝旗等地）：鄂密特氏1人（户），计1姓，1人（户）。

翁克社济讷尔（今地待考）：吴喇忒氏1人（户），计1姓，1人（户）。

哈达（今吉林农安以北，郭尔罗斯前旗、抚余、洮南等地）：吴喇忒氏1人（户）、卓启斯氏1人（户），计2姓，2人（户）。

巴颜乌喇，一作巴颜布喇（今甘肃敦煌市西南）：锡临氏1人（户）、克勒德氏1人（户），计2姓，2人（户）。

巴尔古（今地待考）：齐普齐努特氏1人（户），计1姓，1人（户）。

阿礼玛图（今地待考）：克理特氏1人（户），计1姓，1人（户）。

鄂谟克（今地待考）：克穆齐特氏1人（户），计1姓，1人（户）。

萨哈尔察（今地待考）：通塞理氏1人（户），计1姓，1人（户）。

大凌河（今辽宁西部，流经锦州西义县、凌海等地；大凌河城，今凌海市）：札穆尔氏1人（户）、黄佳氏1人（户）、瑚尔汉氏1人（户）、曹佳氏1人（户），计4姓，4人（户）。

巴林（今内蒙古昭乌达盟巴林右旗东北幸福之路苏木敖日盖村）：常佳氏1人（户）、瑚鲁克氏1人（户）、赫勒氏1人（户）、钮抡氏1人（户）、台楚氏1人（户）、鄂恩济特氏1人（户）、阿穆哈尔努氏1人（户），计7姓，7人（户）。

鸭绿江（发源长白山，流经辽宁东部、吉林西南部地区）：巴济理氏1人（户），计1姓，1人（户）。

塔滨格尔（今地待考）：科尔亲氏1人（户），计1姓，1人（户）。

巴颜鄂隆（今地待考）：苏尼特氏1人（户）、乌朗哈特氏1人（户）、鄂拉本氏1人（户）、鄂喇坤氏1人（户），计4姓，4人（户）。

巴颜和罗（今地待考）：鄂谟克氏1人（户），计1姓，1人（户）。

布尔哈图城（今吉林延吉市境内）：江吉氏1人（户），计1姓，1人（户）。

苏尼斗，即苏尼特部（今内蒙古苏尼特右旗和二连浩特市一带）：白达尔氏1人（户），计1姓，1人（户）。

库坤果尔（今地待考）：赫舍理氏1人（户），计1姓，1人（户）。

松阿里乌拉，一作松阿里河（今松花江流域）：洪罗氏1人（户）、仓佳氏1人（户），计2姓，2人（户）。

锡伯哩城哈达，即锡伯山（今黑龙江依兰县境内）：鄂岳氏1人（户），计1姓，1人（户）。

长白山（今吉林长白山一带）：额托氏1人（户）、吉朗吉瓦尔喀氏1人（户），计2姓，2人（户）。

老沟（疑今吉林德惠市老少沟）：老沟氏1人（户），计1姓，1人（户）。

萨哈连乌拉（今中俄界河黑龙江流域）：托里氏1人（户）、鄂诺氏1人（户）、谔尔格氏1人（户）、乌雅拉氏1人（户），计4姓，4人（户）。

尼雅满（疑为尼雅穆尼雅库河，今吉林安图县西南松花江上源五道白河地区）：松颜氏1人（户），计1姓，1人（户）。

鄂和（今地待考）：商佳氏1人（户），计1姓，1人（户）。

杜贤（今地待考）：札噜察氏1人（户），计1姓，1人（户）。

德尔吉阿库哩（今地待考）：郭齐里氏1人（户），计1姓，1人（户）。

觉尔察（今吉林长白山地区①）：觉尔察氏4人（户），计1姓，4人（户）。

佛阿拉（今辽宁新宾县永陵区二道河村南山上）：伯苏特氏1人（户），计1姓，1人（户）。

宁古塔（今黑龙江宁安市）：萨玛喇氏1人（户），计1姓，1人（户）。

穆楞札古喇（今地待考）：拉库勒氏1人（户），计1姓，1人（户）。

额木赫索罗，一作额穆和索罗，又作鄂摩和索罗（今吉林敦化市西北额穆镇）：札特黑氏1人（户），计1姓，1人（户）。

吉林乌拉（今吉林市）：索察喇氏2人（户），计1姓，2人（户）。

额勒敏，一作伊勒们河（今吉林双阳、九台、德惠等市县境内的饮马河一带）：布吉尔根氏1人（户），计1姓，1人（户）。

杭间（今地待考）：大佳氏1人（户），计1姓，1人（户）。

浩齐特（今内蒙古锡林浩特市北部及东乌珠穆沁旗西部地区）：卓克氏1人（户），计1姓，1人（户）。

辽河（今流经辽宁西部，入渤海辽东湾）：乌梁海济勒默氏1人（户），计1姓，1人（户）。

鄂谟伦（今地待考）：乌尔杭阿氏1人（户），计1姓，1人（户）。

英郭和罗（今地待考）：德特齐特氏1人（户），计1姓，1人（户）。

图们（今吉林图们市）：齐尔博苏氏1人（户），计1姓，1人（户）。

阿勒台杭爱，即阿勒泰山（今中蒙西部边界地带）：塔本努图克氏1人（户），计1姓，1人（户）。

罗和郭尔（今内蒙古东南老哈河地区）：图克齐纳喇氏1人（户），计1姓，1人（户）。

瓦尔喀（疑今吉林长白山地区）：哈勒齐塔特氏1人（户），计1姓，1人（户）。

洪果和硕（今地待考）：卓齐布楚特氏1人（户），计1姓，1人（户）。

世居地不详者，有修和哩氏1人（户）、塔察觉尔察氏1人（户）、阿颜塔塔尔氏1人（户）、噶尔噶斯氏1人（户），计4姓，4人（户）。

---

① 据《福陵觉尔察氏谱书·序》记载："溯自始祖索尔火，于明世中叶，迁于长白山觉尔察地方，践土而居，因以为氏。"（《满族家谱选》，第3页）满洲觉尔察氏以地名为氏，此地居住的蒙古族亦以该地名为姓氏者。

综上可见,《通谱》中的蒙古姓氏主要分布在今内蒙古、吉林、辽宁省境内,一些姓氏居住在女真族原聚居地,比如,叶赫、乌喇等地。这些姓氏大部分居住地与建州女真相邻,为他们归附后金提供了方便。

第三节 隶属旗分和佐领编立

一 蒙古部族的旗籍分布

据《通谱》记载,蒙古姓氏的多数人被编入八旗满洲佐领,由部落首领或其子弟等来统领。例如,西拉木楞地方博尔济吉特氏古尔布什来归后,"将率来部属编佐领,使统之",此即满洲镶黄旗第四参领第十一佐领。恩格德尔来归后,"将率来部属编佐领,另伊属人迈图统之",此即满洲正黄旗第一参领第十三、十四、十五佐领。还有编为半个佐领的,比如,兀鲁特地方博尔济吉特氏伊林齐,率部来归,"设半个佐领,令伊属人达海统之"。《通谱》有关编佐领的记载大部分集中在博尔济吉特氏,其他一些姓氏也有单编佐领者,如萨尔图氏柏德,"国初率领部落来归",编佐领,令其孙阿尔泰统之。蒙古姓氏担任佐领人数多的,除了博尔济吉特氏家族之外,还有实宝禅氏达巴海,乌新氏昂蔼、昂阿,威古特氏哈达汉等。

考察《通谱》与《清朝通志·氏族略七》所补蒙古氏族,合计360姓氏,在八旗满洲旗籍的分布①情况如下:

镶黄旗107人(户),分布在博尔济吉特氏、岳诺特氏、郭尔罗斯氏、把岳忒氏、刘佳氏、翁科特氏、兀鲁特氏、龚吉尔氏、布尔哈齐氏、伊图默氏、巴雅喇氏、博尔济氏、李佳氏、玛佳氏、张佳氏、博尔济克氏、肇佳氏、博络氏、齐穆克氏、谟尔启特氏、泰锡纳喇氏、玛尔吉特氏、翁济尔金氏、纳雅氏、瑚岳络氏、锡临氏、达络克氏、乌理特氏、札哈苏亲氏、克勒德氏、锡尔哈氏、齐普齐努特氏、兆巴尔氏、撰龙氏、锡喇氏、齐墨氏、图克齐纳喇氏、卓尔古特氏、锡纳明安氏、鄂尔克特氏、克什克腾氏、萨喇特卓氏、博古罗特氏、萨尔屯氏、吉喇特氏、多罗科氏、泰楚特氏、杭噶坦氏、和尔钦氏、扎哩特氏、博罗特氏、克哷特氏、科尔逊

---

① 《清朝通志》卷七《氏族略七·附载蒙古八旗姓》,补录了《通谱》未载蒙古125姓,不含在包衣旗的蒙古姓氏。伊克明安氏下注:"青海辉特部扎萨克图部汗部之厄鲁特一旗,皆伊克明安氏。"第6792页中。此处没有注明该氏属于八旗满洲,只是说明该氏蒙古属部。《氏族略七》实际上补入八旗满洲的蒙古姓氏为124姓。第6792页中。

氏、锡喇德氏、齐默特氏、卓尔古特氏、锡纳明安氏、鄂尔克特氏、克什克腾氏、萨喇特卓氏、博古罗特氏、萨尔屯氏、吉喇特氏、多罗科氏、泰楚特氏、杭噶坦氏、和尔钦氏、扎哩特氏、博罗特氏、锡喇德氏、齐默特氏 71 姓之中。

镶黄旗包衣 22 人（户），分布在刘佳氏、博尔济斯氏、博硕氏、塞克图氏、纳赖氏、李佳氏、鄂尔济斯氏、萨尔珠特氏、珠佳氏、王札普氏、瑚佳氏、马朗阿氏、札哈拉氏、克理特氏、章图理氏 15 姓之中。

正黄旗 105 人（户），分布在博尔济吉特氏、郭尔罗特氏、实宝禅氏、塔他尔氏、翁阿理氏、把岳忒氏、科本氏、阿穆尼普塔斯氏、布鲁特氏、翁科特氏、威古特氏、鄂尔图特氏、博尔济斯氏、巴雅喇氏、阿拉克塔氏、布楞都尔本氏、沙喇图鲁腾氏、奈曼氏、白佳氏、纳喇氏、克穆齐特氏、乌尔汉氏、钟吉氏、通塞理氏、卓尔和亲氏、札穆尔氏、博尔器济斯氏、塔尔瑚努特氏、博第斯氏、博尔苏特氏、喀尔努克氏、赫锡特氏、札鲁特氏、赦尔诺络雅苏氏、乌密氏、莽那特氏、鄂尔沁氏、珠尔齐特氏、哈尔吉努氏、鄂尔果诺特氏、齐岳噶穆特氏、阿穆哈尔努氏、额尔格特恩氏、博尔吉津氏、乔噶木克氏、额珠特氏、翁牛特氏、玛古思氏、和托果特氏、额尔格特恩氏、博尔吉津氏、乔噶木克氏、克呼特氏、科尔逊氏、额珠特氏、翁牛特氏、玛古思氏、托果特氏 58 姓之中。

正黄旗包衣 6 人（户），分布在黄古台氏、禹尔氏、索诺图氏、伍尧氏、乌齐熙理氏 5 姓之中。

正白旗 39 人（户），分布在博尔济吉特氏、把岳忒氏、扣恳氏、巴雅喇氏、奇垒氏、巴理氏、乌纳特氏、韩佳氏、沙岳特氏、白苏氏、牛佳氏、扎哈齐特氏、阿喇克球氏、塔本努图克氏、图伯特氏、伊布齐特氏、索龙古斯氏、席鲁特氏、崆克礼氏、图伯特氏、伊布齐特氏、索龙古斯氏、席鲁特氏、崆克礼氏 24 姓之中。

正白旗包衣 34 人（户），分布在博尔济吉特氏、宝济氏、巴雅喇氏、塞克图氏、叶何氏、唐古尔氏、艾耀施氏、黄佳氏、冬果尔氏、玛喇拉氏、苏穆察氏、王吉氏、哈尔图特氏、赫尔氏 14 姓之中。

正红旗 40 人（户），分布在博尔济吉特氏、萨尔图氏、蒙古尔济氏、把岳忒氏、吹霍克亲氏、卓特氏、耨勒特氏、肇佳氏、巴雅克氏、章穆氏、哈纳克氏、布苏克氏、齐普齐特氏、达鲁特氏、阿苏特氏、哈理特氏、蒙古氏、乌喇特哈克氏、卓克氏、坦开氏、奇尔果特氏、齐木克图氏、哈勒齐塔特氏、萨噜特氏、喀楚特氏、阿苏克氏、萨噜特氏、喀楚特氏、阿苏克氏29姓之中。

正红旗包衣1人（户），卓启斯氏1姓。

镶白旗66人（户），分布在博尔济吉特氏、和尔氏、乌新氏、库布特氏、龚吉尔氏、乌亮海氏、满津氏、卓特氏、博尔济氏、阿鲁特氏、巴颜图氏、阿鲁络特氏、额哲特氏、启普樵氏、杭津氏、唐古特氏、伊尔佳氏、乌璘氏、鄂秦氏、乌梁海济勒默氏、德特齐特氏、乌讷穆尔氏、莽格努特氏、卓齐布楚特氏、哈尔济诺特氏、格呼勒氏、博希特氏、翁郭里氏、宁佳特氏、格呼勒氏、博希特氏、翁郭里氏、宁佳特氏33姓之中。

镶白旗包衣8人（户），分布在博尔济吉特氏、博尔济斯氏、黄古台氏、乌理津氏、札穆雅氏、常佳氏6姓之中。

镶红旗46人（户），分布在博尔济吉特氏、赫鲁克氏、把岳忒氏、乌齐喜特氏、鄂卓氏、奇垒氏、察哈尔氏、鲁布理氏、佳吉理氏、卓尔特氏、巴林氏、济特氏、乌尔杭阿氏、鄂恩济特氏、窦里吉特氏、洪鄂罗特氏、萨尔图克氏、图尔格氏、乌努呼氏、都尔哈氏、岱齐特氏、齐哩克氏、翁尼特氏、鄂济特氏、乌楚肯氏、兆齐特氏、图尔格氏、乌努呼氏、都尔哈氏、岱齐特氏、齐哩克氏、翁尼特氏、鄂济特氏、乌楚肯氏、兆齐特氏35姓之中。

镶红旗包衣9人（户），分布在察哈尔氏、瑚尔汉氏、巴济理氏、马吉特氏、陶佳氏、科尔亲氏、曹佳氏、来默氏8姓之中。

正蓝旗107人（户），分布在博尔济吉特氏、鼐奇特氏、公吉喇特氏、乌济吉特氏、完颜氏、乌亮海氏、卓特氏、乌兰氏、克尔德氏、锡讷楚克氏、达喇明安氏、鄂密特氏、洽特氏、锡讷特氏、吴喇忒氏、苏尼特氏、札赖氏、翁舍占氏、乌朗哈特氏、卓多穆氏、阳吉氏、珠尔古特鄂谟克氏、功格喇普氏、济喇敏鄂玛特氏、鄂拉本氏、库布克氏、色徹氏、克穆楚特氏、玛札克氏、鄂喇坤氏、瑚尔浑氏、鄂谟克氏、潮穆特氏、纳伊氏、博尔齐特氏、济鲁特氏、吴佳氏、兀札喇氏、江吉氏、科特氏、钮抡氏、表特氏、巴逊氏、阿勒坦鄂谟克氏、卓巴鲁特氏、锡尔德特氏、喀尔诺特氏、乌济奇特氏、图罗鲁特氏、吉尔必斯氏、巴鲁特氏、奇墨斯氏、博多特氏、额玉特氏、伊勒们氏、伯克图氏、博尔克氏、苏密尔氏、巴岳图氏、诺勒特氏、萨喇图氏、囊嘉特氏、巴鲁特氏、奇墨斯氏、博多特氏、额玉特氏、伊勒们氏、伯克图氏、博尔克氏、苏密尔氏、巴岳图氏、诺勒特氏、萨喇图氏、囊嘉特氏74姓之中。

正蓝旗包衣6人（户），分布在海佳氏、墨尔启氏、鸿果络氏、瑚鲁克氏、汪札尔氏、白达尔氏6姓之中。

镶蓝旗66人（户），分布在博尔济吉特氏、舒鲁氏、札拉尔氏、卓特氏、纳喇氏、吴喇忒氏、雅苏氏、吉礼图氏、瑚尔库尔氏、齐普楚特氏、博和罗克氏、沙查海氏、额尔辉额哲特氏、精吉集氏、托罗特氏、式勒氏、龚吉特氏、舒穆尔氏、兆络特氏、尹齐氏、克穆楚氏、布尔图氏、锡喇图氏、伊札尔氏、札穆恩氏、赫舍理氏、台楚氏、博尔和罗氏、萨拉塔克氏、瑚拉巴斯氏、噶必齐克氏、齐尔博苏氏、阿尔塔斯氏、布尔哈齐特氏、塔喇巴齐克氏、翁果特氏、阿勒特氏、翁吉特氏、达尔坤氏、墨尔秦氏、努特伦氏、珠格德氏、锡鲁克氏、鄂礼克氏、鄂尔敦氏、塔喇巴齐克氏、翁果特氏、阿勒特氏、翁吉特氏、达尔坤氏、墨尔秦氏、努特伦氏、珠尔德氏、锡鲁克氏、鄂礼克氏、鄂尔敦氏56姓之中。

镶蓝旗包衣31人（户），分布在彰札尔氏、佟尼果特氏、白佳氏、墨尔吉济特氏、赫勒氏、谟锡勒氏、岳罗亲氏、博罗特氏、孙尼耀特氏、曹丹氏、徹穆袞氏、崔珠克氏、李塔理氏、侯佳氏、索罗噶尔氏、叶古禄特氏、郑讷鲁特氏、土默特氏、白禅氏、旺舒特氏、王古尔亲氏、兆达尔干氏、扬蔼氏、步古鲁特氏、孙津氏、高达玛氏、佟尼耀特氏27姓之中。

据上列信息统计，在蒙古360姓的693人中，旗分佐领有576人，占83.1%；包衣佐领有117人，占16.9%。在旗分佐领中，"上三旗"有251人，占36.2%；"下五旗"有325人，占46.9%。在包衣佐领中，"上三旗"包衣（即内务府三旗）有62人，占8.95%；"下五旗"包衣有55人，占7.93%。可见蒙古360姓氏，以旗分佐领居多，而在"下五旗"者为众；在包衣佐领中，以"上三旗"包衣为多。

蒙古姓氏分编在八旗满洲旗分的数量是不均衡的，即使同一姓氏成员，也非属同一旗，这与他们来归的时间早晚、功劳大小有关。例如，博尔济吉特氏家族人员分布在满洲八个旗中，把岳特氏成员分散在除了镶白旗之外的七个旗中。即使同一家族成员也不完全处于同旗内，比如，博尔济吉特氏拜音代与密赛兄弟，就分别编在正黄旗和正红旗。这应与拜音代无子嗣，密赛之子鄂尔椎功绩卓越相关。另外，蒙古姓氏中还有旗分变动者。诸如，镶蓝旗包衣人彰札尔氏鄂尔济图，是从正蓝旗改隶的；镶白旗人库布特氏格梅，则由正白旗改变的；镶蓝旗包衣人海佳氏海潮龙，系由正白旗改隶的。

二　蒙古姓氏的佐领编立

蒙古姓氏绝大多数人编在满洲旗分佐领内，而少数人则编入满洲包衣旗内。因编纂《钦定八旗通志》时参照的《八旗旗册》① 等文献至今难见，对于蒙古氏族大多数人，也只能从《通谱》知道他们是属于满洲某旗人，或满洲某包衣旗人，而具体佐领，则难于判断。例如，镶黄旗人把岳忒氏耨克，正黄旗人翁阿理氏达雅齐，镶白旗人博尔济吉特氏塞泠，镶红旗人赫鲁克氏等，均不知他们具体属于该旗某参领第几佐领？再如，镶黄旗包衣管领下人刘佳氏刘柱，镶蓝旗包衣人彰札尔氏鄂尔济图等，也不清楚他们在包衣旗第几参领下第几佐领，或第几管领？据《通谱·满洲旗分内之蒙古姓氏》记载，较大家族子孙多有担任佐领者，可以寻查其所属某旗或包衣旗具体的参领、佐领。但是，较小家族虽有一、二人任佐领，有的甚至任职它旗，也难于确定其所属佐领。比如，正黄旗人实宝禅氏达巴海，天聪来归，原任佐领；镶白旗人乌新氏昂霭，"国初来归，原任佐领"等，亦不知他们所属旗分细情。

蒙古姓氏担任八旗满洲旗分和包衣旗分佐领者，据《通谱》、《八旗通志》统计，有41姓氏，228人。其中最显赫的家族是博尔济吉特氏，包括西拉木楞、兀鲁特、札鲁特、克尔伦、把岳特，及各地同姓，任佐领者147人，分别在八旗满洲旗分内任职。例如，镶黄旗31人，正黄旗35人，镶白旗22人，正蓝旗30人，其它旗分最少四五人。而其余姓氏任佐领较多者，萨尔图氏17人，多数家族只有1人任佐领。可见各家族在八旗地位的不平等。蒙古姓氏在旗分内任佐领者共217人，"上三旗"为镶黄旗40人，正黄旗47人，正白旗12人，计99人，占43%；因博尔济吉特氏家族战功卓著，72人担任佐领，占73%，余者27人，分属他姓，占27%。"下五旗"为正红旗22人，镶白旗32人，镶红旗5人，正蓝旗44人，镶蓝旗15人，计118人，占52%。在包衣旗任佐领者，正黄旗包衣4人，正白旗包衣1人，正蓝旗包衣3人，镶蓝旗包衣3人，计11人，占5%。《通谱》记述某些人任佐领，并未确指在哪一旗分佐领，或包衣旗内任职。

兹参照《通谱》、《八旗通志》旗分志所载，就博尔济吉特氏家族任佐

---

① 《钦定八旗通志·旗分志》"案语"中，列举《八旗旗册》，阐述某佐领的演变情况，该册现不得见。

领者所在旗分，略述如下。

1. 镶黄旗属

博尔济吉特氏喀喇巴拜，属第二参领第十六佐领、第十七佐领。

《通谱·喀喇巴拜》记录，巴克贝勒同族，世居扎鲁特地方，国初率部属来归，编立佐领。《八旗通志》（初集）记载，第二参领第十六佐领，系国初来归人丁编立，始以其人布尔赛统之。后改令喀喇巴拜之孙、副都统色楞（一作塞冷）管理，续以孙、二等侍卫伊穆萨（一作依穆萨）管理，续以曾孙、理藩院尚书阿尔尼（一作阿尔肃）管理，续以曾孙巴特玛（一作巴特马）管理，续又以阿尔尼管理，续以元孙、内大臣阿齐图（一作阿济图）管理，续以四世孙、散秩大臣安楚库管理。安楚库缘事革退，以其叔那木塔尔之孙云保管理。云保升任副都统，以其弟保德管理。保德升任副都统，以其伯祖阿尔尼之二世孙色伦特管理。色伦特故，以其子中孚管理。中孚故，以其子惠昌管理。惠昌故，以其弟惠英管理。惠英故，以其弟惠宁管理。

第十七佐领，原系十六佐领内人丁，阿齐图管佐领时，将余丁分出一佐领，以喀喇巴拜曾孙、散秩大臣果廉管理，续以曾孙、头等侍卫兼拖沙喇哈番普庆管理。普庆升任总兵，以其伯祖之曾祖拉世西布之二世孙诺尔布管理。诺尔布故，以其子济格管理。济格升任游击，以其叔曾祖桑阿尔之四世孙昆成管理。昆成故，以其子多伦管理①。这两个佐领当为喀喇巴拜家族世管佐领，即是乾隆时期所定的族中承袭佐领。

博尔济吉特氏巴克贝勒，属第三参领第五佐领、第六佐领、第七佐领。

《通谱·巴克贝勒》记录，世居扎鲁特地方，率部属国初来归，编佐领，令伊属人硕宾统领。《八旗通志》（初集）记载，第三参领第五佐领，系国初来归人丁编立，始以其人天聪时期来归的硕宾统辖。续以卓尔宾管理，续以浑齐管理，续以萧满岱管理，续以厄塞衣（一作额塞衣）管理。厄塞衣缘事革退，以巴克贝勒之孙、一等侍卫朝克图（一作绰克图）管理。朝克图缘事革退，以巴克贝勒之二世孙、二等阿思哈尼哈番（男爵）毕力克图管理。毕力克图故，以其弟、护军巴查里管理。巴查里故，以其父、散秩大臣图护鲁克（一作图瑚鲁克）管理。图护鲁克年老辞退，以其子、二等阿思哈尼哈

---

① 参阅《通谱》卷六十六《喀喇巴拜》，第722页下；《八旗通志》（初集）卷三《旗分志三》，第31—32页；《钦定八旗通志》卷二《旗分志二》，第32—33页。

番、二等侍卫沙律达赖管理。沙律达赖缘事革退，以其弟、二等阿思哈尼哈番、侍卫特古斯管理。特古斯故，以其子龚山管理。龚山故，以其子额恒管理。额恒故，以其子松禄管理。松禄故，以鄂齐尔桑之五世孙苏尔泰管理。苏尔泰故，以其弟西尔泰管理。

第五佐领为兼管察哈尔地方勋旧佐领，原系科尔沁扎赉特地方贝子博尔济吉特氏来归太宗时，以巴雅尔留住本地，编为佐领。初以巴雅尔之弟、鄂齐礼之子济那管理。济那故，以其弟之孙伍什布管理。伍什布故，以其子博勒洪武管理。博勒洪武故，以其子德存管理。

第六佐领，即由第五佐领内滋生人丁，于康熙十一年（1672 年）毕力克图任佐领时，另编一佐领，以巴克贝勒族孙舒尔瑚那管理。舒尔瑚那年老辞退，以朝克图之子、散秩大臣库尔察管理。库尔察故，以其子长命保（一作常明保）管理。长命保年老告退，以其子岳尼管理，续以鄂齐尔桑之六世孙文舒管理。文舒外放西安府防尉，以毕力克图之侄四格管理。四格因病告退，以其子永清管理。

第七佐领，系第五、第六佐领内滋生人丁，于康熙二十三年（1684 年）又分编一个佐领，以巴克贝勒二世孙布宴图（一作布颜图）管理。布宴图故，以其子巴渣里管理。巴渣里升任散秩大臣，住守陵寝，以其叔父赵德（一作兆德）管理。赵德因病辞退，以其子马济管理。马济缘事革退，以巴克贝勒元孙、散秩大臣巴扎尔管理。巴扎尔故，以其子巴哈纳管理。巴哈纳升授副将，以其子玉衡管理，续以其叔副将素域管理。素域缘事革退，以其族兄岳尼管理。岳尼故，以其子观音保管理。三个佐领当为世管佐领[①]。

博尔济吉特氏硕宾，属第三参领第五佐领。

博尔济吉特氏额尔济格，与巴克贝勒同族，其孙头等侍卫舒尔瑚那曾任第三参领第六佐领。

博尔济吉特氏顾尔布什（一作古尔布什），属第四参领第十佐领、第十一佐领。

《通谱·古尔布什》记录，世居西拉木楞地方，国初率部属，首先来归，授三等子，尚公主，封为额驸，赐清卓理克图号。将率来部属，编为佐领，使其统之。古尔布什额驸的特殊地位，当时单独编立佐领，《八旗通志》

---

① 参阅《通谱》卷六十六《巴克贝勒》，第 722 页下；《八旗通志》（初集）卷三《旗分志三》，第 32—33 页；《钦定八旗通志》卷二《旗分志二》，第 34—35 页。

（初集）亦无记载。镶黄旗第四参领第十佐领，系国初喀尔喀地方来归人丁编立，始以拜虎赍管理。后升任蒙古寨桑，以萨虎管理。萨虎才力不及革退，由其子桑赛管理。桑赛故，以额驸顾尔布什之孙、二等侍卫禅保管理。禅保因病辞退，以顾尔布什之子、三等侍卫松江管理。松江因病退，以顾尔布什之孙、阿达哈哈番（轻车都尉）赫姿管理。赫姿亦病退，以顾尔布什之孙、阿达哈哈番讷图管理。讷图故，以顾尔布什之孙、精奇尼哈番（子爵）阿什坦管理。阿什坦病退，以顾尔布什之二世孙、二等侍卫兑亲管理。兑亲升任哈达地方总领，以其子国柱管理。国柱故，以其子文亮管理。文亮故，以其子阿奇兰管理。康熙三十年（1691 年），分编八旗佐领，将公主门上行走之顾尔布什（一作古尔布什）额驸半个佐领人丁，英亲王门上行走的察哈尔地方来归人丁，以顾尔布什之孙禅保佐领内滋生人丁二十七名，补足百丁之数，编为一佐领，即第十一佐领①。《通谱》与《八旗通志》（初集）记载的内容有差，《通谱》编纂在后，是对《八旗通志》（初集）的订正；《钦定八旗通志》照抄《初集》，亦未作改正。这说明第四参领第十佐领仍为顾尔布什初编的原佐领。

博尔济吉特氏奇普塔尔（一作奇朴他尔），属第四参领第十二佐领。

《通谱·奇普塔尔》记录，世居兀鲁特地方，国初率部属来归，授骑都尉，缘事革退，以亲弟衮布袭职。衮布之孙善福、善勤、善绥（一作善寿）任佐领，曾孙撒尔特任佐领，叔祖之孙特灵任佐领。《八旗通志》（初集）记载，第四参领第十二佐领，原系乌鲁特来归人丁编立，初以其人博绷管理。博绷故，以奇朴他尔之子、一等阿达哈哈番特灵管理。特灵故，以其弟副都统保住管理。保住故，以其子二等侍卫善相管理。善相因病辞退，以其弟、二等阿达哈哈番善福管理。善福故，以其兄一等侍卫善寿管理。善寿故，以其兄善相之子金柱管理。金柱缘事革职，以善福之子、三等阿达哈哈番车尔特管理。车尔特故，以其子兴泰管理。兴泰故，以其子讷苏图管理。讷苏图缘事革退，以善寿之孙湛柱管理②。该佐领为世管佐领。

2. 正黄旗属

博尔济吉特氏恩格德尔额驸，属第一参领第十三佐领。

---

① 参阅《通谱》卷六十六《古尔布什》，第 717 页下；《八旗通志》（初集）卷三《旗分志三》，第 37 页；《钦定八旗通志》卷三《旗分志三》，第 42—43 页。

② 参阅《通谱》卷六十六《奇普塔尔》，第 720 页上；《八旗通志》（初集）卷三《旗分志三》，第 37 页；《钦定八旗通志》卷三《旗分志三》，第 43 页。

《通谱·恩格德尔额驸》记录，国初从西拉木楞地方，率部属首先来归，授三等子，尚公主，封额驸。将率来部属，编为佐领，令伊属人迈图统领。恩格德尔之孙色楞原任头等侍卫兼佐领，札克丹历任内大臣、都统兼佐领；曾孙悦良原任参领兼佐领，噶尔萨原任散秩大臣兼佐领，浩善原任二等侍卫兼佐领，格尔图任三等侍卫兼佐领；元孙苏扎齐（一作孙查齐）、和尔敦均原任佐领；恩格德尔亲兄曾孙班达尔沙，原任委属散秩大臣兼佐领。其子孙分别就任以下三个佐领。《八旗通志》（初集）记载，第一参领第十三佐领，系国初编立始隶公主属下，以迈图管理。迈图故，以塞必哈管理。塞必哈故，以阿继逊管理。阿继逊故，以巴丹图管理。巴丹图故，将此佐领拨出，以公代寿管理。代寿故，以公费扬古管理。费扬古故，以公阿尔泰管理。阿尔泰缘事革退，以三等公、散秩大臣噶尔萨管理。噶尔萨告病，以其伯曾祖之孙月亮管理。月亮故，以其子富广管理。富广故，以其子钟毓管理。

此佐领由公中佐领衍生出十四、十五两个世管佐领。

第十四佐领，系第十三佐领内滋生人丁，在费扬古管佐领时，分编一佐领，以其兄色楞管理。色楞因疾辞退，以其子格尔图管理。格尔图缘事革职，以其弟都统、议政大臣兼三等阿达哈哈番查克丹管理。查克丹休致，以其子霍尔屯管理。霍尔屯因罪降调，以其子穆通阿管理。

第十五佐领，原系第十三、十四两个佐领内滋生人丁，康熙二十三年，分编出一佐领，令费扬古兄之子和善管理。和善故，以其弟塞音察克管理。塞音察克升任景陵总管，以其子四品官孙查齐管理。孙查齐因罪发遣，以其伯父之子散秩大臣、二等精奇尼哈番班达尔沙管理。班达尔沙故，以其子班岱管理。班岱故，以其弟班他哈管理。班他哈故，以其子特通阿管理①。

博尔济吉特氏额尔格尔珠尔，属第四参领第十三佐领。

《通谱·额尔格尔珠尔》记录，世居克尔伦地方，国初率部属首先来归，其三弟之孙拜音察克原任散秩大臣兼佐领，曾孙拜思瑚朗原任（一作拜思虎朗）佐领，偏灵（一作偏龄）原任三等侍卫兼佐领，元孙齐林任佐领，四世孙穆升额任佐领。其次弟之曾孙南札普（一作南札璞）曾任佐领。《八旗通志》（初集）记载，第四参领第十三佐领，系康熙三十六年（1679年）编立，始以拜音察克兄之子南札璞管理。南札璞故，以其叔父之子拜思虎朗管

---

① 参阅《通谱》卷六十六《恩格德尔额驸》，第717页上；《八旗通志》（初集）卷四《旗分志四》，第49页；《钦定八旗通志》卷四《旗分志四》，第62页。

理。拜思虎朗故，以其弟偏龄管理。偏龄故，以其兄之子齐林管理。齐林故，以其子墨升额管理。墨升额故，以拜音察克之三世孙韦陀保管理①。

博尔济吉特氏噶尔马叶尔登，属第四参领第十八佐领。

《通谱·噶尔马叶尔登》记录，世居克尔伦地方，国初同兄弟率部属来归，授三等子，编一佐领，以其长子伊纳穆统之。《八旗通志》（初集）记载，第四参领第十八佐领，系国初以阿霸垓地方来归人丁编立，始以噶尔马（一作噶尔玛）管理。噶尔马故，以其子伊纳穆管理。伊纳穆故，以其子班达尔沙管理。班达尔沙故，以其弟赛音查管理。赛音查退任，以其兄之子巴礼密管理。巴礼密缘事革退，以其弟阿尔纳管理。阿尔纳故，以其叔祖之子二等侍卫纳兰管理。纳兰故，以其孙成禄管理。成禄故，以其子丰生额管理②。这是一个世管佐领。《通谱》与《通志》（初集）所载佐领始管理者有异，《通谱》则订正了《通志》（初集）记载之不确。

博尔济吉特氏噶尔马琐诺木（一作噶尔玛索诺木），属第五参领第八佐领。

《通谱·噶尔马琐诺木》记录，世居阿霸垓地方，天聪时来归，尚公主，封为额驸。子寨桑，因系公主所出，授三等子，编设佐领，使其统之。续以子齐兰保任佐领，孙经纬任散秩大臣兼佐领，曾孙副都统、乾清门侍卫兼佐领。《八旗通志》（初集）记载，第四参领第八佐领，系康熙八年（1669年），将噶尔马琐诺木额驸之蒙古，及公主之随嫁满洲，编为佐领，初以喀青阿管理。喀青阿故，以公主子齐兰保管理。齐兰保缘事革退，以存柱管理。存柱缘事革退，以齐兰保子经纬管理。经纬缘事革退，以其兄经纶之子三等侍卫、三等阿思哈尼哈番巴尔品管理。巴尔品调补副都统，以其子伊忠阿管理。伊忠阿故，以其子瑚图里管理③。唐邦治《清皇室四谱》卷四记载，皇太极第十一女固伦端顺长公主，顺治四年（1667年）十二月，下嫁阿霸垓部博尔济吉特氏噶尔玛索诺木。七年（1670年）七月卒，年仅十五岁④。从《通谱》和《通志》（初集）看，她生有二子，即寨桑和齐兰保。

---

① 参阅《通谱》卷六十六《额尔格尔珠尔》，第724页下；《八旗通志》（初集）卷四《旗分志四》，第59页；《钦定八旗通志》卷五《旗分志五》，第79页。

② 参阅《通谱》卷六十六《噶尔马叶尔登》，第724页上；《八旗通志》（初集）卷四《旗分志四》，第60页；《钦定八旗通志》卷五《旗分志五》，第80页。

③ 参阅《通谱》卷六十六《噶尔马琐诺木》，第728页下；《八旗通志》（初集）卷四《旗分志四》，第61页；《钦定八旗通志》卷五《旗分志五》第83页。

④ 《清皇室四谱》卷四《皇女》，第9页。

至康熙八年（1669 年），其子已二十岁出头，编设该佐领。可知天聪时噶尔马琐诺木来归，人数无多，并未单独编立佐领。

博尔济吉特氏昂坤杜棱，属第五参领第十三佐领。

《通谱·昂坤杜棱》记录，世居察哈尔地方，天聪时率部属来归，授三等男。编佐领，令其第三子图萨统之，其子孙多有任佐领者。《八旗通志》（初集）记载，第五参领第十三佐领，系国初察哈尔地方来归人丁编立，始以讬图管理。续以哈大海管理，续以巴泰管理，续以达巴海管理，续以查图管理，续以绰根管理。绰根故，令博勒管理。博勒故，以阿尔那管理。阿尔那故，以阿尔那之族子伊禄尔管理。伊禄尔故，以阿尔那兄之子阿汉管理。阿汉故，以其子华善管理。华善缘事革退，以其族弟萨哈连管理。萨哈连升任荆州固山大（协领），以华善之弟保住管理。保住故，以其弟常寿管理。常寿故，以华善之子桑格管理。桑格缘事革退，以其族人一等阿达哈哈番、又一拖沙喇哈番（云骑尉）巴喀纳管理。巴喀纳故，以其子吉龄管理。吉龄故，以其子博德管理。博德故，以其叔吉禄管理。吉禄故，以其族叔成德管理。成德升任福建游击，以其兄永亮管理①。此佐领为公中佐领。

3. 正白旗属

博尔济吉特氏伊林齐，属第五参领第十五佐领。

《通谱·伊林齐》记录，世居兀鲁特（一作乌鲁特，又作乌鲁忒）地方，国初率部属首先来归，设半个佐领，令伊属人达海统领。伊林齐之孙鄂齐尔（一作俄起力）以三等轻车都尉兼任佐领，曾孙罗普藏（一作罗卜藏）任佐领，班第任佐领，元孙色楞额（一作色冷格）任佐领，四世孙富桑阿任佐领。《八旗通志》（初集）记载，第五参领第十五佐领，系国初兀鲁特地方来归人丁编立，编为半个牛录，即以其人达海管理。达海故，以其人古禄固管理。古禄固故，增以二十二丁，编为整佐领，以兀鲁特贝子伊林齐之孙俄起力管理。俄起力故，以其子罗卜藏管理。罗卜藏故，以其弟班第管理。班第故，以其子色冷管理。色冷因目疾辞退，以其弟色冷格管理。色冷格革退，以其子富桑阿管理。富桑阿故，以其子胜德管理②。伊林齐作为兀鲁特贝子，其子孙历任佐领，该佐领为世管佐领。

---

① 参阅《通谱》卷六十六《昂坤杜棱》，第 727 页上；《八旗通志》（初集）卷四《旗分志四》，第 62 页；《钦定八旗通志》卷五《旗分志五》，第 85 页。

　② 参阅《通谱》卷六十六《伊林齐》，第 722 页上；《八旗通志》（初集）卷五《旗分志五》，第 86 页；《钦定八旗通志》卷七《旗分志七》，第 124 页。

4. 正红旗属

博尔济吉特氏拜音代，属第三参领第十一佐领。

《通谱·拜音代》记录，世居乌鲁特地方，国初率部属来归，授二等轻车都尉。编佐领，令其弟密赛（一作弥赛）之子鄂尔椎（一作鄂尔泽）统领，孙墨济（一作墨集）、曾孙花色俱原任佐领。叔祖之孙常舒原任佐领，曾孙齐林原任佐领。《八旗通志》（初集）记载，第三参领第十一佐领，系国初乌鲁特地方来归人丁编立，始以弥赛之子、侍卫鄂尔泽管理。鄂尔泽故，以其伯父之子色楞管理。色楞故，以其兄之子墨集管理。墨集故，以其子花色管理。花色故，以其伯父之子、阿思哈尼哈番长寿管理。长寿故，以其子阿达哈哈番喇嘛宝管理。喇嘛宝升任青州协领，以其弟齐林管理。齐林故，以其子伯尔吉太管理。伯尔吉太故，以其子双福管理①。该佐领系世管佐领。

5. 镶白旗属

博尔济吉特氏巴拜，属第一参领第四佐领。

《通谱·巴拜》记录，世居西拉木楞地方，国初率部属首先来归，授三等子，编设佐领，令伊属人昂阿（一作昂噶）统之。巴拜之长子科尔坤原任佐领，孙赉善（一作来善）历任散秩大臣兼佐领、锡图原任佐领，曾孙庵保任长史兼佐领、赫成格、七十、赛音达理原任，元孙永福、穆尔泰原任佐领。《八旗通志》（初集）记载，第一参领第四佐领，国初以喀尔喀巴玉特地方来归人丁编立，始以其人昂噶管理。昂噶故，以昂盖管理。昂盖故，以巴玉特台吉巴拜之子科尔坤管理。科尔坤故，以其弟阿玉锡之子来善管理。来善故，以其子赫成格管理。赫成格故，以其弟安宝管理。安宝故，以其子永福管理。永福故，以其子罡奎管理②。巴拜作为巴玉特台吉，其子孙历任佐领，该佐领为世管佐领。

博尔济吉特氏图尔济叶尔登，属第五参领第八佐领。

《通谱·图尔济叶尔登》记录，世居察哈尔地方，天聪时率部属来归，授三等男，编设佐领，令其三子图萨统领，第五子格扪（一作格梅尔）、第六子额尔济图俱原任佐领，孙克锡图（一作克西图）、性格库（一作星格

---

① 参阅《通谱》卷六十六《拜音代》、《密赛》，第720页上、下；《八旗通志》（初集）卷六《旗分志六》，第98页；《钦定八旗通志》卷八《旗分志八》，第144页。

② 参阅《通谱》卷六十六《巴拜》，第718页上；《八旗通志》（初集）卷七《旗分志七》，第107页；《钦定八旗通志》卷十《旗分志十》，第163页。

库）原任佐领，曾孙福盛（一作福升）、明泰、明善俱原任佐领。《八旗通志》（初集）记载，第五参领第八佐领，系国初以察哈尔地方来归人丁编立，始以图尔济叶尔登第三子图萨管理。图萨故，以其弟格梅尔管理。格梅尔故，以其弟额尔济图管理。额尔济图故，以其兄之子克西图管理。克西图年老辞退，以其弟星格库管理。星格库因病辞退，以其兄之子查木颜管理。查木颜故，以其子福升管理。福升故，以其子富僧管理。富僧革退，以图尔济叶尔登之六世孙德昌管理①。该佐领系察哈尔贝子图尔济叶尔登率属来归，以其人编立，由其曾孙管理。此佐领为世管佐领。

6. 镶红旗属

博尔济吉特氏布彦代（一作布颜泰），属第四参领第九佐领。

《通谱·布彦代》记录，世居兀鲁特地方，国初率部属来归，授一等轻车都尉，编佐领，令伊属人恩克森（一作恩克僧）统管。布彦代之子鄂穆布（一作俄木布）任佐领，孙色特理（一作色特礼）任佐领，曾孙色尔登（一作塞尔登）任副都统兼佐领。《八旗通志》（初集）记载，第四参领第九佐领，系国初以乌鲁忒地方来归人丁编立，始以恩克僧管理。恩克僧缘事革职，以布颜泰之长子、多罗额驸兼一等阿思哈尼哈番俄木布管理。俄木布故，以其子六品荫生色特礼管理。色特礼故，以其子副都统塞尔登管理。塞尔登故，以其孙色秦管理②。该佐领是世管佐领。

7. 正蓝旗属

博尔济吉特氏琐诺木（一作索诺穆），属第一参领第一佐领。

《通谱·琐诺木》记录，世居乌鲁特地方，国初率部属，首先来归，授二等子。编设佐领，令伊属人诺穆图统领。琐诺木亲弟之孙赫达色任佐领，亲伯之孙达克萨任佐领，琐诺木四世孙端柱任佐领。《八旗通志》（初集）记载，第一参领第一佐领，系国初以乌鲁特地方来归人丁编立，始令诺穆图管理。诺穆图故，以阿济达管理。阿济达故，以法保管理。法保故，以索诺穆之二世孙、三等伯赫达色管理。赫达色故，以索诺穆之三世孙根敦扎卜管理。根敦扎卜升任奉天协领，以其子端柱管理。端柱缘事革退，以达克萨管理。达克萨缘事革退，以德敏管理。德敏故，以伯秀管理。伯秀故，以福元

---

① 参阅《通谱》卷六十六《图尔济叶尔登》，第727页上；《八旗通志》（初集）卷七《旗分志七》，第120页；《钦定八旗通志》卷十一《旗分志十一》，第186页。

② 参阅《通谱》卷六十六《布彦代》，第720页下；《八旗通志》（初集）卷八《旗分志八》，第139页；《钦定八旗通志》卷十三《旗分志十三》，第219页。

管理①。该佐领由原世管佐领而改为公中佐领。

博尔济吉特氏鄂尔斋图（一作鄂里喀图，又作鄂勒寨图），属第一参领第十二佐领。

《通谱·鄂尔斋图》记录，世居兀鲁特地方，国初率部属来归，编佐领，由鄂尔斋图统领。其子诺特海（一作挠海）、诺穆图俱原任佐领，孙库塞、丹巴（一作丹拔）俱原任佐领，花色（一作花塞）原任参领兼佐领，曾孙五达色、博尔泰原任佐领，元孙常保任佐领。《八旗通志》（初集）记载，第一参领第十二佐领，系国初以乌鲁特地方来归人丁编立，始以鄂里喀图管理。鄂里喀图故，以其次子诺穆图管理。诺穆图故，以其兄挠海管理。挠海故，以其长子库塞管理。库塞故，以其叔父之子花塞管理。花塞年老告退，以其伯父之子丹拔管理。丹拔故，以其子博尔泰管理。博尔泰故，以其伯父之子五达色管理。五达色缘事革退，以常保管理。常保缘事革退，以伯明管理。伯明故，以瑚什太管理。瑚什太故，以格尔忒管理。《钦定八旗通志》谨案，《旗册》指出，此佐领原系天聪七年（1633年），乌鲁特贝勒鄂勒寨图来归时，将所携人丁编立②。该佐领为世管佐领。

博尔济吉特氏垂尔札尔（一作揣尔扎珥），属第一参领第十三佐领。

《通谱·垂尔札尔》记录，世居兀鲁特地方，国初率部属来归，授二等轻车都尉。其孙拉普斋原任护军参领兼佐领；曾孙旒相（一作刘相）原任刑部侍郎兼任佐领，布岱、赫特赫（一作赫特黑）俱原任佐领；元孙永绥（一作永寿）、林亲皆原任佐领。《八旗通志》（初集）记载，第一参领第十三佐领，系国初以乌鲁特地方来归人丁编立，始以罗敏管理。罗敏故，以和同齐管理。和同齐故，以阿什图管理。阿什图故，以乌鲁特贝子揣尔扎珥之孙喇麻寨管理。喇麻寨故，以其子刘相管理。刘相升任盛京户部理事官，以其弟赫特黑管理。赫特黑故，仍以刘相管理。刘相告退，以其子二等阿思哈尼哈番永寿管理，续以林亲管理。林亲故，以博宁管理。博宁故，以尚阿布管理③。该佐领系世管佐领。

① 参阅《通谱》卷六十六《琐诺木》，第719页下；《八旗通志》（初集）卷九《旗分志九》，第149页；《钦定八旗通志》卷十四《旗分志十四》，第236页。

② 参阅《通谱》卷六十六《鄂尔斋图》，第722页上；《八旗通志》（初集）卷九《旗分志九》，第151页；《钦定八旗通志》卷十四《旗分志十四》，第239页。

③ 参阅《通谱》卷六十六《垂尔札尔》，第719页下；《八旗通志》（初集）卷九《旗分志九》，第151页；《钦定八旗通志》卷十四《旗分志十四》，第240页。

博尔济吉特氏布当，属第二参领第十四佐领。

《通谱·布当》记录，世居兀鲁特地方，国初率部属首先来归，授二等轻车都尉，编佐领，令伊属人阿齐图（一作阿纪图）统辖。布当第三子满津原任佐领，元孙党爱任佐领；布当亲兄之子穆哈廉任佐领，孙阿玉石（一作阿玉玺）任佐领。《八旗通志》（初集）记载，第二参领第十四佐领，系天命七年（1622年），以乌鲁特地方来归人丁编立，初以阿纪图管理。阿纪图故，以孟格图管理。孟格图故，以其台吉塞楞管理。塞楞故，以其兄布当之子满津管理。满津故，以其兄之子穆哈廉管理。穆哈廉故，以其子额尔和图管理。额尔和图故，以其弟之子阿玉玺管理。阿玉玺故，以景泰管理。景泰故，以嵩桂管理①。此佐领以台吉塞楞家族管理，为世管佐领。

博尔济吉特氏寨桑扎尔固齐，属第二参领第十七佐领。

《通谱·寨桑扎尔固齐》记录，世居瑚伦博宜尔地方，天聪时，同兄弟率部属来归，授三等男，编佐领，使其统辖。其子札住（一作查柱）原任佐领，孙陶蕃齐（一作陶籓齐）、甘珠尔（一作甘珠珥）原任佐领。《八旗通志》（初集）记载，第二参领第十七佐领，系天聪三年（1629年），以库罗伦布尔地方来归人丁编立，初以库色布管理。库色布故，以寨桑扎尔固齐之子查柱管理。查柱从征卒于军，以其子甘珠珥管理。甘珠珥缘事革退，以其弟阿思哈尼哈番陶籓齐管理。陶籓齐故，以仪素特（一作伊苏特）管理。仪素特故，以宗住普管理。宗住普故，以宗扎普管理。宗扎普故，以吉尔敏管理。吉尔敏故，以国敏管理②。该佐领为世管佐领。

博尔济吉特氏阿玉石，亦属第二参领第十七佐领。

《通谱·阿玉石》记录，寨桑扎尔固齐第五子之子，以来归功，授骑都尉，因无子嗣，由伯祖之子袭职。伯祖曾孙伊苏特承袭骑都尉，任散骑郎兼佐领。《八旗通志》（初集）记载，第二参领第十七佐领，仪素特管理佐领③。此佐领为公中佐领。

8. 镶蓝旗属

---

① 参阅《通谱》卷六十六《布当》，第721页上；《八旗通志》（初集）卷九《旗分志九》，第154页；《钦定八旗通志》卷十四《旗分志十四》，第244页。

② 参见《通谱》卷六十六《寨桑扎尔固齐》，第727页下；《八旗通志》（初集）卷九《旗分志九》，第154页；《钦定八旗通志》卷十四《旗分志十四》，第245页。

③ 参阅《通谱》卷六十六《阿玉石》，第728页上；《八旗通志》（初集）卷九《旗分志九》，第154页；《钦定八旗通志》卷十四《旗分志十四》，第245页。

博尔济吉特氏寨桑达尔汉和硕齐，属第二参领第十七佐领。

《通谱·寨桑达尔汉和硕齐》记录，世居克尔伦地方，国初同兄弟，率部属首先来归，赐"达尔汉和硕齐"号，授三等男。其亲弟曾孙孟克袭职，任散秩大臣，兼佐领。《八旗通志》（初集）记载，第二参领第十七佐领，系国初以蒙古来归人丁编立，始为半个牛录，以和硕齐之子波思希管理。波思希故，以其兄奇他鼐管理。奇他鼐因病辞退，以其子阿尔那管理。阿尔那故，以其叔父巴图管理。巴图故，以其兄之子班达尔沙管理。班达尔沙因病辞退，以其子一等精奇尼哈番、又一拖沙喇哈番、兼护军参领孟克管理。康熙三十四年（1695年），增以本旗余丁，编为整个佐领，仍以孟克管理。孟克故，以其子恩特恒管理。恩特恒故，以其子额永武管理①。该佐领属世管佐领。

博尔济吉特氏达赖，属第三参领第十佐领。

《通谱·达赖》记录，世居乌鲁特地方，国初率部属来归，授二等轻车都尉，编佐领，令伊属人通郭岱（一作陀郭代）统领。其子昂阿袭职，任佐领，孙诸神保（一作朱申保）、德尔登任佐领，曾孙佛宁袭职、任副参领兼佐领，何舍理（一作赫舍里）原任佐领，元孙栢奇、田保原任佐领，四世孙哈尔费颜、哈克散原任佐领，五世孙哈沙哈亦任佐领。《八旗通志》（初集）记载，第三参领第十佐领，系国初以乌鲁忒地方来归人丁编立，始以陀郭代管理。陀郭代革退，以西达管理。西达革退，以西布海管理。西布海革退，以昂阿管理。昂阿故，以德尔登管理。德尔登故，以朱申保管理。朱申保缘事革退，以德尔登之子赫舍里管理。赫舍里缘事革退，仍以朱申保管理。朱申保从征阵亡，以其子田保管理。田保故，以其弟佛宁管理。佛宁缘事革退，以其族子哈克散管理。哈克散故，以其子哈达那管理。哈达那故，以其子达冲阿管理。达冲阿缺出，以其弟达忠阿管理②。该佐领为世管佐领。

蒙古贵族多单独编制佐领，在"上三旗"者居多，突出他们至尊的地位，如上述博尔济吉特氏，而大多数蒙古姓氏则分散于它旗之中。这是一个非常明显的特征。

---

① 参阅《通谱》卷六十六《寨桑达尔汉和硕齐》，第725页上；《八旗通志》（初集）卷十《旗分志十》，第176页；《钦定八旗通志》卷十六《旗分志十六》，第284页。

② 参阅《通谱》卷六十六《达赖》，第721页上；《八旗通志》（初集）卷十《旗分志十》，第178页；《钦定八旗通志》卷十六《旗分志十六》，第288页。

第四节　氏族成员职司与鼎革功绩

后金对来归蒙古贵族给予一种特殊政策,加以重用。尤其是清前期,为不少蒙古姓氏成员封爵,其中包括贝勒、贝子、一等公、二等公、三等公、一等侯、二等侯、一等伯、二等伯、一等子、二等子、三等子、一等男、二等男、三等男、轻车都尉、骑都尉、云骑尉等。例如,恩格德尔额附第四子额尔克戴青,系公主所出,历封三等子、二等子、一等侯、二等公。再如,授予乌鲁特贝勒鄂勒寨图、察哈尔贝子图尔济叶尔登、恩格德尔额附的亲弟莽果尔岱一等伯,明安优晋二等伯等。从中央到地方机构,自高级到低品官职,均有蒙古姓氏人员充当。身任八旗满洲与中央部院长官者,有布彦代任都统兼礼部尚书,札穆扬任杭州将军,宗札普任西安将军,阿尔善历任都统、刑部尚书,阿尔鼐历任都统、理藩院尚书,古穆任都统,喀兰图任理藩院尚书,班第历任领侍卫内大臣、理藩院尚书,巴尔密特任都统,博第任黑龙江将军,海潮龙任将军等①。不过此类高官人数相对较少,而任副职侍郎、副都统等人数稍多。一些战功显赫之人,清廷赐号"巴图鲁",以示表彰。诸如,褚库巴图鲁、耀奈巴图鲁、绰根巴图鲁、索宁巴图鲁、席图巴图鲁等②。

依据《通谱》所载蒙古姓氏传主、附载之人,及子孙职司统计,文武官员任职情况如下:

任文职官衔有:礼部尚书、兵部尚书、刑部尚书、理藩院尚书、内阁侍读学士、礼部侍郎、刑部侍郎、理藩院侍郎、都察院副都御史、太仆寺少卿、詹事府少詹事、内务府总管、光禄寺少卿、郎中、给事中、御史、员外郎、主事、通判、典仪、鸣赞、赞礼郎、治仪正、中书、笔帖士、博士、助教、翰林院待诏、库长、长史、包衣大、茶房总管、南苑副总领、牛羊群总管、布政使等。

任武职官阶有:领侍卫内大臣、内大臣、散秩大臣、委属散秩大臣、都统、黑龙江将军、齐哈尔将军、驻防将军、热河副都统、杭州副都统、副都统

---

① 参阅《通谱》卷六十六《布彦代》、《恩格垒》、《喀喇巴拜》、《额尔济格》、《额尔格尔珠尔》;卷六十七《卫寨桑》;卷六十八《耨克》、《达赉》、《海潮龙》。

② 参阅《通谱》卷六十七《褚库巴图鲁》、《耀奈巴图鲁》、《达巴海》、《鄂布哈》、《席图》。

品级总理阿尔泰军台事务总管、副将、头等侍卫、二等侍卫、前锋侍卫、蓝翎侍卫、前锋参领、护军参领、城守尉、包衣护军参领、佐领、包衣佐领、内管领、副管领、协领、防御、守备、步军参领、委署护军参领、前锋校、护军校、副护军校、骁骑校、副骁骑校、亲军校、步军校、城门尉、信炮章京、备箭首领、翼长、把总、游击等。

蒙古氏族作为满洲盟友，在清初占有重要的政治地位。在长期的征战中，他们以武职官员居多，不仅享受丰厚待遇，而且也得以担任军政要职，尤其是皇太极时期，满蒙汉人并用，突出蒙古盟友。这都与他们早期立下的赫赫战功是分不开的。入关后，随着全国统治的拓展，满汉地主阶级联盟的加强，削弱了蒙古贵族的政治势力。他们之中没有人担任总督、巡抚封疆大吏，除了正黄旗人诺穆浑曾任陕西布政使外①，亦无人出任府州县长官。这与蒙古氏族整体上以骑射武功见长，而文化素质偏低，缺乏管理能力相关。蒙古官员诠选，也体现了满洲贵族用其所长，避其所短的用人原则。

明清鼎革之际，战争频仍，军事上的优势是清朝完成统一的决定性因素。从万历四十四年（1616 年）后金立国，到康熙元年（1662 年）南明灭亡，清兵经历了与蒙古、朝鲜、明朝、农民军、南明政权的诸多战役，在此过程中，深得满洲贵族信赖的蒙古铁骑血染疆场，流血牺牲，为清朝政权的建立和巩固，立下了卓越功绩。现将蒙古氏族不同历史阶段的战绩分述如下：

一、天命时期战事

天命三年（1618 年），太祖努尔哈赤以"七大恨"，誓师攻明，发动了抚顺、清河之战，拉开了明清战争的帷幕。此后又有萨尔浒之战、广宁之战、开铁之战、辽沈之战等一系列战争，而一些战役的大捷均离不开蒙古将士的英勇奋战。早在努尔哈赤称汗的前十年，博尔济吉特氏恩格德尔额附率领五部诸贝勒之使拜谒，献驼马，奉表上尊号，曰"神武皇帝"，"自此蒙古诸部，朝贡岁至"②。六年（1621 年），与恩格德尔额驸同牧于西喇木伦的古尔布什等，率领部落来归。大批蒙古部落的主动依附，既为后金解除了北顾之忧，又为满洲扩充了兵源，增强了战斗力。在诸多对明战争中，皆有蒙古贵族率队参战，例如，最早攻打抚顺之战，恩格德尔额附就参与其中，降

---

① 《通谱》卷六十八《诺尔布》，第 744 页下。
② 《清史稿》卷二百二十九《恩格德尔传》，第 9276 页。

服明游击李永芳。十一年（1626年），科尔沁蒙古博尔济吉特氏明安之子游击昂洪、子备御多尔济，从征巴林、扎鲁特诸部。同年，努尔哈赤进攻宁远城不克，偏师取觉华岛。满洲镶红旗人、二等参将世职布颜代率蒙古兵，从固山额真武讷格，"破敌垒，歼其众，焚所积刍粮而还"①。

明朝与后金均已明确地认识到，是否联盟蒙古部落，关涉政权安危的大问题。明廷竭力地笼络察哈尔蒙古林丹汗等，赐予大量的物资，力图利用这股势力，阻止后金西进。比如，天命四年（1619年）七月，后金攻打铁岭时，蒙古喀尔喀贝勒斋赛、扎鲁特贝勒巴克、台吉色本等引兵万余，援助明军。此役后金获胜，努尔哈赤意识到争取蒙古部落的支持，对实现整体战略部署的至关重要，对蒙古的政策主要是招抚，目的明确就是建立满蒙同盟，共襄大业。由于林丹汗对待蒙古部落方针与政策的失当，迫使科尔沁等不少蒙古部落脱离明朝，投奔后金。这就有力地促进了满蒙联盟的迅速形成。

二、天聪、崇德时期战事

此阶段的重大战争，"诸蒙古兵皆从"。天聪元年（1627年），皇太极派兵进攻大凌河，围困锦州，此战遭到挫折，被迫撤兵。次年，三等总兵官明安，与固山额真武讷格、额驸恩格德尔等讨伐察哈尔，降三千户。当年，蒙古兵从征伐明，"入龙井关，克大安，下遵化，薄明都"，"四遇敌，战皆胜"。五年（1631年），又跟随皇太极攻明，围困大凌河。明总兵祖大寿出战，明安与固山额真和硕图等夹击，大败明军。之后，明安再败大寿，"得优赉"。次年，蒙古兵掠宣府、大同边外，收察哈尔部众②。

明朝构筑的宁锦防线是后金军西进的严重障碍。清军占领大凌河后，锦州成为明朝在辽西的前哨阵地，其周围尚有松山、杏山、塔山、宁远四重镇。皇太极"以大军屡入塞，不得明尺寸地，皆由山海关阻隔。而欲取关，非先取关外四城不可"③。因此，围绕着锦州、松山、宁远等城，明、清军队展开激烈战斗。崇德五年（1640年），清兵再围锦州。兀鲁特地方博尔济吉特氏多尔济，"首先破贼入锦州，叙功，优授一等男"④。萨尔图氏柏德之孙褚库，由于在战斗中表现出色，赐号"巴图鲁"。

崇德六年（1641年）三月，清兵再次围攻锦州，城内的蒙古人做内应，

① 《清史稿》卷二百二十九《明安传·附布颜代》，第9274页。
② 参阅《清史稿》卷二百二十九《明安传》，第9272页。
③ （清）魏源：《圣武记》卷一《开国龙兴记三》，中华书局1984年版，第29页。
④ 《通谱》卷六十六《多尔济》，第719页上。

"縋绳城下"①，传送城内军情。八月，太宗亲统大军征锦州，破明军十三万兵于松山。九月，又分兵再攻锦州、松山。在这些关键战役中，蒙古科尔沁部、察哈尔部等都有将士从战。西拉木楞地方博尔济吉特氏吉尔布什额附，参与围锦州之战，击败宁远兵有功，授为二等子。其弟达赖也在战斗中，"击贼有功"，授为三等轻车都尉②。正黄旗人额尔格尔珠尔，"三围锦州，击败洪承畴兵"③。镶白旗人和尔氏巴都瑚，"三围锦州，屡败塔山、松山、宁远兵"④。参战的博尔济吉特氏图尔济叶尔登的长子古禄、萧奇特氏诺穆赖，均有上乘表现。松锦大捷是清朝进取辽西的决定性战役，为兵锋西指，铲平了道路。在关系明清兴亡的关键性战役中，诸多蒙古骑兵勇猛善战，功绩斐然，赢得满洲贵族的充分肯定与信赖，满蒙联盟也越发巩固。

归附后金的蒙古姓氏还参与了征服朝鲜及蒙古其他部落的战争。诸如，天聪元年（1627 年），正黄旗人兀鲁特地方博尔济吉特氏明安之次子多尔济，从征朝鲜。同旗人鄂尔果诺特氏阿岱，"征朝鲜，屡著战功"⑤。参加对札鲁特、董夔、克西克腾等部的战争，比如，兀鲁特地方博尔济吉特氏多尔济、札鲁特地方博尔济特氏巴克贝勒之子鄂齐里桑德赫马、兀鲁特地方博尔济吉特氏奇普塔尔之弟袞布、郭尔罗特氏布颜塔布囊等均在军阵之中。清军多次绕道长城，掠京畿地区，一度打到山东，郭齐里氏特穆深"崇德中，从征山东阵亡，赠骑都尉，祀昭忠祠"⑥。

三、顺治时期战事

顺治元年（1644 年）四月初七日，摄政王、睿亲王多尔衮统率大军，出师中原。二十二日，明朝山海关总兵吴三桂迎降清兵。多尔衮分兵三路，迅速抵达山海关，重创李自成大顺军。一批蒙古氏族将领率兵参与山海关之战，例如，西拉木楞地方博尔济吉特氏恩格德尔额附之弟莽果尔代，"定鼎燕京时，入山海关，击败流贼马步兵二十万众"⑦，叙功授二等子，三遇恩诏，优晋一等伯。参战者还有，兀鲁特地方博尔济吉特氏布彦代、伊林齐、

<hr>

① 《皇朝藩部要略》卷二《内蒙古要略二》，第 112 页。

② 《通谱》卷六十六《达赖》，第 718 页。

③ 《通谱》卷六十六《额尔格尔珠尔》，第 724 页下。

④ 《通谱》卷六十七《巴都瑚》，第 734 页下。

⑤ 《清史稿》卷二百二十九《明安传》，第 9271 页；《清朝通志》卷七《附载蒙古八旗姓·鄂尔果诺特氏阿》，第 6792 页下。

⑥ 《清朝通志》卷七《特穆深》，第 791 页中。

⑦ 《通谱》卷六十六《恩格德尔》，第 717 页。

喀喇巴拜之孙依萨穆，札鲁特地方博尔济吉特氏额尔济格第三子阿兰柴，克尔伦地方博尔济吉特氏额尔格尔珠尔、寨桑达尔汉和硕齐之弟博什喜、其亲弟之子巴特马，把岳忒地方博尔济吉特氏巴喇之孙桑赛，兀鲁特地方博尔济吉特氏密赛之子鄂尔椎等，均叙功封赏。克尔伦地方博尔济吉特氏纳木，定鼎燕京时，因"护随和硕肃亲王有功，授为二等轻车都尉"①。还有其他家族成员参战，比如，镶白旗人和尔氏栋阿赖，"定鼎时，破流贼二十万众"② 等。

清兵入关后，面临着大顺农民军和南明等抗清势力的挑战。顺治元年十月，命英亲王阿济格为靖远大将军，统帅清军由山西攻陕北，讨伐李自成大顺农民军；又以豫亲王多铎为定国大将军，将兵征讨南明小王朝。次年正月，清兵攻克潼关，李自成放弃西安南下，继续追击大顺军余部。例如，正红旗人、"巴图鲁"萨尔图氏褚库，以副都统将兵"征四川，击贼张献忠，大败之"③。多铎统清兵南下，攻克徐州、扬州，占领南京，福王弘光政权瓦解。在这一时期，以"破流贼，灭福王，平定河南江南"④ 为首要任务。蒙古姓氏成员立功者，有西拉木楞地方博尔济吉特氏恩格垒之亲伯之子塞冷，兀鲁特地方博尔济吉特氏垂尔札尔、密赛之子鄂尔椎，蒙古尔济氏耀奈巴图鲁，萧奇特氏诺穆赖，实宝禅氏达巴海之子绰根等。

顺治二年（1645 年）闰六月，多铎奏报清军平定浙江，博尔济吉特氏阿玉石家族的札纳"从征浙江舟山，击败贼伪英毅伯阮思等兵，数万余众，叙功，授为二等轻车都尉"⑤。未久，明唐王朱聿键在福州称帝，建立隆武政权。鲁王朱以海称监国于绍兴。十一月初六日，平南大将军勒克德浑等，率军往征湖广，征讨大顺军。镶黄旗人伊图默氏阿哈麻色之孙诺穆浑，"由护军校从征湖广，在永兴县，奋勇击贼阵亡，赠云骑尉"⑥。二十日，以何洛会为定西大将军，兵进四川，征讨大西军。次年，肃亲王豪格为靖远大将军，再征四川。正红旗人萨尔图氏谟和理之长子色勒布，"追流贼，至庆都县，败之。续征四川，屡败贼张献忠等马步兵，叙功，授云骑尉"⑦。正蓝旗人乌

① 《通谱》卷六十六《纳木》，第 725 页下。
② 《清朝通志》卷六《蒙古八旗姓·和尔氏》，第 786 页上。
③ 《清朝通志》卷六《萨尔图氏》，第 786 页上。
④ 《通谱》卷六十六《垂尔札尔》，第 719 页下。
⑤ 《通谱》卷六十六《阿玉石》，第 728 页上。
⑥ 《通谱》卷六十八《阿哈麻色》，第 752 页上。
⑦ 《通谱》卷六十七《谟和理》，第 731 页下。

济吉特氏乌巴玺，"由护军校，从征四川，击贼张献忠兵，阵亡，赠云骑尉"①。

清兵对西南地区李定国和东南地区郑成功两大抗清势力也展开围剿。镶黄旗人布尔哈齐氏鄂通之子阿岱，"由防御，从征云南贵州，在陆噶地方，击败贼将李定国兵二万余众"②。顺治中期，镶红旗人都尔哈氏楚布果尔，"从征贵州，及败海寇郑成功，有功，授云骑尉"③。正蓝旗人喀尔诺特氏多萧，"从征广东、广西，旋师至江宁（今江苏南京），击海寇郑成功，阵亡，赠云骑都尉，加一云骑尉，祀昭忠祠"④。在这些重大战役中，八旗满洲的蒙古将士勇敢奋战，多获军功。顺治十三年（1656年），世祖福临念蒙古氏族归附时间久远，始终效力，充分地肯定他们的功绩。他指出："当太祖、太宗开创之初，诚心归附，职效屏藩。"承诺："朕世世为天子，尔等亦世世为王，享富贵于无穷，垂芳名于不朽。"⑤

四、康雍时期战事

康熙十二年（1673年）十一月，在南疆爆发了"三藩之乱"，在这场持续八年之久的战争中，八旗满洲的不少蒙古将士参战。诸如，镶蓝旗人额尔敦氏和济格尔，"从征吴逆阵亡，赠云骑尉，祀昭忠祠"⑥。镶黄旗人龚吉尔氏巴拜之孙巴特马，"在洞庭桥等处，连败贼耿精忠，及贼伪吴都督兵，四万五千余众"⑦。参与此次征伐"吴逆"、"耿逆"的，还有镶黄旗人和尔钦氏弼勒卓海、扎哩特氏锁柱、齐默特氏罗布希等，正黄旗人哈尔吉努氏乌逊岱等，正白旗人阿喇克球氏阿必达等，正红旗人萨噜特氏色楞、齐木可图氏苏巴什达等，镶白旗人博希特氏波讬和、翁郭里氏古英等，镶红旗人乌努呼氏哲僧、岱齐特氏岳逊岱、齐哩克氏苏珠可图等，正蓝旗人巴鲁特氏拜材、博多特氏扎锡辖、额玉特氏必礼可图等，镶蓝旗人达尔坤氏纳穆什希、努特伦氏绰特毕、珠格德氏巴尔都等。他们或叙功封赠世职，或阵亡，祀昭忠祠⑧。

全国局势趋于稳定后，清朝开始整饬边疆秩序，康雍乾三朝连续用兵西

---

① 《通谱》卷六十六《乌巴玺》，第748页。
② 《通谱》卷六十八《鄂通》，第751页下。
③ 《清朝通志》卷七《附载蒙古八旗姓·喀尔诺特氏》，第792页中。
④ 《清朝通志》卷七《附载蒙古八旗姓·都尔哈氏》，第793页中。
⑤ 《皇朝藩部要略》卷二《内蒙古要略二》，第126—127页。
⑥ 《清朝通志》卷七《和济格尔》，第794页中。
⑦ 《通谱》卷六十八《巴拜》，第751页上。
⑧ 《清朝通志》卷七《附载蒙古八旗姓》，第791—794页。

北，巩固统一多民族国家。康熙中期，准噶尔部噶尔丹作乱西北。康熙二十九年（1690 年），噶尔丹率兵进入内蒙古，威胁清朝统治。康熙二十九年七月、三十五年（1696 年）二月、三十六年二月，圣祖玄烨将兵三次亲征，清军在乌兰布通、昭莫多、宁夏地方，重创噶尔丹势力，绥靖西北边陲。正黄旗人恩格德尔额附之孙札克丹，在厄尔得尼昭（一作额尔德尼招，即光显寺，今蒙古国前杭爱省哈拉和林西南），征战有功。正黄旗人把岳忒氏诺尔布之孙永国，"由礼部侍郎，往征准噶尔，于和通呼尔哈脑尔（一作和通泊，今蒙古国科布多省西二百里处）击贼，阵亡，赠骑都尉"①。克尔伦地方博尔济吉特氏纳木的侄子锡达"于昭莫多地方，奋勇破贼有功，授为二等男"②。参与对准噶尔部战争的蒙古将士还有，镶黄旗人锡喇德氏喀尔珠，正黄旗人郭尔罗特氏茂奇塔特、鄂尔图特氏永顺、翁牛特氏克什等，正白旗人阿喇克球氏阿必达、崆克礼氏博尔和对，镶红旗人济特氏海色，正蓝旗人巴逊氏布德、伊勒们氏穆奎，镶蓝旗人锡鲁克氏留实等。他们或因功，或阵亡，授赠封爵，或授世职③。

雍正时期，有关八旗满洲内蒙古氏族参战的记录渐少，除了对西北准噶尔部用兵，一部分蒙古将士出征参战，例如，镶红旗人乌楚肯氏阿里玛、兆齐特氏舍利保等，雍正中期，"从征准噶尔阵亡，赠云骑尉，祀昭忠祠"④。其他蒙古氏族少有征伐，一方面，国家处于相对平稳发展时期，战事较少；另一方面，八旗兵贪图安逸，整体军事素质下降，开国初以善战著称的蒙古兵战斗力也不可避免地削弱了。诸多蒙古姓氏后裔伴随着满洲汉化，也逐步丧失了骑射功夫，不复往日雄威。当然，随着满汉官僚联盟的加强，也逐渐取代了满蒙同盟便日趋边缘化。这是由满洲贵族适应全国统治战略部署之转变所决定的。

第五节　"戚畹贵族"——博尔济吉特氏世家

在八旗满洲的蒙古 360 个姓氏中，影响最大、堪称世家大族的，当属科

---

① 《通谱》卷六十八《诺尔布》，第 744 上页。
② 《通谱》卷六十六《纳木》，第 725 页下。
③ 《清朝通志》卷六《蒙古八旗姓》，第 6785—6786 页；卷七《附载蒙古八旗姓》，第 6791—6794 页。
④ 《清朝通志》卷七《乌楚肯氏·阿里玛》、《兆齐特氏·舍利保》，第 6794 页上。

尔沁蒙古博尔济吉特氏莽古思等后妃母家、西拉木楞地方博尔济吉特氏恩格德尔、古尔布什家族，以及兀鲁特地方博尔济吉特氏明安等几大家族。尤其莽古思等后妃家族，"以列朝外戚，荷国恩多厚，列内扎萨克二十四部首"①，堪称清代第一"戚畹贵族"之家。

一 科尔沁蒙古博尔济吉特氏为皇太极的后妃母家

后金开国前后，博尔济吉特家族的姑侄、姊妹5位女子均嫁给太宗皇太极为后妃，她们"母仪天下"，掌控内宫。孝庄文皇后扶植世祖、圣祖子孙两代四十余年，在清初政治生活中影响甚大。明万历四十二年（1614年）四月，科尔沁贝勒莽古思将16岁之女，出聘皇太极为妻。天聪初年，正位中宫大福晋。崇德元年（1636年）七月，定"五宫"名号，晋封清宁中宫皇后，谥号孝端文皇后。天命十年（1625年）二月，贝勒寨桑13岁之女、台吉吴克善之妹、孝端文皇后的亲侄女布木布泰，又嫁皇太极，封为永福宫庄妃，生皇9子福临，即世祖。福临即位，玄烨登基，分别尊为皇太后、太皇太后，谥号孝庄文皇后。天聪八年（1634年）十月，吴克善又将时年26岁的妹妹、孝庄文皇后之姐，再聘皇太极，封为关雎宫宸妃，谥号敏惠恭和元妃。此外，皇太极还迎娶阿霸垓额济克诺颜之女，封为麟趾宫贵妃；阿霸垓博第塞楚祜尔塔布囊之女，封为衍庆宫淑妃。"五宫"后妃"摄六宫事"，掌管内宫大权。这就成为庄妃6岁之子福临承袭大统的重要因素之一。顺治八年（1651年）八月，世祖又将卓礼克图亲王吴克善之女、孝庄文皇后亲侄女，立为皇后，不久废为静妃。十一年（1654年）五月，再把镇国公绰尔济之女、废后的从侄女，再立为皇后②。科尔沁蒙古博尔济吉特氏在清初后宫势力最盛，左右着朝廷的政治走向。

博尔济吉特氏后妃掌控后宫，也促进了该家族在满洲社会地位的迅速提升。其家族的远祖为元朝太祖成吉思汗之弟哈撒儿（一作哈布图哈萨尔），传至十三世孙图美尼雅哈齐，生子奎蒙克塔斯哈喇。明代洪熙元年（1425年），蒙古阿鲁台部被瓦剌部攻破，奎蒙克塔斯哈喇率部迁徙，避难于嫩江。他生有二子，即博第达喇、诺扪达喇，以博第达喇支脉繁衍最盛。博第达喇育有五子：齐齐克、纳穆赛、乌巴什、爱纳噶、阿敏，其中纳穆赛生有三

---

① 《清史稿》卷五百十八《藩部一·科尔沁》，第14323页。
② 参阅《清史稿》卷二百十四《后妃传》；《清皇室四谱》卷二《后妃》，第8页。

子，即莽古斯、明安、洪果尔。万历年间，莽古斯将女嫁给皇太极，封为孝端文皇后，清廷追封为福亲王。莽古斯生一子，即宰桑。天命年间，宰桑又将女儿聘皇太极，是为孝庄文皇后，追封其父为和硕忠亲王，封其兄吴克善和硕卓礼克图亲王。宰桑育有三子，即吴克善、满珠习礼、察罕。满珠习礼尚亲王女郡主，授和硕额驸，崇德元年（1636 年），封札萨克多罗巴图鲁郡王；顺治十六年（1659 年），晋封和硕达尔汉巴图鲁亲王。察罕之子绰尔济，将女嫁给世祖福临，即为孝惠章皇后，顺治九年（1652 年），封为镇国公；十八年（1661 年），晋多罗贝勒。该家族与皇室联姻，授亲王、郡王、贝勒、贝子等封爵者颇多[1]。

　　博尔济吉特氏属元太祖成吉思汗的后裔，属于贵胄世家。《通谱》记载其了编入满洲旗分的西拉木楞、兀鲁特、札鲁特、克鲁伦、把岳忒、察哈尔、瑚伦博宜尔、克西克腾、科尔沁、阿霸垓、乌叶尔白柴地方博尔济吉特氏计 59 人（户），立传者 45 人（户），无事迹者 14 人（户）。《通谱》收入科尔沁蒙古博尔济吉特氏有 4 人（户），立传者，镶黄旗阿禄哈 1 人（户）；无事迹者，包衣瑚克什图、白颜图、托达 3 人（户）。然而，太宗时期，声名显赫的"五宫"后妃博尔济吉特氏贝勒莽古思家族，竟未载入《通谱》，而同族之人却编入其中。在《通谱》修竣 43 年后，清官修《清朝通志》时，编修者发现了这个缺漏，在该书卷六《氏族略六·蒙古八旗姓·博尔吉特氏》补上孝端、孝庄、孝惠三位皇后之家族，编入八旗满洲姓氏。

　　那么，为什么会出现这种情况？《氏族略六·蒙古八旗姓》"臣等谨按"作了解释："博尔吉特氏为元太祖成吉思汗之裔，其见于八旗蒙古者，皆编入满洲旗分之姓。至科尔沁贝勒莽古思、寨桑、绰尔济，乃孝端、孝庄、孝惠三后之钟祥，为我朝戚畹贵族。谨录其官爵名号于氏内，若内扎萨克之扎赉特、都尔伯特、郭尔罗斯、喀喇沁……诸部，同为元裔，而分族别氏，皆《八旗氏族通谱》所未载，以非编入旗分，故从略也。今遵《通谱》例，阙之而附著，其略于此。"[2] 编纂者在修《氏族略》时已察觉，《通谱》囿于编修体例，"戚畹贵族"之家未载入满洲谱内。但是，编者深知该后妃家族在朝廷中的极其特殊地位，为其他妃嫔之家难以匹敌，故将其姓氏补充入满洲

---

　　① 参阅高德文、蔡志纯编著《蒙古世系》二十《内蒙古科尔沁部世系——图美尼雅哈齐诸子世系（之一）》，中国社会科学出版社 1979 年版，第 37 页；《清史稿》卷二百九《表四十九·藩部世系一》，第 8311—8342 页。

　　② 《清朝通志》卷六《氏族略六·蒙古八旗姓·博尔吉特氏·臣等谨按》，第 6785 页下。

谱系，并加按语说明。

二 西拉木楞地方同族博尔济吉特氏恩格德尔、古尔布什家族

恩格德尔额驸，满洲正黄旗人，世居西拉木楞地方。当时喀尔喀蒙古分为五部，互争雄长。万历三十三年（1605 年），巴约特部台吉恩格德尔，始向建州女真首领努尔哈赤贡献良马。次年，率五部使臣，献驼马，奉表上尊号，嗣后朝贡无间断。天命二年（1617 年），恩格德尔"尚贝勒舒尔哈齐女，为额驸"①。九年（1624 年），其率部属来归，太祖予券宥罪。该部迁徙辽阳，赐裘马、田宅、器用等，与其弟莽果勒岱，并封三等子②。将其所率部属编入满洲正黄旗第一参领第十三佐领，始隶公主属下，以迈图管理。由本佐领滋生人丁，恩格德尔之孙费扬古管佐领期间，编立第十四佐领，由其兄色楞管理。两个佐领再滋生人丁，又编立第十五佐领，由费扬古之侄儿和善管理③。一个家族掌管正黄旗三个佐领，加上与皇室联姻，这样就奠定该家族在满洲社会的显赫地位。

顺治二年（1645 年），世祖福临以恩格德尔长子囊努克，系太宗皇太极眷顾之臣，授骑都尉，三遇"恩诏"，加至二等轻车都尉，历任内大臣。次子满敦，以来归功，授轻车都尉。卒后，其子翁诺和袭职，孙悦良袭职，任参领兼佐领。第三子巴特马，承袭其叔父莽果尔代一等伯世职，其子四格袭职，任散秩大臣；额森袭职，任等同侍卫。第四子额尔克岱青，因系公主所生，授三等轻车都尉，袭伊父三等子；顺治二年，世祖特恩授二等子，屡晋一等侯、二等公、一等公，缘事革退，其子岱绥承袭二等公；其兄费扬古承袭三等公，任内大臣；子拉尔泰承袭三等公，任散秩大臣，其兄阿尔泰承袭三等公，任领侍卫内大臣，缘事革退，其弟之子噶尔萨承袭一等侯；雍正七年（1729 年），承蒙"特恩"，复封三等公；九年（1731 年），加封号为

---

① 《通谱》卷六十六《恩格德尔额驸》，第 717 页上。查阅《清史稿》卷二百十四《后妃传》、《清皇室四谱》卷四《皇女》，太祖、太宗的后妃所出之女，无一人下嫁恩格德尔。《满文老档》（中华书局版）第二函第五册，天命二年二月记录："以大英明汗弟（舒尔哈齐）之女，妻蒙古国喀尔喀恩格德尔台吉。"七月又载："蒙古喀尔喀恩格德尔台吉还，欲将原配之妻，改适他人，以娶汗女。"十月所载，恩格德尔"未将原配之妻，改适他人"。《清国史·大臣画一传档正编》卷三《恩格德尔传》记载："天命二年，尚贝勒舒尔哈齐女，为额驸。"这说明后金初期以娶宗室女，号"额驸"者，尚有人在。

② 《清国史·大臣画一传档正编》卷三《恩格德尔列传》，第 139 页下。

③ 《钦定八旗通志》卷四《旗分志四》，第 62 页。

"奉义公",任散秩大臣,兼佐领。第五子索尔哈,袭兄额尔克岱青的三等轻车都尉;康熙六年(1667年),复蒙"特恩",令其子色楞承袭,任头等侍卫、侍卫领班,兼佐领;子伊特格尔图袭职,任三等侍卫,病卒,其弟札克丹袭职,征准噶尔击贼有功,授二等轻车都尉,历任内大臣、都统,兼佐领。恩格德尔子孙多任头等、二等、三等侍卫、佐领等职,在重大战役中,均立下功劳①。

古尔布什(一作顾尔布什,又作固尔布锡)额驸家族,满洲镶黄旗人,世居西拉木楞地方,与恩格德尔同族。天命六年(1621年)十一月,喀尔喀台吉古尔布什同台吉莽果尔,率部属六百户,携带财产牲畜来附,赏赐大量物资。十年(1625年)正月,太祖将年十四岁的皇八女下嫁古尔布什,为额驸,赐名青卓礼克图,授三等子,赐予满洲、蒙古牛录各一,授一等总兵官。天聪五年(1631年),擢兵部承政。顺治年间,因附阿济格谋逆案,削去爵位,未久复封原爵②。康熙十三年(1674年),分编八旗佐领,将其原编行走于公主门上的半个佐领,与其孙禅保所管满洲镶黄旗第四参领所属第十佐领内滋生人丁,合编为第十一佐领③。天聪、崇德年间,从军征明,几战不利,免罪论罚。尔后,围锦州,攻宁远,破流贼等,他均有立功,复遇"恩诏",累晋一等子④。

乾隆年间,古尔布什子孙已传之五代,元孙鄂齐尔,由闲散,授云骑尉,两遇"恩诏",加至三等轻车都尉,任副都统。其子纳图袭职,任佐领;其孙白奇图袭职骑都尉。次子古禄,原任二等侍卫。第三子色楞,袭父职,其子多尔济袭职,弟善巴袭职,任头等侍卫。第四子松江,原任佐领,兼云骑尉。古尔布什之孙端柱,原任云骑尉;禅保,原任头等侍卫,兼佐领;纳穆,原任七品官;费扬古,原任护军校;七十五,原任八品官。曾孙玛哈,原任笔帖士;卓特巴,原任员外郎;宝训,原任五品官;对秦,任阳石木总管;巴海,原任赞礼郎。元孙国柱,原任佐领;四世孙文亮,原任佐领。

---

① 参阅《通谱》卷六十六《恩格德尔额驸》,第717页上;《清国史·大臣画一传档正编》卷三《恩格德尔传》,第139页下;《钦定八旗通志》卷一百四十七《恩格德尔传》,第2479页;《清史稿》卷二百二十九《恩格德尔传》,第9276页。

② 《清皇室四谱》卷四《皇女·太祖高皇帝》,第4页。

③ 《八旗通志》(初集)卷三《旗分志三》,第37页。

④ 《通谱》卷六十六《古尔布什》,第717页下;《清国史·大臣画一传档正编》卷十七《古尔布什传》,第278页下;《钦定八旗通志》卷一百三十六《古尔布什传》,第2269页;《清史稿》卷二百二十九《古尔布什传》,第2978页。

多数子孙任职侍卫、佐领，担任军伍管理事务。

三 兀鲁特地方博尔济吉特氏明安家族

明安，满洲正黄旗人，世居兀鲁特地方。其先世系元后裔，为蒙古科尔沁兀鲁特部贝勒。万历二十一年（1593 年）九月，叶赫部主布戒（一作布寨）、纳林布禄，会聚哈达部主孟革卜卤，乌拉部主布占太（一作布占泰），辉发部主摆银答里（一作拜音达里），嫩江蒙古科尔沁部主翁阿岱、莽古斯、明安，实伯部（一作锡伯部），刮儿恰部（即卦勒察部），珠舍里卫主悠冷革，内阴（一作讷殷）卫主搜稳、塞革失等九部之兵马，分成三路围攻建州女真部。努尔哈赤将兵击溃九部联军，各部四散而逃，明安狼狈奔命①。此役建州"杀其兵四千，获马三千匹，盔甲千副"。满洲"自此威名大震"②。不久，明安修好于建州。努尔哈赤听说其女儿贤惠，遣使往聘。万历四十年（1612 年），明安将女儿送至建州，努尔哈赤车服以迎，与宴成礼。天命七年（1622 年）二月，明安及同部贝勒兀尔宰图锁诺木等，喀尔喀部贝勒石里胡那克，并诸台吉等三千余户，驱赶牲畜来归。努尔哈赤对此尤为重视，授其三等总兵官，别立兀鲁特蒙古一旗③。

明安家族的子弟能征贯战，可谓一门军功之家。明安本人，久经沙场，屡立军功。天命三年（1618 年），他同都统武讷格、额驸恩格德尔等率满洲、蒙古兵，征服察哈尔，降其边境二千户。五年（1620 年），明安随从太宗征明，围大凌河城，与都统和硕图等领兵击败来犯的明总兵祖大寿。八年（1623 年），升三等昂邦章京。顺治初年，晋级二等伯。明安有六子，长子昂坤（一作昂洪），从父来归，授游击。十一年（1626 年），从伐巴林、扎鲁特诸部，"俱著有劳绩"。天聪五年，从征明朝，攻大凌河，俱有功劳，晋三等副将，赐号"达尔汉和硕齐"。其子鄂齐尔袭职，改三等梅勒章京；顺治年间，定二等阿思哈尼哈番，擢为内大臣，管銮仪卫，授领侍卫内大臣和。次子多尔济，以归来功，授备御，尚公主，为额驸。天命年间，从征扎鲁特、栋奎、克什克腾诸部，"屡败贼兵，斩俘甚众"。天聪五年，取大凌河，入锦州境，先薄城下，斩首 23 人。后金设立六部，以多尔济任刑部承

---

① 《清太祖武皇帝实录》卷一，辛卯年九月，第 317 页。
② 《满洲实录》卷二，辛卯年九月，第 99 页上。
③ 《清史稿》卷二百二十九《明安传》，第 9271 页。

政，专理蒙古事宜。八年（1634年），从伐明朝，攻打大同大破明军。崇德二年（1637年），授内大臣，参与议政。其余诸子班第、绰尔济、纳穆生格、朗索等，均任军职，立有功绩①。

三个博尔济吉特氏世家大族，同为元太祖后裔。当该族子孙延续至明末林丹汗时，"国纪倾颓，所部之众，皆分崩离析，未有宁宇"。满洲崛起东北边陲，"蒙古宗支，济农诺颜辈，相率归诚。仰叨高厚之恩，抚恤优渥，居塞外者，或封王，或封贝勒，各率所属以藩卫北边。其愿为内臣者，则赐以公侯伯世职，或尚公主，或婚郡君，延及子孙，世叨荣宠"②。这充分表明在满洲占主导的社会里，蒙古阀阅之家既是皇亲国戚，享受优厚待遇，又是朝廷命官，肩负军政要职，在国家政治生活中具有一定的影响。

总之，八旗满洲不是由单一的女真人组成，而是一个融合了其他民族的群体。众多蒙古氏族融入满洲，渐失民族的一些特色，他们为清朝开国立下了汗马功劳，赢得了他们在满洲社会上的应有地位。清入关前，满洲民族共同体已经初步形成，入关后，最终发展成为稳定的满洲族。蒙古氏族加入满洲部族的过程，即是16世纪以来整个东北亚地区民族大融合的一个缩影。值得注意的是，随着清初大规模征战的结束，统一了全国，清朝的统治任务已由军事征战状态向经济文化建设转变，出现"退功臣，进文吏"之举，"满洲长于骑射，汉人长于文章"③。满蒙贵族同盟也自然地为满汉官僚联盟所替代。蒙古贵族虽然仍享受丰厚的待遇，但是，他们参与政治的权力逐步被削弱。一个明显的事实就是，清初中央部院机构的满、蒙、汉官"三长制"，已被满、汉官"两长制"所取代，乃至蒙古贵族淡出清朝政治舞台。这是历史发展的一种必然选择。

---

① 《钦定八旗通志》卷一百四十七《明安传》，第2482页；《清史稿》卷二百二十九《明安传》，第9271页；《通谱》卷六十六《明安》，第719页上。

② （清）罗密编纂：《蒙古博尔济吉忒氏族谱·序》，1956年晒蓝本，《北京图书馆家谱丛刊·民族卷》第1册，国家图书馆出版社2003年版，第672—673页。

③ 《钦定八旗通志》卷首十《敕谕四》，第210页。

第四章 "弃彼来归"——高丽家族

16世纪后期以来,东北亚地区内,由于明朝、农民军、蒙古、女真族及朝鲜等势力之间彼此的消长,尤其是建州女真的兴起,建立后金,打破了明代东北地区长达二百四十余年相对稳定的局势,促使该地区民族的分化、改组与重建。加上政治、经济、文化、地域等因素的影响,民族之间相互融合,逐步地构成新的民族共同体,制约着东北亚区域的发展形势。在此时代背景下,努尔哈赤、皇太极吸纳了女真诸部和习俗相近的黑龙江流域索伦等部族,以及部分蒙古、朝鲜、尼堪,形成了一个新的满洲民族,壮大了后金的政治、军事实力,增强了与明朝相角逐的资本,进而控制了整个东北地区,为入主中原打下了坚实基础。

朝鲜是同中原地区交往悠久的民族之一。汉代司马迁《史记》专辟《朝鲜列传》,记述该民族的活动。历经千百年的流变,到了明初,朝鲜王朝与明廷建立了密切的宗藩关系①。随着满洲的迅速兴起,东北亚地区政治格局发生突变,朝鲜半岛的高丽43姓正是在此时投奔满洲的。他们是主动"弃彼来归"②,并非战争掠夺而来。这批朝鲜人均被直接编入八旗满洲旗分佐领和内务府三旗包衣佐领内,成为满洲的正式成员。高丽姓氏参与了清初征服朝鲜,攻占辽西,定鼎中原,统一江南,平定三藩等一系列重大战争,为清初政权的建设与巩固,立下了功绩,因而深得满洲贵族的器重,同时也加速了高丽家族的满洲化进程。

---

① 参阅(汉)司马迁《史记》卷一百一十五《朝鲜列传》,第2985页;《明史》卷五百二十六《属国一朝鲜》,第14576页。

② (清)盛昱集录:《雪履寻碑录》卷六《韩云事功碑》,《辽海丛书》第五册,辽沈书社1985年版,第2943页上。

第一节 纳入满洲部族准则与来归年代

清入关前后，新旧满洲又发生变化。事实上，满洲早已将部分蒙古、尼堪、东北少数民族、朝鲜等纳入了本部族，成为其不可割舍的一部分，他们已是"旧满洲"了。《通谱》记载的高丽43姓，就是朝鲜人融入满洲民族共同体的历史记录。

《通谱》卷七十二至卷七十三，编录高丽姓氏43人（户），占《通谱》总姓氏的4%。谱系排列的次序为满洲、蒙古、高丽、尼堪（包括台尼堪、抚顺尼堪）。数量最少的高丽姓氏排在满洲盟友蒙古之后、汉人之前，足见载入《通谱》的高丽43姓在满洲占有一席之地，说明他们与满洲关系的密切。

《通谱》编纂的"凡例"中多处标明高丽姓氏纳入满洲的准则：

> 一、乾隆五年十二月初八日奏定，蒙古、高丽、尼堪、台尼堪、抚顺尼堪等人员，从前入于满洲旗分内，历年久远者，注明伊等情由，附于满洲姓氏之后。其间不能画一之处，爰列条例于左。
>
> 一、八旗高丽隶满洲旗分，年久且人数无多，虽无名位，亦行载入。惟阿哈高丽开入佐领、管领下者，已经分晰，不便载入。
>
> 一、满洲姓氏，原有希姓，若蒙古、高丽、尼堪其姓氏，外藩各省俱有，只应论其有名位与否，不便列为希姓。
>
> 一、蒙古、高丽事迹，多与满洲相同，应照满洲姓氏式样编载。①

"凡例"中提出高丽姓氏编入《通谱》的四项准则：1. 很早编隶满洲旗分的，即"历年久远者"，"虽无名位，亦行载入"；2. 佐领、管领下的阿哈（aha，奴仆）高丽，"不便载入"；3. 高丽姓氏中的希氏，"论其有名位与否"；4. 高丽事迹与满洲相同者，"应照满洲姓氏式样编载"。这些经过推敲的标准说明，早期加入满洲的高丽姓氏，虽人数无多，但已产生高低贵贱之分，高丽阿哈的存在就是例证。能编入《通谱》者，是高丽中早已归附、事

---

① 《通谱·凡例》，第4—5页上。

功较大的姓氏。依此原则,《通谱》入选了高丽43姓,即金氏、韩氏、李氏、朴氏、张氏、傅氏、柏氏、洪氏、崔氏、刘氏、黄氏、冈氏、杨氏、吴氏、陈氏、文氏、孙氏、丁氏、任氏、尹氏、朱氏①、徐氏、车氏、万氏、江氏、边氏、何氏、闵氏、林氏、佟氏、瓦氏、耿氏、宋氏、马氏、郑氏、曹氏、郭氏、沈氏、方氏、秦氏、孟氏、田氏、辛氏。《通谱》中"惟各位及格者无多,每姓附录数人,不以官职崇卑为区别"②。"应立传之人"11名,"附载"之人146名,计157人(户)。

从《通谱》著录的传主看,可知高丽43姓归附的年代。除了标明"来归年分无考之人"外,每一姓氏"应立传之人"和"附载"之人,其后均注有"国初来归"、"天聪来归"、"以上俱系国初来归之人"、"以上俱系天聪时来归之人"等字样。只有少部分传主明示具体时期。例如,正黄旗包衣人金氏新达理,"天聪二年(1627年),率子弟来归"③。多数姓氏下注明"国初"、"天聪"时段来归。

高丽43姓归附后金时期年代,依据《通谱》所载列表如下:

高丽43姓归附后金时期表

姓氏 \ 人数 \ 时期	天命	天聪	无考
金	14	28	7
韩	4	8	
李		11	1
朴	1	6	
张	2	2	3

---

① 关于朱氏和宋氏的记载,《通谱》与《皇朝通志·氏族略》有异。《通谱》目录将"朱氏"排在高丽43姓的第21位,"宋氏"排在33位。而卷七十三正文中,把"朱氏"印成"宋氏",以致同卷出现两个"宋氏",显系前一个"宋氏"乃"朱氏"之误。《皇朝通志·氏族略》仿照《通谱》之例,除将"朱氏"误刊为"宋氏"外,还把排在"耿氏"与"马氏"之间的"宋氏"漏掉。

② 《清朝通志》卷八《氏族略八·满洲旗分内高丽姓》,第6795页。

③ 《通谱》卷七十二《新达理》,第790页下。

续表

人　数　时期 姓氏	天命	天聪	无考
傅	1	1	1
洪	2	4	
崔	1	3	3
刘			5
黄			5
冈	2	2	
杨	1	1	
吴	1	1	
陈		2	
文、孙、丁、任、伊、朱、徐	各1		
柏、车、万、江、边、何、闵、林、郭、沈、方、秦、孟、田		各1	
佟、瓦、耿、辛			各1
宋		3	
马		1	1
郑	1	1	
曹	1		
合计	38	88	31

　　高丽家族归附满洲主要分两个时段，一是后金建国之初，即努尔哈赤的"天命"时期；一为皇太极的"天聪"年间。"国初来归"，为天命来附，例如，世居易（义）州的正红旗人韩云，"国初同弟韩尼来归，授二等轻车都尉"。考轻车都尉世职的演变，后金初期，世职与实任官衔多有混淆，辨别不易。顺治四年（1647年）十二月，礼部议定，固山额真、昂邦章京、护军统领、梅勒章京、甲喇章京、牛录章京、前锋统领，皆系管兵职衔。"其世职昂邦章京，改为精奇尼哈番；梅勒章京，改变阿思哈尼哈番；甲喇章京，改为阿达哈哈番，牛录章京，改为拜他喇布勒哈番；半年前程，改为拖

沙喇哈番"①。乾隆元年（1736年），为使世职与前代划一，一、二、三等精奇尼哈番改为一、二、三等子，一、二、三等阿思哈尼哈番改为一、二、三等男，一、二、三等阿达哈哈番改为一、二、三等轻车都尉……世职轻车都尉是由皇太极时期的甲喇章京演变而来的。韩云"国初"来归系指天命年间，而定世职确在天聪时期。乾隆年间官修《通谱》等典籍多用当时划一的称谓，追叙史前皆用"国初"，统称天命。在时间表述上，与天聪似有不分之嫌。但从总体上看，高丽姓氏"国初"来归当括太祖太宗两朝。

第二节 归附缘由与世居地分布

高丽（即朝鲜）人何故来到后金？据清代和朝鲜王朝的文献记录考察，主要有以下几种原由。

一 征战俘虏朝鲜人口

约在15世纪初，建州女真就开始掠获朝鲜人口，充当奴仆。明永乐二十年（1422年）夏，野人女真首领杨木答兀率兵"攻破开阳等城，拐男妇军丁数千名"②。正统六年（1441年），朝鲜节日使高得宗在义州奏闻，野人女真兵马突入慈城郡虞芮口子，"杀掠人畜，焚荡室庐，此必凡察与李满住等同谋所做"，"我国边民，日见侵害，无有纪极矣"③。万历十五年（1587年）十月，建州女真围攻朝鲜庇屯岛木栅，庆兴府使李庆禄、造山万户李舜臣，"失误军机，战士被杀十名，被虏一百六十名、马十五匹，贻辱国家"④。二十四年（1596年）四月，朝鲜国备边司启曰："近来，建夷私往朝鲜地方刨参，朝鲜居民见必逐赶。逮夷亦乘机抢掠朝鲜人畜。"⑤ 四十七年（天命四年、1619年）三月，爆发了萨尔浒之战，后金击败明军四路围剿，

---

① 《清世祖实录》卷三十五，顺治四年十二月甲申，第3册，第287页上。

② ［朝鲜］《世宗大王实录》卷二十四，世宗六年六月癸亥，《李朝实录》第七册，第360页下。

③ ［朝鲜］《世宗大王实录》卷九十四，世宗二十三年闰十一月癸未，《李朝实录》第九册，第204页上。

④ ［朝鲜］《宣祖大王实录》卷二十一，宣祖二十年十月乙丑，《李朝实录》第27册，第271页上。

⑤ ［朝鲜］《宣祖大王实录》卷七十四，宣祖二十九年四月丁巳，《李朝实录》第27册，第500页上。

助明从征的朝鲜都元帅姜弘立，见明军已溃，倒掩旌旗，"率五千兵，下山来降"。

皇太极称汗时，两次攻打朝鲜，"遍满道内，抢掠讨食之患，逾往逾甚，予遗窜伏之民，处处被掠"①。"丁卯虏乱"回师途中，一次"刷还被虏男妇万二千余名"②。掠来的朝鲜人大多数沦为建州女真首领和将士的奴仆，同被俘获的汉人奴仆一起，或耕耘于田野，或劳作于家内，称为阿哈（aha，汉义奴仆），或包衣阿哈（booi aha，汉义家奴）。少部分人被编入内牛录，即包衣佐领。由于满洲贵族对朝鲜奴仆的欺凌，他们逃亡的现象较为普遍。《满文老档》披露了某牛录某家之朝鲜人自某地逃去的事实。比如，天命七年（天启二年、1622 年）六月二十六日，"波东国牛录阿克敦家之一朝鲜人、二诸申人，自鞍山逃去"③。天聪元年（1627 年），皇太极首次用兵朝鲜半岛，自撤兵之时，被掠的朝鲜人挣开枷锁，"逃亡人数，男丁二百九十六名，妇人七百三十五名"。皇太极为此致书朝鲜国王，态度强硬地指令："曾议自盟日始，即归还逃亡的朝鲜人。"④ 这说明后金俘获的朝鲜人为数不少。

二　避乱建州，移居辽东

万历二十年（1592 年）五月，日本关白丰臣秀吉悍然对朝鲜发动了大规模的侵略战争。日军舟师数百只，兵临釜山，潜渡临津，分陷丰、德诸郡。时朝鲜承平日久，国王李昖沉湎于酒，武备松弛，怯不能战，"民不知兵，郡县望风奔溃"。李昖仓猝弃王京汉城，奔开城，走平壤，又至义州。此刻倭寇渡大同江，绕出平壤界。李昖甚至欲率妃嫔避难于辽东。倭寇所至，"八方鱼肉，三都灰烬"。他们"剽府库，荡然一空，八道几尽没"⑤，"君臣播迁，人民逃徙"，朝鲜局势岌岌可危。朝鲜北部与建州毗连，在历时八年的倭乱中，不少朝鲜人为躲战乱，渡过鸭绿江，避居"胡地"。

此时，建州酋长努尔哈赤已蓄谋与明廷抗衡，为了争取朝鲜，对待"壬辰倭乱"事变，采用灵活策略，以示与朝鲜修好。他一方面，"愿拣选精兵，

---

①《沈阳状启》丁丑年仁祖十五年三月十三日，《清初史料丛刊》第十一种，辽宁大学历史学编，1983 年本，第 8 页。

②　［朝鲜］赵庆男：《乱中杂录·续录》第二，丁卯夏四月十二日。

③　《满文老档》译注（上），第四十二册，天命七年六月二十六日，第 389 页。

④　《满文老档》译注（下），第七册，天聪七年十二月初九日，第 872 页。

⑤　（清）谷应泰：《明史纪事本末》卷六十二《援朝鲜》，中华书局 1977 年版，第三册，第 963 页。

待严冬冰合，即便渡江，征杀倭奴，报效皇朝，兵助朝鲜"。另一方面，妥善地接待和安置避居其地的朝鲜人。万历二十三年（1595 年）十一月，朝鲜备边司启奏国王，老乙可赤（即努尔哈赤）来书云："上年高丽避乱达子地方，收留在家，将一十二名回送满浦，其五名送还天朝，两家为一家，往来行走。"① 次年三月，译官李亿礼书启曰："老乙可赤称：'俺与朝鲜本无衅端，而朝鲜之人被倭追逐，走过胡地，俺各供衣食，刷还满浦。我之学好明矣。'"② 越江居住辽左的朝鲜人，一部分为建州努尔哈赤送还，不少的朝鲜人仍散留其地，后被划归满洲。

三 自动"弃彼来归"

后金汗努尔哈赤勃兴辽海，疆圉式郭，"任贤使能，俾各尽其谋力，一时人心，翕然响顺"③。《通谱》所列高丽 43 姓均属自愿归附满洲的。尽管他们来归的原因各有不同，总的看是与朝鲜统治集团内部的政治纷争相关。当权力之争危及家族切身利益时，他们便率族属投靠建州。最典型的是满洲正红旗的韩润（一作运，又作云）家族。其父韩明廉与总兵李果相谋篡位，兴兵攻王京，国王兵败，弃城而走，后明廉和李果被部将执杀。天命十年（1625 年）正月，"明廉子润与侄（实为弟）义，脱走来归"④。像这样主动率兄弟子侄来归、又屡建战功者，备受满洲贵族赏识，他们在后金的地位也不断地提高。

《通谱》所录高丽 43 姓，凡 157 人（户），其原籍分布在易（义）州等 27 个地方，亦有无原籍可考者。

兹就 43 姓世居地分述如次：

易州，一作义州（今朝鲜平安北道义州）：金氏 12 人（户）、韩氏 6 人（户）、李氏 2 人（户）、朴氏 2 人（户）、张氏 2 人（户）、柏氏 1 人（户）、洪氏 1 人（户）、崔氏 2 人（户）、黄氏 2 人（户）、冈氏 2 人（户）、吴氏 1 人（户）、任氏 1 人（户）、边氏 1 人（户）、闵氏 1 人（户）、瓦氏 1 人

---

① ［朝鲜］《宣祖大王实录》卷六十九，宣祖二十八年十一月甲申，《李朝实录》，第二十八册，第 403 页下。

② ［朝鲜］《宣相大王实录》卷七十三，宣祖二十九年三月甲申，《李朝实录》，第 28 册，第 469 页。

③ （清）盛昱集录：《雪屐寻碑录》卷十二《皇清诰赠光禄大夫佐领兼总理内务府三旗火器营事务金公神道碑》，《辽海丛书》第五册，第 3023 页下。

④ 《清太祖武皇帝实录》卷四，天命十年正月，第 381 页。

（户）、郭氏1人（户）、孟氏1人（户），计17姓，39人（户）。

海州（今朝鲜黄海南道属地）：金氏1人（户）、吴氏1人（户），计2姓，2人（户）。

得州，一作德州（今朝鲜江原北道元山）：金氏6人（户）、洪氏1人（户）、崔氏1人（户）、江氏1人（户）、宋氏1人（户）、郑氏1人（户）、沈氏1人（户）、方氏1人（户）、秦氏1人（户），计9姓，14人（户）。

盖州（今地待考）：金氏3人（户）、李氏1人（户）、黄氏2人（户），计3姓，6人（户）。

开城府，又称开州（今朝鲜黄海南道开城市）：金氏3人（户）、韩氏1人（户）、李氏1人（户）、朴氏2人（户）、洪氏2人（户）、崔氏1人（户）、张氏1人（户）、黄氏1人（户）、佟氏1人（户），计9姓，13人（户）。

望京，一作王京，又称汉城（今韩国首都首尔市）：金氏2人（户）、张氏1人（户）、冈氏1人（户）、孙氏1人（户），计4姓，5人（户）。

平安道（今朝鲜分平安南、北道）：李氏1人（户）、朴氏1人（户）、何氏1人（户），计3姓，3人（户）。

金家堡（今地待考）：金氏1人（户），计1姓，1人（户）。

安法（今朝鲜咸镜道安边府属地）：韩氏1人（户）、刘氏1人（户），计2姓，2人（户）。

柳关屯（今地待考）：李氏1人（户），计1姓，1人（户）。

李佳堡（今地待考）：李氏1人（户），计1姓，1人（户）。

黄河套（今地待考）：李氏2人（户），计1姓，2人（户）。

平壤（今朝鲜人民共和国首都）：朴氏1人（户）、陈氏1人（户）、田氏1人（户），计3姓，3人（户）。

蜀川（今朝鲜平安南道肃川）：朴氏1人（户），计1姓，1人（户）。

洪溪堡（今朝鲜咸镜南道洪原县）：朴氏1人（户），计1姓，1人（户）。

碧汉（今朝鲜平安道碧潼郡属地）：张氏2人（户），计1姓，2人（户）。

南大门，朝鲜王京城门之一（今韩国首尔南大门）：洪氏1人（户），计1姓，1人（户）。

瓜克山（今地待考）：崔氏2人（户）、马氏1人（户），计2姓，3人（户）。

博川郡（今朝鲜平安北道）：刘氏1人（户）、耿氏1人（户），计2

姓，2 人（户）。

辉宁，一作会宁（今朝鲜咸镜北道会宁）：杨氏 1 人（户）、宋氏 1 人（户），计共 2 姓，2 人（户）。

嘉山堡（今朝鲜平安南道嘉山属地）：文氏 1（户），计 1 姓，1 人（户）。

恩山县（今朝鲜平安道殷山县）：丁氏 1 人（户），计 1 姓，1 人（户）。

噶山（今朝鲜平安北道属地）：徐氏 1 人（户），计 1 姓，1 人（户）。

平阳（今韩国全罗南道顺天郡属地）：车氏 1 人（户）、万氏 1 人（户），计 2 姓，2 人（户）。

东牛卫（今地待考）：宋氏 1 人（户），计 1 姓，1 人（户）。

建常（今地待考）：曹氏 2 人（户），计 1 姓，2 人（户）。

无籍可考者：金氏 20 人（户）、韩氏 4 人（户）、李氏 3 人（户）、张氏 1 人（户）、傅氏 3 人（户）、洪氏 1 人（户）、崔氏 1 人（户）、刘氏 3 人（户）、冈氏 1 人（户）、杨氏 1 人（户）、陈氏 1 人（户）、伊氏 1 人（户）、朱氏 1 人（户）、林氏 1 人（户）、马氏 1 人（户）、郑氏 1 人（户）、辛氏 1 人（户），计 17 姓，45 人（户）。

上述 27 个地方分布在朝鲜八道中除了江原、庆尚二道外的六道，而高丽 43 姓多数人世居平安、咸镜、黄海、京畿四道。此地多与北方建州女真邻近，朝鲜人早与他们进行物资交换，互通有无。较多的朝鲜人北赴后金，地缘相连，习俗接近，也是不可忽视的因素。

第三节 隶属旗分与单编佐领

后金将高丽 43 姓相继纳入八旗满洲，主要采用集中编设佐领与分散各旗的方式。后金初期，率众来归的朝鲜人单独编立牛录（佐领），或内牛录（包衣佐领），人数不足者，先编为半个牛录，后扩编为整个牛录。他们少数人编在满洲旗分佐领内，成为军队正式编制，多数人则被分编到满洲包衣佐领，服务于皇室和王公贵族。这批朝鲜人已经变成满洲的正式成员。

高丽 43 姓分别编在满洲正黄、正白、正红、镶红、正蓝、镶蓝 6 个旗中，他们是正黄旗 10 人（户），即金氏 3 人（户），金天保、玉尔弼、天凤尼；韩氏 1 人（户），岳拉米；傅氏 2 人（户），三苏、聂楼；刘氏 1 人（户），萨穆吉；杨氏 1 人（户），苏巴济；伊氏 1 人（户），明楚尼；朱氏 1

人（户），仲格。正白旗1人（户），即洪氏1人（户），牟易金。正红旗10人（户），即韩氏4人（户），韩云、韩尼、舒穆海、韩齐理；李氏1人（户），庞塞凯；张氏1人（户），尼玛；崔氏2人（户），江那米、朔阳西；吴氏1人（户），吴岱榜；曹氏1人（户），曹国相。镶红旗1人（户），即金氏1人（户），金继先。正蓝旗1人（户），即张氏1人（户），檀济尼。镶蓝旗2人（户），即李氏2人（户），东安、石泰。

以上25人（户），"上三旗"11人（户），占44%，10人（户）集中在正黄旗；"下五旗"14人（户），占56%，9人（户）集中于正红旗。在满洲佐领的25人（户），占朝鲜总数157人（户）的16%。他们享受着同满洲、蒙古人一样的权力和义务。

占总人数84%的朝鲜家族132人（户），则分编在八旗满洲的包衣旗内。他们是镶黄旗包衣6人（户），即金氏3人（户），都赍、胡锡义、楚甫；李氏1人（户），都拉米；崔氏1人（户），福羲；黄氏1人（户），黄琉。正黄旗包衣63人（户），即金氏20人（户），新达理、嘉理哈、石孔仪、那穆遂、颜苏尼、倭赫、金楠、金山、聂礼弼、天布基、仲什尼、巴颜岱、金声、春社、金那密、金布吉、金春、顾东遂、额色理、林清；韩氏6人（户），聂尼、席图库、邓仪弼、博龙义、帖礼弼、额尔社；李氏5人（户），李仁杰、僧辉、李党鼎、喀尔萨、三拜；朴氏5人（户），舒吉理、巴普济、满社吉、阿良义、杰临弼；张氏1人（户），郭弼；傅氏1人（户），谟齐尼；柏氏1人（户），柏云；洪氏4人（户），敬文、洪义仁、洪邓南、洪颜林；崔氏2人（户），崔礼弼、钟格尼；刘氏1人（户），萨穆吉；黄氏1人（户），法保；冈氏2人（户），济尔密喜、德叶米；杨氏1人（户），杰汉尼；车氏1人（户），调亥；万氏1人（户），满春尼；江氏1人（户），桂羲；边氏1人（户），边南；何氏1人（户），何龙普；宋氏3人（户），爱楠、宋琉、杰硕；郑氏1人（户），郑义南；郭氏1人（户），邓那米；沈氏1人（户），杰林璧；方氏1人（户），德克什；秦氏1人（户），囊弼紫。正白旗包衣8人（户），即金氏1人（户），特克秦。张氏1人（户），硕礼；黄氏3人（户），穆苏、崔莽牛、杰尼；佟氏1人（户），佟佐；瓦氏1人（户），济礼；辛氏1人（户），星嘉那密。正红旗包衣5人（户），即金氏1人（户），德纯；张氏1人（户），番德柱；洪氏1人（户），德克孙；丁氏1人（户），古尔马浑；曹氏1人（户），曹基。镶白旗包衣17人（户），即金氏4人（户），金登、戴哈尼、爱锡、满住；李氏1人（户），老格；朴氏2人（户），东安、伊克济理；张氏1人（户），僧讷米；刘氏2人（户），三鄗、刘文宣；吴氏1人（户），吴那海；陈氏1人（户），陈都；任氏1人（户），外朗；徐氏1人（户），徐大勇；闵氏1人（户），铁令义；孟氏1人（户），罗岱；田氏1人（户），兴尼璧。镶红旗包衣2人（户），即金氏2人（户），明色尼、金德龙。正蓝旗包衣6人（户），即金氏1人（户），荡色；崔氏2人（户），崔泰、梅楞；刘氏1人（户），刘平；耿氏1人（户），耿世尼；马氏1人（户），马尼。镶蓝旗包衣24人（户），即金氏13人（户），德倍、金德裴、海古尼、济古尼、山隆伊、永特基、定海吉、硕色、赫基、金诚、齐都随、书义、精额理；韩氏1人（户），傅朗阿；李氏2人（户），腾那弼、李四格；张氏1人（户），张鹏翼；冈氏2人（户），茂思、费查库；陈氏1人（户），霸颜；文氏1人（户），文瑞；孙氏1人（户），玉兰；马氏1人（户），高理；郑氏1人（户），谢基。

上述八旗满洲包衣佐领编制，属于"上三旗"包衣，即内务府三旗，服务于皇帝和皇室的77人（户），占朝鲜家族包衣旗总数132人（户）的58%，其中在正黄旗包衣63人（户），人数最多。而服务于诸王的"下五旗"包衣55人（户），占42%，他们相对集中在镶白旗18人（户），镶蓝旗24人（户），其他旗人数较少。

高丽43姓氏旗籍隶属参阅下表。

高丽43姓氏旗籍隶属表

旗／人数／分／姓氏	镶黄旗	镶黄包衣	正黄旗	正黄包衣	正白旗	正白包衣	正红旗	正红包衣	镶白旗	镶白包衣	镶红旗	镶红包衣	正蓝旗	正蓝包衣	镶蓝旗	镶蓝包衣	小计
金		3	3	20		1		1		4	1	2		1		13	49
韩			1	6			4									1	12
李		1		5		1				1			2	2			12
朴				5						2							7
张				1		1		1		1			1	1			6
傅			2	1													3
柏				1													1

续表

姓氏＼旗分＼人数	镶黄旗	镶黄包衣	正黄旗	正黄包衣	正白旗	正白包衣	正红旗	正红包衣	镶白旗	镶白包衣	镶红旗	镶红包衣	正蓝旗	正蓝包衣	镶蓝旗	镶蓝包衣	小计
洪		1	4	1				1									7
崔			1	2												2	5
刘		1		1						2				1			5
黄				1		3											4
冈				2												2	4
杨		1		1													2
吴										1							1
陈										1						1	2
文																1	1
孙																1	1
丁								1									1
任										1							1
伊			1														1
朱			1														1
徐										1							1
车				1													1
万				1													1
江				1													1
边				1													1
何				1													1
闵										1						1	2
林																1	1
佟						1											1
瓦						1											1
耿														1			1
宋				3													3
马																1	1
郑				1												1	2

续表

旗／人数　分　姓氏	镶黄旗	镶黄包衣	正黄旗	正黄包衣	正白旗	正白包衣	正红旗	正红包衣	镶白旗	镶白包衣	镶红旗	镶红包衣	正蓝旗	正蓝包衣	镶蓝旗	镶蓝包衣	小计
曹							1	1									2
郭			1														1
沈			1														1
方			1														1
秦			1														1
孟										1							1
田										1							1
辛						1											1
合　计	0	6	10	63	1	8	6	5	0	17	1	2	1	6	2	25	153

从上表可以看出，高丽姓氏分布在除了镶黄旗和镶白旗的满洲各旗中。即便同一姓氏，因原籍有别，归依时间各异，而散处于不同旗内。例如，金氏49人，则分属于正黄旗、镶红旗、镶黄旗包衣、正黄旗包衣、正白旗包衣、正红旗包衣、镶白旗包衣、正蓝旗包衣，及镶蓝旗包衣。以《通谱》有传记的153人统计，旗分佐领有21人，占14%；包衣佐领有132人，占86%。这表明高丽43姓多数人编在包衣佐领内。以旗分佐领21人分析，"上三旗"有11人，占52%；"下五旗"有10人，占48%；包衣佐领132人，又集中在"上三旗"包衣旗，即内务府三旗，其中正黄旗包衣有63人，占"上三旗"包衣人数的82%。从整体153人看，"上三旗"88人，占58%；"下五旗"65人，占42%。高丽43姓人员主要编在"上三旗"与包衣旗内，以内务府三旗包衣佐领人数为多。

需要说明的是，满洲包衣旗的高丽家族人员服务于皇室与诸王，但他们不等同于满洲社会最底层的包衣、阿哈尽受欺压。当满洲贵族急需扩充兵力时，这些高丽家族归附了后金，融入满洲，征战疆场，建立功劳。高丽家族在后金社会具有一定的社会地位，从未因为来自异族而遭到歧视。他们的官爵迁升、享受教育、参加科举、与皇族联姻等，享受与满洲人同等的待遇。少数高丽家族还步入上层官僚集团，成为清代社会的新贵族，而多数高丽家族人等充任中下级文武官吏。他们得到了后金政权的妥善安置，生活稳定，更加积极地献身于满洲贵族所开创的事业。

在八旗满洲中，一些习俗相近的民族，或境外民族，独立编制佐领，例如，由周边少数民族编立的索伦佐领、锡伯佐领、回子佐领、厄鲁特佐领等，以境外民族单编的高丽佐领、朝鲜佐领、安南佐领、俄罗斯佐领等，其中高丽家族编设的独立佐领数量较多。高丽和朝鲜家族单独编设佐领的原则有三条：

1. "系国初以朝鲜来归人丁编立"。所谓"国初"多指天命时期，也含天聪年间。他们一般都编入八旗满洲旗分佐领内，例如，正黄旗满洲都统第四参领第九朝鲜佐领等。

2. 一部分来归之人和"以俘获高丽人户，分编佐领"。比如，金氏新达理等主动归附，编入正黄旗满洲包衣第四参领第二高丽佐领，即此类佐领。这些人通常编入满洲"上三旗"包衣佐领，隶属于内务府管辖，一部分朝鲜人则散编在"下五旗"包衣佐领内。"丁卯虏乱"（天聪元年、1627 年）与"丙子胡乱"（崇德元年、1636 年），皇太极两次兵发朝鲜，震动半岛。一些朝鲜官员"乞降剃发"，譬如，郭山郡守朴有建、定州牧使金搢等，城破之时，"乞降剃发"①。还有朝鲜畿甸"军民尽被抢掠，削发编伍，著胡服前驱"②，"贼择被掳年少者，剃发给马甲为先锋"③。这样不少朝鲜人被编入满洲旗分与包衣佐领内。

3. "佐领内滋生人丁，分编一佐领"。譬如，正黄旗满洲都统第四参领第十朝鲜佐领，即由该旗第四参领第九朝鲜佐领多余人丁而编立的。清朝入主中原后，高丽佐领人丁滋生颇繁，一些新佐领多在康熙前期扩编而成，其中包括满洲旗分佐领和包衣佐领。

据《八旗通志》（初集）《旗分志》记载，高丽43 姓单独编制的满洲 6个佐领，集中在正黄旗和正红旗内；单编 2 个包衣佐领，则属于正黄旗包衣佐领，总共 8 个佐领。编入满洲旗分的称朝鲜佐领，编在包衣旗的则叫高丽佐领。兹以《钦定八旗通志》旗分志、《通谱》为据，将 8 个佐领的建制与管理叙述如下：

---

① ［朝鲜］李肯翊：《燃藜室记述》二十七《丁卯虏乱》，《清入关前史料选辑》，第一辑，第440 页。
② 《燃藜室记述》二十七《丙子虏乱丁丑南汉出城》，第486 页。
③ 同上，第494 页。

一 正黄旗满洲都统第四参领所属第九、第十朝鲜佐领

第九佐领为朝鲜佐领，《钦定八旗通志》卷五《旗分志五》记载：

> 第四参领第九佐领，系国初以朝鲜来归人丁编立。始以纳林管理，纳林故，以其子达敏管理。达敏缘事革退，以其弟阿达哈哈番达尔胡大管理。后令达尔胡大专任阿达哈哈番，以其弟戴都管理。戴都故，以其长子戴宁管理。戴宁故，以其弟戴文管理。戴文袭三等阿达哈哈番，以戴宁之子副都统戴林布管理。戴林布升任江宁将军，以其弟富泰管理。富泰故，以其侄之子羡昌管理。羡昌故，以其子恒泰管理。恒泰缘事革职，以其叔曾祖之孙佟德管理，续以骑都尉常福管理。①

《通谱》卷十一《他塔喇氏·纳林》亦载：

> 纳林，正黄旗人，世居讷殷江地方。天聪时，同兄叶臣巴图鲁，率满洲一百四十人来归，编佐领，使统之，复授骑都尉。定鼎燕京时，入山海关，击流贼马步兵二十万众，有功，又加一云骑尉，卒。其子达敏袭职，三遇恩诏，加至一等轻车都尉；缘事削去恩诏所加之职，余骑都尉，兼一云骑尉，其亲弟达尔瑚达承袭；从征广东，在新会县，破贼伪将李定国兵万余众，授为三等轻车都尉，卒；其子达尔布富喀，孙富昌，相继承袭。富昌卒，其亲叔祖之子达缓袭职，卒；其子奇昌袭职，缘事革退；其亲叔祖之子岱文（一作戴文）袭职，现任佐领。又，纳林之子岱都，原任佐领；孙岱兴，原任七品官；陈特，原任员外郎；岱宁，原任佐领；曾孙什德，亦原任佐领；启禄，现任佐领；启承额，现任长史；岱林布，现任江宁将军；富泰，现任荫生；启明，现任库使。②

《通谱》对此佐领的记述较详，它设立在天聪年间，由满洲人纳林管辖。天聪时，纳林同其兄叶臣率140人归附后金，"编佐领，使统之"。按八旗定制，每一牛录（佐领）为三百人。当时投奔满洲的部族，一般皆为阖家举族

---

① 《钦定八旗通志》卷五《旗分志五》，第78页。
② 《通谱》卷十一《纳林》，第177页上。

而来。纳林率领一百四十人内，必然包括老人、妇女、幼童，其青壮男丁数量，势难独立编佐领。该佐领就以归顺的朝鲜壮丁为主，编入部分由纳林所部的满洲他塔喇氏丁男，由他统领。此佐领属八旗中"世管佐领"，后改族中承袭佐领。综合两条史料，该佐领管理世系为：纳林→〔子〕达敏→〔弟〕达尔胡大→〔弟〕戴都→〔子〕戴宁→〔弟〕戴文→〔宁子、侄〕戴布林→〔弟〕富泰→〔侄之子〕羡昌→〔子〕恒泰→〔叔曾祖之孙〕佟德→〔骑都尉〕常福。

第十佐领为朝鲜佐领，《钦定八旗通志》卷五记录：

> 第四参领第十佐领，系第九佐领内滋生人丁。康熙六年，戴都管佐领时，分立一佐领，以达尔胡大子戴敏之继子福喀管理。福喀故，以其子福长管理。福长故，以戴敏次子达寿管理。达寿故，以其子奇常管理。后改令戴兴之子石德管理。石德缘事革退，以其子奇禄管理。奇禄故，以其子佟泰管理。佟泰缘事革退，以其祖三世孙佟德管理。[①]

此佐领是康熙六年（1667年）以第九朝鲜佐领繁衍人丁编立的，仍由他塔喇氏纳林子孙管辖。《通谱·纳林传》将第九、第十两个佐领的世袭管理世系混为一谈，令人难以分辨。《八旗通志》记述清楚，第十佐领乃朝鲜佐领，此佐领仍属八旗中的"世管佐领"，也是族中承袭佐领。其管理世系为：〔戴敏继子〕福喀→〔子〕福长（一作富昌）→〔戴敏次子〕达寿（一作达绥）→〔子〕奇常（一作奇昌）→〔戴兴子〕石德（一作什德）→〔子〕奇禄（一作启禄）→〔子〕佟泰→〔祖三世孙〕佟德。

两个朝鲜佐领均由满洲人纳林家族管理，反映了后金初期统治者对本部族人的倚重，不用朝鲜人担任佐领，也说明当初对他们尚存戒心。

二　正红旗满洲都统第一参领所属 4 个朝鲜佐领

《钦定八旗通志》卷八《旗分志八》记载，第一参领第十二佐领：

> 第一参领第十二佐领，系国初以朝鲜来归人丁编立。始以马富塔（一作玛富他，又作玛福他）管理，马富塔故，以其孙一等阿达哈哈番、

---

① 《钦定八旗通志》卷五《旗分志五》，第78页。

又一拖沙喇哈番、步军总尉邦那密管理。邦那密年老辞退，以参领阿禄管理。阿禄以足疾辞退，以其弟一等阿达哈哈番、又一拖沙喇哈番、副都统常来管理。常来缘事革退，以其弟常禄管理。常禄亦缘事革退，复以阿禄管理。阿禄告退，以其孙德青管理。德青故，以其子青山管理。青山故，以其叔曾祖之孙八十三管理。八十三故，以其叔之孙岱凌阿管理。①

《通谱》卷十一《他塔喇氏·玛福他》亦载：

> 玛福他，正红旗人，世居瓦尔喀地方。后入朝鲜，遂为所属。于平定朝鲜之时，复率一百三十三人，弃朝来归，授骑都尉。以其所属人，编为佐领，俾其孙邦那密统之。玛福他卒，其骑都尉，亦令邦那密承袭。……卒，其子常赖承袭，原任副都统，缘事削去恩诏所加之职，余三等轻车都尉，其亲兄尚禄承袭，原任城守尉、佐领，缘事革退，其亲兄之孙德清现袭职。又，玛福他之孙巴克勤，原任郎中。曾孙常禄，原任佐领；阿鲁、法克晋，俱现任佐领。元孙郎图，原任护军校；明阿，原任佐领。②

这两条史料表明，此佐领"系国初以朝鲜来归人丁编立"，时间是"平定朝鲜之时"，即皇太极称汗时期。清兵两次侵略朝鲜，一次在天聪元年（1627年）正月至四月初，另一次在崇德元年（1636年）十二月到次年二月初。在第二次兵侵朝鲜时，"胡将马夫大（即玛福他）率数百铁骑，已到济弘院，而以一枝兵遮阳江川，以截江都之路"③。由此可见，此佐领当是天聪至崇德年间编立的。该佐领属八旗满洲中的"世管佐领"，亦是族中承袭佐领。其管理世系为：马富塔→〔孙〕邦那密→〔子、曾孙〕阿禄（一作阿鲁）→〔弟〕常来（一作常赖）→〔弟〕常禄→〔兄〕阿禄→〔孙〕德青（一作德清）→〔子〕青山→〔叔曾祖之孙〕八十三→〔叔之孙〕岱凌阿。

《钦定八旗通志》卷八记载，第一参领第十三佐领：

---

① 《钦定八旗通志》卷八《旗分志八》，第137页。
② 《通谱》卷十一《玛福他》，第177页上。
③ 《燃藜室记述》二十七《丙子虏乱·丁丑南汉出城》，第486页。

第一参领第十三佐领，即第十二佐领内滋生人丁。康熙二十三年，阿禄管佐领时，分编一佐领，以阿禄之弟、三等阿达哈哈番、兼护军参领尚禄管理。尚禄升锦州副都统衔城守尉，以其子明安管理。明阿故，以其族叔法克进管理。法克进故，以其伯之孙常德管理。常德故，以其叔之子巴克进管理。巴克进故，以其子兴贵管理。兴贵故，以其子勒京阿管理。[①]

以这条史料和《玛富他传》分析，该佐领是康熙二十三年（1684 年）以阿禄管理第十二朝鲜佐领时滋生人丁编立的，仍属"世管佐领"，也是族中承袭佐领。其管理世系为：〔阿禄弟〕尚禄→〔子〕明安（一作明阿）→〔族叔〕法克进（一作法克晋）→〔伯之孙〕常德→〔叔之子〕巴克进→〔子〕兴贵→〔子〕勒京阿。以此可见，《通谱·玛福他》关于两个佐领世系的记述是混淆在一起的，需与《八旗通志》对校，方能理清其脉络。

《钦定八旗通志》卷八记载，第一参领第十四佐领：

第一参领第十四佐领，原系国初以朝鲜来归人丁，编为半个佐领，始以韩运管理。韩运故，以其子韩季管理。韩季故，以韩泥之子那秦管理。那秦升任宁古塔协领，以韩季之孙、二等哈思尼哈番钮钮管理。康熙三十三年，人丁繁盛，定为整佐领，仍以钮钮管理。钮钮故，以其子阿达哈哈番韩都管理。韩都缘事革退，以那秦弟之子、一等哈达哈哈番、又托沙拉哈番进德管理。进德缘事革退，以其伯祖之三世孙韩占管理。韩占故，以副都统明图管理。续以其子鄂尔克图管理。[②]

《通谱·韩运》亦载：

韩云，正红旗人，世居易州地方。国初同弟韩尼来归，授二等轻车都尉，编佐领焉。……叙功，授一等轻车都尉，卒。其子韩基袭职，三遇恩诏，加至二等男。其元孙韩都袭职。……卒，其亲叔之子韩占

① 《钦定八旗通志》卷八《旗分志八》，第 137 页。
② 同上。

袭职。①

《通谱·韩尼》亦云：

> 韩尼，国初同兄韩云来归，授三等轻车都尉。三遇恩诏，加至一等
> 轻车都尉，兼一云骑尉，卒。其第五子杰海袭职，任防御，卒。其孙晋
> 德袭职，现任长史，兼佐领。又，韩尼之长子杰林，原任长史，兼佐
> 领。……又韩尼第六子星韶，原任佐领。②

《清太祖武皇帝实录》卷四记载，天命十年（1625 年）正月，朝鲜韩润
（云）、韩义（尼）"脱走来归"。而将二人同辈兄弟，误认"润与侄义"为
叔侄关系。《满文老档》的记载二人也为兄弟，戡定了《清太祖武皇帝实
录》所记叔侄关系之误③。

根据上述史料，此佐领始编于天命十年，初为半个牛录（佐领）。康熙
三十三年（1694 年），"人丁繁盛"，扩编为整个佐领。属八旗中的"世管佐
领"，也是族中承袭佐领。其管理世系为：韩云（一作韩运）→〔子〕韩季
（一作韩基）→〔韩尼（一作韩泥，又作韩义）子、叔伯兄弟〕那秦→〔季
之孙〕钮钮→〔子〕韩都→〔那秦弟杰海之子〕进德（一作晋德）→〔伯
祖三世孙〕韩占→〔副都统〕明图→〔子〕鄂尔克图。《韩尼传》记其长子
杰林、六子星韶曾任佐领，而《八旗通志》（初集）未载。

《钦定八旗通志》卷八记载，第一参领第十五佐领：

> 第一参领第十五佐领，系康熙四十年将阿禄、尚禄两佐领内滋生人
> 丁，分编一佐领，以监察御史阿世坦管理。阿世坦故，以大理寺卿苗寿
> 管理。苗寿缘事革退，以郎中觉罗纶达礼管理。纶达礼升任福建按察
> 使，以御史齐轼管理。续以副参领永山管理。永山升任，以同善管理。
> 同善升任，以三等侍卫和珅管理。和珅升任，以三等侍卫宗室福色铿额

---

① 《通谱》卷七十二《韩云》，第 792 页下。
② 《通谱》卷七十二《韩尼》，第 792 页下。
③ 参阅《清太祖武皇帝实录》卷四，《满文老档译注》天命十一年正月至三月，中华书局
1990 年版。

管理。①

该佐领于康熙四十年（1701年），由本旗同一参领下阿禄所辖第十二佐领和尚禄所领第十三佐领内滋生人丁，合编而成，属八旗中的"公中佐领"。历任佐领者为：〔监察御史〕阿世坦→〔大理寺卿〕苗寿→〔郎中〕觉罗纶达礼→〔御史齐轼〕→〔副参领〕永山→同善→〔三等侍卫〕和珅→〔三等侍卫〕宗室福色铿额。

上述六个朝鲜佐领的特点是，三个由满洲人统辖，三个由朝鲜人管理。除了一个正红旗满洲都统第一参领第十五佐领为"公中佐领"外，五个皆为"世管佐领"②，后改为族中"承袭佐领"，成为八旗满洲编制的正规军。朝鲜人独立管辖三个佐领，与其归顺早，功绩显著相关。

三　正黄旗满洲包衣第四参领所属的第一、第二高丽佐领

《通志》卷五《旗分志五》记载，第一高丽佐领：

> 第四参领第一高丽佐领，系康熙三十四年，因花色所管高丽佐领人丁滋盛，分出一佐领，以内务府总管、署领侍卫内大臣、散秩大臣，兼管奉宸苑常明管理。常明故，以内务府大臣塔克图管理。塔克图故，以郎中福成管理。③

此佐领是由同参领所属的第二高丽佐领的滋生人丁分置的，时间为花色任佐领的康熙三十四年（1695年）。身兼内务府总管等要职的常明首任第一高丽佐领。他是天命年间率朝鲜族人来归的辽左大家金氏新达理之孙、花色之子，后官至御前大臣、领侍卫内大臣，名位显赫。该佐领由"世管佐领"变成了"公中佐领"。历任佐领者有：〔金氏花色之子〕常明→〔内务府大臣〕塔克图→〔郎中〕福成。

---

① 《钦定八旗通志》卷八《旗分志八》，第138页。

② （清）吴振棫：《养吉斋丛录》卷之一记载："国初各部落长，率属来归，授之佐领，以统其众，曰勋旧佐领；率众归诚，功在旂常，赐户口者，曰优异世管佐领；仅同弟兄族里来归，授之以职者，曰世管佐领；户少丁稀，合编佐领，两姓三姓迭为是官者，曰互管佐领；各佐领拨出余丁，增编佐领，为公中佐领。"北京古籍出版社1983年版，第2页。

③ 《钦定八旗通志》卷五《旗分志五》，第92页。

第二高丽佐领有三条史料记载，《钦定八旗通志》卷五《旗分志五》云：

> 第四参领第二高丽佐领，系国初编立。始以辛达理管理，辛达理故，以其弟尹达理管理。尹达理故，以辛达理之子胡住管理。胡住缘事革退，以其弟花柱管理。花柱故，仍以胡住管理。胡住故，胡住之子他穆保管理。他穆保因病辞退，以其子花色管理。花色故，以其族人三保管理。三保调管公中佐领，以常明之弟、蓝翎侍卫双保管理。双保故，以兵部侍郎金辉管理。金辉故，以郎中福克精额管理。[①]

《雪屐寻碑录》卷十二《皇清诰赠光禄大夫佐领兼总理内务府三旗火器营事务金公神道碑》（简称《金公神道碑》）记录：

> 公姓金，讳新达礼，朝鲜翼（义）州人。性果敏，多干略。我太祖高皇帝，勃兴辽海，神武天授，疆围式郭，任贤使能，俾各尽其谋力，一时人心，翕然向从。公于天聪元年，率其弟音达礼、三达礼、季达礼来归。太宗文皇帝，任一通事官，摘发奸弊，折其机互，间谍莫逞。越二年，朝鲜归附人户益众，分置佐领。太宗文皇帝，察公忠悃，特命入内务府，授佐领，兼总理三旗火器营事务。……次（二子）胡住，二等侍卫、参领兼佐领，总理内务府三旗火器营事务。从次（三子）花住，袭佐领，任都虞司员外郎，总理内务府三旗火器营事务。孙七人，……次（五孙）常明，由佐领累升散秩大臣，兼内务府总管、奉宸苑正卿。[②]

《通谱》卷七十二《新达理》亦录：

> 新达理，仰体圣意，善为保全（朝鲜国王）。太宗文皇帝，优加赏赉，以俘获高丽人户，分编佐领，特命新达理统之，兼内务府三旗火器营总管事。……次子胡住，原任二等侍卫，参领兼佐领。三子花住，原

---

① 《钦定八旗通志》卷五《旗分志五》，第92页。
② 《雪屐寻碑录》卷十二《皇清诰赠光禄大夫佐领兼总理内务府三旗火器营事务金公神道碑》，第3023页。

任员外郎，兼佐领。花住之子常明，原任御前大臣、领侍卫内大臣，办理上驷院事务，内务府总管，兼佐领。……又，新达理之曾孙花色，原任佐领；……双保，现任整仪尉，兼佐领。……新达理之次弟音达理，原任佐领；三弟三达理，原任通事官。其孙三保，现任巡视长芦盐政、武备院卿，兼佐领。①

　　上述史料所陈，此佐领设立时间有三，一是"国初编立"，《通谱》中的"国初"是指天命年间。而《金公神道碑》又言，他天聪元年来归，显系《钦定八旗通志》不确。一为天聪三年（1629年），仍据《金公神道碑》，"越二年，朝鲜归附人户益众，分置佐领"。一系崇德二年（1637年），皇太极因征朝鲜有功，"优加赏赉，以俘获高丽人户，分编佐领"。天聪三年，该佐领因朝鲜人员不足，先编为半个牛录。崇德二年，将征服朝鲜俘获人户，扩编为整个牛录，属于正黄旗的内牛录，即包衣牛录，隶属满洲"上三旗"正黄旗包衣佐领。该佐领亦属"族中承袭佐领"。历任佐领者为：新达理（一作礼）→〔弟〕音（一作尹）达礼→〔侄、新达理子〕胡住→〔弟〕花住→〔兄〕胡住→〔子〕他穆保→〔子〕花色→〔族叔、三达礼孙〕三保→〔新达理曾孙、常明子〕双保。

　　这两个高丽佐领编在内务府"上三旗"正黄旗包衣内，供职内廷，如同编制在满洲旗分佐领的朝鲜人一样，仍承担着繁重的征伐任务，为巩固清王朝的一统天下而战。

　　后金初期，高丽43姓独立单编牛录（佐领），或内牛录（包衣佐领），人数不足者，先编成半个牛录，尔后，再扩成整个牛录。朝鲜佐领，高丽佐领的管理者，部分是由朝鲜人充任，并由其子孙世袭。例如，韩云、新达礼等。亦有他族人任佐领者，比如，正黄旗第四参领第九佐领，即由满洲人他塔喇氏·纳林管理；正红旗第一参领第十二佐领，是满洲人玛富他统辖。虽然高丽43姓人口并不多，但是，他们在八旗满洲旗分和包衣旗中，竟有八个独立编制的佐领。这就说明，早期归附的高丽43姓对后金政权建设功不可没，也与满洲贵族特殊关照是密不可分的。

---

① 《通谱》卷七十二《新达理》，第790页下。

第四节 氏族成员职司与清初征战

满洲内高丽人，因与朝鲜交往之需，一般授通事官，例如，正黄旗包衣人新达理，镶黄旗包衣人都赉，镶蓝度包衣人德倍等均授此职。随着高丽姓氏融入后金，得到了满洲贵族的信赖，将他们视为一己。自中央到地方机构，从部院衙署至军队将领，由高级官吏到低级职司，均有高丽人充任职司。以《通谱》立传和附载之人的职司统计，文武官员分列如次：

所任文职有：御前大臣、尚书、侍郎、郎中、员外郎、主事、理事官、品官（六品、七品、八品等）、内阁侍读、中书、典仪、主簿、鸣赞、司胙官、司库、库掌、笔贴式、巡视长芦盐政、粮道、奉宸苑卿、武备院卿、上驷院卿、内务府总管、畅春园总管、南苑总管、长史、包衣大、知府等。

担任武职有：领侍卫内大臣、内大臣、都统、副都统、参领、包衣参领、佐领、内管领、内副管领、头等侍卫、头等护卫、二等护卫、三等护卫、蓝翎侍卫、火器营总管、步军校、城守尉、护军统领、护军参领、委署护军参领、护军校、委署护军校、骁骑校等。

以上职官表明，朝鲜人在文武衙门中，自低级的笔贴式、领催等，到高级的御前大臣、领侍卫内大臣、都统，任职的范围较广，人员不少。一些家族地位颇显赫，例如，在《通谱》"附载满洲旗分内之高丽姓氏"中，排列首位的金氏就是其一。正黄旗包衣人金新达理，天聪元年（1627年），率子弟来归，授为通事官。崇德二年（1637年），从伐朝鲜有功，皇太极以俘获高丽人户分编佐领，特命他统辖，兼内务府三旗火器营总管事。长子噶布拉任正五品的三等侍卫，次子胡住任正四品的二等侍卫，三子花住任从五品的员外郎兼佐领。花住之子常明，特简御前大臣、领侍卫内大臣、办理上驷院事务、内务府总管，兼佐领。清初枢要之臣多从"上三旗"简选。常明作为朝鲜人，内务府所辖的正黄旗包衣，能出任朝廷要职，除了他的才干外，若无圣祖、世宗、高宗的赏识是绝不可能的。乾隆七年（1742年）七月初五日，高宗弘历评价说："常明自皇祖、皇考，在内庭行走，效力多年，人甚勤慎，心性直朴，侍奉朕躬，诚意肫挚。""著加特恩，赠太子太保。"[1] 其旧病复发，弘历即派御医诊治。他病势沉重时，著派大阿哥永璜探视。常明

---

① 《通谱》卷七十二《新达理》，第790页下。

病故，永瑢携茶酒致奠，赏内库银一千两为其后事之用，赐祭葬如典礼，谥号悫勤。这充分说明常明已被高宗视为股肱之臣，他在朝廷的显要地位非一般满汉臣僚可比。

金氏、韩氏、李氏、朴氏等朝鲜人也颇得清廷信赖，成为高丽世家大族。诸如，世居易州的金氏家族的新达理，满洲正红旗包衣人，天聪元年，率二弟音达理、三弟三达理、四弟季达理等来归，后金授予通事官。时有新附高丽通事官登纳米，秘密致书朝鲜国王，报告满洲军队虚实，引导其国王发兵，水路并进，以为内应。新达理侦获其书，奏报朝廷，将登纳米正法，赏赐其家资。睿亲王多尔衮家仆高丽人恩尼比，经常往来朝鲜，投书其父，潜蓄异志。亦被新达理截书告发，将他伏法。新达理的举动表明其家族一心效忠后金新主。在征服朝鲜时，他们作为向导，俘获朝鲜国王人等，迫使他们签订城下之盟。太宗皇太极将掠夺来的高丽人，分编佐领，命新达理统辖，并兼任内务府三旗火器营总管事。其长子噶布拉任三等侍卫，次子胡住任二等侍卫，参领兼佐领，三子花住任员外郎，兼佐领。花住之子常明，任御前大臣、领侍卫内大臣、办理上驷院事务、内务府总管，兼佐领①。三弟三达理之曾孙金简，历任内务府总管大臣、《四库全书》副总裁、户部侍郎、镶黄旗汉军副都统、工部尚书、镶黄旗汉军都统、吏部尚书等要职。金简之子缊布，也曾由蓝翎侍卫，历任内务府总管大臣、武英殿总裁官、镶红旗汉军副都统、工部侍郎、正红旗蒙古副都统、兵部侍郎、工部尚书、镶红旗汉军都统、正蓝旗满洲副都统、署户部尚书等职②。金简之胞妹被选中"秀女"，成为高宗弘历的淑嘉皇贵妃，生有 4 位皇子，深得弘历喜爱③。嘉庆初，仁宗颙琰，将正黄旗包衣金氏抬入"上三旗"，赐姓金佳氏，并把《玉牒》改书赐姓，以示对金家的恩宠。金家成为满洲社会的显贵，绝非八旗满洲其他包衣人家能比。

从天命十年（1625 年）三月后金迁都盛京（今辽宁沈阳），到康熙三年（1664 年）八月统一全国，在近四十年中，战争频仍。清兵击败了林丹汗，征服漠南和漠北蒙古，接着征服朝鲜，攻克辽西，入关统一中原。高丽43姓成员参加了入关前后的一系列重大战役，他们驰骋辽河上下、大江南北，

① 《通谱》卷七十二《新达理》，第 790 页下。
② 《国朝大臣列传》正编卷一百七十六《金简列传》，藏台北故宫博物院；（清）李桓：《国朝耆献类征初编》卷九十《金简传》，《清代传记丛刊》，第 145 册，台湾明文书局印行，第 657 页。
③ 《清皇室四谱》卷二《后妃·高宗纯皇帝》，第 21 页。

博击沙场，一往无前，立下了显著战功，赢得了满洲贵族的倚重。

一 征服朝鲜

后金建国初期，周边形势十分严峻，西有明军压境，北有强敌漠南蒙古察哈尔部林丹汗等阻击，东有明藩属国朝鲜策应，东南海上有皮岛明将毛文龙驻守钳制，"四境逼处"，已成环形包围之势。皇太极即位，为了解决与明廷抗争的后顾之忧，缓解经济的窘况，天聪元年与崇德元年，两次发动大规模的侵扰朝鲜战争，"八道震惊"，给朝鲜人民造成巨大的灾难。天命时期，朝鲜降将姜弘立与韩润就曾献策，出兵朝鲜。但是，"奴尔赤（即努尔哈赤）恶其背本，责退之"。努尔哈赤对他们提议，疑有报私仇之嫌，颇不赞成。皇太极称汗，他们"恳请不已，遂成是祸"①。

在两次侵朝战争中，归附的朝鲜人为清兵向导。他们熟谙朝鲜山川地势，知晓各地虚实，清兵进军神速，强迫朝鲜臣服。第一次征伐朝鲜，后金目的明确，既要压服朝鲜，切断他们对皮岛毛文龙的援助，清除东南海上障碍，阻止朝鲜与明朝联系，排除后顾之忧。此次征战，以大贝勒阿敏挂帅，贝勒济尔哈朗、阿济格、岳讬、杜度等将领随征，率兵三万，韩润、姜弘立、朴兰英、吴信男等皆在军中，为前驱兵。起初，清军听韩润建议，姑犯义州，试探朝鲜兵势，及战，朝鲜士卒望风溃奔。韩润等"变著华服，潜遂猎骑，引贼入城，焚军器，一城大乱"。"降卒见弘立、兰英、吴信男、韩润来在贼中"②。清兵所到之处，宣传今日之事，专为前王复仇，事成后，各道军兵，十年复户。"此皆贼润所教云"③。姜弘立、朴兰英等作为清廷代表，与朝鲜进行谈判，迫使他们就范。清兵攻城野战，势如破竹，直驱王京（今韩国首都首尔市），逼迫朝鲜结"兄弟之盟"，签订《江都之约》、《平壤之盟》两个条约。

第二次征战朝鲜，皇太极"御驾亲征"，亲王代善、多尔衮、多铎、贝勒岳讬、豪格、杜度等从征，朝鲜人玛福他、新达理等也在其中。"贼兵弥漫"，声势浩大。户部承政玛福他，前锋大臣硕翁科罗巴图鲁劳萨等，率前锋兵三百人，佯作商人，星夜往围朝鲜王京④。当朝鲜国王李倧欲往

---

① 《燃藜室记述》二十七《丁卯虏乱》，第439页。
② 同上。
③ 同上书，第438—439页。
④ 《清太宗实录》卷三十二，崇德元年十二月癸酉，第2册，第32页上。

江都（江华岛）避难时，玛福他率领数百铁骑已经抵达弘济院，截断通往江都之路。崇德二年（1637年），随征的新达理遇到朝鲜伏兵，以计败之。清军进至岗花屯，皇太极下令勿得伤害朝鲜国王妻孥。新达理"仰体圣意"，善为保全，皇太极优加赏赉①。最终迫使国王李倧出南汉山城，向皇太极呈献明朝所赐王篆，再签《南汉山规则》，俯首称臣。两次征战朝鲜，他们面对自己的同胞，作为八旗满洲将士的高丽人经受了一次情感与行动的双重洗礼。他们全心身地效力于满洲，降服朝鲜，得到后金（清）统治集团的认可。

二　开拓辽西

后金立国之后，即兴兵反明，一举攻占周边的抚顺、东州、马根丹等城，及五百余处堡寨。又击溃明总兵张承荫援兵，连克抚安等十一堡，占领清河，"全辽震动"，"举朝震骇"。萨尔浒之战大捷后，太祖努尔哈赤高瞻远瞩，快速立足辽沈，完成了由赫图阿拉（兴京）至辽阳（东京），再到沈阳（盛京）的三次迁都，也是后金至关重要的三次战略大转移，为皇太极占据整个东北地区奠定了基业。明失辽东后，仍牢固地控制辽西军事重镇锦州、宁远、山海关一线，阻止清兵西进。皇太极深知，要进驻中原，必须打开辽西至山海关的通道，而首要之务是夺取战略要地锦州。在清兵进攻辽西的关键战役中，高丽43姓成员也英勇参战。

锦州城地处大小凌河之间，与方圆四十余里松山、杏山、塔山、海口等构成了地势险要的防御体系。从崇德四年（1639年）二月，至七年（1642年）四月，皇太极发动了松锦大战，采用围锦打援的策略，先击败松山等援兵。满洲正黄旗包衣高丽佐领、兼内务府三旗火器营总管新达理，率所部从征松山，"奋勇追击，斩获七十人，得马四十余匹"。"又歼海滨叛贼，有功，复蒙赏赉"②。清兵攻打锦州城，守城明总兵官祖大寿增援断绝，崇祯帝朱由检命蓟辽总督洪承畴将十三万大军，火速驰援锦州。正红旗满洲都统第一参领第十四佐领的韩润率兵参战，三围锦州，当时松山明军马兵突来抢夺红衣大炮，他同梅勒章京瞻前，"杀人对阵，败之"③。而后，又大败来犯的

---

① 《通谱》卷七十二《新达理》，第790页下。
② 同上。
③ 《通谱》卷七十二《韩云》，《韩云事功碑》，《雪屐寻碑录》卷六，第2943页。

松山明军，俘获主帅洪承畴。松锦之战后，明朝再丢辽西，最终失去东北控制权。圣祖玄烨高度评价了这一战役，他说："太宗一战，而帝业定。"① 足见"松锦之战"意义之大，而高丽人在这场战役中再立新功。

三 统一全国与稳定中原的战争

顺治元年（1644年）四月，明朝山海关总兵官吴三桂降清，打开山海关大门，加速了清兵进入燕京的步伐。从此，满洲贵族打响了定鼎中原的决战。

1. 山海关之战

顺治元年（崇祯十七年、1644年）四月十三日，占据北京的大顺农民军首领李自成亲率近七万步骑兵，直驱山海关，征讨拒降的明总兵吴三桂。在农民军的巨大压力下，吴三桂急向关外清摄政王多尔衮请降求援。二十一日，李、吴两军酣战于山海关城下。当吴军难于支撑之时，清军杀入阵中，将大顺军击溃。参战的清军中有三个朝鲜佐领，一是正黄旗满洲第四参领第九佐领，在佐领纳林的率领下，同诸旗兵一道，入山海关，击败李自成大顺军有功，又加一云骑尉②；二为正红旗满洲第一参领第十二佐领，在玛福他之孙邦那密统辖下，于山海关击杀大顺军，"追击至庆都县，又败之"③；三系同旗第十四佐领，在韩云统领下，战于山海关，重创农民军，因功授一等轻车都尉④。

2. 征战全国

山海关之战后，李自成率军退回北京，多尔衮统率三分之二满蒙汉八旗将士乘势追击，占领北京，并分兵南北两路，北进与南下，名义是替明廷镇压农民军，"报君父之仇"，实则已拉开了统一全国战争的序幕。正红旗人韩尼次子杰殷，从阿济格北路军，"兵赴榆林，平定延安等处，参赞军务，累

---

① 《太宗皇帝大破明师于松山之战书事文》（满汉合璧），转引自李鸿彬《满族崛起与清帝国建立》第二章第五节《皇太极与松锦大战》。

② 《通谱》卷十一《纳林》，第177页上；《通谱》中多处记述，山海关之战，清兵"击流贼马步兵二十万"。此为不实之语。此战李自成军队六万余人，吴三桂军队八万余，为不实之数。战斗中，农民军占上风，若无清兵助阵，吴三桂必被击败。参阅商鸿逵师《明清之际山海关战役的真相考察》，《历史研究》1987年第3期。

③ 《通谱》卷十一《玛福他》，第177页上。

④ 《通谱》卷七十二《韩云》，第792页下。

著劳绩，优授骑都尉"①。正黄旗包衣人季达礼由护军校，从征福建，追击郑成功时阵亡，赠云骑尉②。镶黄旗包衣人都赉之子浩善，由委署护军校，从征浙江、福建，屡立战功，授云骑尉③。正黄旗包衣人聂尼之孙硕石，由委署骁骑校，"从征浙江、福建，累著战功，授云骑尉"④。韩尼三子杰都，由护军参领，从征福建，"于厦门地方，击海贼郑成功舟师，败之"。又从征四川，"于朝天关击败贼伪总兵施存礼等兵一万七千余众"。在盘龙山，"击贼伪将王屏藩等兵，殿后阵亡"，优赠骑都尉，兼一云骑尉⑤。纳林之子达尔瑚达，从征广东，于新会县，"破贼伪将李定国兵万余众"，授三等轻车都尉⑥。邦那密从多铎南路出征，"破流贼，灭福王，平定河南、江南等处，屡败贼众"。征云南时，进兵缅国，至阿洼城，生获桂王⑦，叙功，加一云骑尉。

3. 平定三藩叛乱与布尔尼之乱

康熙十二年（1673年）十一月，镇守云贵、广东、福建的三个藩王吴三桂、尚可喜之子尚之信、耿仲明之孙耿精忠，相继举起反清旗帜，战火燃遍南疆。圣祖玄烨下决心戡定这场大规模的叛乱，调集八旗劲旅和精锐绿营兵，南下平乱。清廷用了八年时间，江南战火方息。在此次重大战役中，八旗满洲中不少朝鲜将士出征参战，诸如，正黄旗包衣柏云之孙海锡尼，由委署护军校，"从征浙江、福建，击逆贼耿精忠兵，败之"；又"解泉州围，夺洛阳桥，被创身亡，优赠骑都尉"⑧。正红旗人韩尼次子杰殷，率兵赴榆林，"平定延安等处响从者"，参赞军务，累有劳绩⑨。康熙十四年（1675年）三月，三藩作乱势头正盛，漠南蒙古察哈尔部长林丹汗之孙布尔尼联合乃曼等部乘机叛清。当时"诸禁旅皆南征，宿卫尽空"，大将军图海请从八旗家奴中选拔健勇者，宣布征战中抢掠归己，各家奴仆踊跃报名，不少高丽奴仆积极应征，很快聚集数万人。清兵至察哈尔，"无一不当百"，一战即擒

---

① 《通谱》卷七十二《韩尼》，第792页下。
② 《通谱》卷七十二《新达理》，第790页下。
③ 《通谱》卷七十二《都赉》，第791上页。
④ 《通谱》卷七十二《聂尼》，第793页上。
⑤ 《通谱》卷七十二《韩尼》，第792页下。
⑥ 《通谱》卷十一《纳林》，第177页上。
⑦ 《通谱》卷十一《玛福他》，第177页上。
⑧ 《通谱》卷七十二《柏云》，第795页下。
⑨ 《通谱》卷七十二《韩尼》，第792页下。

获其首领布尔尼，迅速平息叛乱①。在此次战斗中，镶蓝旗包衣、朝鲜人德倍次子几蚌伊，"以司库，从征察哈尔布尔尼，于大卤地方，击贼阵亡"，赠云骑尉②。杰殷以护军统领，从征察哈尔，"击贼有功"③。

还有一些重大战役皆有高丽43姓将士参与。比如，康熙中期平定西北蒙古准噶尔部的叛乱，镶蓝旗包衣李氏腾那弼之孙满达，以护军校，"从征准噶尔，在和通呼尔哈脑尔地方，击贼阵亡"，赠云骑尉④。为了清朝定鼎兴邦，高丽姓氏子弟拼杀疆场，舍生忘死，功不可没。尔后，朝鲜将士参战出征的人数减少，这与八旗满洲兵的逐渐贪图安逸、疏于训练不无关系。对此，世祖福临也不讳言。顺治十四年（1657年）正月，他指明："我国家之兴，治兵有法。今八旗人民，怠于武事，遂至军旅隳敝，不及曩时。"⑤ 康熙十二年（1673年）底，平定三藩之乱，八旗兵已丧失战斗力，奋战八载，最终由西北三位汉将张勇、王进宝、赵良栋率绿营兵成为主力，戡定"三藩"。清中叶起，八旗兵丁日渐腐化，荒于武备。嘉庆初，仁宗颙琰下令，调京营八旗南下镇压川鄂豫陕甘五省白莲教起义。八旗老爷兵每天艰难行走35里，而农民军则日奔200余里。清廷怕丢丑，赶快把他们撤回北京。八旗满洲将士的衰败自然也包括作为"旗人"的高丽子弟。

第五节 "辽左名家"——金、韩两大族

从太祖起，经太宗、世祖、圣祖、世宗，直至高宗，清王朝已历时二百余年，融入部分蒙古、朝鲜与尼堪等民众，已成为满洲正式成员，也是清朝实现统一中原战略目标所依靠的重要力量。《通谱》收录满洲、蒙古、高丽、尼堪不少的世家大姓，例如，满洲的瓜尔佳氏、钮祜禄氏、富察氏、舒穆禄氏、完颜氏等，蒙古的博尔济吉特氏等，高丽的金、韩、李、朴氏等，尼堪的张、李、高、雷氏等。在高丽43姓中，金、韩两姓功劳尤著，他们"屡奇其功，爰授厥职"，"秩晋亲臣，职居重任"，深得满洲贵族的信赖，成为清代社会颇具影响的高丽士大夫家族。

---

① 参阅《啸亭杂录》卷二《图文襄公用兵》，第48页。
② 《通谱》卷七十二《德倍》，第791页上。
③ 《通谱》卷七十二《韩尼》，第792页下。
④ 《通谱》卷七十二《腾那弼》，第793页下。
⑤ 《清史稿》卷五《世祖本纪二》，第148页。

金氏和韩氏是后金"国初"归附较早的朝鲜大姓。凭借着他们在开国创业中所立下的功绩，逐渐地成为满洲贵族所器重的"辽左名家"。他们的地位与声望在满洲上层社会颇为显耀。那么，这些高丽士大夫家族是怎样形成的？有什么特征？兹以金、韩两个大姓为例，作些历史考察。

一　因政治纷争，"弃彼来归"

15 世纪以降，东北亚地区的汉族、蒙古族、女真族、朝鲜族等正处于相互融合的历史阶段，民族之间彼此接纳已形成一种自然态势。朝鲜金、韩、李、朴等大姓，或兄弟率属投奔，或举家迁附。这是他们取得后金汗努尔哈赤、皇太极信任的首要条件。朝鲜人来附，原因各异。例如，韩润、韩义兄弟等来归，皆因朝鲜国内政治纷争所致。《清太祖武皇帝实录》卷四记载：

> 天命十年正月，朝鲜国韩润、韩义来降。润父韩明廉与总兵李果谋篡，兴兵攻王京。国王遣兵迎之，为明廉等所败，遂弃城而走，二人领兵入城。有李果部下中军，执二人杀之。明廉子润与侄义，脱走来归。

《满文老档》第六十四册，天命十年正月初二日记录此事较详：

> 韩润之父韩明廉，在朝鲜先王时，曾任总兵官，因得罪新王，降为参将。有名李适（即李果）者，乃新王继立之功臣。然新王并未留其于身边，而遣往外省任总兵官。故李怨恨新王，与我父韩明廉共谋，举兵攻打新王，途中连克三处之兵。王闻之，离位南逃。我军得京城，正欲寻王杀之，不料，因李适总兵官之中军哗变，李适与我父皆被杀害。我二人力战得出，无处投身，欲投汗而来，故逃于义州所属之箭匠家中，俟渡口结冰后前来。唯因毛文龙之哨卡密布，至今始得前来。

《朝鲜王朝仁祖实录》卷十二，仁祖四年四月丙戌亦载：

> 韩明廉之子润，暨其弟泽，兵败之后，脱身逃窜，未知去处。上年接得边臣驰报称，剃汉王四明等来自胡中言，韩姓人兄弟，以甲子十二月投入奴穴，自称其父谋叛伏诛，尽输本国事情。

再如，金氏新达礼一家亦属主动自愿来归者。清宗室盛昱辑《雪屐寻碑录》卷十二《皇清诰赠光禄大夫佐领兼总理内务府三旗火器营事务金公神道碑》云：

> 公姓金氏，讳新达礼，朝鲜翼州人。性果敏，多干略。我太祖高皇帝，勃兴辽海，神武天授，疆围式郭，任贤使能，俾各尽其谋力，一时人心，翕然向倾。公于天聪元年，率其弟音达礼、三达礼、季达礼来归。

《通谱》卷七二金氏条亦载：

> 新达礼，正黄旗包衣人，世居易州地方。天聪元年，率子弟来归，授为通事官。

当皇太极大举用兵朝鲜半岛时，朝鲜官兵发现韩润、新达礼等人"皆在阵中"，他们有一种明显的感觉，如同清使臣所言，"韩润为复仇出来，今方上京"①。由此可见，朝鲜统治集团内部争权夺利的斗争，导致一些大姓离国投奔后金。此外，还有满洲征伐朝鲜，大肆掠夺来人口，以及朝鲜民众为躲避各种战乱，渡江来到建州。前一种朝鲜人尽管数量不多，却影响大，最典型的是高丽43姓；而后两种朝鲜人数较多，社会地位低下。朝鲜使者李押在《燕行记事》中记载，"行到高丽堡，俗传旧时我国被虏人，接于此土，便成一村，故称以高丽堡"②。有韩国学者依据《燕行录》等资料，将归附后金的朝鲜人笼统地概括为"被掠者"，断言金氏三达礼后裔"金简、金辉两人本是朝鲜被掠人之子孙"。推导出金简之先世至建州的程序是"义州……捕虏……中国引渡……边境移住"③。三达礼随其兄新达礼，于天聪元年（1627年）主动归附后金，并非掠夺之人。上述结论显然有臆测之嫌。

---

① ［朝鲜］《仁祖大王实录》卷十五，仁祖五年正月戊子，《李朝实录》第34册，第359页。
② ［朝鲜］李押：《燕行记事》，［韩］林中基：《燕行录全集》，东国大学校出版部2001年版，第85册，第496页。第52册，第395页。
③ ［韩国］卞麟锡：《四库全书朝鲜史料的研究》第二章"四库全书与韩国人副总裁金简"，岭南大学校出版部1977年版。

二 以血缘为纽带，世袭管理佐领

朝鲜佐领分成两类：一是独立编入八旗满洲旗分内，名曰"朝鲜佐领"；一为纳入满洲包衣旗中，称为"高丽佐领"。清初各部落长"率众归诚，功在旂常，赐户口者，曰优异世管佐领；仅同弟兄族里来归，授之以职者，曰世管佐领"①。此类佐领多数为世管佐领，管理方式是家族世袭的。金氏和韩氏两个世家大族所辖佐领均属此类。据《钦定八旗通志》卷五《旗分志五》记载：

> 第一高丽佐领，系康熙三十四年，因花色所管高丽佐领人丁滋盛，分出一佐领，以内务府总管、署领侍卫内大臣、散秩大臣，兼管奉宸苑大臣常明管理。常明故，以内务府大臣塔克图管理。塔克图故，以郎中福成管理。②

> 第二高丽佐领，系国初编立，始以辛达礼管理。辛达礼故，以其弟尹达礼管理。尹达礼故，以辛达礼之子胡住管理。胡住缘事革退，以其弟花柱管理。花柱故，仍以胡住管理。胡住故，以胡住之子他穆保管理。他穆保因疾辞退，以其子花色管理。花色故，以其族人三保管理。三保调管公中佐领，以常明之弟蓝翎侍卫双保管理。③

新达礼于天聪元年率领三兄弟等来归，"越二年，朝鲜归附人户益众，分置佐领"，"特命入内务府，授佐领，兼总理三旗火器营事务"④。第一高丽佐领为康熙三十四年（1695 年）因"花色所管高丽佐领人丁滋盛，分出一佐领"，由常明管理。可见金氏家族祖孙世代管辖正黄旗满洲包衣第四参领所属的两个佐领。

同书卷六《旗分志六》记录了韩氏家族所管理的正红旗满洲都统第一参领第十四佐领：

① 《养吉斋丛录》卷一，第 2 页。
② 《钦定八旗通志》卷五《旗分志五》，第 92 页。
③ 同上。
④ 《雪屐寻碑录》卷十二《皇清诰赠光禄大夫佐领兼总理内务府三旗火器营事务金公神道碑》，第 3023 页上。

原系国初以朝鲜来归人丁，编为半个牛录，始以韩运管理。韩运故，以其子韩季管理。韩季故，以韩泥之子那秦管理。那秦升任宁古塔协领，以韩季之孙二等哈思尼哈番钮钮管理。康熙二十三年，人丁繁盛，定为佐领，仍以钮钮管理。钮钮故，以其子阿达哈哈番韩都管理。韩都缘事革退，以那秦弟之子一等阿哈达哈哈番、又拖沙拉哈番进德管理。

此段史事说明韩氏管辖的朝鲜佐领也是子孙世袭的。

金氏、韩氏等以家族血缘关系世代掌管一个或两个佐领，这是他们在满洲得以立足的基础。两大姓成员亦有充当"两姓三姓，迭为是官"的互管佐领，或"各佐领拨出余丁"增编的公中佐领。例如，金氏三保管理正黄旗包衣第三参领所属第四佐领，金氏德倍族孙佛保担任镶蓝旗包衣第二参领所属第二满洲佐领。因此类佐领姓氏更迭频繁，势力单薄，形不成一定气候，难与金氏、韩氏掌管的世管佐领相比。

三 开基创业，屡立战功

在满洲贵族立足辽沈、征伐朝鲜、问鼎中原的一系列重大战争中，金、韩等家族成员功劳突出。正黄旗包衣人金氏新达礼效力戎行，"在军首尾十余年，每于危急时，独身奋死，摧锋陷阵，为士卒先，数立奇功，著声疆场"。皇太极"再四褒嘉，恩礼逾同列，白金文绮，子女良马之赐，不可备纪"[①]。崇德二年（1637年），皇太极兵伐朝鲜，新达礼从征，"遇伏兵，以计败之"。清兵进抵岗花屯，他遵照"上谕"善待朝鲜国王等，皇太极优加赏赉。再征松山，"奋勇追击，斩获七十余人，得马四十余匹"；又"灭海滨之敌有功，复蒙奖赏"，"用作熙朝硕辅"。其四弟季达礼以护军校从征福建，攻击郑成功所部阵亡，赠云骑尉。镶黄旗包衣人金氏都赉子浩善，由委署护军校，从征浙江与福建，"屡立战功"，授云骑尉。镶蓝旗包衣人金氏德倍次子几蚌伊，由司库，从征察哈尔布尔尼，于大卤地方杀敌，阵亡，赠云

---

① 《雪屐寻碑录》卷十二《皇清诰赠光禄大夫佐领兼总理内务府三旗火器营事务金公神道碑》，第3023页上。

骑尉①。正红旗人韩云同弟韩尼率兵三围锦州，"时（明）松山马兵来夺我红衣炮，而于梅勒章京瞻前杀入对阵，败之"；"落雨之日，击松山洪军门（承畴）来犯左翼兵，尔同固山额真叶格书对阵，败之"；又同叶格书击溃"洪军门三营兵"；定鼎燕京，入山海关之日，追击李自成马步兵。又同固山额真、和硕额驸杜磊对阵，败之，追至庆都县，叙功，由二等阿达哈哈番升为一等阿达哈哈番②。其弟韩尼次子杰殷，由护军统领，从征察哈尔，击叛军有功；"又引兵赴榆林，平定延安等处"；"参赞军务，累有劳绩"，优授骑都尉。三子杰都，由护军参领，从征福建，于厦门地方，进攻郑成功舟师，败之；又从征四川，于朝天关战败总兵施存礼等兵一万七千余众；又于盘龙山，击王屏藩等兵，殿后阵亡"。优赠骑都尉，兼一云骑尉。正黄旗包衣人韩氏聂尼之孙硕石提，由委署骁骑校，从征浙江、福建，"累著战功"，授云骑尉③。

高丽大姓子弟为清王朝政权的创建与巩固，努力奋斗，忠贞不贰。这是他们被满洲贵族视为一体的先决条件。

四　与满洲通婚，同皇室联姻

后金初年，满洲贵族为了表示对归附各部族首领的诚意，均予封官加爵，赏赐人口、布帛，配以满洲王室之女，安家落户等优厚待遇，在经济、生活上，多方照应。尤其以"指婚"方式嫁女，使其成为皇室"额驸"。这种为了贵族集团利益的政治姻缘，旨在强化君臣裙带关系，促使他们加倍效忠朝廷。天命十年（1625年）正月，朝鲜国总兵官韩明廉之子韩润与侄韩义投奔建州。努尔哈赤赐韩润游击之职，韩义备御之职，"给以委，及僮仆、田宅、牛马、财帛、衣服，一切器用诸物"④。"韩润兄弟变姓投奴，老汗（努尔哈赤）极其厚待，即以胡女嫁之"⑤。从早期来归的蒙古、尼堪成为后金的额驸看，所谓"胡女"并非一般满洲女子，应多系汗、宗室诸王之公主、格格等，或他们的"养女"，"指婚"下嫁。例如，战败而被擒的朝鲜降将朴兰英，"在房中娶女"，即贵永介（代善，努尔哈赤次子）养女，人

---

①　《通谱》卷七十二《德倍》，第791页上。
②　《雪屐寻碑录》卷六《韩云事功碑》，第2943页上。
③　《通谱》卷七十二《聂尼》，第793页上。
④　《清太祖实录》卷九，天命十年正月癸亥，第1册，第126页。
⑤　［朝鲜］《仁祖大王实录》卷十三，仁祖四年六月丙申，《李朝实录》第34册，第307页上。

称"二王子之婿者"。至于以那级女子，嫁与某人，则取决于"指婚"对象对后金态度，及其社会影响。如前者诚心诚意，剃发归服，自然许配上层"胡女"，待为上宾。不然，则另行对待。例如，萨尔浒之战被俘的朝鲜都元帅姜弘立，多年"尚不剃发，故不给达女，嫁以汉女生男"①。因此，后金在嫁女问题上，是区别对待的。随着时间的推移，一般朝鲜人与满洲、尼堪之间通婚日益增多，而高丽世家与满洲贵族姻亲关系也越发密切。

清制规定，户部请旨阅选，移咨八旗，造册送部②，每三年，选验八旗满洲、八旗蒙古、八旗汉军及驻防、外任旗员之女，年十四而合条件者，入宫备皇帝妃嫔之选，或配近支宗室，谓之"选秀女"。八旗内适龄的朝鲜女子也在其中，正黄旗包衣金氏三保之女被选中"秀女"，成为高宗弘历的皇贵妃，即是一例。

唐邦治辑《清皇室四谱·二后妃》记录：

> 赠淑嘉皇贵妃金氏，上驷院卿三保女，累官吏部尚书（金）简女弟也。初赐贵人，乾隆二年十二月，册封嘉嫔。四年，生皇四子履端郡王永王成 。六年十一月，晋嘉妃。十一年，生皇八子仪慎亲王永璇。十三年，生皇九子。十四年四月，晋嘉贵妃。十七年，生皇十一子成哲亲王永王星 。二十年亥十一月十五日卒。追晋为皇贵妃，谥曰淑嘉皇贵妃。二十二年十一月，葬胜水峪，即裕陵。

《清史稿》卷二百十四后妃传亦载：

> 淑嘉皇贵妃，金佳氏，事高宗潜邸，为贵人。乾隆初，封嘉妃，进嘉贵妃。薨，谥曰淑嘉皇贵妃，葬胜水峪。子四：永珹 、永璇、永瑆，其一殇，未命名。

朝鲜李押著《燕行记事》亦载金简之妹入选后宫为高宗弘历贵妃之事。

因金简胞妹被清高宗纳为贵妃，又生有四个皇子，深受高宗宠爱，死后

---

① ［朝鲜］《仁祖大王实录》卷十三，仁祖四年六月丙申，《李朝实录》第34册，第307页上。
② 参阅（光绪）《钦定大清会典事例》卷百五十四《户部·选验秀女》，台湾新文丰出版公司景印本，第7105页。

封为"淑嘉皇贵妃"。作为皇帝"堂亲",其家族也随之发生了明显变化,兄金简、金辉仕途亨通。嘉庆初,仁宗"命其族改入满洲",即将正黄旗包衣金氏抬入"上三旗"的正黄旗,赐姓金佳氏。嘉庆二十三年(1818年)正月,命《玉牒》内改书赐姓,以示对金家的恩宠。

五 族人世代为官,人才迭出

现以新达礼和韩云两个家族为例,试加解析。

1. 金氏新达礼家族

(1) 金氏世系图

关于金家的世系与政绩,《雪屐寻碑录》卷十二辑入了新达礼和花住父子两块神道碑铭,在同名为《皇清洁赠光禄大夫佐领兼总理内务府三旗火器营事务金公神道碑》的碑文中,均有记述。再参佐《通谱·金氏》、《八旗通志》卷四《旗分志四》、《清国史·金简传》等文献,金氏家族世系图如下。

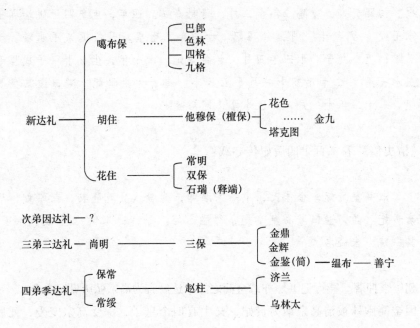

(2) 金家仕宦封爵

金氏新达礼,初授通事官,又以军功,管理俘获高丽人户分编的佐领,兼内务府三旗火营总管事。世祖福临对他"素悉贤劳","方欲大用,而公遽以劳,卒于官"。"公负通达俊伟之识,具勇武干济之才,懋著成劳,垂光史册"①。他生有三子,长子噶布拉,原任三等侍卫;次子胡住,原任二等待卫、参领,兼佐领,其子他穆保原任佐领,他穆保子花色亦任佐领;三子花住,"克绍家声","蔚成国器",原任都虞司员外郎,兼佐领,总理内务府三旗火器事务。"继乃晋职,秩晋亲臣"。花住之子常明,由佐领累升御前大臣、领侍卫内大臣、办理上驷院事务、内务府总管,奉宸院正卿。乾隆二年(1737年),"以监陵寝,规模宏整,工程完固,赐云骑尉"。本支中常明居官位最显,奉职"御前","朝趋紫禁,绕钩陈之六星;且捧黄麾,屯玉车之千乘","所以文通武达,门悬五等之银缸;而虎啸龙旛,第绕八双之画戟"②,深得高宗弘历的赏识与倚重。七年(1742年)七月初五日,在他病危之际,弘历特降"谕旨":

> 常明为人朴直,供职勤谨。自皇祖、皇考时,在内庭行走,效力多年。侍奉躬朕,始终如一。因旧病复发,即遣御医诊视。继而病势沉重,特命大阿哥前往看视。并降谕旨,若伊病果不起,著加太子太保,赏内库银一千两,料理后事。③

常明于当日去世,高宗闻讯,深为轸恻,令大阿哥往奠茶酒,祭葬如恤典,谥号"悫勤"。常明得到弘历褒奖和厚待,这是其家族光宗耀祖、显赫他族的政治资本。常明之弟石瑞承袭云骑尉,其孙双保原任整仪尉、兼佐领。

二弟因达礼,原任佐领。

三弟三达礼,原任通事官。其子尚明事迹待考。其孙三保曾任巡视长芦盐政、武备院卿,兼佐领。其曾孙、三保子金鼎,原任蓝翎侍卫;金辉曾任兵部满左侍郎。本支中官职高、政绩突出者,当属三保子金鉴(简)。《通谱·金氏》记载:正黄旗包衣人三达礼之孙"三保现任巡视长芦盐政、武备院卿,兼佐领",曾孙金鉴系监生。《国朝耆献类征·金简传》(初编)曰:"金简,内务府汉军正黄旗,武备院卿三保之子。"《清史稿·金简传》载:

---

① 《雪屐寻碑录》卷十二《皇清诰赠光禄大夫佐领兼总理内务府三旗火器营事务金公神道碑》,第3023页下。

② 《金公(花住)神道碑》,《雪屐寻碑录》卷十二,第3024页下。

③ 《清高宗实录》卷一百七十,乾隆七年七月丙寅,第11册,第160页下。

"金简，赐姓金佳氏，满洲正黄旗人，初隶内务府汉军。父三保，武备卿。"

上述史料表明两个问题：一是金鉴与金简之父均为三保，二人名字音同而字不同，实为一人。二为金简所属旗籍有异。后两部史籍所言，金简隶"内务府汉军正黄旗"，或"内务府汉军"。按其所示，查阅《八旗通志·旗分志》，在内务府三旗包衣旗鼓佐领中均无三保世系的记录。而该书卷四《旗分志四》记述正黄旗包衣第三参领所属第四满洲佐领"以马尔吉管理，马尔吉缘事革退，以三保管理"。同旗第四参领属下第二高丽佐领三保的人事变动如下，"花色故，以族人三保管理。三保调管公中佐领，以常明之弟蓝翎侍卫双保管理"。三保所调公中佐领，仍为同旗，即正黄旗包衣第三参领所辖第四满洲佐领。这说明三保始终未脱离满洲正黄旗包衣籍。尽管乾隆四十八年（1783 年），金简"授镶黄旗汉军都统"，但其旗籍并未改变，"内务府汉军"之记载是不准确的。《清史稿》本传所说其为"满洲正黄旗人"，此为嘉庆时"抬为上旗"之后事。金简官居显位，功绩突出，颇得高宗称赞，赐孔雀翎，命紫禁城内骑马，与千叟宴。

乾隆五十九年（1794 年）十二月，金简病逝。高宗"降旨"：

> 吏部尚书金简，供职年久，勤慎小心。前闻患病，不时遣侍卫等往视，并派御医诊治，赏赐人参一斤，资培俾补，以冀速痊。兹闻溘逝，殊为轸惜。著赏给经被，以为饰终令典。并派皇孙绵懃，带同侍卫十员，前往奠醊，所有应得恤典，著该部察例具奏。[①]

祭葬如例，谥号"勤恪"。金简深受高宗知遇，金家与皇室联姻亦是重要缘由之一。金简之子缊布，初授拜唐阿，擢蓝翎侍卫，历官泰宁镇总兵、总管内务府大臣、武英殿总裁官、镶红旗汉军副都统、工部侍郎、正红旗蒙古副都统、兵部传郎、工部尚书、镶红旗汉军都统、正蓝旗满洲副都统、署户部尚书等职；其孙善宁，袭任世管佐领[②]；弟金辉曾任兵部左侍郎。金家起于戚畹，恩泽子孙，是其他高丽家族所不能比拟的。

四弟季达礼，原任护军校，阵亡，赠云骑尉。长子公保常，次子常绥，相继承袭；其孙赵柱曾任骁骑校，曾孙济兰原任护军校，乌林太原任护

---

① 《清高宗实录》卷一千四百六十七，乾隆五十九年十二月戊寅，第 596 页。

② 《通谱》卷七十二《新达理》，第 790 页上。

军校。

金氏家族的发迹,如同《金公神道碑》所言:"世勋旧德,奕叶相承,施于后嗣用能,保世亢宗,以承府于勿替。此神灵和气,萃于一家,与国家泰运,相为参会,非偶然也。""嘉乃勋劳内臣,将召后嗣,绍述前烈,用光庆绵,泽远历世。"这充分说明清廷对金家的褒奖。

康乾时期,金氏家族官位政绩最显著者,当为常明、金简叔侄两人。

常明,正黄旗满洲包衣人,生年不详,卒于乾隆七年(1742年)七月初五日。祖父新达理,父亲花柱,因事功显赫,全家被纳入满洲,编入《通谱》。常明是第三代,已经完全满洲化了。新达理及其子孙多在朝为官,常明是其中佼佼者。他一生身经康雍乾三朝,供职内廷与部院,得到三朝皇帝的信赖,历任御前大臣、领侍卫内大臣、办理上驷院事务、内务府总管兼高丽佐领,以及理藩院、内阁、刑部等要职。常明"秩晋亲臣,职居重任",经常与王大臣承办"钦差",肩负军国要务。

常明事功主要有三个方面:

第一,参与重要的军政事务。圣祖平定噶尔丹叛乱时,常明为理藩院主事、内阁侍读,曾同刑部郎中押送噶尔丹侦探前往归化城,将噶尔丹使者"人前正法"。两次奉命出使西北厄鲁特策妄阿喇布坦部。在处理青海事务上,得到玄烨的信任[1]。雍正时,常明受命负责审讯允禵"谋反"大案;玉田县还乡河堤岸冲决时,奉"钦差"前往查勘赈济;讨伐准噶尔部,他以护军身份随年羹尧出征,不时向世宗密奏军情,提供决策依据[2];出征前负责料理安顿各省健勇,稽查八旗兵日常训练,并遵令专理西界喀尔喀扎萨克等事务,议叙,加二级。乾隆元年十一月,他奉命与庄亲王允禄等,监视殿试中式武举,"阅弓马技勇"[3]。四年四月初一日,奉旨监视殿试[4]。常明办事勤勉干练,深得康雍乾三帝好评。

第二,典掌和督修朝廷重点工程。雍正初年,常明由上驷院卿升任内务府总管,掌管京城修葺事务。他曾督修疏浚京城内外河道;拓宽、修垫朝阳门外至通州大路;会试时奉命在卢沟桥盖造官房,供应试举子安歇,均得到

---

① 参阅《平定朔漠方略》卷二十九、卷三十七,《清代方略全书》,第9册,北京图书馆出版社2006年版。

② 参阅《清世宗实录》卷三十三,雍正三年六月己丑,第509—510页上。

③ 《清高宗实录》卷三十一,乾隆元年十一月戊申,第623页。

④ 《清高宗实录》卷八十九,乾隆四年三月甲戌,第380页。

世宗称许。乾隆元年十月，常明又监督营造世宗寿宫——泰陵。高宗对修竣的泰陵"规模宏整，工程完固"，甚为欣慰，"从优叙议"①。四年（1739年）十二月，修建太庙工程，以"坚固整齐"，议叙加级②。另外，京城九门请求铺设石路，外城广渠门至广宁门东西十余里亦需加宽等工程，皆委任常明兼理。他还监管稽查山东青州府所建造的满洲驻防城垣营房工程，担任总理石道事务散秩大臣，亦得到高宗赞扬。

第三，常明作为皇帝家臣，总理内外事务。从雍正时期起，即随侍世宗左右。高宗弘历即位，又命公讷亲、内大臣常明处理宫中事务，议叙办理丧仪诸事，常明因功获加一级。高宗谒泰陵时，领侍卫内大臣常明陪同前往。乾隆元年（1736年）十月，弘历指出："嗣后如遇朕躬巡幸，所有行幸一切事宜，著庄亲王、公庆复、讷亲、领侍卫内大臣常明、尚书海望、都统弘升办理。"③ 常明多次督修重点工程建设，质量上乘，叙议有加。高宗对他委以重任，常明为人处事稳妥，颇得弘历称道。

金简，字可亭④，生时未详，卒于乾隆五十九年（1794年）十二月。初隶内务府汉军正黄旗人，其妹为高宗贵妃。乾隆十五年（1750年），由内务府笔帖式升主事，历任员外郎、郎中、奉宸宛卿、总管内务府大臣、四库全书处副总裁、户部汉右侍郎、镶黄旗汉军副都统、户部满右侍郎、署工部尚书、补户部左侍郎、总理工程事务、擢工部尚书、镶黄旗汉军都统、吏部尚书⑤。嘉庆二十三年（1818年）正月，仁宗"命其族改为满洲"，赐姓金佳氏⑥，由内务府包衣旗抬入"上三旗"的满洲正黄旗。

金简起于戚畹，身为朝廷要员，"所论铸钱，葺明陵，及黎维祁乞归国，并关国故"⑦。其事迹比之叔父常明更为突出。

（一）清查钱粮，建立制度堵漏洞。铸造钱币为国家要务，也是发展经济和稳定社会秩序的重要因素之一。乾隆初年，京师钱价持续昂贵，

---

① 《清高宗实录》卷二十九，乾隆元年十月丙子，第604页下。

② 《清高宗实录》卷一百六，乾隆四年十二月丙戌，第598页上。

③ 《清高宗实录》卷二十九，乾隆元年十月丁丑，第605页下。

④ （清）铁保辑：《熙朝雅颂集》卷一百三《金简二十首》，赵志辉等校点，辽宁大学出版社1992年版，第1614页。

⑤ 参阅《清国史·大臣画一传档正编》卷一七六《金简列传》，第267—268页下。

⑥ 《清史稿》卷三百二十一《金简传》，第10787页；《清皇室四谱》卷二《后妃·高宗纯皇帝》，第21页。

⑦ 《清史稿》卷三百二十一《论曰》，第10789页。

"银一两仅易八百文"。官府在大兴、宛平置钱行官牙，调整钱价。高宗采取动用工部节慎库钱、直省增炉广铸等举措，钱价暂趋于平稳。三十九年（1774 年）七月，升任户部汉右侍郎的金简，管理钱法堂。次年，他"查现存局钱，甚属充裕，市价亦平减，每银一两值制钱九百五六十文。请将本年闰月加铸四卯暂撤"。高宗准行①。金简任职户部九年，主管钱法堂，所举之事，"多体圣意"。当时官员侵盗库房钱粮案件多发。高宗多次指令，"速行审结定拟，以伸国法"。但贪贿之风非未禁，却愈刮愈烈。四十三年（1778 年）十月，盛京将军弘晌奏："盘查盛京户部库贮银，亏短甚多，显有侵盗情弊。请旨审办。"高宗派遣金简会同弘晌，查办盛京库银亏空一事。金简等奏，前署关防拉萨礼，及现任关防彝伦，更换口袋，偷窃银两，并楼军等进库零星窃银，诸弊真切②。他针对银库管理上的诸种弊端，导致官吏监守自盗，奏请酌定盛京银库章程。金简在查办诸案的善后中，力图从制度上采取措施，堵塞漏洞，刹住吏治的不良风尚。应当说他的举措是有积极意义的。

（二）总理督办工程，标本未兼治。金简任职工部十余年，多次授命董理重要工程，其督修的重点工程有三项，一为疏浚京畿淤塞河道，即卢沟桥水道工役和静宜园碧云寺泉水清源。乾隆四十九年（1784 年）三月，金简奏报履勘卢沟桥石道工程，指出桥石淤沙过甚，桥券半为积沙所淤，河水不畅，洪流四溢。拟于中流五孔，各为抽沟一通，始无阻滞。京城西郊静宜园碧云寺之泉水，源源不竭，径达禅房。乾隆后期，该泉竟断流无水。高宗命金简等人履勘，查明泉口干涸之故，及疏浚之策。碧云寺泉水不流，因系淤塞，深挖六尺，水即涌下，并加疏导③。金简两次参与治水，其主要措施在于挑挖抽沟，以水刷沙，当时对缓解水患起到了一定作用。因治标不治本，不能从根本上解决水患问题。二是承办"辟雍"工程。乾隆三十八年（1773 年）二月，高宗以"稽古国学"之制，天子曰"辟雍"，命建辟雍于太学国子监，补自元明以来"典尚阙如"。因原工程督责不力，由工部尚书金简监

---

① 《清高宗实录》卷九百八十，乾隆四十年四月壬午，第 84 页下。《清国史》第三册《食货志七·钱法十六》，第 941 页下；《清史稿》卷三百二十一《金简传》记载：京局鼓铸，"钱九十二万七千三百五十千"。比《清国史·食货志·钱法七》所录少一万钱。本文依据《清国史》。

② 《清国史》卷一七六《金简列传》，第 267—268 页下。

③ 《清国史》卷一千二百，乾隆四十九年三月己丑，第 44 页；卷一千二百一，乾隆四十九年三月已酉，第 64 页。

督①。他依"谕旨"而行，宏伟壮丽的"辟雍"落成。三系修葺明朝十三陵。乾隆五十年（1785 年），明十三陵又历经百余年，"日就倾圮"。高宗派金简等修复明陵殿宇工程，"即费至百万帑金，亦所不靳"，"务斯完固"②。金简驰赴昌平，遍阅明陵，勘查奏报，惟思陵规制颇狭，似应加筑月台，并将原建享殿改造五间，宫门改造三间，用彰恩施优渥③。工程如议所行，多次受到高宗的奖励。

（三）文化建设创举，刊印"聚珍版"图书。金简非科举出身，是由内府笔帖式跻身仕途。其家族重视子弟文化素质的培养与提高，积极参与八旗各类官学，有的还肄业于国子监，考取功名。在高宗大力倡导"稽古右文"的环境下，金简的人文素养显著增强，吟诗作赋不辍，恭颂弘历的文治武功④。正是凭着金简良好的文化修养，高宗方多次差遣他办理文化事业。《四库全书》开馆不久，命金简办理武英殿监刻事宜，专司《四库全书》刊刻、印刷、装潢等事。后任《四库全书》副总裁，及清字经馆副总裁，主持《四库全书荟要》，并办理《四库全书》"考核督催事务"。参与《四库全书》编纂的金简功绩不在编审，而是刊刻，开创用活字套版印刷巨型图书，即著名的"武英殿聚珍版"，印刷《四库全书》鸿篇巨制⑤。金简用聚珍版印制了精美的《四库全书》，及又印聚珍版丛书 138 种⑥，显示了 18 世纪中国图书刷印的高超技艺，以及出版业的辉煌。金简以"聚珍版"印制大型图书之法，很快传播到朝鲜、越南等周边国家，印刷了数量不少的聚珍本书籍。这对人类文明的发展做出了杰出的贡献。他的《武英殿聚珍版程式》一书，是研究古代活字印刷的珍贵文献，已被译成英文、日文、德文刊布于世。

2. 韩云家族

（1）韩家世系图

据《通谱》卷七十二《韩氏》条、《八旗通志》（初集）卷六《旗分志六》等典籍所记，韩氏家族世系图如下：

---

① 参阅《清国史》卷一千二百，乾隆四十九年三月癸巳，第 48 页下。

② 《清高宗实录》卷一千二百二十六，乾隆五十年三月甲寅，第 433 页下。

③ 《清国史》卷一七六《金简列传》，第 267—268 页下。

④ 参阅《熙朝雅颂集》卷第一百三十《金简二十首》，第 1614—1616 页。

⑤ 参阅《管〈四库全书〉刊刻等事务金简奏酌办活字出版并呈版式折》，中国第一历史档案馆编《纂〈修四库全书〉档案》129 号，上海古籍出版社 1997 年版，第 177—179 页。

⑥ 参阅《武英殿聚珍版书目》一卷，陶湘辑《武进陶氏书目丛刊》，民国二十二年排印本。

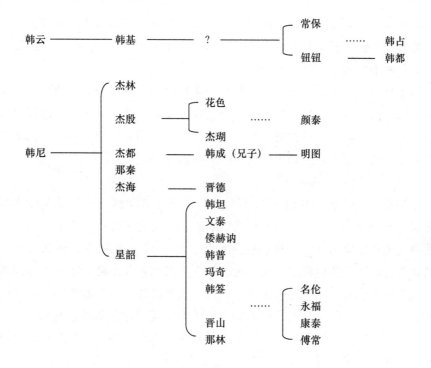

（2）韩家仕宦官爵

韩云来归，授二等阿达哈哈番（汉名轻车都尉），任佐领，叙功，晋一等阿达哈哈番。天下一统，加一拖沙喇哈番，升为三等阿思哈哈番，再晋二等阿思哈哈番，"世袭罔替"①。其子韩基袭职，"三遇恩诏，加至二等男"；其元孙韩都承袭一等轻车都尉，亲叔子韩占袭职，兼任防御；韩云之曾孙常保原任三等护卫。

弟韩尼，初授三等阿达哈哈番，三遇恩典，加至一等阿达哈哈番，兼一拖沙喇哈番。其长子杰林，原任长史，兼佐领；次子杰殷，由护军统领从征榆林、延安等地，"参赞军务"，累著劳绩，优授拜他喇布勒哈番（汉名骑都尉）；其长子花色、次子杰瑚、孙颜泰相继承袭。第三子杰都，任护军参领，以阵亡军功，优赠拜他喇布勒哈番，兼一拖沙喇哈番；无嗣，兄子韩成袭职，任头等护卫；其子明图袭职，任参领。第四子那秦，由佐领晋升宁古塔协领，又升任黑龙江副都统。第五子杰海，袭父职，任防御；其子晋德袭职，任长史，兼佐领。第六子星韶，原任佐领，其孙韩坦、文泰原俱任笔帖

① 《通谱》卷七十二《新达理》，第790页下。

式，韩普亦任笔帖式，玛奇原任城守尉，韩签原任员外郎，晋山原任头等护卫，那林原任护军校，倭赫响原任二等护卫，曾孙明伦、永福原任笔帖式，康泰原任鸣赞，傅常原任头等护卫①。

以上所述，金、韩两家五代在朝野任职情况分析，自中央到地方，由文官至武职，从高级官僚迄低级官吏，金、韩家族成员皆有人充任。这就足以证明高丽士大夫家族本身就是一个人才库，为清王朝提供效力之才。高丽世家大族入仕人数之多也是两个家族兴旺的标志。

综观上述，16世纪初期至17世纪中叶，东北亚地区民族正处于较大规模迁移、整合的历史阶段。他们在政治、经济、文化诸方面交流的加强，民族之间交融已经成为社会发展的一种趋势。到了17世纪中期，东北地区民族结构与活动区域相对稳定，民族融合加深。投归后金的高丽家族，分别被编入八旗满洲旗分佐领和包衣佐领内，或专置朝鲜佐领、高丽佐领，或散编于其它佐领内，增强了后金的军事实力，扩大了满洲社会基础。他们在辽东地区和入主中原的长期征战中，把满洲贵族为之奋斗战略目标作为自己终身事业，为清王朝政权的建设和巩固，做出了不可磨灭的功绩。将高丽43姓视同满洲，编入满洲民族认同具有法律效用的《通谱》之内。高丽43姓融入满洲的过程，正是这一时期东北亚地区民族融合的历史证据。

---

① 《通谱》卷七十二《韩尼》，第792页下。

第五章　"举族内附"——尼堪姓氏

　　早在元末明初，建州女真、海西女真为了部族的繁衍生息，沿着几大水系开始陆续南迁，移居物资富庶的辽东地区。女真人进入辽宁、吉林地区后，也有一些畜牧和农业，但是，从不务农，而役使俘获的汉人、朝鲜人为其耕种。"自奴酋（努尔哈赤）及诸子，下至卒胡，皆有奴婢、农庄（将胡则多至五十余所），奴隶耕作，以输其主"①。建州女真等多方面同汉人交流，大量地掠夺汉人为奴，主要从事农业生产，少量做家务劳动，一部分归顺的汉人编入八旗满洲，称之为"尼堪"，增强了后金的军事实力。

　　纳入《通谱》之内的尼堪、台尼堪、抚顺尼堪，是在后金建国前后，主动归附满洲的部分汉人，与八旗汉军人员是不一样的。前者归顺早，对后金开国立有功劳，编入八旗满洲佐领，成为满洲部族成员，而后者则由东北地区投奔、俘获的汉人编立，主要从事重兵器的运输，诸如装运火炮等。天命八年（1623年），定八旗兵名，旧汉军满名为乌真超哈（ujen cooha，汉义为持重武器之兵）。顺治十七年（1660年），定八旗官汉字名称，乌真超哈正式改称汉军。三项尼堪中少数人编为满洲旗分佐领，而大多数人则编在包衣旗分佐领，效力于服务行业，而尼堪在满洲社会的地位则高于八旗汉军。

第一节　纳入满洲部族准则与依附之因

　　三项尼堪纳入满洲部族的准则，依《通谱》之《凡例》② 中记载：

---

　　① ［朝鲜］李民寏：《建州闻见录》，参阅《栅中目录等五篇》，潘喆等编，《清入关前史料选辑》第三辑，1991 年版，第 472 页。

　　② 《通谱·凡例》，第 4—5 页。

一、乾隆五年十二月初八日奏定，蒙古、高丽、尼堪、台尼堪①、抚顺尼堪等人员，从前入于满洲旗分内，历年久远者，注明伊等情由，附于满洲姓氏之后。其间有不能画一之处，爰列条例于左。

一、包衣佐领及管领下人员内，有北京尼堪、三藩尼堪、阿哈尼堪，若一概载入，与原奏三项尼堪不符，应裁。

一、满洲旗分内蒙古、尼堪、台尼堪、抚顺尼堪姓氏，照满洲例，有名位者载，无名位者删。

一、满洲姓氏原有希姓，若蒙古、高丽、尼堪，其姓氏外藩、各省俱有，只应论其有名位与否，不便列为希姓。

一、蒙古、高丽事迹，多与满洲相同，应照满洲姓氏式样编载。惟尼堪等姓，军功显著者甚少。其有事迹可考，及三品以上大员，俱书列卷首，余皆叙载于后。

《通谱·凡例》计二十四款，涉及尼堪（满语 nikan，汉义为汉人）姓氏者，有上述五款，即是融入满洲汉姓的五项准则。其内容概括如下：1. 尼堪、台尼堪、抚顺尼堪等人员，"从前入于满洲旗分内，历年久远者"，附于满洲姓氏之后；2. 包衣佐领及管领下人员内，"北京尼堪、三藩尼堪、阿哈尼堪"应裁，只有尼堪、台尼堪、抚顺尼堪这"三项"尼堪可入谱系；3. 满洲旗分内尼堪、台尼堪、抚顺尼堪，照满洲例，有名位者载，无名位者删；4. 原有尼堪希姓，"只应论其有名位与否"，不便列为希姓；5. 尼堪姓氏，"功显著者甚少"，其有事迹可考，及三品以上人员，俱书列卷首，余皆叙载于后。

从上面的标准看，八旗满洲旗分内的汉姓，因"军功显著者甚少"，三品以上的大员无多，自然无法"与满洲相同"的蒙古、高丽姓氏相比。虽说他们亦属正规满洲旗分之人，但在满洲社会中地位不显。以《通谱》卷序排序看，尼堪姓氏附载于后。卷七十四至七十八，凡5卷，附载尼堪156姓，传主729人（户）；卷七十九，台尼堪40姓，传主63人（户）；卷八十，抚顺尼堪50姓，传主91人（户）；其中除了重复的张、李、高、陈、周、刘

---

① 台尼堪（tai ni kan）即清代八旗下戍守边台的汉人。其分两类：一是《通谱》所载属满洲旗分下者，多数人编入旗分佐领，极少数人编入包衣旗；一为汉军八旗下属者。后者比前者入旗时间晚，多在康熙帝平定三藩之乱后。参阅刘小萌等《台尼堪考》，《清史研究通讯》1988年第3期。

等90姓外，计156姓，传主883人（户）。至于北京尼堪、三藩尼堪、阿哈尼堪，或因归附时日短，或以地位低下，没有被划入满洲体系，从而不能成为满洲正式成员。

兹将三项尼堪被纳入满洲的156个姓氏胪列于下：

张、李、高、雷、陈、周、胡、董、黄、纽、吴、刘、尚、韩、马、王、曹、丁、魏、吕、郑、罗、白、徐、崔、杨、孙、赵、金、许、郭、佟、何、邓、姚、萧、谢、俞、田、康、汪、阎、姜、戴、梁、孟、顾、朱、杜、苏、程、尤、任、石、宋、潘、祁、闻、纪、袁、于、侯、裴、方、冯、谭、孔、夏、秦、倪、沈、宗、龙、林、边、傅、薛、叶、闵、衡、钱、刚、柴、史、强、蒋、彭、耿、商、劳、邹、司、贾、乔、龚、靳、朴、陆、牛、辛、穆、屈、卢、陶、钟、松、宣、宁、邢、颜、岳、曲、屠、宜、唐、梅、鄢、段、查、费、铁、章、井、巩、焦、万、苗、郝、戚、时、尹、秋、蔡、受、洪、鲁、图、雅、赖、莫、江、庞、坡、聂、向、范、姬、郎、房、汤、邱、施、严、肖、谈、晋。

清入关前28年，大批汉人归依后金（清）。崇德七年（1642年）六月，皇太极将汉人扩编成八旗汉军。缘何又将部分尼堪、台尼堪和抚顺尼堪纳入满洲部族呢？

其主要原因有二：

一是三项尼堪加入满洲旗分内，"历年久远"，即归附时间早。这是一项重要条件。不论像陈善道等"率族人来归"，还是如张文衡、胡海等明朝官吏"弃彼来归"[①]，或城破来降，基本上都在天命、天聪年间。例如，天命三年（1618年），明朝游击李永芳、生员范文程等于抚顺归降后金，影响颇大，"抚顺城来降之千户"[②]。随着征明略地的进展，每攻占一城，汉人来归者遽增。次年七月，后金攻克开原城，明朝四名千总衔官王一屏、戴集宾、金玉和、白奇车及守堡戴一位，"携二十余人逃来。""佟家之两族有十二余人逃来"。继之"又有七、八族由明逃来"[③]。其中多数汉人编入汉军八旗，

① 《清国史·大臣西一传档正编》卷一五《张文衡传》，中华书局1993年版，第62页；《通谱》卷七十四《胡海》，第806页下。

② 中国第一历史档案馆等《满文老档译注》第六册，天命三年四月十四日，9、《额尔德尼论败明之战及安遣抚顺之降人》。中华书局1990年版，上册，第63页。

③ 《满文老档译注》第十一册，天命四年七月，3.《天命汗厚赏来开原投诚之明官汉人》，上册，第102页。

少数分编满洲旗分和包衣旗内。例如，八旗满洲内来自抚顺地区的三项尼堪有，尼堪 25 姓 49 人（户），抚顺尼堪 15 姓 19 户，台尼堪 4 姓 5 户，合计 44 姓 73 户，归依满洲。

二为尼堪为后金（清）开基创业做出贡献，获得满洲贵族的信任。尼堪投身于后金，虽不如同在满洲的蒙古、朝鲜将士那样功勋卓越，但立功劳者也不乏其人。后金初年来归的正白旗包衣旗鼓人张良弼，"随克辽东"，授佐领；因出征攻城，"屡著军功"，优授三等轻车都尉；"三围锦州，奋勇击败洪承畴三营步兵"，叙功，授为二等轻军都尉①。正黄旗包衣人董德贵，参与山海关之战，击败李自成农民军。镶白旗包衣管领下人钮成宪，"由佐领，从征大同阵亡"，优赠骑都尉，兼一云骑尉②。镶蓝旗包衣人高云龙，"由游击，从征浙江、福建等处，于永宁卫击贼阵亡"，赠云骑尉③。台尼堪"因与满洲一起坐台"，职司隙哨警戒，传递信号，同时防范、缉拿满洲逃亡奴仆。这对后金政权巩固至关重要，因而，"钦定"《通谱》将三项尼堪姓氏纳入满洲部族。

第二节　来归年代和世居地分布

满洲旗分内的尼堪、台尼堪、抚顺尼堪，或同族不同宗，或同姓异地，归附时间亦不相同。据《通谱》记载尼堪 246 姓（含重复姓），传主 883 人（户）统计，将三项尼堪归附时期和世居地分述如下。

一　尼堪归附的时期与世居地

1. 归附时期

国初，即后金初期，据《通谱》传主事迹考察，多指努尔哈赤的天命年间。比如，《通谱·劳翰传》记载：

> 镶红旗人，世居长白山地方，国初来归。太祖高皇帝行军时，随侍不离。敌兵来犯大营，劳翰夺刀，四指被伤，遂成残废，而犹随侍左

---

① 《通谱》卷七十四《张良弼》。
② 《通谱》卷七十四《钮良勋》，第 807 页上。
③ 《通谱》卷七十四《高云龙》，第 805 页下。

右。太祖高皇帝甚爱重之，赐姓觉罗氏。①

这样的例子在《通谱》中常见，说明"国初"即天命时期。尼堪计 156 姓，传主 729 人（户）。天命年间来归者：张氏 1 人（户）②，李氏 3 人（户），高氏 1 人（户），陈氏 4 人（户），周氏 1 人（户），胡氏 1 人（户），黄氏 2 人（户），吴氏 2 人（户），刘氏 5 人（户），尚氏 1 人（户），韩氏 1 人（户），马氏 1 人（户），王氏 3 人（户），徐氏 1 人（户），孙氏 3 人（户），赵氏 1 人（户），郭氏 1 人（户），何氏 1 人（户），邓氏 1 人（户），田氏 1 人（户），姜氏 1 人（户），程氏 1 人（户），纪氏 1 人（户），侯氏 1 人（户），孔氏 1 人（户），林氏 1 人（户），闵氏 1 人（户），史氏 1 人（户），计 28 姓，43 人（户）。

天聪年间来归者：张氏 3 人（户），李氏 3 人（户），高氏 3 人（户），陈氏 1 人（户），周氏 2 人（户），胡氏 1 人（户），董氏 1 人（户），黄氏 1 人（户），杨氏 1 人（户），刘氏 2 人（户），王氏 6 人（户），丁氏 1 人（户），魏氏 1 人（户），郑氏 1 人（户），徐氏 1 人（户），赵氏 1 人（户），金氏 1 人（户），郭氏 1 人（户），萧氏 1 人（户），梁氏 1 人（户），杜氏 1 人（户），苏氏 1 人（户），尤氏 1 人（户），闻氏 1 人（户），沈氏 1 人（户），于氏 1 人（户），柴氏 1 人（户），蔡氏 1 人（户），受氏 1 人（户），鲁氏 1 人（户），计 30 姓，43 人（户）。

来归年份无考者：张氏 55 人（户），李氏 57 人（户），高氏 15 人（户），雷氏 3 人（户），陈氏 23 人（户），周氏 19 人（户），胡氏 10 人（户），董氏 10 人（户），黄氏 7 人（户），吴氏 9 人（户），钮氏 1 人（户），刘氏 28 人（户），韩氏 9 人（户），马氏 11 人（户），王氏 64 人（户），曹氏 17 人（户），丁氏 5 人（户），魏氏 3 人（户），吕氏 2 人（户），郑氏 9 人（户），罗氏 5 人（户），白氏 6 人（户），徐氏 17 人（户），崔氏 13 人（户），杨氏 12 人（户），孙氏 9 人（户），赵氏 10 人（户），金氏 9 人（户），许氏 9 人（户），郭氏 7 人（户），佟氏 7 人（户），何氏 6 人（户），邓氏 5 人（户），姚氏 6 人（户），萧氏 5 人（户），谢氏 6 人（户），俞氏 5 人（户），田氏 4 人（户），康氏 5 人（户），汪氏 5 人

---

① 《通谱》卷七十四《劳翰》，第 807 页下。
② 张氏 1 人，从《通谱》上看，张姓传主 1 人，代表张姓 1 户家庭，记录祖孙数代事功。

（户），阎氏4人（户），姜氏3人（户），戴氏4人（户），梁氏3人（户），孟氏4人（户），顾氏4人（户），朱氏4人（户），杜氏3人（户），苏氏2人（户），程氏2人（户），尤氏2人（户），任氏3人（户），宋氏3人（户），石氏3人（户），潘氏3人（户），祁氏3人（户），闻氏2人（户），纪氏2人（户），袁氏3人（户），于氏2人（户），侯氏1人（户），裴氏2人（户），冯氏2人（户），方氏1人（户），谭氏2人（户），孔氏1人（户），夏氏1人（户），秦氏1人（户），倪氏2人（户），沈氏1人（户），宗氏1人（户），龙氏2人（户），林氏1人（户），边氏2人（户），傅氏1人（户），薛氏2人（户），叶氏2人（户），闵氏1人（户），衡氏2人（户）。钱氏2人（户），刚氏2人（户），柴氏1人（户），史氏1人（户），强氏1人（户），蒋氏1人（户），彭氏1人（户），耿氏1人（户），商氏1人（户），劳氏1人（户），邹氏1人（户），司氏1人（户），贾氏1人（户），乔氏1人（户），龚氏1人（户），靳氏1人（户），朴氏1人（户），陆氏1人（户），牛氏1人（户），辛氏1人（户），屈氏1人（户），穆氏1人（户），卢氏1人（户），陶氏1人（户），钟氏1人（户），松氏1人（户），宣氏1人（户），邢氏1人（户），宁氏1人（户），颜氏1人（户），岳氏1人（户），曲氏1人（户），屠氏1人（户），宜氏1人（户），唐氏1人（户），梅氏1人（户），鄢氏1人（户），段氏1人（户），查氏5人（户），费氏1人（户），铁氏1人（户），章氏1人（户），井氏1人（户），巩氏1人（户），焦氏1人（户），万氏1人（户），苗氏1人（户），郝氏1人（户），戚氏1人（户），时氏1人（户），尹氏1人（户），洪氏1人（户），计131姓，643人（户）。

从上述姓氏的事迹上看，他们绝大多数是入关前，即天命、天聪和崇德时期归附的。

2. 世居地

辽阳（今辽宁辽阳市区）：张氏5人（户），李氏5人（户），高氏4人（户），雷氏1人（户），陈氏3人（户），周氏2人（户），胡氏1人（户），董氏1人（户），黄氏3人（户），钮氏1人（户），刘氏4人（户），韩氏2人（户），马氏1人（户），王氏9人（户），曹氏1人（户），丁氏1人（户），郑氏1人（户），崔氏2人（户），杨氏2人（户），金氏1人（户），许氏1人（户），郭氏1人（户），邓氏1人（户），萧氏1人（户），俞氏2人（户），梁氏1人（户），汪氏1人（户），阎氏1人（户），姜氏1人

（户），顾氏1人（户），朱氏1人（户），苏氏1人（户），任氏1人（户），石氏1人（户），纪氏2人（户），倪氏1户人（户），刚氏1人（户），强氏1人（户），劳氏1人（户），乔氏1人（户），卢氏1人（户），钟氏1人（户），松氏1人（户），宣氏1人（户），曲氏1人（户），宜氏1人（户），计46姓，76人（户）。

沈阳（今辽宁沈阳市区）：张氏46人（户），李氏41人（户），高氏10人（户），雷氏2人（户），陈氏15人（户），周氏15人（户），胡氏9人（户），董氏7人（户），黄氏4人（户），吴氏9人（户），刘氏24人（户），尚氏1人（户），韩氏4人（户），马氏9人（户），王氏56人（户），曹氏5人（户），丁氏5人（户），魏氏1人（户），郑氏7人（户），白氏4人（户），徐氏14人（户），崔氏10人（户），杨氏10人（户），孙氏6人（户），赵氏9人（户），金氏8人（户），许氏7人（户），郭氏6人（户），佟氏5人（户），何氏6人（户），邓氏3人（户），姚氏5人（户），萧氏5人（户），谢氏6人（户）人（户），俞氏1人（户），田氏2人（户），汪氏2人（户），康氏5人（户），阎氏3人（户），罗氏4人（户），姜氏3人（户），戴氏1人（户），梁氏2人（户），孟氏4人（户），顾氏3人（户），朱氏1人（户），杜氏4人（户），苏氏2人（户），程氏3人（户），尤氏3人（户），任氏1人（户），石氏2人（户），宋氏2人（户），潘氏1人（户），祁氏2人（户），闻氏3人（户），于氏3人（户），魏氏3人（户），侯氏4人（户），裴氏1人（户），方氏2人（户），冯氏2人（户），谭氏2人（户），孔氏2人（户），夏氏1人（户），秦氏1人（户），沈氏2人（户），宗氏1人（户），龙氏1人（户），林氏1人（户），边氏2人（户），傅氏2人（户），薛氏2人（户），叶氏2人（户），闵氏2人（户），衡氏2人（户），钱氏1人（户），刚氏1人（户），柴氏2人（户），史氏2人（户），蒋氏1人（户），彭氏1人（户），耿氏1人（户），商氏1人（户），邹氏1人（户），贾氏1人（户），龚氏1人（户），朴氏1人（户），牛氏1人（户），穆氏1人（户），屈氏1人（户），陶氏1人（户），岳氏1人（户），唐氏1人（户），梅氏1人（户），鄙氏1人（户），段氏1人（户），查氏1人（户），费氏1人（户），铁氏1人（户），巩氏1人（户），万氏1人（户），苗氏1人（户），郝氏1人（户），戚氏1人（户），时氏1人（户），尹氏1人（户），秋氏1人（户），蔡氏1人（户），受氏1人（户），洪氏1人（户）人（户），鲁氏1人（户），计112姓，

502人（户）。

抚顺（今辽宁抚顺市区）：李氏1人（户），董氏2人（户），黄氏1人（户），刘氏1人（户），王氏1人（户），白氏1人（户），徐氏1人（户），孙氏3人（户），许氏1人（户），何氏1人（户），田氏2人（户），戴氏1人（户），林氏1人（户），司氏1人（户），焦氏1人（户），计15姓，19人（户）。

铁岭（今辽宁铁岭市区）：张氏1人（户），李氏3人（户），陈氏1人（户），刘氏3人（户），曹氏1人（户），吕氏1人（户），郑氏2人（户），崔氏1人（户），孙氏2人（户），赵氏1人（户），邓氏2人（户），汪氏1人（户），梁氏1人（户），宋氏1人（户），潘氏1人（户），屠氏1人（户），计16姓，23人（户）。

锦州（今辽宁锦州市区）：张氏2人（户），李氏1人（户），高氏2人（户），胡氏1人（户），杨氏1人（户），赵氏5人（户），祁氏1人（户），陆氏1人（户），辛氏1人（户），计9姓，11人（户）。

海州（今辽宁海城市区）：高氏1人（户），陈氏2人（户），马氏1人（户），计3姓，4人（户）。

盖州（今辽宁盖州市区）：张姓1人（户），高姓1人（户），王姓1人（户），计3姓，3人（户）。

义州（今辽宁义县地区）：董氏1人（户），王氏2人（户），朱姓1人（户），计3姓，4人（户）。

开原（今辽宁开原市东北老城镇地区）：周氏1人（户），计1姓，1人（户）。

中后所（今辽宁绥中县绥中镇）：高氏1人（户），周氏，1人（户），吴氏1人（户），韩氏1人（户），王氏1人（户），佟氏1人（户），计6姓，6人（户）。

松山（今辽宁凌海市西南松山乡）：李氏1人（户），陈氏2人（户），佟氏1人（户），计3姓，4人（户）。

辽东（今辽宁辽河以东地区）：张氏9人（户），徐氏1人（户），俞氏1人（户），计3姓，11人（户）。

大凌河（即大凌河城，今辽宁凌海市区）：陈氏3人（户），徐氏2人（户），田氏1人（户），章氏1人（户），计4姓，7人（户）。

巨流河（今辽宁新民市东北巨流河流域）：陈氏1人（户），徐氏1人

（户），裴氏1人（户），井氏1人（户），计4姓，4人（户）。

耀州（今辽宁大石桥市西北岳州城）：李氏1人（户），计1姓，1人（户）。

开平卫（今内蒙古正蓝旗东闪电河北岸）：张氏1人（户），计1姓，1人（户）。

宁远（今辽宁葫芦岛市兴城区）：汪氏1人（户），钱氏1人（户），计2姓，2人（户）。

塔山（今辽宁葫芦岛市东北塔山乡）：黄氏1人（户），计1姓，1人（户）。

辽河（今辽宁西部地区）：黄氏1人（户），计1姓，1人（户）。

牛庄（今辽宁海城市牛庄镇）：宁氏1人（户），计1姓，1人（户）。

尚阳堡（今辽宁开原市东，清河水库淹没）：吕氏1人（户），计1姓，1人（户）。

凤凰城（今辽宁凤城市）：张氏1人（户），计1姓，1人（户）。

长白山（今吉林市东南部安图、抚松及长白朝鲜族自治县地区）：李氏2人（户），刘氏1人（户），韩氏1人（户），王氏1人（户），赵氏1人（户），戴氏1人（户），朱氏1人（户），任氏1人（户），纪氏1人（户），秦氏1人（户），计10姓，11人（户）。

宁古塔（旧城位于今黑龙江海宁西南旧街乡，后迁至今宁安市）：俞氏1人（户），倪氏1人（户），计2姓，2人（户）。

王纲台（今地待考）：王氏1人（户），计1姓，1人（户）。

王多罗树（今地待考）：李氏2人（户），计1姓，2人（户）。

鱼后屯（今地待考）：李氏1人（户），计1姓，1人（户）。

灵生堡（今地待考）：李氏1人（户），计1姓，1人（户）。

家邦（今地待考）：李氏2人（户），计1姓，2人（户）。

穆家堡（今辽宁辽阳县西南木家乡）：李氏1人（户），周氏1人（户），计2姓，2人（户）。

和罗（今地待考）：李氏1人（户），计1姓，1人（户）。

春家堡（今地待考）：张氏1人（户），计1姓，1人（户）。

三韩（今地待考）：胡氏1人（户），刘氏2人（户），计2姓，3人（户）。

刘家峪（今地待考）：刘氏1人（户），计1姓，1人（户）。

集屯（今地待考）：周氏1人（户），计1姓，1人（户）。

坡子（今地待考）：周氏1人（户），计1姓，1人（户）。

三虎石（今地待考）：孙氏1人（户），计1姓，1人（户）。

谢河（今地待考）：马氏1人（户），计1姓，1人（户）。

金德城（今地待考）：金氏1人（户），计1姓，1人（户）。

郎家堡（今辽宁沈阳市苏家屯区南营子附近）：黄氏1人（户），计1姓，1人（户）。

苏家堡（今地待考）：韩氏1人（户），计1姓，1人（户）。

二寨子（今地待考）：韩氏1人（户），计1姓，1人（户）。

襄平（今辽宁辽阳市老城）：姚氏1人（户），计1姓，1人（户）。

烂泥河（疑今辽宁灯塔县南之河）：戴氏1人（户），计1姓，1人（户）。

林深堡（今地待考）：潘氏1人（户），计1姓，1人（户）。

杨树沟（今辽宁建昌县东北地区）：靳氏1人（户），计1姓，1人（户）。

三块石（今地待考）：邢氏1人（户），计1姓，1人（户）。

王内署（今地待考）：颜氏：1人（户），计1姓，1人（户）。

子街（今地待考）：夏氏1人（户），计1姓，1人（户）。

湖普秦（今地待考）：宗氏1人（户），计1姓，1人（户）。

郭尔秦（今地待考）：白氏1人（户），计1姓，1人（户）。

二　台尼堪归附时期与世居地

1. 归附时期

台尼堪，计40姓，传主63人（户）。天命年间归附者：沈氏1人（户），张氏1人（户），孙氏1人（户），图氏1人（户），马氏1人（户），莫氏1人（户），江氏1人（户），孟氏1人（户），聂氏1人（户），计9姓，9人（户）。

天聪年间来归者：张氏1人（户），王氏2人（户），刘氏2人（户），唐氏1人（户），杨氏2人（户），李氏1人（户），雅氏1人（户），赖氏1人（户），邓氏1人（户），庞氏1人（户），俞氏1人（户），罗氏1人（户），郭氏1人（户），陈氏1人（户），计14姓，17人（户）。

来归年份无考者：沈氏1人（户），张氏4人（户），王氏4人（户），刘氏4人（户），孙氏2人（户），唐氏2人（户），杨氏1人（户），李氏1人（户），秋氏2人（户），宋氏2人（户），黄氏1人（户），吴氏1人（户），尤氏1人（户），卢氏1人（户），坡氏1人（户），赵氏1人（户），高氏1人（户），周氏1人（户），向氏1人（户），徐氏1人（户），朱氏1人（户），史氏1人（户），宗氏1人（户），颜氏1人（户），计24姓，37人（户）。

台尼堪多数人为入关前归顺后金的。

2. 世居地

辽阳：沈氏1人（户），张氏1人（户），刘氏1人（户），孙氏1人（户），杨氏1人（户），秋氏2人（户），马氏1人（户），莫氏1人（户），陈氏1人（户），聂氏1人（户），高氏1人（户），计11姓，12人（户）。

沈阳：唐氏1人（户），李氏1人（户），赖氏1人（户），吴氏1人（户），计4姓，4人（户）。

抚顺：张氏1人（户），唐氏2人（户），徐氏1人（户），史氏1人（户），计4姓，5人（户）。

大凌河：张氏2人（户），王氏4人（户），刘氏1人（户），孙氏1人（户），杨氏1人（户），李氏1人（户），朱氏1人（户），宗氏1人（户），颜氏1人（户），计9姓，13人（户）。

盖州：张氏1人（户），刘氏2人（户），孙氏1人（户），邓氏1人（户），庞氏1人（户），郭氏1人（户），计6姓，7人（户）。

牛庄：张氏1人（户），刘氏1人（户），宋氏2人（户），黄氏1人（户），计4姓，5人（户）。

辽东（今辽宁辽河以东地区）：沈氏1人（户），周氏1人（户），计2姓，2人（户）。

铁岭：坡氏1人（户），计1姓，1人（户）。

长白山：王氏1人（户），杨氏1人（户），计2姓，2人（户）。

吉林乌拉（今吉林省吉林市）：雅氏1人（户），罗氏1人（户），计2姓，2人（户）。

沾河寨（原辽宁新宾县汤图乡觇村，今划入抚顺县）：尤氏1人（户），赵氏1人（户），计2姓，2人（户）。

匣塔子（今地待考）：孟氏1人（户），向氏1人（户），计2姓，2人（户）。

台（今地待考）：王氏1人（户），计1姓，1人（户）。

三台子（今地待考）：江氏1人（户），计1姓，1人（户）。

六台（今地待考）：图氏1人（户），计1姓，1人（户）。

章罗（今地待考）：俞氏1人（户），计1姓，1人（户）。

绥山（今地待考）：卢氏1人（户），计1姓，1人（户）。

三　抚顺尼堪归附时期与世居地

1. 归附时期

抚顺尼堪计50姓，传主91人（户）。天命年间来归者：周氏1人（户），刘氏1人（户），王氏2人（户），张氏1人（户），孔氏1人（户），姬氏1人（户），徐氏1人（户），魏氏1人（户），胡氏1人（户），郎氏1人（户），计10姓，11人（户）。

天聪年间来归者：周氏1人（户），李氏1人（户），马氏1人（户），高氏1人（户），金氏1人（户），田氏1人（户），韩氏1人（户），肖氏1人（户），宋氏1人（户），晋氏1人（户），谈氏1人（户），计11姓，11人（户）。

来归年份无考者：赵氏3人（户），周氏3人（户），刘氏6人（户），李氏6人（户），王氏4人（户），张氏5人（户），钟氏4人（户），曹氏4人（户），马氏2人（户），范氏2人（户），卢氏2人（户），袁氏2人（户），杜氏2人（户），高氏1人（户），金氏1人（户），吴氏2人（户），陈氏1人（户），苏氏1人（户），康氏1人（户），任氏1人（户），蔡氏1人（户），冯氏1人（户），林氏1人（户），于氏1人（户），房氏1人（户），姚氏1人（户），汤氏1人（户），谢氏1人（户），邱氏1人（户），施氏1人（户），沈氏1人（户），洪氏1人（户），梁氏1人（户），严氏1人（户），佟氏1人（户），许氏1人（户），计36姓，69人（户）。

2. 世居地

辽阳：范氏2人（户），杜氏1人（户），高氏1人（户），房氏1人（户），计4姓，5人（户）。

沈阳：周氏1人（户），李氏1人（户），王氏1人（户），曹氏3人（户），马氏2人（户），卢氏2人（户），袁氏1人（户），高氏1人（户），吴氏1人（户），任氏1人（户），冯氏1人（户），汤氏1人（户），谢氏1人（户），邱氏1人（户），施氏1人（户），沈氏1人（户），严氏1人

（户），韩氏1人（户），田氏1人（户），傅氏1人（户），肖氏1人（户），宋氏1人（户），谈氏1人（户），晋氏1人（户），许氏1人（户），计25姓，29人（户）。

抚顺：赵氏2人（户），周氏3人（户），刘氏7人（户），李氏5人（户），王氏5人（户），张氏5人（户），钟氏3人（户），曹氏1人（户），马氏1人（户），袁氏1人（户），杜氏1人（户），金氏2人（户），吴氏1人（户），孔氏1人（户），陈氏1人（户），苏氏1人（户），康氏1人（户），姬氏1人（户），徐氏1人（户），魏氏1人（户），胡氏1人（户），林氏1人（户），于氏1人（户），姚氏1人（户），洪氏1人（户），计25姓，49人（户）。

铁岭：周氏1人（户），梁氏1人（户），计2姓，2人（户）。

开原：张氏1人（户），计1姓，1人（户）。

塔山：蔡氏1人（户），计1姓，1人（户）。

榆树堡（今吉林舒兰市东南榆树沟乡）：赵氏1人（户），计1姓，1人（户）。

三达堡（今地待考）：李氏1人（户），计1姓，1人（户）。

三堡（今地待考）：郎氏1人（户），计1姓，1人（户）。

硕托（今地待考）：钟氏1人（户），计1姓，1人（户）。

上述统计数据表明两个问题：

第一，三项尼堪归附后金的时间基本上是在清入关前28年，即天命、天聪时期。在156个汉姓、883名传主（户）中，明确标示来归时期的，国初有63人，天聪有71人，计134人，占总人数的15%。"来归年分无考"者有749人，占总人数的85%。用《通谱》本传、别传互证，或用其他文献考订，可以得知，多数"无考者"投靠满洲大体在入关前的太祖、太宗时期。天命三年（1618年），努尔哈赤以"七大恨"为由，向明朝宣战，连克东州、马根丹、抚顺、清河等五百余城堡。萨尔浒之战后，后金乘胜挺进辽沈，迁都辽阳，定都沈阳，兵锋直指辽西。一些尼堪先后归附后金，加入满洲一体。例如，《通谱》卷七十四《尼堪姓氏》中，世居铁岭者17姓24户，其中"来归年分无考者"有14姓18户。天命四年（1619年）七月二十五日，后金兵破铁岭城①，他们归降满洲。

---

① 《满文老档译注》第十一册，天命四年七月，4. 《攻克铁岭并擒获斋赛贝勒》，第102页。

"来归年分无考"者，多为天聪时归顺。天聪五年（1631年）十月，大凌河城明军降。次年正月，将明大凌河官员及汉人，分与各旗①。可知大凌河的台尼堪，来归是在天聪时期。又如，世居辽东开平卫的镶黄旗人张文衡，来归年份不详。《清国史·张文衡传》记载，天聪八年（1634年），皇太极率军由宣府入明边。明朝代王府参谋张文衡有鉴明末诸臣结党贪贿，民不堪命，"自大同走谒太宗"，"徒步来归"②。再如，世居抚顺的正黄旗包衣人董文选，"来归年分无考"。《通谱》本传记述：元孙董德贵"以佐领，定都燕京时，入山海关，追击李自成大顺兵。由此推断，董文选最迟在皇太极时期来归③。应确认，"来归年分无考者"绝大多数人是在入关前奔赴满洲的。

第二，尼堪世居地是以沈阳为中心，南至辽阳，北达抚顺，形成一条轴线，辐射辽东和吉林地区。努尔哈赤和皇太极占据辽沈，后金在辽东地区统治的不断巩固，客观上为汉人依附满洲提供了条件，加之主观的诸种因素，特别是沈阳为后金的核心区，辽阳、抚顺二城为其腹地，因此，三个地区汉人纳入满洲的数量最众。883名传主世居地分布：沈阳为535人，占61%；辽阳为93人，占10.5%；抚顺为73人，占8%，三地人数占79.5%。而散居锦州、铁岭、海州、盖州、义州、牛庄等56个地方的182人，占20.5%。满洲贵族前后迁都东京（辽阳），定都盛京（沈阳），因地缘之故，供职于后金的辽沈汉人日多，也直接地影响着辽东、辽南、辽西，乃至东北地区汉人脱明附清的导向。

第三节　隶属旗分与佐领设置

据《通谱》卷七十四至八十《满洲旗分内之尼堪姓氏》记载，三项尼堪编制八旗满洲佐领情况如下。

---

① 《满文老档译注》，第四十三册，天聪五年十月，1.《明总兵祖大寿率众降金》，第1169页；第四十八册，天聪六年正月，2.《将明大凌河新降官员分隶八旗》，第1219页。

② 《清国史·大臣画一传档正编》卷十五《张文衡传》，第251页。《通谱》卷七十四《张文兴》，实为张文衡误，名字异，事迹同。《满汉名臣传》卷十六《张文衡列传》，黑龙江人民出版社1991年版，第436页。

③ 《通谱》卷七十四《董文选》，第806页下。

一 尼堪、台尼堪和抚顺尼堪满洲旗籍分布

1. 尼堪旗籍

《通谱》卷七十四至七十八《满洲旗分内之尼堪姓氏》统计：

镶黄旗人：张氏1人（户），高氏1人（户），陈氏1人（户），计3姓，3人（户）。

镶白旗人：白氏1人（户），计1姓，1人（户）。

镶红旗人：刘氏2人（户），计1姓，2人（户）。

正蓝旗人：王氏1人（户），计1姓，1人（户）。

镶黄旗包衣人：王氏4人（户），张氏3人（户），陈氏1人（户），周氏1人（户），高氏1人（户），崔氏1人（户），杨氏1人（户），马氏1人（户），许氏2人（户），黄氏1人（户），佟氏1人（户），姜氏1人（户），计12姓，18人（户）。

包衣旗鼓人：周氏3人（户），胡氏6人（户），韩氏1人（户），王氏7人（户），李氏4人（户），张氏7人（户），刘氏6人（户），陈氏5人（户），徐氏5人（户），崔氏6人（户），杨氏1人（户），孙氏2人（户），赵氏5人（户），马氏1人（户），董氏1人（户），吴氏1人（户），郑氏1人（户），郭氏1人（户），佟氏2人（户），邓氏2人（户），萧氏1人（户），曹氏1人（户），谢氏1人（户），俞氏1人（户），丁氏1人（户），白氏1人（户），罗氏1人（户），姜氏1人（户），戴氏1人（户），孟氏1人（户），程氏2人（户），尤氏1人（户），裴氏1人（户），冯氏1人（户），谭氏1人（户），孔氏1人（户），秦氏1人（户），雷氏1人（户），强氏1人（户），彭氏1人（户），耿氏1人（户），商氏1人（户），邹氏1人（户），朴氏1人（户），屈氏1人（户），计45姓，93人（户）。

包衣管领下人：白氏1人（户），王氏9人（户），李氏8人（户），张氏6人（户），刘氏5人（户），陈氏2人（户），周氏6人（户），徐氏2人（户），高氏2人（户），崔氏2人（户），杨氏1人（户），孙氏4人（户），赵氏2人（户），马氏3人（户），董氏3人（户），吴氏2人（户），黄氏2人（户），韩氏3人（户），郑氏2人（户），邓氏2人（户），姚氏1人（户），萧氏1人（户），曹氏2人（户），俞氏1人（户），田氏2人（户），康氏1人（户），阎氏3人（户），罗氏2人（户），梁氏1人（户），苏氏1人（户），任氏3人（户），石氏1人（户），宋氏2人（户），潘氏2

人（户），侯氏1人（户），裴氏1人（户），方氏1人（户），夏氏1人（户），倪氏1人（户），蒋氏1人（户），劳氏1人（户），司氏1人（户），贾氏1人（户），乔氏1人（户），龚氏1人（户），靳氏1人（户），陆氏1人（户），朱氏1人（户），辛氏1人（户），穆氏1人（户），计50姓106人（户）；合计镶黄旗包衣107姓，217人（户）。

正黄旗包衣人：陈氏2人（户），董氏3人（户），丁氏1人（户），郑氏1人（户），王氏3人（户），李氏4人（户），张氏4人（户），刘氏4人（户），周氏1人（户），徐氏1人（户），高氏1人（户），崔氏1人（户），杨氏3人（户），孙氏1人（户），赵氏1人（户），胡氏1人（户），吴氏2人（户），金氏2人（户），韩氏1人（户），郭氏1人（户），萧氏1人（户），谢氏1人（户），田氏1人（户），丁氏2人（户），顾氏1人（户），朱氏1人（户），尤氏1人（户），石氏1人（户），祁氏1人（户），方氏1人（户），沈氏1人（户），宗氏1人（户），阆氏1人（户），陶氏1人（户），钟氏1人（户），松氏1人（户），宣氏1人（户），宁氏1人（户），邢氏1人（户），颜氏1人（户），曲氏1人（户），计41姓，60人（户）。

包衣旗鼓人：张氏9人（户），王氏5人（户），李氏3人（户），刘氏2人（户），徐氏1人（户），高氏1人（户），杨氏1人（户），吴氏1人（户），许氏2人（户），韩氏1人（户），郭氏1人（户），谢氏1人（户），俞氏1人（户），祁氏1人（户），闻氏1人（户），谭氏1人（户），龙氏1人（户），边氏1人（户），傅氏1人（户），计19姓，35人（户）。

包衣管领下人：魏氏1人（户），罗氏1人（户），王氏9人（户），李氏9人（户），张氏2人（户），刘氏2人（户），陈氏2人（户），周氏1人（户），徐氏3人（户），杨氏2人（户），孙氏1人（户），马氏1人（户），董氏1人（户），何氏2人（户），曹氏1人（户），白氏1人（户），康氏1人（户），汪氏1人（户），姜氏1人（户），戴氏1人（户），梁氏1人（户），顾氏2人（户），夏氏1人（户），林氏王人（户），傅氏1人（户），薛氏1人（户），叶氏1人（户），卢氏1人（户），岳氏1人（户），计29姓53人（户）；合计正黄旗包衣89姓，148人（户）。

正白旗包衣人：李氏4人（户），雷氏1人（户），倪氏1人（户），黄氏1人（户），尚氏1人（户），马氏2人（户），曹氏1人（户），王氏5人（户），刘氏1人（户），徐氏1人（户），高氏1人（户），杨氏1人

（户），金氏3人（户），韩氏1人（户），郑氏3人（户），佟氏1人（户），何氏1人（户），谢氏1人（户），汪氏1人（户），于氏1人（户），计22姓，33人（户）。

包衣旗鼓人：张氏8人（户），李氏9人（户），王氏6人（户），刘氏4人（户），陈氏1人（户），徐氏1人（户），高氏1人（户），崔氏1人（户），杨氏1人（户），胡氏1人（户），马氏2人（户），董氏2人（户），金氏1人（户），许氏1人（户），韩氏1人（户），佟氏2人（户），何氏2人（户），邓氏1人（户），姚氏3人（户），汪氏2人（户），孟氏1人（户），杜氏2人（户），石氏1人（户），潘氏1人（户），袁氏1人（户），于氏2人（户），冯氏1人（户），叶氏1人（户），刚氏1人（户），柴氏1人（户），唐氏1人（户），鄢氏1人（户），段氏1人（户），查氏1人（户），铁氏1人（户），巩氏1人（户），计36姓，67人（户）。

包衣管领下人：张氏8人（户），高氏1人（户），王氏9人（户），李氏8人（户），刘氏3人（户），陈氏7人（户），周氏2人（户），徐氏4人（户），高氏2人（户），崔氏1人（户），杨氏1人（户），赵氏1人（户），胡氏1人（户），马氏1人（户），吴氏2人（户），金氏1人（户），许氏2人（户），黄氏1人（户）、韩氏2人（户），郭氏1人（户），佟氏1人（户），何氏1人（户），姚氏2人（户），曹氏1人（户），谢氏2人（户），俞氏2人（户），田氏1人（户），康氏3人（户），罗氏1人（户），姜氏1人（户），戴氏2人（户），梁氏1人（户），孟氏1人（户），顾氏1人（户），朱氏2人（户），苏氏1人（户），宋氏1人（户），闻氏1人（户），纪氏2人（户），袁氏1人（户），魏氏2人（户），侯氏1人（户），秦氏1人（户），宗氏1人（户），薛氏1人（户），衡氏1人（户），钱氏1人（户），刚氏1人（户），屠氏1人（户），宜氏1人（户），梅氏1人（户），吕氏1人（户），费氏1人（户），章氏1人（户），井氏1人（户），焦氏1人（户），计56姓103人（户）；合计正白旗包衣114姓，203人（户）。

正红旗包衣人：吴氏1人（户），刘氏1人（户），赵氏1人（户），黄氏2人（户），邓氏1人（户），纪氏1人（户），计6姓7人（户）；包衣管领下人：吕氏1人（户），李氏2人（户），刘氏3人（户），高氏1人（户），孙氏3人（户），黄氏1人（户），郭氏1人（户），梁氏1人（户），林氏1人（户），计9姓14人（户）；合计正红旗包衣15姓，21人（户）。

镶白旗包衣人：雷氏1人（户），王氏1人（户），张氏1人（户），周氏1人（户），杜氏1人（户），魏氏1人（户），计6姓，6人（户）。

包衣管领下人：钮氏1人（户），王氏4人（户），李氏3人（户），陈氏2人（户），周氏2人（户），高氏2人（户），赵氏1人（户），马氏1人（户），许氏1人（户），萧氏1人（户），汪氏1人（户），阎氏1人（户），朱氏1人（户），计13姓，21人（户）；合计镶白旗包衣19姓，27人（户）。

镶红旗包衣人：徐氏1人（户），孔氏1人（户），闵氏1人（户），史氏1人（户），计4姓，4人（户）。

正蓝旗包衣人：王氏2人（户），李氏1人（户），张氏4人（户），刘氏1人（户），周氏1人（户），高氏2人（户），崔氏1人（户），杨氏1人（户），胡氏1人（户），吴氏2人（户），金氏2人（户），许氏1人（户），黄氏1人（户），郑氏1人（户），郭氏1人（户），何氏1人（户），丁氏1人（户），祁氏1人（户），袁氏1人（户），边氏1人（户），钱氏1人（户），万氏1人（户），苗氏1人（户），郝氏1人（户），戚氏1人（户），时氏1人（户），计26姓，33人（户）。

包衣旗鼓人：李氏1人（户），计1姓，1人（户）；合计正蓝旗包衣27姓，34人（户）。

镶蓝旗包衣人：李氏5人（户），高氏1人（户），王氏7人（户），张氏6人（户），刘氏2人（户），周氏4人（户），赵氏1人（户），胡氏1人（户），董氏1人（户），金氏1人（户），郑氏2人（户），萧氏1人（户），曹氏1人（户），田氏1人（户），白氏2人（户），孟氏1人（户），苏氏1人（户），程氏1人（户），闻氏1人（户），于氏1人（户），沈氏1人（户），龙氏1人（户），史氏1人（户），尹氏1人（户），秋氏1人（户），蔡氏1人（户），受氏1人（户），洪氏1人（户），鲁氏1人（户），计29姓，50人（户）。

包衣管领下人：王氏1人（户），李氏1人（户），张氏2人（户），陈氏3人（户），高氏2人（户），孙氏1人（户），胡氏1人（户），郭氏1人（户），萧氏1人（户），丁氏1人（户），杜氏1人（户），尤氏1人（户），柴氏1人（户），计13姓，17人（户）；合计镶蓝旗包衣42姓，67人（户）。

2. 台尼堪旗籍

《通谱》卷七十九《满洲旗分内之台尼堪姓氏》统计：

正黄旗人：沈氏1人（户），张氏2人（户），王氏1人（户），刘氏2人（户），孙氏1人（户），唐氏1人（户），李氏1人（户），图氏1人（户），雅氏1人（户），马氏1人（户），赖氏1人（户），邓氏1人（户），莫氏1人（户），江氏1人（户），庞氏1人（户），俞氏1人（户），黄氏1人（户），罗氏1人（户），郭氏1人（户），计19姓，21人（户）。

正白旗人：秋氏2人（户），计1姓，2人（户）。

镶白旗人：刘氏3人（户），张氏1人（户），孙氏1人（户），杨氏1人（户），宋氏2人（户），沈氏1人（户），吴氏1人（户），尤氏1人（户），卢氏1人（户），坡氏1人（户），陈氏1人（户），孟氏1人（户），聂氏1人（户），赵氏1人（户），高氏1人（户），向氏1人（户），计16姓，19人（户）。

正蓝旗人：王氏4人（户），刘氏1人（户），张氏2人（户），孙氏1人（户），唐氏2人（户），杨氏1人（户），李氏1人（户），朱氏1人（户），徐氏1人（户），史氏1人（户），宗氏1人（户），颜氏1人（户），计12姓，17人（户）。

镶黄旗包衣人：王氏1人（户），计1姓，1人（户）。

正黄旗包衣人：杨氏1人（户），计1姓，1人（户）。

镶白旗包衣人：周氏1人（户），计1姓，1人（户）。

正蓝旗包衣人：张氏1人（户），计1姓，1人（户）。

3. 抚顺尼堪旗籍

据《通谱》卷八十《满洲旗分内之抚顺尼堪姓氏》统计：

镶红旗人：周氏1人（户），计1姓，1人（户）。

正蓝旗人：林氏1人（户），计1姓，1人（户）。

镶蓝旗人：赵氏1人（户），计1姓，1人（户）。

镶黄旗包衣人：孔氏1人（户），计1姓，1人（户）。

正白旗包衣人：钟氏1人（户），计1姓，1人（户）。

正红旗包衣人：周氏1人（户），陈氏1人（户），苏氏1人（户），计3姓，3人（户）；包衣旗鼓人：王氏1人（户），范氏2人（户），卢氏1人（户），赵氏1人（户），康氏1人（户），计5姓6人（户）；包衣管领下人：王氏1人（户），袁氏1人（户），计2姓2人（户）；合计10姓11人（户）。

镶白旗包衣管领下人：张氏1人（户），计1姓，1人（户）。

镶红旗包衣人：刘氏1人（户），王氏2人（户），张氏1人（户），姬氏1人（户），徐氏1人（户），魏氏1人（户），胡氏1人（户），郎氏1人（户），计8姓，9人（户）。

正蓝旗包衣人：刘氏3人（户），李氏3人（户），张氏4人（户），钟氏3人（户），周氏2人（户），赵氏1人（户），杜氏2人（户），金氏1人（户），于氏1人（户），姚氏1人（户），计10姓，21人（户）；包衣旗鼓人：刘氏3人（户），李氏3人（户），王氏1人（户），曹氏4人（户），马氏2人（户），卢氏1人（户），袁氏1人（户），吴氏1人（户），任氏1人（户），蔡氏1人（户），冯氏1人（户），汤氏1人（户），谢氏1人（户），邱氏1人（户），施氏1人（户），洪氏1人（户），沈氏1人（户），严氏1人（户），梁氏1人（户），计19姓27人（户）；包衣管领下人：李氏1人（户），高氏1人（户），房氏1人（户），计3姓3人（户）；合计32姓，51人（户）。

镶蓝旗包衣人：王氏5人（户），周氏1人（户），马氏1人（户），高氏1人（户），金氏1人（户），吴氏1人（户），田氏1人（户），佟氏1人（户），宋氏1人（户），谈氏1人（户），许氏1人（户），计11姓11人（户）；包衣管领下人：韩氏1人（户），肖氏1人（户），晋氏1人（户），计3姓3人（户）；合计14姓，14人（户）。

从总体上看，隶属于满洲旗分的尼堪、台尼堪和抚顺尼堪合计70户。"上三旗"镶黄旗人，尼堪3姓4人（户）；正黄旗人，台尼堪19姓21人（户）；正白旗人，台尼堪1姓2人（户）；计23姓27人（户），占38%，其中正黄旗尼堪最多。"下五旗"除了正红旗无尼堪外，镶白旗人，尼堪1姓1人（户），台尼堪16姓19人（户）；镶红旗人，尼堪1姓2人（户），抚顺尼堪1姓1人（户）；正蓝旗人，尼堪1姓1人（户），台尼堪12姓17人（户），抚顺尼堪1姓1人（户）；镶蓝旗人，抚顺尼堪1姓1人（户）；计34姓43人（户），占62%。尼堪相对集中在镶白旗和正蓝旗内。在满洲旗的70人（户）尼堪中，占三项尼堪总数883人（户）的8%，说明汉人被编入满洲旗分佐领的数量是少的。

值得关注的是，台尼堪在满洲旗分人数的比例大，在52姓63人（户）中，"上三旗"有正黄旗、正白旗，计20姓23人（户）；"下五旗"有镶白旗、正蓝旗，计28姓36人（户）；合计48姓59人（户），占台尼堪63人

（户）的94%。余下4姓4人（户）分隶镶黄、正黄、镶白、正蓝四个包衣旗内，占6%。台尼堪在满洲旗户数占三项尼堪总数70人（户）的85%。台尼堪昼夜放哨边台，若有边警"即刻敲打了云牌，传往东方悬挂云牌处，如此的节节传递，待太阳尚未升高之前，已将边警传到了汗城"[①]，为御敌赢得了宝贵时间。台尼堪职司繁重，加上他们勤勉效力，整体事功显著，入关前后陆续编入满洲旗籍[②]，而多数人又隶属正黄旗佐领。例如，台尼堪出身的正黄旗人沈氏丰库，世居辽东，其孙沈都立，原任员外郎；绰尔岱，原任吏部侍郎。张铣，世居辽阳，其孙偏图，原任副都统。尽管台尼堪担任三品以上大员的人数不多，但反映了清廷对他们的信任。如同世居大凌河的台尼堪所言："随世祖入京，将吾等编入满洲旗下满洲佐领。"[③] 台尼堪多数纳入满洲旗分，这是与尼堪及抚顺尼堪的不同之处。

在满洲包衣旗内，三项尼堪分成包衣人、包衣旗鼓人、包衣管领下人三部分。其分布如下："上三旗"包衣，即内务府三旗包衣，镶黄旗包衣佐领有，尼堪107姓216人（户），台尼堪1姓1人（户），抚顺尼堪1姓1人（户），计109姓218人（户）；正黄旗包衣佐领有，尼堪89姓149人（户），台尼堪1姓1人（户），计90姓150人（户）；正白旗包衣佐领有，尼堪114姓203人（户），抚顺尼堪1姓1人（户），计115姓204人（户）；合计314姓（含重复姓）572人（户）。"下五旗"包衣佐领，即分隶于王府包衣旗，正红旗包衣佐领有，尼堪15姓21人（户），台尼堪1姓1人（户），抚顺尼堪10姓11人（户），计26姓33人（户）；镶白旗包衣佐领有，尼堪19姓27人（户），抚顺尼堪1姓1人（户），计20姓28人（户）；镶红旗包衣佐领有，尼堪4姓4人（户），抚顺尼堪8姓9人（户），计12姓13人（户）；正蓝旗包衣佐领有，尼堪27姓34人（户），台尼堪1姓1人（户），

[①] 广禄、李学智译注：《清太祖朝老满文原档》（二）万历四十六年戊午（1618年），即天命三年，台北中研院史语所专刊之五十八，1971年版，第79页。

[②] 台尼堪（包括各类尼堪）纳入满洲旗分的因素是多样的。《台尼堪考》一文将其"绝大多数"认定是入关后由"内务府或王公府属佐领抬入满洲旗分佐领内"，似可商榷。清人吴振棫《养吉斋丛录》卷一记述"抬旗"的标准：一是"建立功勋"，一为"上承恩眷"。符合第二条的尼堪有高名选、陈善道两家族，由外戚出包衣旗。而台尼堪符合这两条之一者尚难寻。通观清前期由内务府旗下，抬入满洲八旗者，由满洲"下五旗"，抬入"上三旗"者，人数有限。而将台尼堪63人（户）中的59人（户），编入满洲旗分，而"上三旗"的正黄旗、正白旗有23人（户），这样大规模抬旗的可能的。

[③] 《八旗杂档》第26号《正蓝旗满洲尼堪三代宗谱档》（满文本），转引自《台尼堪考》。

抚顺尼堪 32 姓 51 户，计 60 姓 86 户；镶蓝旗包衣佐领有，尼堪 42 姓 67 户，抚顺尼堪 14 姓 14 户，计 56 姓 81 人（户）；合计 174 姓 241 人（户），总计 812 人（户），占总数 883 人（户）的 92%。

满洲包衣旗中的尼堪和抚顺尼堪计 809 人（户），占三项尼堪包衣人数的 99.6%；台尼堪 3 人（户），占 0.34%。"上三旗"包衣 572 人（户），占 70%；尼堪 569 人（户），占"上三旗"包衣户数的 70%。"下五旗"包衣 241 人（户），占 30%；尼堪 153 人（户），占"下五旗"包衣户数的 63%；抚顺尼堪 86 人（户），占 35.6%；台尼堪包衣 2 人（户），占 0.8%。以上数据表明，尼堪和抚顺尼堪绝大多数编在满洲包衣旗内。尼堪人（户）又多集中在"上三旗"包衣，另一部分和抚顺尼堪分布于"下五旗"包衣，其中又以正蓝包衣旗和镶蓝包衣旗人数为多。他们编制于包衣旗，体现了供满洲贵族役使的特征。

二　尼堪的满洲旗分佐领编制

如上所述，三项尼堪少数人编入满洲旗分佐领内，而大多数人则编在满洲包衣旗内，其参领下属满洲佐领、旗鼓佐领、管领、管辖、分管。因为他们多处于服务行业，社会地位相对低下，官修典籍不载其事迹，加之编纂《钦定八旗通志》时参照的《八旗旗册》①等文献今已难见，对于三项尼堪的大多数人，仅能从《通谱》得知他们隶属于满洲某旗，或某包衣旗。至于他们具体在该旗某参领下第几佐领，或包衣旗第几参领下第几满洲佐领、旗鼓佐领、第几管领、管辖、分管，尚难于判断。据《通谱·满洲旗分内之尼堪姓氏》记载，某人及家族子孙中有担任佐领者，为寻查所属旗或包衣旗具体的参领、佐领，提供一定线索。

三项尼堪担任在满洲旗分和包衣旗分佐领者，据《通谱》统计，有 35 姓（不含重复姓），计 116 人，其中在满洲旗分内任佐领者 12 人，即镶黄旗 7 人，正黄旗 2 人，镶白旗 1 人，正蓝旗 2 人；在满洲包衣旗任佐领者 104 人，即镶黄旗包衣 19 人，正黄旗包衣 17 人，正白旗包衣 33 人，正红旗包衣 2 人，镶白旗包衣 6 人，镶红旗包衣 1 人，正蓝旗包衣 14 人，镶蓝旗包衣 12 人。《通谱》记述某人任某旗佐领，并未确指某参领属第几佐领内任职。兹就任佐领者所在旗分考略如下。

---

①　《钦定八旗通志·旗分志》的"案语"中，列举《八旗旗册》，阐述某某佐领的演变情况。

1. 镶黄旗属

高名远，世居辽阳，国初来归。原隶镶黄旗包衣第四参领第一旗鼓佐领，曾以高斌管理。雍正十一年（1733 年）九月，世宗胤禛下令，以贵妃之外戚，著出包衣旗，"抬入"原隶满洲旗。嘉庆二十三年（1818 年）正月，《玉牒》更姓高佳氏。《钦定八旗通志》卷三《旗分志》记载，高名远曾孙、时任直隶总督的高斌，曾任镶黄旗包衣第四参领第一旗鼓佐领。可知其家族包衣旗的所在。同卷亦载，高斌之孙、侍郎高朴（一作高普），曾任镶黄旗第四参领第二佐领管理。高氏家族由包衣籍"抬旗"入满洲旗分①，康熙十九年（1680 年）"奉旨"，定为公中佐领。

陈善道，世居海州，国初率族人来归，原隶包衣旗。该佐领曾随太祖努尔哈齐来辽阳。雍正十二年（1734 年）九月，世宗胤禛指示，以纯裕勤太妃本姓氏子孙，由包衣旗拨入满洲旗分，族人 70 余，编为一个佐领，令其族人管辖。陈氏家族由"抬旗"入满洲旗分，为世管佐领。《八旗通志》（初集）卷三、《钦定八旗通志》卷三均载，其为镶黄旗第四参领第十六佐领，系抬旗时，单独编入满洲佐领，由陈善道元孙陈镆管辖。据《通谱·陈善道传》记载，陈镆之前，陈善道之孙陈秉正，曾任銮仪使，兼佐领；陈秉恒，任郎中，兼佐领；曾孙阿林（一作阿琳），任云麾使，兼佐领，此当是原包衣旗内的职司。《钦定八旗通志》卷三记录，阿林，曾任镶黄旗包衣第四参领第九佐领；陈秉正、阿林，皆曾任第五参领第三旗鼓佐领；陈秉恒、阿林，均曾任第五参领第六旗鼓佐领②。

陈遵贤，世居海州，国初来归。其孙莫尔奇，原任佐领③。莫尔奇曾任佐领之事，《钦定八旗通志》本旗内无载。

2. 镶黄旗包衣旗属

张嘉谟（一作张嘉谋），包衣旗鼓人，世居沈阳，来归年份无考。张嘉谟，原任佐领，其子张万标，原任佐领；孙张廷栋，亦任佐领。《八旗通志》（初集）卷三、《钦定八旗通志》卷三记载，张嘉谟，原任第四参领第一旗

---

① 《通谱》卷七十四《高名远》，第805页下；《钦定八旗通志》卷三《旗分志三·八旗佐领三》，第40页、第54页；《清仁宗实录》卷三百三十八，嘉庆二十三年正月乙丑，第469页下；《清皇室四谱》卷二《后妃·高宗纯皇帝》，第21页。

② 《通谱》卷七十四《陈善道》，第806页上；《钦定八旗通志》卷三《旗分志三》，第38页，《旗分志三·镶黄旗包衣佐领管领》，第55页。

③ 《通谱》卷七十六《陈遵贤》，第825页上。

鼓佐领；张万标，任佐领无载。张廷栋，原任第五参领第五旗鼓佐领①。

程达仁，包衣旗鼓人，世居沈阳，来归年份无考。其子程武，原任郎中，兼佐领。《钦定八旗通志》卷三记载，程武，原任第四参领第一旗鼓佐领②。

徐凯，包衣旗鼓人，世居沈阳，来归年份无考。其元孙徐君聘，原任佐领。《钦定八旗通志》卷三记载，徐君聘，原任第四参领第一旗鼓佐领③。

胡海，包衣旗鼓人，世居沈阳，国初来归。其孙胡尚宾（一作胡上宾），原任员外郎，兼佐领。《钦定八旗通志》记载，胡尚宾，曾任包衣旗第四参领第二旗鼓佐领④。

张启祥，包衣旗鼓人，世居沈阳，国初来归。其子张万禄，原任佐领。《钦定八旗通志》记载，即包衣旗第四参领第一旗鼓佐领，张万禄故，子张鼎臣管领；启祥之孙张常柱，原任佐领，本旗无载⑤。

周国彬，包衣旗鼓人，世居沈阳，来归年份无考。元孙桑格，原任员外郎，兼佐领。《钦定八旗通志》卷三记录，桑格，曾任包衣旗第四参领第二旗鼓佐领⑥。

马凤鹏，包衣人，世居沈阳，来归年份无考。其孙图郎，原任佐领；曾孙三齐哈，亦任佐领。《钦定八旗通志》卷记载，马图郎，原任包衣旗第五参领第三旗鼓佐领，图郎故，以三齐哈管理⑦。

刘祺勇，包衣旗鼓人，世居三韩地方，来归年份无考。其子刘明彰，原任郎中，兼佐领；曾孙刘仲林（一作刘忠林），任参领，兼佐领。《钦定八旗通志》卷三记载，刘明章，原任包衣旗第五参领第四旗鼓佐领；刘仲林，

---

① 《通谱》卷七十五《张嘉谋》，第 817 页下；《钦定八旗通志》卷三《旗分志三·镶黄旗包衣佐领管领》，第 54 页、第 56 页。

② 《通谱》卷七十七《程达仁》，第 845 页上；《钦定八旗通志》卷三《旗分志三·镶黄旗包衣佐领管领》，第 54 页。

③ 《通谱》卷七十六《徐凯》，第 827 页上；《钦定八旗通志》卷三《旗分志三·镶黄旗包衣佐领管领》，第 54 页。

④ 《通谱》卷七十四《胡海》，第 806 页下；《钦定八旗通志》卷三《旗分志三·镶黄旗包衣佐领管领》，第 55 页。

⑤ 《通谱》卷七十五《张启祥》，第 817 页下；《钦定八旗通志》卷三《旗分志三·镶黄旗包衣佐领管领》，第 54 页。

⑥ 《通谱》卷七十四《周国彬》，第 806 页下；《钦定八旗通志》卷三《旗分志三·镶黄旗包衣佐领管领》，第 55 页。

⑦ 《通谱》卷七十六《马凤鹏》，第 831 页上；《钦定八旗通志》卷三《旗分志三·镶黄旗包衣佐领管领》，第 55 页。

任第五参领第六旗鼓佐领①。

李锦，包衣旗鼓人，世居沈阳，来归年份无考。其元孙李孝生，原任佐领，《八旗通志》本旗内无载②。

崔铎，包衣旗鼓人，世居沈阳，来归年份无考。元孙崔武善，原任二等侍卫、参领，兼佐领，《八旗通志》本旗内无载③。

胡悦，包衣旗鼓人，世居沈阳，来归年份无考。其曾孙胡尚华、胡德华，俱原任佐领，《八旗通志》本旗内无载④。

姜远，包衣人，世居沈阳，国初来归。其孙姜汝良，原任佐领，《钦定八旗通志》本旗内无载⑤。

3. 正黄旗属

陶色，李氏，台尼堪，正黄旗人，世居沈阳，天聪时来归。其孙额锡图，原任佐领。《钦定八旗通志》本旗内无载⑥。

托色，赖氏，台尼堪，正黄旗人，世居沈阳，天聪时来归。其孙额普图，原任佐领，《钦定八旗通志》本旗内无载⑦。

4. 正黄旗包衣旗属

和尚，戴氏，包衣管领下人，世居抚顺，来归年份无考。其孙戴保，任佐领，兼典仪。《八旗通志初集》卷四《旗分志》本旗内无载。《通谱》记载，戴保任佐领，兼典仪。而《钦定八旗通志》卷五《旗分志》记录，戴保住，任第四参领第一旗鼓佐领⑧。三部文献对校，可以推断，戴保任旗鼓佐领，当在乾隆五年至八年（1740—1743 年）之间，而戴保住即戴保，因《通谱》与《八旗通志》所载人名，同音异字，脱衍字常见。

王承德，包衣管领下人，世居王纲台，来归年份无考。其曾孙万柱（一作万住），原任佐领。《钦定八旗通志》卷五《旗分志》记载，万柱，原任

① 《通谱》卷七十六《刘祺勇》，第823页下；《钦定八旗通志》卷三《旗分志三·镶黄旗包衣佐领管领》，第56—57页。

② 《通谱》卷七十五《李锦》，第815页上。

③ 《通谱》卷七十六《崔铎》，第828页下。

④ 《通谱》卷七十六《胡悦》，第830页下。

⑤ 《通谱》卷七十七《姜远》，第843页下。

⑥ 《通谱》卷七十九《陶色》，第861页下。

⑦ 《通谱》卷七十六《托色》，第862页上。

⑧ 《通谱》卷七十七《和尚》，第843页下；《钦定八旗通志》卷五《旗分志五·正黄旗包衣佐领管领》，第92页。

正黄旗包衣第五参领第一旗鼓佐领①。

沈夺，包衣人，世居沈阳，来归年份无考。其四世孙沈玉（一作沈瑜），任内阁侍读学士，兼佐领；五世孙苏伯，原任郎中，兼佐领；六世孙雅尔岱，任郎中，兼佐领；七世孙永忠，任员外郎，兼佐领。《钦定八旗通志》卷五《旗分志》记录，苏伯、雅尔岱，原任包衣旗第四参领第一旗鼓佐领；永忠，任原任第五参领第一旗鼓佐领，沈玉任该参领第二旗鼓佐领②。

张泰，包衣旗鼓人，世居辽阳，来归年份无考。张泰，原任佐领。《钦定八旗通志》卷五记载，张泰，始任包衣旗第五参领第一旗鼓佐领③。

董文选，包衣人，世居抚顺，来归年份无考。元孙董得贵（一作董德贵），原任佐领；四世孙董殿邦袭职；五世孙董玉琳（一作董玉麟），原任郎中，兼佐领，董色，原任佐领。《钦定八旗通志》卷五记载，董得贵，始任包衣旗第五参领第二旗鼓佐领；尔后，几经轮换，其子董殿邦继任。董色任佐领本旗无载④。

郭思，包衣人，世居沈阳，来归年份无考。其元孙释迦保，原任佐领。《钦定八旗通志》卷五记载，释迦保，原任包衣旗第五参领第二旗鼓佐领。值得注意的是，该佐领前后出现两个释迦保，"桑格故，以释迦保管理。释迦保故，以马文焕管理，……英敏因病该退，以佐领释迦保管理，释迦保故，以佐领杨作新管理"⑤。此处所记有差错。

祁天福，包衣旗鼓人，世居沈阳，来归年份无考。其曾孙祁进，原任佐领。《钦定八旗通志》卷五记载，祁进，原任包衣旗第五参领第二旗鼓佐领，调任本参领第三旗鼓佐领⑥。

李朝奉，包衣旗鼓人，世居沈阳，来归年份无考。李朝奉，原任佐领；

---

① 《通谱》卷七十五《王承德》，第812页上；《钦定八旗通志》卷五《旗分志·正黄旗包衣佐领管领》，第93页。

② 《通谱》卷七十八《沈夺》，第852页上，《钦定八旗通志》卷五《旗分志五·正黄旗包衣佐领管领》，第92页。

③ 《通谱》卷七十四《张泰》，第804页下；《钦定八旗通志》卷五《旗分志五·正黄旗包衣佐领管领》，第93页。

④ 《通谱》卷七十四《董文选》，第806页下，《钦定八旗通志》卷五《旗分志五·正黄旗包衣佐领管领》，第93页。

⑤ 《通谱》卷七十七《郭思》，第839页；《钦定八旗通志》卷五《旗分志五·正黄旗包衣佐领管领》，第93—94页。

⑥ 《通谱》卷七十七《祁天福》，第846页上；《钦定八旗通志》卷五《旗分志五·正黄旗包衣佐领管领》，第94页。

其子李文春，原任佐领；其孙李襄林（一作李相林），原任佐领，李朝奉、李文春，原任佐领，《钦定八旗通志》卷五无载。该书卷三记载，李襄林，任镶黄旗包衣第四参领第二旗鼓佐领。

松塔，王氏，包衣管领下人，世居长白山，来归年份无考。松塔，原任佐领，《八旗通志》本旗内无载①。

5. 正白旗包衣旗属

徐世虎，包衣旗鼓人，世居沈阳，来归年份无考。其孙徐登连（一作徐登廉），原任佐领。《钦定八旗通志》卷七记载，徐登连，任正白旗包衣第四参领第一旗鼓佐领②。

达哈纳，李姓，包衣管领下人，世居长白山，来归年份无考。其子李文贵，原任佐领。《钦定八旗通志》卷七记载，李文贵，任正白旗包衣第五参领第三旗鼓佐领③。

汪整，包衣旗鼓人，世居沈阳，来归年份无考。其子汪三，原任佐领；元孙汪义图（一作汪继图），原任员外郎兼佐领；四世孙四格，任员外郎兼佐领，永保，任郎中兼佐领。《钦定八旗通志》卷七记载，四格，任包衣旗第四参领第二旗鼓佐领；永保，任第五参领第三旗鼓佐领；汪义图，任第五参领第四旗鼓佐领④。

李世昌，包衣旗鼓人，世居沈阳，来归年份无考。李世昌，原任佐领，其子李成干，原任郎中兼佐领。《钦定八旗通志》卷七记载，李世昌，任国初编立的包衣旗第四参领第一旗鼓佐领，其故，子李成干以郎中兼佐领⑤。

唐应祖，包衣旗鼓人，世居沈阳，来归年份无考。其曾孙唐英，以员外郎兼佐领。《钦定八旗通志》卷七记载，唐英，任包衣旗第四参领第二旗鼓佐领⑥。

①　《通谱》卷七十五《松塔》，第812下页。
②　《通谱》卷七十六《徐世虎》，第826页下；《钦定八旗通志》卷七《旗分志七·正白旗包衣佐领管领》，第129页。
③　《通谱》卷七十五《达哈纳》，第815页上；《钦定八旗通志》卷七《旗分志七·正白旗包衣管领》，第131页。
④　《通谱》卷七十七《汪整》，第842页下；《钦定八旗通志》卷七《旗分志七·正白旗包衣佐领管领》，第130—131页。
⑤　《通谱》卷七十四《李世昌》，第805页上；《钦定八旗通志》卷七《旗分志七·正白旗包衣佐领管领》，第129页。
⑥　《通谱》卷七十八《唐应祖》，第855页下；《钦定八旗通志》卷七《旗分志七·正白旗包衣佐领管领》，第130页。

　　杨景贵，包衣旗鼓人，世居沈阳，来归年份无考。其曾孙四黑，以郎中兼佐领。《钦定八旗通志》卷七记载，四黑，任包衣旗第四参领第二旗鼓佐领①。

　　曹锡远，包衣旗鼓人，世居沈阳，来归年份无考。其孙曹尔正，原任佐领；曾孙曹宜，原任护军参领兼佐领，元孙曹颀，原任二等侍卫兼佐领。《钦定八旗通志》卷七记载，曹宜，任包衣旗第四参领第二旗鼓佐领；曹尔正、曹寅，任包衣旗第五参领第一旗鼓佐领。曹颀任佐领本旗内无载②。

　　高文举，包衣人，世居沈阳，来归年份无考。其孙高国元，任郎中兼佐领。《钦定八旗通志》卷七记载，高国元，任国初编立的包衣旗第五参领第一旗鼓佐领③。

　　郑朝辅，包衣人，世居沈阳，来归年份无考。曾孙郑连，原任佐领。《钦定八旗通志》卷七记载，郑连，曾任包衣旗第五参领第一旗鼓佐领④。

　　马偏额，包衣人，世居沈阳，来归年份无考。马偏额，原任郎中兼佐领；其子马二格，原任佐领；孙萨齐库，原任郎中兼佐领，马维翰，原任佐领。《钦定八旗通志》卷七记载，马二格、萨齐库、马维翰，均曾任包衣旗第五参领第二旗鼓佐领。马二格、萨齐库，还曾分别任本旗第五参领第三、四旗鼓佐领。马偏额任佐领本旗内无载⑤。

　　雷政，包衣人，世居沈阳，国初来归。其曾孙雷遇春，原任武备院卿兼佐领，老格，任三等侍卫兼佐领。《钦定八旗通志》卷七记载，老格，任包衣旗第五参领第二旗鼓佐领。雷遇春本旗内无载⑥。

　　尚大德，包衣人，世居沈阳，国初来归。其子尚兴，原任郎中兼佐领；孙尚志杰，原任郎中兼佐领，尚志舜，原任内务府总管兼佐领；曾孙尚琳，

---

① 《通谱》卷七十六《杨景贵》，第829页下；《钦定八旗通志》卷七《旗分志七·正白旗包衣佐领管领》，第130页。

② 《通谱》卷七十四《曹锡远》，第808页上；《钦定八旗通志》卷七《旗分志七·正白旗包衣佐领管领》，第130页。

③ 《通谱》卷七十六《高文举》，第828页上；《钦定八旗通志》卷七《旗分志七·正白旗包衣佐领管领》，第130页。

④ 《通谱》卷七十七《郑朝辅》，第839页上；《钦定八旗通志》卷七《旗分志七·正白旗包衣佐领管领》，第130页。

⑤ 《通谱》卷七十四《马偏额》，第808页上；《钦定八旗通志》卷七《旗分志七·正白旗包衣佐领管领》，第131页。

⑥ 《通谱》卷七十四《雷政》，第806页上；《钦定八旗通志》卷七《旗分志七·正白旗包衣佐领管领》，第131页。

原任郎中兼佐领，常柱，任参领兼佐领。《钦定八旗通志》卷七记载，尚兴、尚志杰，初任包衣旗第五参领第四旗鼓佐领；尚志杰、尚志舜、尚琳，任本旗第五参领第四旗鼓佐领；常柱任佐领，本旗内无载①。

望明忠，李氏，包衣旗鼓人，世居沈阳，来归年份无考。其孙李斌（一作李彬），原任员外郎兼任佐领。《钦定八旗通志》卷七记载，李斌，以员外郎兼任第五参领第四旗鼓佐领②。

邓承印，包衣旗鼓人，世居沈阳，来归年份无考。其孙庆恩，原任包衣护军统领兼佐领。《钦定八旗通志》卷七记载，庆恩，任包衣旗第五参领第四旗鼓佐领③。

张良弼，包衣旗鼓人，世居沈阳，国初来归。张良弼，因战功由闲散授佐领，《八旗通志》本旗内无载④。

李栢，包衣人，世居沈阳，来归年份无考。其子李有功，原任佐领；孙李国屏，原任员外郎兼佐领，《八旗通志》本旗内无载⑤。

李惟桓，包衣人，世居沈阳，来归年份无考。其子色里布，原任佐领，《八旗通志》本旗内无载⑥。

马承功，包衣旗鼓人，世居沈阳，来归年份无考。其曾孙马文焕，原任员外郎兼佐领，《八旗通志》本旗内无载⑦。

韩颜赏，包衣人，世居沈阳，来归年份无考。韩颜赏，原任佐领，《八旗通志》本旗内无载⑧。

钟有阳，包衣人，世居硕托地方，来归年份无考。其孙常在，原任二等护卫兼佐领，《八旗通志》本旗内无载⑨。

6. 正红旗包衣旗属

---

① 《通谱》卷七十四《尚大德》，第 807 页下；《钦定八旗通志》卷七《旗分志七·正白旗包衣佐领管领》，第 131 页。

② 《通谱》卷七十四《望明忠》，第 805 页上；《钦定八旗通志》卷七《旗分志七·正白旗包衣佐领管领》，第 131 页。

③ 《通谱》卷七十七《邓承印》，第 840 页下；《钦定八旗通志》卷七《旗分志七·正白旗包衣佐领管领》，第 131 页。

④ 《通谱》卷七十四《张良弼》，第 804 页上。

⑤ 《通谱》卷七十四《李栢》，第 805 页上。

⑥ 《通谱》卷七十五《李惟桓》，第 816 页上。

⑦ 《通谱》卷七十六《马承功》，第 831 页下。

⑧ 《通谱》卷七十七《韩颜赏》，第 838 页下。

⑨ 《通谱》卷八十《钟有阳》，第 868 页下。

周继荣，包衣人，世居抚顺，来归年份无考。其曾孙额尔登额，任参领兼佐领。《钦定八旗通志》卷九记载，额尔登额，任包衣旗第二参领第一满洲佐领①。

苏敏善，包衣人，世居抚顺，来归年份无考。苏敏善，原任佐领，《八旗通志》本旗内无载②。

7. 镶白旗属

沈周，镶白旗人，世居辽阳，国初来归。元孙雅尔瑚达（一作塞尔胡岱），任佐领。《钦定八旗通志》卷十记载，雅尔瑚达，原任第一参领第十六佐领③。

8. 镶白旗包衣旗属

钮良勋，包衣管领下人，世居辽阳，来归年份无考。其曾孙钮成宪，任佐领，钮巴，原任佐领；元孙钮维国，原任佐领。《八旗通志》（初集）卷七记录，第五参领所属第一分管，原系旗鼓佐领，先后由钮成宪、钮巴、钮维国管理。《钦定八旗通志》卷十一记载相同。说明钮氏家族原由旗鼓佐领调入包衣管领，故其属包衣管领下人④。

雷宏华，包衣人，世居辽阳，来归年份无考。其孙雷继宗，原任都统兼佐领，雷继志，原任佐领；曾孙雷世俊，原任佐领。其家族人任佐领事，《八旗通志》本旗内无载⑤。

9. 镶红旗包衣旗属

徐天扬，包衣人，世居抚顺，国初来归。其孙徐元鼎，原任参领兼佐领。《钦定八旗通志》卷十三记载，徐元鼎，原任包衣旗第二参领第二佐领⑥。

10. 正蓝旗属

---

① 《通谱》卷八十《周继荣》，第 868 页下；《钦定八旗通志》卷九《旗分志九·正红旗包衣佐领分管管领》，第 157 页。

② 《通谱》卷八十《苏敏善》，第 870 页上。

③ 《通谱》卷七十九《沈周》，第 862 页下；《钦定八旗通志》卷十《旗分志十·镶白旗满洲佐领上》，第 167 页。

④ 《通谱》卷七十四《钮良勋》，第 807 页上；《钦定八旗通志》卷十一《旗分志十一·镶白旗包衣佐领管领分管》，第 197 页。

⑤ 《通谱》卷七十四《雷宏华》，第 805 页下。

⑥ 《通谱》卷八十《徐天扬》，第 870 页下；《钦定八旗通志》卷十三《旗分志十三·镶红旗包衣佐领管领分管》，第 230 页。

克惇，张姓，台尼堪，正蓝旗人，世居大凌河地方，来归年份无考。元孙金湖，原任头等护卫兼佐领，《八旗通志》本旗内无载①。

林来凤，世居抚顺，来归年份无考。其孙林超，原任员外郎兼佐领，《八旗通志》本旗内无载②。

11. 正蓝旗包衣旗属

满泰，郑氏，包衣人，世居铁岭，来归年份无考。其曾孙乌尔泰，原任佐领。《八旗通志初集》卷九记录，乌尔泰，原任包衣旗第二参领第二旗鼓佐领。《钦定八旗通志》卷十五记载，他任包衣旗第二参领第五佐领③。说明乾隆时期乌尔泰由旗鼓佐领调任包衣佐领。

姚显功，包衣人，世居抚顺，来归年份无考。其子姚智义（一作姚制义），原任佐领。《钦定八旗通志》卷十五记载，姚智义，原任包衣旗第三参领第二佐领④。

于世杰，包衣人，世居抚顺，来归年份无考。于世杰，原任佐领，其子外三原任佐领；孙法保，原任佐领。《钦定八旗通志》卷十五记载，外三、法保，原任包衣旗第三参领第二佐领。于世杰任佐领事，本旗内无载⑤。

胡启龙，包衣人，世居沈阳，来归年份无考。其元孙瑚敏（一作胡敏）原任头等护卫兼佐领，四世孙韩保，原任佐领。《钦定八旗通志》卷十五记载，瑚敏，原任包衣旗第四参领第三佐领，及第四参领第四管领；韩保，原任第四参领第一佐领⑥。

王德容，包衣旗鼓人，世居沈阳，来归年份无考。其曾孙石图，原任佐领。《钦定八旗通志》卷十五记载，石图，原任第四参领第二佐领⑦。

---

① 《通谱》卷七十九《克惇》，第860页。
② 《通谱》卷八十《林来凤》，第871页上。
③ 《通谱》卷七十七《满泰》，第839页上；《八旗通志》（初集）卷九《旗分志九·正蓝旗包衣佐领管领分管》，第166页；《钦定八旗通志》卷十五《旗分志十五·正蓝旗包衣佐领管领分管》，第264页。
④ 《通谱》卷八十《姚显功》，第871页上；《钦定八旗通志》卷十五《旗分志十五·正蓝旗包衣佐领管领分管》，第266页。
⑤ 《通谱》卷八十《于世杰》，第871页上；《钦定八旗通志》卷十五《旗分志十五·正蓝旗包衣佐领管领分管》，第266页。
⑥ 《通谱》卷七十六《胡启龙》，第831页上；《钦定八旗通志》卷十五《旗分志十五·正蓝旗包衣佐领管领分管》，第270页。
⑦ 《通谱》卷七十五《王德容》，第813页上；《钦定八旗通志》卷十五《旗分志十五·正蓝旗包衣佐领管领分管》，第270页。

钟元华，包衣人，世居抚顺，来归年份无考。其子钟国辅，原任佐领，《八旗通志》本旗内无载①。

曹志高，包衣旗鼓人，世居沈阳，来归年份无考。其子曹士蛟，原任佐领；孙索图，原任佐领；曾孙吴哈达，原任参领兼佐领，《八旗通志》本旗内无载②。

马云龙，包衣旗鼓人，世居沈阳，来归年份无考。马云龙，原任佐领，《八旗通志》本旗内无载③。

房廷，包衣管领下人，世居沈阳，来归年份无考。其子房克成，原任佐领；孙房万达，亦原任佐领。二人任佐领之事，《八旗通志》本旗内无载④。

12. 镶蓝旗包衣旗属

李霸，包衣人，世居沈阳，国初来归。李霸，原任佐领，其子新大色（一作新达色），亦原任佐领；孙僧保，原任参领兼佐领。《钦定八旗通志》卷十七记载，李霸、新大色、僧保，均任顺治年间编立的包衣旗第一参领第二旗鼓佐领⑤。

田扬林，包衣人，世居沈阳，天聪来归。其子田秀（一作田修），原任佐领。《钦定八旗通志》卷十七记载，田秀，任包衣旗第二参领第三满洲佐领⑥。

刘景松，包衣人，世居沈阳，天聪来归。其曾孙黑色，任佐领。《钦定八旗通志》卷十七记载，刘黑色，任包衣旗第四参领第一佐领⑦。

王洋，包衣人，世居沈阳，来归年份无考。孙王玉衡，原任佐领，《八旗通志》本旗内无载⑧。

张治国，包衣人，世居沈阳，来归年份无考。其子多善、多赉俱原任佐

---

① 《通谱》卷八十《钟元华》，第 868 页下。

② 《通谱》卷八十《曹志高》，第 868 页下。

③ 《通谱》卷八十《马云龙》，第 869 页上。

④ 《通谱》卷八十《房廷》，第 871 页上。

⑤ 《通谱》卷七十五《李霸》，第 817 页下；《钦定八旗通志》卷十七《旗分志十七·镶蓝旗包衣佐领管领》，第 303 页。

⑥ 《通谱》卷八十《田扬林》，第 871 页下；《钦定八旗通志》卷十七《旗分志十七·镶蓝旗包衣佐领管领》，第 305 页。

⑦ 《通谱》卷七十六《刘景松》，第 824 页下；《钦定八旗通志》卷十七《旗分志十七·镶蓝旗包衣佐领管领》，第 306 页。

⑧ 《通谱》卷七十五《王洋》，第 814 页下。

领，《八旗通志》本旗内无载①。

　　陈善，包衣管领下人，世居沈阳，国初来归。其子陈秉节，原任佐领，《八旗通志》本旗内无载②。

　　杜延，包衣管领下人，世居沈阳，天聪来归。其子隆贵，原任佐领，《八旗通志》本旗内无载③。

　　国礼，高氏，包衣人，世居沈阳，天聪来归。其孙普连，原任参领兼佐领，《八旗通志》本旗内无载④。

　　李拔，包衣人，世居沈阳，国初来归。李拔，原任佐领，《八旗通志》本旗内无载⑤。

　　从上述三项尼堪担任佐领具有以下五个特点：

　　第一，任满洲旗籍佐领者，多因家族女子封为贵妃等，"奉旨"将该家族由包衣旗抬入"上三旗"。例如，高名远子孙高斌、高朴，陈善道子孙陈镁、陈秉正等，分别为镶黄旗属下佐领。

　　第二，多数任职于"上三旗"包衣旗鼓佐领内。乾隆时期，将多数包衣旗鼓佐领改编为管领或分管管领，一些包衣旗鼓人，或被编入它旗，而任佐领之事本旗无载。如乌尔泰原任正蓝旗包衣旗第二参领第二旗鼓佐领，乾隆时期任包衣旗第二参领第五佐领。再如，正蓝包衣和镶蓝包衣旗内，旗鼓佐领与管领等多有互调，役使于"下五旗"诸王。

　　第三，在本包衣旗内，包衣人、包衣管领下人，及旗鼓人，可以相互任佐领，比如，包衣人、包衣管领下人任旗鼓佐领，事例较多；而少有在本包衣旗满洲佐领任职者，如周氏额尔登额任正红旗包衣旗第二参领第一满洲佐领，田秀任镶蓝包衣旗第二参领第三满洲佐领。

　　第四，"上三旗"和"下五旗"的包衣旗佐领，"上三旗"内可以互相兼任，如镶黄旗包衣旗鼓人徐登连任正白旗包衣第四参领第一旗鼓佐领，正黄旗包衣旗鼓人李襄林任镶黄旗包衣第四参领第二旗鼓佐领。而他们少有到"下五旗"任职者，像正黄旗包衣旗鼓人石图任正蓝旗包衣第四参领第二佐领。其原因是"上三旗"与"下五旗"的体制所致。

---

① 《通谱》卷七十五《张治国》第819页下。

② 《通谱》卷七十六《陈善》，第825页下。

③ 《通谱》卷七十七《杜延》，第845页上。

④ 《通谱》卷八十《国礼》，第869页下。

⑤ 《通谱》卷七十四《李拔》，第805页下。

第五，《通谱》中有明确地记录某人任佐领，但竣修于乾隆四年和嘉庆初年的两部《八旗通志》均不记载。究其原因，这些佐领编制比较早，档册保存不整，记述阙如。譬如，张良弼国初来归，因战功授佐领，而《八旗通志》却未载。另外，编纂《钦定八旗通志》对《八旗通志》（初集）的体例和内容作了较大调整。例如，镶白旗包衣人雷宏华之孙雷继宗以都统兼佐领，雷继志任佐领，曾孙雷世俊任佐领，两部《八旗通志》无一收录。其孙雷继尊原任都统，《八旗通志》（初集）有其传，康熙年间调任镶白旗汉军都统，署理陕甘提督，镇守西北要地，圣祖玄烨颇为倚重，其病逝后入陕西名宦祠。如此名将，《钦定八旗通志》却将其原传删去。像这样的事例不为少数。

第四节　文武职司和清初事功

随着清朝在全国统辖区域的稳定，文武官员的需求量在迅速增加。融入满洲的尼堪、台尼堪和抚顺尼堪，从第三、四代起，任职的人数也越来越多。尤其是数量众多的包衣旗人，一部分人的职务由先前专为主子当差服役，开始向担任朝廷文武职司转变，在中央和地方军政衙门中充任各级官员，少部分人还担任国家中枢机构的要职。

首先，考察满洲旗分内尼堪任职状况。"上三旗"尼堪出任中央和地方文职者，有文华殿大学士、协办大学士、尚书、侍郎、郎中、员外郎、主事、内务府总管大臣、给事中、中书、少卿、赞礼郎、编修、笔帖式、司库、江宁织造、总督、巡抚、布政使、按察使、道台、知府、知州、知县、县丞等；任武职者，有内大臣、副都统、銮仪使、总兵、参领、佐领、头等侍卫、二等侍卫、三等侍卫、蓝翎侍卫、侍卫班领、骁骑校、护军校、步军校、信炮章京、防御等。"下五旗"内尼堪出任文职者，有尚书、侍郎、郎中、员外郎、都察院左副都御史、监察御史、大理寺卿、少卿、主事、御史、漕运总督、署浙江总督、巡抚、同知、知州、州同、知县等；任武职者，有署杭州将军、副都统、参将、城守尉、头等护卫、三等护卫、参领、佐领、骁骑校、护军校、步军校、游击、千总、把总、防御等。

其次，看包衣旗分尼堪入仕情况。"上三旗"包衣人任文职者，有弘文院学士、文渊阁大学士、内阁学士、尚书、侍郎、郎中、员外郎、主事、通政使、大理寺卿、鸿胪寺卿、武备院卿、太常寺少卿、赞礼郎、鸣赞、典仪、经历、都司、笔帖式、整仪尉、库使、库掌、司库、牧长、牧副、太医院使、太医院院判、内务府总管、包衣大、厩长、厩副、膳房总领、茶房总领、司胙官、牛羊群总管、长史、笔帖士等，总督、巡抚、布政使、按察使、知府、通判、同知、教授、道员、知州、州同、知县、县丞等；任武职者，有銮仪使、副都统、御前侍卫、头等侍卫、二等侍卫、三等侍卫、蓝翎侍卫、二等护卫、三等护卫、骁骑校、护军统领、护军参领、护军校、步军校、提督、参领、佐领、内管领、内副管领、催总、参将、总兵、游击、都司、守备、千总、城守尉、防御等。"下五旗"包衣人任文职者，有尚书、侍讲学士、侍读学士、启心郎、郎中、员外郎、主事、御史、笔帖式、中书、典仪、典簿、库使、库掌、包衣大、牧长、长史，总督、巡抚、布政使、按察使、知府、通判、道员、盐政、知州、州同、同知、知县、县丞等；任武职者，有都统、副都统、参领、佐领、头等护卫、二等护卫、三等护卫、骁骑校、护军校、副管领、提督、副将、参将、总兵、游击、都司、守备、千总、备箭首领等。

尼堪、台尼堪和抚顺尼堪任职有三个特征：

1. 尼堪不论满洲旗分，还是包衣旗分，进入上层官僚集团的人数不多，一般都在第三、四代后晋升的。诸如，正黄旗人台尼堪丰库之孙绰尔岱，"任吏部侍郎"①；镶黄旗人尼堪高名选之曾孙高斌，"任直隶总督"②；正蓝旗人尼堪王国祚之元孙性桂，"原任吏部尚书"③；正白旗包衣人尼堪曹锡远之孙曹玺，"原任工部尚书"④；包衣人尼堪马偏额之子桑格，"原任吏部尚书"⑤；镶白旗包衣人尼堪雷宏华之孙雷继宗，"原任都统兼佐领"⑥。像任都统、吏部尚书、吏部侍郎、工部尚书、工部侍郎、内阁学士、直隶总督、两广总督、甘肃巡抚、山西巡抚、江苏巡抚、浙江巡抚、福建巡抚等，"系三品以上大员"者，是屈指可数的。

2. 在"上三旗"与"下五旗"满洲旗分和包衣旗分中的尼堪，在官员铨选上差别不大。从《通谱》中尼堪仕宦记录看，出身包衣旗任中枢长官和

① 《通谱》卷七十九《丰库》，第 860 页上。
② 《通谱》卷七十四《高名选》，第 805 页下。
③ 《通谱》卷七十四《王国祚》，《性桂》附，第 808 页上。
④ 《通谱》卷七十四《曹锡远》，第 808 页上。
⑤ 《通谱》卷七十四《马偏额》，第 808 页上。
⑥ 《通谱》卷七十四《雷宏华》，第 805 页下。

封疆大吏者，亦有人在，甚至比满洲旗分尼堪还多；在军政职位上也没太大差别，而满洲旗内尼堪则多任武职。这表明只要有才干，不论旗籍出身，均可委以要职。比如，正白旗包衣管领下人尼堪张滋德，"原任山西巡抚"[①]；正白旗包衣管领下人尼堪高德猷之子布达理，"原任内阁学士，兼礼部侍郎"[②]；正红旗包衣人尼堪吴伦之曾孙吴兴祚，"福建巡抚任内，平定海寇有功，授骑都尉，兼一云骑尉，任两广总督"[③]；正黄旗包衣管领下人尼堪绥恩之曾孙五十一，"原任内务府总管"等[④]。产生这种现象有两个原因，一方面，清初由戎马征战向政权建设转变，国家急需大量的管理干才，为三项尼堪进入仕途提供了机遇。另一方面，世宗胤禛为了强化君权，改革八旗制度，提拔一些地位低下的尼堪，参与政权管理，削弱八旗旧主势力影响，以此达到"化主为君"、"化家为国"之政治目的。

3. 尼堪多任文职，官阶普遍较低，多数人任职于服务性岗位，而不同旗分尼堪职务也有差异。"上三旗"尼堪任官分散在中央和地方衙署，大多数人集中在包衣旗，为皇家所差使。"下五旗"尼堪主要为诸王府效力。"上三旗"包衣尼堪不少人任郎中、员外郎、笔帖式、牧长、牧副、厩长、厩副、库使、库掌等，武职则多任骁骑校、护军校、侍卫等职司。"下五旗"包衣人多数都在服务岗位上，职务多为典仪、笔帖式、牧长、包衣大、司库、牧长、牧副等，武职则多为任中低级的侍卫、骁骑校、护军校等。

从三项尼堪任职状况看，大多数人从事内廷和王府的差使，处于满洲社会的中下层。因此，在清初重大战争中，从整体上考察，三项尼堪与满洲、蒙古，及朝鲜相比较，他们战绩并不突出。但是，在明清之际的一些重要战役中，也不乏军功显著者。诸如，进军辽沈，围攻锦州，攻打宁远，鏖战松山，克敌山海关，征战中原，平定准部等，都有三项尼堪将士攻城野寨，捐躯疆场，为清王朝一统天下的巩固做出了贡献。

据《通谱》，及两部《八旗通志·人物志》记载，按旗籍划分，现将三项尼堪部分有代表性的事功叙述如下：

镶黄旗人尼堪高名远家族，国初来归，加之特殊的皇亲关系，由"下五旗"包衣旗抬入满洲"上三旗"，地位骤升，其子孙多任朝廷文武大员。其

---

① 《通谱》卷七十四《张滋德》，第804页下。
② 《通谱》卷七十四《高德猷》，第805页下。
③ 《通谱》卷七十四《吴伦》，第807页上。
④ 《通谱》卷七十四《绥恩》，第808页下。

曾孙高斌,从雍正初起,由内务府主事,迁员外郎兼佐领,历任郎中、苏州织造、广东布政使、河东副总河、两淮盐政兼江宁织造、江南河道总督。乾隆年间,晋升吏部尚书,兼管直隶水利工程;于议政处行走,兼总管内务府大臣,充经筵日讲官、协办大学士、军机处行走、《玉牒》馆副总裁、文渊阁大学士,兼管河道总督事,及两江总督印务等。高斌从子高普,由监生,历任知县、知州、知府、山东运河道、山东按察使、安徽布政使兼江宁织造、安徽巡抚,授江南河道总督,又授内大臣、两江总督,仍掌管江南河务,官至文华殿大学士,兼礼部尚书。高普为官多半岁月用于治河,获得一定效果。

同旗人陈秉直,曾任銮仪卫銮仪使,兼佐领。顺治六年(1649年),由贡生,授山东平阴知县,平定"土贼"周奎轩,斩获甚众,缴获马匹三百余。之后,历任泉州知府、山西河东道。康熙年间,他先后任河南按察使、陕西按察使、江南按察使、浙江布政使,升任浙江巡抚。当时耿精忠响应吴三桂叛乱,其兵占据余姚大岚山。陈秉直派遣都司王得福等攻剿大岚山,擒斩鲁朝全等十余人,降服其总督、总兵褚楚白、韩六等,招抚士兵五千余人,得到清廷嘉奖。尔后,他对浙江地区秩序整顿和八旗驻防治理都取得成效①。

正白旗人穆腾格(一作穆腾额),金氏,原系包衣旗第五参领第四旗鼓李斌佐领下人,中壬子科(雍正十年,1732年)武进士,"抬入"正白旗。同年,从将军傅尔丹征剿蒙古准噶尔部叛军,在乌孙珠尔战斗中,奋勇当先,是役阵亡②。

尚志立,初任游击。康熙十三年(1674年),由副将从征吴三桂叛军,至湖广。十七年(1678年),随总督蔡毓荣击"贼帅"杜辉、巴养元等于洞庭湖,力战阵殁。恩赐云骑尉世职,由包衣旗抬入满洲正白旗③。

镶红旗人劳翰,少侍太祖努尔哈赤,每行军时,随侍不离。有敌兵来袭大营,他夺其刀,四指被伤,遂成残疾,仍随侍努尔哈赤左右,尽心效力。

---

① 《通谱》卷七十四《陈善道》,第806页上;《钦定八旗通志》卷一百三十八《陈秉直》,第2303页。

② 《通谱》卷七十七《金汝相》,第837页下;《八旗通志》(初集)卷二百二十二《查尔布》,第5103页;《钦定八旗通志》卷一百八《选举志七》,第1837页。

③ 《通谱》卷七十四《尚大德》,第807页下;《钦定八旗通志》卷二百十六《尚志立》,该传记载:"尚志立,包衣,满洲正白旗人。"这说明从尚志立起,尚家已经由原来的正白旗包衣抬入满洲正白旗。

太祖特别爱护他，赐姓觉罗氏。顺治十一年（1654 年），世祖福临追悯前勋，特赠劳翰拜他喇布勒哈番，令其曾孙恒禄袭职。康熙三十五年（1696年），恒禄随抚远大将军伯费扬古，从征厄鲁特噶尔丹，由西路进兵，击败准噶尔部兵有功，议叙，他喇布勒哈番加一拖沙喇哈番，官至副都统①。

正蓝旗人王氏性桂，康熙四十五年（1706 年），由天文生，补钦天监博士，洊授灵台郎，历任刑部主事、礼部员外郎、监察御史、大理寺卿、都察院左副都御史、漕运总督、署浙江总督、兼署杭州将军、刑部尚书、兵部尚书、吏部尚书等要职。他清查浙江仓库钱粮亏空，整顿漕船陋规，救助地方灾情，军协理北路军营需，办理粮饷事务等，政绩颇显。高宗弘历夸奖他，"才品优长，简任铨衡，正资料理"，对其所作所为，予以嘉奖②。

镶黄旗包衣旗鼓人韩大任，原系吴三桂属下。顺治十六年（1659 年），他从征南明桂王有功。康熙十二年（1673 年）冬，吴三桂起兵反清，攻克吉安。十七年（1678 年）正月，被清护军统领哈克山击败，大任自赣州逃到福建，至康亲王杰书军前乞降，被械桎来京。圣祖复念他熟谙军情，免于一死，授奉宸院员外郎。二十九年（1690 年），兼火器营营长，随抚远大将军裕亲王福全，征厄鲁特噶尔丹，战于乌兰布通。噶尔丹军隔河于森林中以驼阵以待，韩大任率兵奋勇冲击，身受创伤六处，殁于阵，恩赐云骑尉世职③。

包衣旗鼓人雷明德，因通晓医术，授予骑都尉。以随侍太祖左右，优授一等轻车都尉④。

正黄旗包衣人董德贵，由佐领定燕京时，入山海关，攻打李自成马步兵，立功，授骑都尉。三遇恩诏，加至二等轻车都尉⑤。包衣人陈达，任陕西永固副将时，遇"土寇"阿喇奈等犯边毁隘，迎击阵亡，赠云骑尉⑥。

正白旗包衣旗鼓人张良弼，由闲散随征，攻占辽东有功，授包衣牛录章

---

① 《通谱》卷七十四《劳翰》，第 807 页下；《八旗通志》（初集）卷二百十《劳翰》，《钦定八旗通志》将其传删除。

② 《通谱》卷七十四《王国祚》，第 808 页上；《钦定八旗通志》卷一百七十七《性桂》，第3101 页。

③ 《通谱》卷七十四《韩成》，第 808 页上；《钦定八旗通志》卷二百十七《韩大任》，第 3943页。

④ 《通谱》卷七十八《雷明德》，第 853 页下。

⑤ 《通谱》卷七十四《董文选》，第 806 页下。

⑥ 《通谱》卷七十四《陈籓》，第 806 页上。

京。又出征攻城，多立军功。天聪八年（1634 年），授三等甲喇章京。崇德初期，三次围攻锦州，以本甲喇红衣炮，攻克蔡家楼。再围锦州，屡破明军洪承畴三营兵于松山、杏山，叙功，授予二等甲喇章京①。

正白旗包衣旗鼓人李氏偏图，康熙十三年（1674 年），由奉宸催长，应诏拣选授都司衔，赴陕西追剿吴三桂叛军，署督标右营游击，屡立战功。十五年（1676 年），随大将军图海围平凉，偏图率兵断叛军粮道，迫使叛将王辅臣投降，授陕西督标副将，多次阵前立功。擢为云南提督，入觐天颜，御赐孔雀翎、良马，内迁镶白旗汉军都统。死后，授予骑都尉世职②。

正红旗包衣人吴兴祚，改隶汉军正红旗。顺治十二年（1655 年），由贡生授江西萍乡知县，再任山西大宁知县，有惠政，才能益著，累迁福建按察使。康熙年间，招抚光泽山"寇首"陈龙、施廷宇等二百四十员，兵一万九千余名。升任福建巡抚，任内遣兵击退郑氏军统帅刘国轩，烧沉敌船六十余艘，杀敌无算。以平定"海寇"之功，授拜他喇布勒哈番，兼一拖沙喇哈番，晋升两广总督，改革地方盐埠、渡税、总店、渔科虐政，多方惠民，远近感恩，崇祀名宦祠③。

包衣人管领下人吕犹龙，初为平湖令，累迁至湖北布政使。康熙五十八年（1719 年），擢福建巡抚，崇尚教化，尝作《劝民歌》十章，令民间传诵。上溪水患，室庐淹没，炊烟不举，他做饼饵，躬抚灾民，并穿朝服立于水中，哭拜，为民请命。六十年（1721 年），台湾煽讧，吕犹龙偕总督满保调兵筹饷，会杭州驻防兵至，欲借民舍屯住，人心惶遽。他分拨诸废寺舍让士兵居住，厘市肃然。调任浙江巡抚，抵任病卒，崇祀福建名宦祠④。

镶白旗包衣人浩善，雷氏，由副将平定陕西时，屡败叛兵，恢复丰县等五城，有功，授云骑尉。在四川泸州，击贼阵亡，赠骑都尉⑤。

包衣人雷继尊，初袭世职拜他喇布勒哈番，升参领。康熙年间，历任本

---

① 《通谱》卷七十四《张良弼》，第 804 页；《八旗通志》（初集）卷二百五《张良弼》，第 4764 页。

② 《通谱》卷七十四《望明忠》，第 805 页上；《钦定八旗通志》卷一百八十九《偏图》记载，其原隶满洲正白包衣旗，后转入汉军正白旗。

③ 《通谱》卷七十四《吴伦》，第 807 页上；《八旗通志》（初集）卷一百七十九《吴兴祚》，第 4309 页；《钦定八旗通志》卷二百《吴兴祚》，第 3563 页。

④ 《通谱》卷七十四《吕成科》，第 808 页下；《八旗通志》（初集）卷一百九十八《吕犹龙》，第 4624 页。《钦定八旗通志》将其传删除。

⑤ 《通谱》卷七十四《雷宏华》，第 805 页下。

旗副都统，调正白旗汉军副都统。康熙三十五年（1696 年），随平北大将军马思哈，追剿厄鲁特蒙古噶尔丹叛军，升镶白旗汉军都统，署理甘肃提督事，颇得圣祖赞赏。其过世后，崇祀陕西名宦祠①。

包衣管领下人钮成宪，天聪八年（1634 年），以佐领，从太宗皇太极征大同，战殁于阵，恩赐骑都尉，兼一云骑尉世职，改隶汉军镶白旗②。

镶蓝旗包衣人地藏保，任游击，从征浙江、福建等处，后任参领。康熙二十年（1681 年），任四川永宁卫防守，吴三桂叛军将领马宝来袭，势孤城陷，被执不屈遇害，恩赐云骑尉世职，改隶满洲镶蓝旗③。

如同上述，融入满洲的三项尼堪大多数人分配在为满洲贵族服务性岗位上，即"上三旗"和"下五旗"包衣旗内，多数人官位卑微，地位低下。而官居高位、地位显赫者，则是凤毛麟角，立有大功者，也屈指可数。值得注意的是尼堪旗籍变更现象，即立有事功的三项尼堪包衣人，少数被抬入"上三旗"，例如，尚志立、穆腾阿，由原满洲正白包衣旗抬入正白旗等。而一些人由满洲包衣旗改为本满洲旗，或改隶汉军旗，诸如，镶蓝旗包衣人地藏保，改隶满洲镶蓝旗；镶白旗包衣管领下人钮成宪，改隶汉军镶白旗。从总体上看，在"首崇满洲"的社会里，三项尼堪日趋边缘化，此即三项尼堪众多人始终不能跻身清代上层社会的根由所在。

第五节　官僚世家大族——佟家与高家

在尼堪、尼堪台、抚顺尼堪 156 姓家族之中，堪称显赫名族者，当属以佟养正为代表的佟家和以高名选为代表的高家。这两大家族均在早年归附后金，凭借戎马战功，加之与皇室联姻，深得满洲贵族的尊崇与眷顾。他们肇兴于太祖、太宗之世，鼎盛于"康乾盛世"时期。两家族不仅是"合家顶戴"，满门朱紫，而且又系皇亲国戚，伴君左右。两姓官僚大户，可谓钟鼎之家，辽东望族。

---

① 《通谱》卷七十四《雷宏华》；《八旗通志》（初集）卷一百八十九《雷继尊》，第 4479 页，该传记记载，他原属满洲镶白旗包衣，后转入汉军镶白旗。《钦定八旗通志》将其传删除。

② 《通谱》卷七十四《钮良勋》，第 807 页上；《钦定八旗通志》卷二百二十九《钮成宪》，第 4205 页。

③ 《通谱》卷七十四《高云龙》，第 805 页下；《钦定八旗通志》卷二百十六《地藏保》，第 3941 页。

一 佟养正家族

佟氏为辽左大姓①，原居辽阳、开原，后迁至抚顺。明代中叶，佟家先祖同东旺王肇州、索胜格等往来近边贸易，"以资雄一方"，遂举家寓居开原，继迁抚顺②。天命四年（1619 年），后金起兵反明，攻克抚顺城，佟养正与弟养性，及族众归附。努尔哈赤将其族人大半迁居赫图阿拉，"恩养三年，不加差役"，子孙皆隶汉军正蓝旗③。佟养正及其子佟图赖、孙佟国纲、佟国维等征战有功，又与皇室通婚，佟图赖之女为圣祖玄烨之生母、孝康章皇后；佟国维之女为康章皇后亲侄女、圣祖孝懿仁皇后；悫惠皇贵妃佟氏，又系孝懿仁皇后之妹。加之佟养性娶宗室之女，号为"施乌里"（一作施吾礼，又作诗武里）额驸；佟国维之孙松阿彦（一作舜安颜），娶世宗胤禛同母妹温宪公主，为和硕额驸；松阿彦子方元，又娶多罗公主，为多罗额驸。佟氏一门出了两位皇后，一位皇贵妃，三位额驸④，佟家与皇室结下浓郁的血亲关系。圣祖玄烨有诗赞云："领袖高门称退让，英华雅望冠椒房。谦和不持勋臣贵，谨格能承宠眷长。"⑤ 因而，康熙八年（1669 年），将佟图赖改

---

① 《清高宗实录》卷八十一，乾隆三年十一月乙亥条记录，和硕庄亲王允禄遵旨查明介福、庆泰二佐领，奏报了佟氏门户情况："杨姓、唐姓、秦姓，祖父远年丁册，开在佟姓壮丁之内，应作为带来奴仆。但自康熙年间，丁册俱开一户，且注有姻亲字样，与八旗开档养子不同，仍应作为另户。潘姓、傅姓、董姓，为佟姓带来投诚之汉人，俱为另户，并造入《佐领根源册》内。"足见佟家在辽东势力之大。

② 据《佟氏（达礼）宗谱·佟氏谱系之由来》记述："吾族佟氏，古史不概见。《商纪》记载，有夏太史终古，归商后为佟氏。又北燕时，有辽东郡佟万、佟寿者，以文章名世，它无可考。佟虽为古姓，而中以衰耗，故古书有缺，世系逊无可考。明季佟姓，世居辽宁桓仁县佟佳江（古名沸流水），以地名为姓氏。"（参阅佟明宽编著《满族佟氏家谱总汇》，辽宁民族出版社 2010 年版）这就表明，佟姓，古来有之，此时的佟氏，当为中原汉姓。《通谱》卷二十《佟佳地方佟佳氏》记载，佟养正等率族众，在抚顺归依后金，编入八旗汉军正蓝旗。佟氏家资丰厚，在抚顺地区影响颇大，是典型的"抚顺尼堪"。后金把其家族都编在汉军旗，说明努尔哈赤是将他们视为尼堪使用的。基于上述的看法，拙文将佟养正家族列入尼堪世家大族。

③ 《清国史·大臣画一传档正编》卷四《佟养正列传》，第 145 页；《通谱》卷二十《佟养正》，第 260 页下。

④ 参阅《清皇室四谱》卷二《后妃》，第 9 页，第 11 页，第 12 页；参阅侯寿昌《康熙母系考》，《历史档案》1982 年第 4 期。

⑤ （清）玄烨：《圣祖仁皇帝御制文》三集，清内府刻本，第 45 页。

为汉军镶黄旗。二十七年（1688 年）四月，抬入满洲镶黄旗①，赐姓佟佳氏，入满洲"上三旗"。"后族抬旗自此始"②。从此，佟氏迅速地成为清代的显贵之家。

佟氏家族除了佟养正直系子弟抬入满洲镶黄旗，堂弟佟养性、佟养材子孙调入满洲正蓝旗外，其余同族成员仍留在八旗汉军正蓝旗十二个佐领、镶红旗三个佐领之内。佟氏家族子弟以军功步入仕途，兄弟子侄多为朝廷重臣。佟氏家族出了 4 位将军，即定南将军佟图赖、安北将军佟国纲、绥远城

---

① 佟氏家族最初编制在汉军正蓝旗，还是汉军镶黄旗？佟国纲本支何时抬入满洲镶黄旗？清代官修典籍存有歧异。《八旗通志》（初集）卷一百四十三《佟养正传》记载："比归本朝，遂与诸汉人归命者，同隶汉军旗分。"《清国史》（清国史馆档案汇编）《大臣画一传档正编》卷四《佟养正列传》记录：天聪七年，"始分汉军为八旗，佟图赖隶镶黄旗，授正蓝旗都统"。（清）李元度《国朝先正事略》卷二《佟襄勤公事略》亦载："忠烈公（佟养正）遂挈家并族属来归，隶汉军正蓝旗。"《清高宗实录》卷八十一乾隆三年十一月乙亥记录："和硕庄亲王允禄等奏，遵旨查明介福、庆泰二佐领，一系康熙八年，佟国纲等移入上三旗时，由正蓝旗带来。一系康熙四十年，恩赐温宪公主，俱应照原定为勋旧佐领。"《清圣祖实录》卷一百三十五康熙二十七年四月甲辰记录："户部议覆，一等公内大臣都统舅舅佟国纲疏言，臣族本系满洲，请改为满洲旗下。应如所请。将舅舅佟国纲等，改入满洲册籍。但镶黄旗舅舅佟国纲等一佐领，及正蓝旗同族之十二佐领、镶红旗同族之三佐领下，所有文武官员，及监生壮丁，为数甚众，不便一并更改，仍留汉军旗下。从之。"《佟襄勤公事略》明确记录："惟国纲本支，许改入满洲，遂为镶黄旗人。"应当指出，康熙八年，应为佟图赖从汉军正蓝旗，调整到汉军镶黄旗。《钦定八旗通志》卷二十二记载，他们被编入镶黄旗汉军第一参领第七佐领、第八佐领。此年佟氏抬入满洲镶黄旗之说，是不准确的。而佟国纲本支抬入八旗满洲镶黄旗的时间，当在康熙二十七年四月。依据上述《高宗实录》所载，佟国纲本支抬入满洲"上三旗"的有介福、庆泰二佐领。何故《八旗通志》（初集）、《钦定八旗通志》对佟氏抬入满洲镶黄旗的两个佐领竟毫无记载呢？这当与"雍正夺嫡"相关联。康熙四十七年九月，以罪废拘系皇太子胤礽。十一月，圣祖下令满汉大臣等，除去"虐戾不堪"的大阿哥胤禔外，会同详议，于诸阿哥中保奏一人可为"储贰者"。大臣阿灵阿、鄂伦岱、揆叙、王鸿绪、私相计议，书"八阿哥"（胤禩）三字于纸，交内侍转奏。圣祖历述八阿哥不妥，命他们再荐适合阿哥人选。次年正月，圣祖得知舅舅佟国维、大学士马齐，以当举胤禩，默喻于众，众臣畏惧他们，依阿立储。他不胜气愤，决意追查是谁率先推举八阿哥的？并视他们结为党羽（参阅《清圣祖实录》卷二百三十五、二百三十六）。佟国维、佟国纲长子鄂伦岱等，在拥立皇八子胤禩中起了重要作用，遭到圣祖严厉责问。皇四子胤禛也深知佟家在立皇储上鲜明态度。世宗即位后，开始了重点打击"太子党"，及其政敌。雍正三年二月，指明"阿灵阿、鄂伦岱二人，原系允禩等之党首，罪恶至重"，"鄂伦岱悖恶多端，每事干犯圣怒"。（《清世宗实录》卷二十九）次年五月，将鄂伦岱等正法。当月，世宗又历述佟国维之子隆科多"相互串通钻营"，欲立允禩、允禟至大位。五年十月，拟"坐党附尚书阿灵阿、揆叙、年羹尧等，及贪婪不法，论死"。世宗下令，将隆科多圈禁畅春园。从此，显赫的佟氏家族开始中衰，反映在当年启动的《八旗通志》（初编），将已抬入满洲镶黄旗的佟家除名。乾隆五十七年再编《钦定八旗通志》，仍维系原状不改。世宗胤禛以"夺嫡"斗争划线，隆科多的下场，就是这场政治斗争残酷性的一个缩影。

② 《镶黄旗汉军谱档》，袭字 30 号，中国第一历史档案馆藏，转引自《康熙母系考》，《清史稿》卷二百十四《孝康章皇后》，第 8908 页。

将军佟国纲之孙补熙、福建将军佟养性之孙佟国瑶;有 6 人任领侍卫内大臣,统领御林军;13 人任都统,掌管满、蒙、汉八旗兵丁;1 人任九门步军统领,掌管京城卫戍之权;4 人次任部院尚书,隆科多、庆复、法海等囊括了六部尚书之职,任侍郎者众多;任总督、巡抚者,多达 12 人次,遍及全国,当时有"佟半朝"之称。其中政绩突出的当属佟国纲、佟国维与隆科多三人。

佟国纲,满洲镶黄旗人,都统佟图赖之长子。初隶汉军,管佐领,任一等侍卫。康熙元年(1662 年),袭父爵三等子,任内大臣。十二年(1673 年)十二月,吴三桂等发动叛乱,海内骚动。十四年(1675 年)三月,察哈尔蒙古首领伯尔尼亦率众作乱。圣祖玄烨命抚远大将军、信郡王鄂扎统师讨伐,授佟国纲为安北将军,往镇宣府(今河北宣化县)。国纲至山西,"宣布圣谕,整饬边防,人心帖然,恃以为安"。十六年(1677 年),因佟图赖为孝康章皇后之父,追赠一等公,以长子佟国纲承袭。任内大臣,兼任汉军都统。二十年(1682 年)五月,授一等公、内大臣佟国纲为镶黄旗汉军都统,充教习鸟枪兵丁总管。二十七年(1688 年)四月,上疏云,其先世在抚顺倡率明人来归,故隶汉军。本族实系满洲,太祖曾令佟佳氏与巴都哩蒙阿图诸大臣,"考订支派,叙明族谱",请归满洲部族。户部议覆:"一等公、内大臣、都统舅舅佟国纲疏言,臣族本系满洲,请改为满洲旗。应如所请,将舅舅佟国纲等,改入满洲册籍。但镶黄旗舅舅佟国纲等一佐领,及正蓝旗同族之十二佐领、镶红旗同族之三佐领下,所有文武官员,及监生壮丁,为数甚众,不便一并更改,仍留汉军旗下。"[1] 圣祖予以批准。

康熙二十四(1685 年)、二十五年(1686 年),清军两次出兵黑龙江雅克萨城,重创了沙俄侵略军。二十七年三月,俄罗斯使臣费耀多啰等,至尼布楚城,请定边界。圣祖玄烨以佟国纲、内大臣索额图等为"钦差大臣",前往东北,解决中俄边界冲突。次年七月二十四日,佟国纲和索额图等,赴尼布楚城与俄使谈判,双方签订了《尼布楚条约》,划定了中俄东边大部分疆界。二十九年(1690 年)七月,圣祖亲征准噶尔部噶尔丹,命裕亲王福全为抚远大将军,佟国纲与弟国维以内大臣,参赞军务,率师往讨。八月初一日,兵至乌兰布通,遥见噶尔丹军于森林中,以卧驼为阵,伏兵于后。佟国纲率火器营官兵,奋勇博击,叛兵突发鸟铳,他身受重创,殁于阵前。圣

---

[1] 《清圣祖实录》卷一百三十五,康熙二十七年四月甲辰,第 4 册,第 459 页下。

祖闻讯，悲痛不已，灵榇将至，派遣和硕额驸尚之隆、内大臣公坡尔盆，及侍卫等往迎，赐祭四坛，立碑墓道，谥号"忠勇"，并御制碑文，褒奖有加。安葬之时，又命诸皇子，及"上三旗"大臣、侍卫、部院大臣，一同往送祭拜。雍正元年（1723 年），世宗胤禛推恩，敕建家庙，加赠佟国纲太傅，崇祀昭忠祠①。

佟国维，满洲镶黄旗人②，佟图赖之次子。顺治十七年（1660 年），任一等侍卫，扈从慎勤。康熙九年（1670 年），圣祖以其为孝康皇太后之弟，推恩委任，授内大臣。十二年冬，吴三桂兵叛云南。次年春季，居住京师的三桂之子额驸吴应熊，聚众图谋不轨，以红帽为号。佟国维发其奸，奉命率侍卫三十人，至大佛寺，擒缚其渠魁等十数人，械送刑部，鞫实伏法③。二十一年（1682 年），授领侍卫内大臣，列议政大臣。二十八年（1689 年），又以其为孝懿皇后之父，进封一等公，世袭罔替，并赐之诰命。

康熙二十九年七月，清军征讨噶尔丹，圣祖命其与兄国纲往征，参赞军务。八月初一日，率左翼兵，随抚远大将军福全，抵达乌兰布通，兄弟矢志杀敌，兄国纲阵亡，国维冲入敌阵搏杀，清右翼兵至，敌军溃遁。噶尔丹既败，班师回朝。不久，以"贼兵既败，不行穷追"之因，部议有关王大臣革职，佟国维罢议政大臣，降四级，留用。三十五年（1696 年），圣祖亲征噶尔丹，佟国维侍从。大军方出独石口，以驼载迟滞，疏于管摄，他自请处分。圣祖予以赦免。翌年，又从御驾征噶尔丹，至宁夏。圣祖闻噶尔丹已死，班师回朝。以随驾征功，恢复佟国维所降四级。四十三年（1704 年），圣祖下诏，赈济山东流民就食京师者，以国维同内大臣明珠等监赈。未久，因年老致仕。

康熙四十七年（1708 年）九月，因皇太子胤礽与外祖父、大学士、领侍卫内大臣索额图等结成"太子党"，"潜谋大事"，妄图抢班夺位。圣祖废掉皇太子胤礽，拘禁咸安宫。十一月，满汉文武诸大臣，齐集畅春园。圣祖指示："今令伊等与满汉大臣等，会同详议于诸阿哥中举奏一人，大阿哥所行甚谬，虐戾不堪，此外于诸阿哥中，众议谁属？朕即从之。若议时，互相

① 佟国纲之事迹参阅《清国史·大臣画一传档正编》卷七十五《佟国纲列传》，《八旗通志》（初集）卷一百三十四《佟国纲传》。

② 《八旗通志》（初集）卷一百八十五《佟国维传》记载，其为汉军镶黄旗人。第 4397 页。

③ 《清史稿》卷六《圣祖本纪》记载，康熙十二年十二月，"执三桂子额驸吴应熊，下之狱"。第 185 页；两者记录该事件的时间各异。

瞻顾，别有探听，俱属不可。"阿灵阿、鄂伦岱、揆叙、王鸿绪，"遂私相计议"，与诸大臣暗通消息，同书"八阿哥"（胤禩）三字于纸，交内侍梁九功、李玉转奏。梁九功、李玉传上谕："立皇太子之事，关系甚大。尔等各宜尽心详议，八阿哥未尝更事，近又罹罪，且其母家，亦甚微贱。尔等其再思之。"① 次年正月，圣祖又召见领侍卫内大臣、满汉大学士、尚书等，指出："去年冬，朕躬违和，命尔等于诸阿哥中，保奏可为储贰者。尔等何以独保胤禩？胤禩获罪于朕，身缨缧绁，且其母家微贱，岂可使为皇太子？"追问："伊等结党潜谋，早定于平日矣。其日先举胤禩者为谁？"他指明，此事的根源在佟国维和马齐，并说："朕知之矣，此事必舅舅佟国维、大学士马齐，以当举胤禩，默喻于众。众乃畏惧伊等，依阿立议耳。"

圣祖在众大臣面前，指责佟国维："尔系解任之人，此事于尔无涉。今乃身先众人，如此启奏，是何心哉？"② 次日，他再次强调："今马齐、佟国维，与胤禔为党，倡言欲立胤禩为皇太子，殊属可恨。朕于此不胜忿恚。"并将朱批谕旨与佟国维回奏，一同展示众大臣，指出："舅舅年老之人，屡向朕所遣人云，我夫妻每日祝天求佛，愿皇上万寿。朕思自五帝以至今日，尚未及万载，朕何敢奢望及此。此皆以荒诞不实之言欺朕，朕不信也。今舅舅既有祈望朕躬，易于措处之言，嗣后舅舅及大臣等，唯笃念朕躬，不于诸王阿哥中结为党羽，谓皆系吾君之子，一体看视，不有所依附而陷害其余，即俾朕躬易于措处之要务也。"③ 酝酿储贰之事，因未中圣祖之意，佟国维遭到打击甚重。五十八年（1719 年），他病逝。圣祖轸悼，派遣大臣治丧，赐祭葬如典礼，谥号"端纯"。祭文称其"性行淳朴，敬慎厥职"。雍正元年，世宗特赠太傅。

佟国维性情嗜学，通晓经术，尤精于《易经》，著有《功易》行世④。

隆科多，满洲镶黄旗人，一等公佟国维第三子。康熙二十七年（1688年），任一等侍卫。三十二年（1693 年），授銮仪卫銮仪使。三十四年（1695 年），兼镶白旗汉军副都统。四十三年（1704 年），调正蓝旗蒙古副都统。次年，其属下人，违法妄行，被责不实心办事，革去副都统、銮仪

---

① 《清圣祖实录》卷二百三十五，康熙四十七年十一月丙戌，第 351 页下。
② 《清圣祖实录》卷二百三十六，康熙四十八年正月癸巳，第 358 页下—359 页上。
③ 《清圣祖实录》卷二百三十六，康熙四十八年正月甲午，第 360 页下。
④ 佟国维之事迹参阅《八旗通志》（初集）卷一百八十五《佟国维传》，《清国史·大臣画一传档正编》卷八十《佟国维传》。

使，于一等侍卫上行走。五十年（1711 年），授提督九门步军巡捕三营统领。五十九（1720）年，擢理藩院尚书，仍管步军统领事，掌握京师卫戍兵权，势力颇显。皇四子胤禛在"夺嫡"中，竭力拉拢隆科多，扩充自己的实力。六十一年（1722 年）十一月，圣祖病危之时，特将隆科多召至御塌前，当着众阿哥面前，拉着他的手，说："此隆科多，我清朝大臣内第一人，甚是清正，尔等知之即用。"① 胤禛即位，即命贝勒允裪、十三阿哥允祥、大学士马齐、尚书隆科多，总理事务，"凡有谕旨、必经由四大臣传出"②。他曾说："孝懿皇后是朕之养母，隆科多朕之亲舅，将公爵予隆科多承袭。"③ 并指示内阁，隆科多应称呼舅舅，嗣后启奏处，书写"舅舅隆科多"。十二月，授吏部尚书，仍兼管步军统领，成为世宗的心膂之臣。当月，世宗奖励总理王大臣等，授予隆科多一等轻车都尉世职，其长子岳兴阿袭爵，次子玉柱由侍卫擢銮仪卫銮仪使，以此嘉奖隆科多。

雍正元年三月，隆科多与川陕总督年羹尧，并加太保。翌年，兼管理藩院事务，充任编纂《圣祖实录》、《大清会典》总裁官，《明史》监修总裁官。三年（1725 年）正月，突然隆科多被解除步军统领。六月，以其子玉柱行为甚劣，革除其职，交隆科多管束。时恰逢年羹尧亦获罪，下部议处。七月，世宗对大学士等说："朕因隆科多、年羹尧，从前颇著勤劳，赏给异数，以示鼓励。今二人交结专擅，诸事欺隐。所赏隆科多、年羹尧之黄带、紫扯手、双眼翎，俱不许用。四团龙补服，俱著交入。"④ 结果隆科多处罚从宽，仅削去太保，及一等轻车都尉职，发往阿兰善等处，修筑城池，开垦地亩。次年正月，刑部等衙门议奏，隆科多家人牛伦等，挟势婪索财物，及隆科多收取总督赵世显、满保、年羹尧、巡抚甘国璧、苏克济、奉天府府丞程光珠、淮徐道张其仁、济南府知府姚让等人贿赂，合计金八百两，银四万二千二百两。请革去隆科多尚书与公爵，家人牛伦拟斩立决。世宗指示："隆科多贪赃枉法，即应治罪，但其才尚可用。朕心悯惜，著革去吏部尚书，令其料理阿尔台等路边疆事务。倘能尽心办理，尚可赎其前愆，如有怠忽，定难宽宥。"⑤ 未久，命令他前往俄罗斯，商议边界事宜。因为隆科多在朝廷的

---

① 《镶黄旗汉军雍正五年至十三年曾任大臣并承职人员档》，转引自《康熙母系考》一文。
② 《清世宗实录》卷一，康熙六十一年十一月乙未，第 7 册，第 33 页上。
③ 《镶黄旗汉军雍正五年至十三年曾任大臣并承职人员档》。
④ 《清世宗实录》卷三十四，雍正三年七月癸卯，第 7 册，第 514 页下。
⑤ 《清世宗实录》卷四十，雍正四年正月辛酉，第 7 册，第 601 页上下。

特殊地位，尚书公阿灵阿、左都御史揆叙等与他过从密切。阿灵阿、揆叙去世，他又同总督年羹尧交结甚深。隆科多所荐举礼部侍郎查嗣庭，以记文悖逆伏诛，而每奉"密旨"诘问，隆科多俱不吐实。至此，世宗列举其罪状，宣谕中外。

雍正五年（1727年）闰三月，宗人府劾奏，辅国公阿布兰私以《玉牒》底本私交隆科多，私藏于宅。拟议阿布兰革公爵，圈禁；隆科多亦革去公爵。世宗指出，待隆科多办完俄罗斯疆界事后，将伊革职，拏问治罪。十月，王大臣议定，隆科多私抄《玉牒》，贮藏在家；将圣祖御书贴在厢房，视为玩具等，"大不敬之罪"五条；圣祖病逝，隆科多未在御前，也未派出近御之人，伊身曾带匕首，以防不测等，"欺罔之罪"四条；世宗谒陵之日，妄奏"诸王心变"等，"紊乱朝政之罪"三条；交结阿灵阿、揆叙、邀结人心，保奏大逆查嗣庭地，"奸党之罪"六条；任吏部尚书时，所办铨选官员，皆自称"佟选"等，"不法之罪"七条；索诈安图银三十八万两等，"贪婪之罪"十六条。世宗指明："隆科多所犯四十一款重罪，实不容诛。但皇考升遐之日，大臣承旨者，惟隆科多一人。今因罪诛戮，虽于国法允当，而朕心则有所不忍。""隆科多免其正法，于畅春园外附近空地，造屋三间，永远禁锢。"①其妻子免入辛者库，伊子岳兴阿革职，玉柱发往黑龙江当差。次年，隆科多死于禁所，赐银一千两办理丧事②。

作为皇亲国戚的佟家，因在"雍正夺嫡"中，站在了胤禛的对立面。胤禛即位，以打击朋党为名，重点清算"皇子党"，铲除佟家在朝势力。从此显赫一时的佟家便一蹶不振了。

二　高名选家族

高名选，满洲镶黄旗人，世居辽阳地方。"国初来归"，原隶满洲镶黄旗包衣第四参领第一旗鼓佐领③。雍正十三年（1735年）九月"奉旨"，贵妃之外戚，著出包衣旗。河道总督、大学士高斌之女，雍正年间，被选为和硕宝亲王弘历潜邸，作侧福晋。乾隆二年（1737年）十二月，册封贵妃。高

---

① 《清世宗实录》卷六十二，雍正五年十月丁亥，第7册，第947页下—949页下。
② 隆科多之事迹参阅《清国史·大臣画一传档正编》卷九十五《隆科多列传》，《清史稿》卷二百九十五《隆科多传》。
③ 《八旗通志》（初集）卷三《旗分志三》，此佐领曾以高斌管理，升任（广东）布政使，以徐君聘管理。此汉军镶黄旗佐领为公中佐领，该家族编制所在；第44页。

家从此抬入原隶满洲旗分，即满洲镶黄旗第四参领第二佐领①，赐姓高佳氏。高名选子高登永，原任直隶兵备道；孙高衍中，原任郎中；曾孙述明，原任陕西凉州总兵官，高斌任直隶总督，高钰任江南寿春镇总兵官；元孙高诚、西宁，俱任员外郎，高晋，任知州，高恒，任主事，高泰，任笔帖式，高谦，系贡生②。

高家在朝影响大的有两位，一是高斌，一为高晋。

高斌，雍正初年，初隶内务府主事，迁员外郎兼佐领，历任苏州织造、广东、浙江、江苏、河南布政使、河东副总河、两淮盐政、兼署江宁织造、江南河道总督，在政坛上显露头角。乾隆前期，他参与黄河工程，筹划淮运湖河各项事宜，深得高宗弘历信赖。调任直隶总督兼管总河印务，授吏部尚书，仍管直隶水利河道工程。加之高氏家族为皇亲贵戚，高家从此发迹。从乾隆十年（1745年）三月起，授高斌太子太保，议政处行走，兼总管内务府大臣，充经筵讲官、协办大学士、军机处行走。次年十二月，充《玉牒》馆副总裁。十二年（1747年）三月，任文渊阁大学士。十六年（1751年）三月，仍以大学士衔管河道总督事，兼两江总督印务。

乾隆十八年（1753年）九月，黄河复决铜山县张家马路，洪水南注灵虹诸邑，归洪泽湖夺淮而下。高宗明令，如不能刻期告竣，即严加治罪，并将高斌等绑缚刑场，令他目睹行刑过程，之后释放，使他们更勤勉河务。二十年（1755）三月，一生多半治河的高斌，死于治理黄河工地。在清代治水史上，他治河业绩可与康熙朝著名治河专家靳辅、齐苏勒齐名。高宗弘历《御制怀旧诗·五督臣》中称赞道："本朝善治河，靳辅齐苏勒。斌实可比靳，弗徒保工急。至其于齐也，有过无不及。"其死后，高宗命赏内大臣职衔，入祀贤良祠。因教子孙不当，其子高恒于两淮盐政任内，藉端侵肥，论斩如律。孙高朴在叶尔勒羌娄索玉宝，盗卖官玉，就地正法。五十二年（1787年）二月，高宗弘历将高斌之孙候补通判高祀，调来京师，以内务府郎中补用，以示眷注旧臣③。

---

① 《钦定八旗通志》卷三《旗分志三》记载，该佐领以高斌之孙高朴（即高普）管理。此佐领即是高家抬入满洲的公中佐领。以此可见高家抬入满洲镶黄旗，时间是乾隆二年十二月，并没有独立编一佐领。《清仁宗实录》卷三百三十八记录：嘉庆二十三年正月，仁宗命《玉牒》内将贵妃高氏改书高佳氏。

② 《通谱》卷七十四《高名选》，第805页下。

③ 参阅《钦定八旗通志》卷一百四十二《高斌》，第2380—2390页。

　　高晋,满洲镶黄旗人,高斌从子。雍正十年(1732年)九月,由监生授山东泗水县知县等。从乾隆四年(1739年)起,历任陕西邠州知州、榆林知府、山东运河道、山东按察使、署两淮盐政、安徽布政使,兼管江宁织造等。二十年(1755年)十一月,擢安徽巡抚。二十二年春,高宗第二次巡幸江南,亲莅河工,命高晋与张师载合办徐州黄河两岸堤工。高晋等治河措施得到高宗批准。尔后,他任江南河道总督,在高邮等地挑新河排水,筑圩蓄泄,兼资沮洳,渐成沃壤,深得高宗倚重。

　　乾隆二十七年(1762年)二月,授内大臣。三十年(1765年)三月,任两江总督,仍统理南河事务,署理湖广总督,兼摄荆州将军事。再任两江总督,兼署江苏巡抚、漕运总督。三十六年(1771年)五月,晋升文华殿大学士,兼礼部尚书,仍留两江总督任。高晋德才俱佳,宣勤奉职,多得高宗嘉奖。四十三年(1778年)十二月病逝。高晋由州县荐升封疆大吏,自简界纶扉,秉公持正,董率有方。高宗赞赏他"品行端醇,材猷练达,老成敦朴,体用兼优"。祭葬如例,谥号"文端",加恩入祀贤良祠。其子书麟,官至两江总督①。

　　高斌和高晋在朝供职勤奋,操守清廉,颇得赞誉。同为皇亲国戚的高家比起权倾当朝的佟家,其境遇更好些。

　　通观上述,后金建国使东北亚地区的政治格局发生巨变,促进了该地区各股政治势力的重新组合,加速了各民族之间的交融,组建成一些新的民族共同体。尼堪融入满洲,正是在这样的历史趋势下进行的。各民族彼此接纳和认同,不论政治理念、伦理道德,还是文化风尚、心理意识,都在逐渐地适应新的民族共同体,加入满洲族的尼堪也自然地完成了自身的满洲化。此即16世纪以来东北亚地区民族融合的又一历史佐证。

---

　　① 参阅《钦定八旗通志》卷一百四十三《高晋》,第2410—2418页。

第六章 "满洲化"与"汉文化"化：多元文化的交融

　　清朝是个多民族组成的国家，也是一个多元文化相互交融的朝代。满洲作为王朝的主导民族，既要实行纳入本民族共同体的其他民族"满洲化"，保持本部族特性，增强自身凝聚力，以维持社会的中坚地位。同时面对人口众多、文化先进的汉族，从维护和巩固统治的需要，又要汲取中原传统文化的精髓，认同中华脉系，接纳主流儒家文化，承续历代王朝法统，充实满洲文化内涵。满洲部族的"满洲化"与"汉文化"化是相对的，也是同步而行的。多民族文化的交融是相互沟通，彼此又保持各自的独立性，即"和而不同"与"多元互补"。在民族融合的大趋势下，这是比较强势民族持续发展的一个共同而明显的特征。

　　作为中原主体民众的汉族，是由多民族经历千百年的交融而构成的。汉文化也是多民族优秀文化长期不断糅合的结晶体，为先进文化的代表。从历史上看，已经"没有了单纯的汉族，或汉族文化"。这里所说的"汉文化"，即"中国文化"、"华夏文明"的同义语。它是"由中国历史上各民族文化冲突、激荡、糅合、分解而成的，是数千年中国各种文化沉淀而成的"。中国古代"汉文化"即"中国各民族共同的高层次文化，是当时最成熟最进步的文化"①。满洲的"汉文化"化，接续中华文明统绪，促进了清朝迅速地成为中原"正统"王朝。这种做法非但没有使满洲族被"汉化"掉，反而使其民族特色得以保存，立足中原大地。作为北方少数民族满洲建立的清王朝，维系全国统治长达267年之久，这不能不说是古代多民族国家文化交融创造的一个历史奇迹。

---

　　① 李洵、薛虹主编：《清代全史》第一卷，第五章第一节"清帝国的形成及其'汉化'过程的加强"，辽宁人民出版社1995年版，第331页。

第一节 "祖宗之法"与满洲民族特色保持

古语"家法"，其意有三：一是汉代初期各家传授经学之法。二为士大夫治家之规。三系古代家长对子女等施行体罚之具。本节所言"家法"是指帝王的"祖宗之法"，比士大夫治家之法层次更高，这是因为帝王的"祖宗之家法"与王朝治乱和兴衰息息相关。汉唐以来，帝王"家法"逐步形成，宋代颇重"祖宗之法"。清朝"家法"既有传统的继承，又有因时的新定，彰显满洲民族特色。清代"祖宗之家法"也有一个形成过程，天命、天聪、崇德时期，诸种制度未备，尚无成型的"家法"可言。编纂于乾隆四年（1739 年）的《福陵觉尔察氏谱书》附录《奏章原案》记载："太祖皇帝家法，架鹰站起来者，从虎拦哈达山（即烟筒山）下，即赫图阿拉地，迁移兴京筑城，把人一概算者修城。"① "架鹰站起来者"，这充其量是一项征调民役的条件，并不具有帝王"家法"属性。此项"皇帝家法"乃后人曲为比附。清朝"家法"初成于康雍时期，定型于乾嘉时代，沿用至清末。

满洲贵族内行祖宗"家法"，外行国家"法典"，彼此相辅相成。清代"家法"的条目颇多，它既与国家《大清律例》无关，又不受"三法司"约束，系法外之法。一些宗室成员违规者，常"以家法处治"。此类"祖宗之法"，仁宗颙琰概括为"心传家法"②。正如孟森先生所言，太祖"实则联旗制"的"八和硕贝勒，共议国政"，为"口定宪法"③。该"家法"具有两大功能，其一，是作为"法外之法"，"绍庭致治，遵成宪而不愆不忘"，以维系王朝统治的稳固；其二，强调保持满洲民族本色，增强自身认同感。清朝"家法"设置，则与"国典攸关"，关涉王朝兴亡，也具有"法典"性质，它制约着朝廷的政治生活。清代"祖宗家法"涉及政治、军事、民族、思想、宗教、宫闱等方面，其中主要内容之一就是强调"国语骑射"，保持民族的独特性，以防止汉化。这是满洲贵族始终坚持的治国方针之一，使得满洲在抵御"汉化"中保持本民族特色。

清代"祖宗家法"历代祖述，有其连续性，又根据形势变化，不断增补

---

① 《福陵觉尔察氏谱书》附录《奏章原案》，该谱初修于乾隆四年（1739 年），重抄于光绪二十年（1894 年），民国十八年（1929 年）续修，参阅《满族家谱选》，第 9 页。

② 《清仁宗实录》卷五十四，嘉庆四年十一月庚申，第 28 册，第 698 页上。

③ 孟森：《八旗制度考实》，《明清史论著集刊》，中华书局 1984 年版，第 218 页。

完善。一些重要的"家法"成规，推动了国家政治制度的建设，影响着有清
一代。"四方多难，国步阽危，各宜体念时艰，恪遵家法"①。在社会弊窦丛
生、矛盾日趋激化之时，君主则祭起"家法"旗帜，彰显其权威性。目的是
将"家法"作为"尚方宝剑"，以此来缓解社会冲突，稳定统治秩序。当满
洲"汉化"的趋势有所发展时，列帝便大谈"家法"，格外提醒满洲人注
意，保持民族的"国语骑射"。乾隆中期，高宗弘历一次召见宗室，公宁盛
额"不能以国语应对"，引起他的警惕，严肃地指出："清语为国家根本，
而宗室贵胄，至有不能语者，风俗攸关甚重。"弘历决定亲自考试宗室，及
近支宗室十岁以上者的清语、弓马。优异者，带领引见，赐花翎、缎疋，予
以奖励；劣等者，停止其应封之爵，以为耻辱②。力图以此遏止"本宗之人、
不学无术"、贪图享乐的腐化势头。

清朝以"神武开基"，"骑射为国家根本重务"。顺治七年（1650 年）三
月，世祖福临指示礼部官员：

> 我朝原以武功开国，历年征讨不臣，所至克捷，皆资骑射。今仰荷
> 天休，得成大业。虽天下一统，勿以太平而忘武备。尚其益习弓马，务
> 造精良。嗣后，满洲官民，不得沉湎嬉戏，耽娱丝竹。违者，即拿送司
> 法治罪。③

顺治十年三月，世祖赐宴部院等大臣于南台，他手持弓箭，对大臣说：

> 我朝之定鼎天下，皆弓矢之力也。曩者，每岁出猎二三次，练习骑
> 射。今朕躬亲政事，天下至大，机务至繁。凡一应章奏，皆朕亲为批
> 断，日无暇晷，心常念兹不忘也。④

定鼎之初，天下未靖。世祖多次地告诫文武官员，骑射乃立国之本，时
刻不忘武备，禁止享乐嬉戏，激励满洲将士始终保持旺盛的斗志。

圣祖玄烨亲政，仍然遵循祖制，勿忘习武。无论在南苑、卢沟桥、玉泉

---

① 《宣统政纪》卷六十六，宣统三年十月庚戌，第 60 册，第 1222 页上。
② 《啸亭杂录》卷七《宗室小考》，第 205 页。
③ 《清世祖实录》卷四十八，顺治七年三月戊寅，第 3 册，第 385 页上。
④ 《清世祖实录》卷七十三，顺治十年三月丁卯，第 3 册，第 577 页上。

山等演武场，还是驻跸热河避暑山庄，"銮驾"抵达之时，皆令"树侯"（立箭靶子）比武。圣祖率先执射，三箭皆中。然后，随侍文武大臣，轮流校射，成绩优异者，给予物质奖励，差者批评教育，大力提倡"尚武"精神。即使巡幸途次，必到八旗驻防之地演武场，校阅将士习武，砥砺兵锋。从康熙中期起，为了提高旗人"骑射"水平，将"骑射"列入满洲科举考试，对监督不力的官员严肃处理。康熙二十八年（1689 年）三月，兵科给事中能泰奏称，考取满洲生员，宜试骑射。圣祖当即批准，并指出："满洲以骑射为本，学习骑射，原不妨碍读书。考举人、进士，亦令骑射。倘将不堪者取中，监箭官，及中式人，一并从重治罪。"① 选拔满洲人才，要加试骑射，更显玄烨对满洲人武艺的高度重视。

乾隆初期，天下承平日久，战事减少。满洲文武官员贪图安乐，八旗将士疏于习武，丧失了原有战斗力。乾隆十七年（1752 年）六月，清兵木兰（今河北围场县）行围。平日练武的高宗弘历，"亲御弓矢，二十发而十九中"，蒙古王公"拱观而震慑"②。他考核御前大臣、八旗、部院官员，及侍卫等箭术，总的射技尚娴熟，但少有连中三箭者。弘历当场点评，作出奖惩：永谦虽中三箭，全无仪容射姿；侍读学士希贵、副都统祥泰、正卿五柱，拉弓非脱扣，即不到靶，著罚俸一年；副都统四十六，人平常而箭法亦不佳，著革退副都统；侍郎观保，箭尚可观，即补授相关员缺，仍兼侍郎，以示奖励；李世倬之箭，更不堪寓目，著革退副都统，在原任上行走，仍罚俸二年。批评散秩大臣等，除进班外，还有多少该办事件？致使箭法生疏。总由平日好逸偷安，未经演习所致。"日久废弛，必至渐弃满洲旧业，不可不严切晓谕"。高宗又打起"家法"旗号，警告八旗及各部院满洲官员等，"如不留心骑射"，"必以家法治之，勿谓言之不早也"③。

清朝"家法肄武"，行围校猎，"用习武事而昭家法"。乾隆十七年（1752 年）三月，高宗指出，我朝满洲先正遗风，自当永远遵循，守而勿替。朕常躬率八旗臣仆，"行围校猎，时时以学习国语，熟练骑射，操演技勇，谆切训诲，无非率由旧章，期以传之奕禩，永绵福祚"。"若非刊刻宣示，则累朝相传之家法，外庭臣仆，何由共悉"。俾我后世子孙臣庶，"咸知

① 《清圣祖实录》卷一百四十，康熙二十八年三月丁亥，第 5 册，第 533 页下。
② 《清仁宗实录》卷五十四，嘉庆四年十一月庚申，第 28 册，第 697 页上。
③ 《清高宗实录》卷四百一十六，乾隆十七年六月癸卯，第 14 册，第 453 页上。

满洲旧制，敬谨遵循，学习骑射，娴熟国语，敦崇淳朴，屏去浮华，毋或稍有怠惰，式克钦承彝训"①。弘历将"国语骑射"、"木兰秋狝"等列入"祖宗家法"，强调满洲习武是国家的赖以生存之本，子孙要世代恪守不渝。

嘉庆年间，针对满洲出现重文轻武的倾向，仁宗颙琰用"家法"予以批驳。嘉庆六年（1801年）三月，赏给事中衔尹壮图折奏，满洲子弟，宜于十五六岁以前，专责以熟读经书，讲明理义，俟心性融澈，精力完固，再责以骑射翻译，更易为利等语。仁宗阅后，指示军机大臣等："尤属纰缪！本朝家法，以国语骑射为重。从前定鼎之初，满洲人材，并未娴习汉文，不能汉语，而建功立绩，勋业昭然。""今日满洲风气，实不如从前之务勤本业。而尹壮图乃以翻译一道，必先通晓汉文，易于明透。伊并不知清文义理。为此瞽论。""况满洲国语，本应不学而能。而骑射亦须童年练习"。若如尹壮图所言，必俟十五六岁以后，始行学习，安能精熟。他重申："朕方谆谆以国语骑射为满洲根本，屡经训饬，尚恐未能尽副朕望"②。八年（1803年）六月，"上谕"内阁，再一次强调"国家承平，不忘肆武"。每岁木兰行围，简搜军实，兼以绥怀藩服，意至深远。"国家武备，关系紧要"。"即当于农隙之时，躬行狝狩之礼"③。"尚武"是满洲等北方民族特有的属性之一。

清代帝王以"后世子孙、当毋忘家法"，告诫朝臣始终坚持"国语骑射"，"乃满洲旧俗，根本重务，当必万世无忘"④。这是满洲得以保持自身特色的重要举措。在"口定宪法"指导下，"八旗以骑射为本，右武左文"⑤，贯彻在各项政务活动之中。一些旗人汉文化研习得不够，考试成绩不佳，不但没有遭到问责，反而得到高宗弘历鼓励。乾隆十年（1745年），八旗宗学，考试汉文、翻译二科，考生无佳作。高宗却指出："我朝崇尚本务，宗室子弟俱讲究清文，精通骑射。诚恐学习汉文，流于汉人浮靡之习。世祖谕停习汉书，所以敦本实，黜浮华也。嗣后宗室子弟不能习汉文者，其各娴习武艺，储为国家有用之器。"⑥

为了突现满洲民族特色，清朝把"国语骑射"作为八旗教育的主要内

---

① 《清高宗实录》卷四百一十一，乾隆十七年三月辛巳，第14册，第381页上。
② 《清仁宗实录》卷八十一，嘉庆六年三月癸卯，第29册，第50—51页上。
③ 《清仁宗实录》卷一百一十四，嘉庆八年六月丙寅，第29册，第513页下。
④ 《清仁宗实录》卷三百六十，嘉庆二十四年七月甲子，第32册，第745页上。
⑤ 《清史稿》卷一百八《选举志三》，第3160页。
⑥ 《清史稿》卷一百六《选举志一》，第3112页。

容，规定旗人先试"国语骑射"，合格者，方准入闱应试。雍正四年（1726年）九月，世宗胤禛指示内阁：

> 古者，射御居六艺之中，圣人所重。本朝开国以来，骑射精熟，历代罕有伦比。旗人凡少长贵贱，悉皆专心练习，未有一人，不娴熟弓马者。士子应试，必先试其骑射合式，方准入闱。盖恐其专习文艺，或致骑射生疏，故先以此试之。即今部院堂司官，亦每月如期在本旗教场，该管都统、佐领看练弓马，所谓有文事者，必有武备，创制立法之意，诚深远也。近来文官外任之人，渐渐不习于骑射，若听其因循怠惰，将来必致骑射生疏，岂国家创制立法之意乎？凡旗人外任文官，六十岁以下者，限二年之内，仍须熟练骑射。倘二年后，有不能骑射者，该督抚即行参劾。若督抚徇隐，经朕察知，将督抚一并治罪。①

他要求各部院堂司官员，每月如期到本旗教场，练习弓马，不得懈怠。特别外放官员，限二年内，熟练骑射，督抚严加查办，否则一并治罪。世宗以此强调"祖宗之法"。

乾隆二十三年（1758 年）二月二十四日，御史汤世昌弹劾学政庄存与，考试满洲、蒙古童生，传递怀挟，拥挤闹堂一案，高宗严厉地指出：

> 满洲风俗，从来淳朴。八旗子弟，务以学习国语，专精骑射为事。即欲学习汉文，亦当潜心诵读，量力应考。若自揣不能成文，而徒以传递怀挟，妄冀侥幸功名。是方其学习汉文时，已视为玩法舞弊之具，人品心术，尚可问耶？即如正黄旗童生廷瑞，年甫十岁，前经朕亲试，观其气质，将来未始不可当差效力。仍为之祖父者，不思导之以正，转令入场传卷，而所延馆师，江宁人胡君治，又代为作文，托人传进。此外，如海成倩作文字之庄焕等，俱以南省之人，在京潜住，诱人子弟，以饱囊橐。此辈文本平庸，在原籍既不能自取科第，又不能为枪手作弊，而代旗童幸中，则固属游刃有余，舛法网利，蠹害人心，尤属不浅。应审明按律重拟，以绝根株。今旗童闹场本案，已经审明完结。以后满洲、蒙古现任三品以上大臣之子孙，及亲兄弟子侄，有应试者，俱

---

① 《清世宗实录》卷四十八，雍正四年九月甲辰，第 7 册，第 726 页上。

令自行奏闻，必国语骑射，皆有可观，方准入场考试。并照乡试之例，请派监试御史，及监场都统各员，前往弹压。[①]

他再次强调八旗子弟学习国语，专精骑射。尔后，满洲大员亲兄弟子侄，有应试者，必国语骑射"皆有可观"，方准入场考试。并照乡试之例，派监试御史督查。同时，斥责考场"传递怀挟"的不良风气。

同日，高宗又指示，用"滋生银两"奖赏旗下学习清语骑射者，最为紧要。在批阅正红旗奏销荆州滋生银两一折时，提出对清语骑射实属优长，当差勤勉者，给予奖赏。他指明：

> 正红旗奏销荆州滋生银两折内，有资济银一项，据称每岁所获银两，兵丁内行走勤谨者，酌量奖赏等语。旗下世仆，学习清语骑射，最为紧要。诚于清语骑射，俱属优长，而当差勤勉者，自应奖赏。倘不能如是，但随例赏给，若辈无知，视为固然，反不足以示奖励。著传谕该将军，此后赏银时，惟择其清语骑射实属优长，而当差勤勉者，再行奖赏。仍将赏过人数，于年终报明该旗存案。将来遇伊等引见时，朕试其技艺清语，果皆优长则已，若曾经得赏，而实无可观，则断乎不可。[②]

从"滋生银两"中拨出"资济银"，奖赏"清语骑射实属优长"、当差勤勉者。将来引见之时，"试其技艺清语"，检查赏赐是否得当。高宗想方设法地推广"国语骑射"，其宗旨就是保持本民族文化。

嘉庆九年（1804 年）二月，仁宗颙琰阅读《高宗实录》乾隆三十一年事迹，指示内阁，加强皇子"国语骑射"教育。他指出：

> 仰见我皇考，崇实黜华，敦本贻谋至意。自奉皇考训谕以后，咸各凛遵弗忘，今皇子等在书房诵读，本无另取别号之事，而圣训昭垂，意至深远，所当敬谨申明，俾知法守。将来皇子中年齿稍长者，间取一二字，颜其书斋，镌之图章，尚无不可。总不得自署别号，竞尚虚文。惟

---

① 《清高宗实录》卷五百五十七，乾隆二十三年二月庚辰，第 16 册，第 53 页下。
② 同上。

当讲明正学,以涵养德性,通达事理为务。至词章之学,本属末节,况我朝家法相传,国语骑射,尤当勤加肄习。若竟以风雅自命,与文人学士争长,是舍其本而务其末,非蒙以养正之意也。著将此旨,实贴上书房,俾皇子等提撕警觉,用仰副皇考,及朕谆谆垂训之意。①

仁宗认为,"词章之学,本属末节",强调"我朝家法相传,国语骑射,尤当勤加肄习",不能"舍其本而务其末"。并将此道"谕旨"抄写,悬挂上书房,令皇子"提撕警觉"。清代帝王将"国语骑射"作为立国之本,定为"万世家法",代代传承。这样的举措凸现了"首崇满洲"与唯我独尊的民族心态。清廷执意地实行"祖宗之法",也显露出满洲贵族不能与时俱进的守旧一面。

在关外时,清朝统治者就在思索一个问题:如何力保不失满洲本民族本色?即在吸纳中原传统文化的同时,又主动自觉地抵制"汉化",以防民族自身的蜕变。从天聪后期开始,满洲贵族采取不少举措,以保民族文化,以防汉化。皇太极一再主张,满洲部族要使用满语、满文。天聪八年(1634年)四月,在总结历史经验时,他强调:

朕闻国家承天创业,各有制度,不相沿袭。未有弃其国语,反习他国之语者。事不忘初,是以能垂之久远,永世弗替也。蒙古诸贝子,自弃蒙古之语,名号俱学喇嘛,卒致国运衰微。今我国官号,俱因汉文,从其旧号,未知其善而不能从,与知其非而不能省,俱未为得也。②

皇太极下令,屏弃明代官爵、城邑等名号,"俱当易以满语"。比如,一等总兵官为一等昂邦章京,世职改称精奇尼哈番;一等副将为一等梅勒章京,世职改称阿思哈尼哈番;一等参将为一等甲喇章京等,世职改称阿达哈哈番等。并告诫官吏:"仍称汉字旧名者,是不奉国法,恣行悖乱者也。察出决不轻恕!"③满名取代汉称,用"国法"加以保护,可见清廷阻止"汉化"的决心之大。直到乾隆年间,满洲民族的认同感始终没有变化。前文所

---

① 《清仁宗实录》卷一百二十六,嘉庆九年二月丁卯,第29册,第697页上。
② 《清太宗实录》卷十八,天聪八年四月辛酉,第2册,第237页上、下。
③ 《清太宗实录》卷十八,天聪八年四月辛酉,第2册,第237页上、下。

述满洲正黄旗举人虔礼宝因不能用满语奏对，高宗将他由满洲"上三旗"降至汉军旗①。这个典型事例说明，到了清中期，已建国近150年的清朝统治者的民族认同意识仍然很强。

从天聪时起，太宗皇太极就坚持满洲生活风俗，不蹈袭他族习惯。崇德年间，儒臣达海、库尔缠主张，效仿汉人服饰，改满洲衣冠。太宗不予采纳，指明汉人宽衣大袖，不适宜满洲"左佩矢，右挟弓"的习惯。坚持不变服饰，"恐子孙忘旧制，废骑射，以效汉俗，故常切此虑耳"②。他还下令汉人官民男女穿戴，"俱照满洲样式。男人不许穿大领大袖，戴绒帽，务要束腰；女人不许梳头、缠脚"，由牛录章京稽查，违者治罪③。崇德三年（1638年）七月，制定专门条规，"若有效他国衣帽，及令妇人束发、裹足者，是身在本朝，而心在他国也"。自今以后，犯者，俱加重罪④。入关之后，清朝统治者采取严格措施，以防止满洲渐习汉俗。然而，随着时间的推移，满汉接触频繁，习俗相互侵染，渐成自然。例如，嘉庆九年（1804年）挑选八旗秀女，"见其衣袖宽大，并有缠足者"。仁宗当即训斥，"殊为忘本，甚属非是"，"降旨严禁"⑤。此事虽系八旗汉军之女所为，但在仁宗颙琰心目之中，必须防微杜渐，以警示满洲"汉化"倾向的蔓延。

自古帝王"莫不以豫教储贰，为国家根本"。在皇太子培养教育上，圣祖玄烨分别启用满汉大臣，教导不同科目，以防太子沾染汉习。康熙二十六年（1687年）六月初七日下午，圣祖在畅春园门前，皇太子及皇子待命，内大臣、侍卫、大学士明珠、起居注官库勒纳等，分列左右。尚书达哈塔、汤斌，少詹事耿介觐见，任命他们为皇太子师傅，专门辅导皇太子。达哈塔深感责任重大，难以胜任。圣祖指出：

> 汉人学问，胜满洲百倍，朕未尝不知。但恐皇太子耽于汉习，所以不任汉人，朕自行诲励。今皇太子略通汉文，于凡学问之事，似无扞格。且讲读书义，有汤斌等在。尔惟引若等奉侍皇太子，导以满洲礼

---

① 《八旗艺文编目》之编目四《集类·别集五（汉军）》，第141页。
② 《清太宗实录》卷三十二，崇德元年十一月癸丑，第2册，第404页下。
③ 同上。
④ 《清太宗实录》卷四十二，崇德三年七月丁丑，第2册，第554页上。
⑤ （光绪）《钦定大清会典事例》卷一千二百十八《内务府·杂例·选宫女》，第19228页。

法,勿染汉习可也。尔部院官员教子者,不过粗通汉文,希图仕进,何尝有实以文武之艺,教其子为全才乎?朕谨识祖宗家训,文武要务并行,讲肆骑射,不敢少废,故令皇太子、皇子等,既课以诗书,兼令娴习骑射。即如八旗以次行猎,诚恐满洲武备渐弛,为国家善后之策。……近见众人及诸王以下,其心皆不愿行猎,朕未尝不闻。但满洲若废此业,即成汉人,此岂为国家计久远者哉?文臣中愿朕习汉俗者颇多,汉俗有何难学?一入汉习,即背祖父明训,朕誓不为此![①]

他以"祖宗家训",令满汉名臣分别教育皇太子,"导以满洲礼法","课以诗书","娴习骑射",要求皇太子、诸皇子,以及满洲子弟文武并行。圣祖认为,否则就是"背祖父明训",他"誓不为此"!在抵制"汉化"问题上,他从"国本"皇太子、皇子们抓起。可知圣祖对此关注程度之高,决心之大。

乾隆十七年(1752年)三月,高宗特命将《训守冠服骑射碑》,立于紫禁箭亭、御园引见楼,及侍卫教场、八旗演武场,同时以太宗祖训警示大臣,毋忘满洲"国语骑射"传统。他在"谕旨"中指出:

(太宗)思金太祖、太宗,法度详明,可垂久远。至熙宗合喇,及守(完)颜亮之世,尽废之,耽于酒色,盘乐无度,效汉人之陋习。世宗即位,奋图法祖,勤求治理,惟恐子孙仍效汉俗,豫为禁约,屡以无忘祖宗为训。衣服语言,悉遵旧制,时时练习骑射,以备武功。虽垂训如此,后世之君,渐至懈废,忘其骑射。至于哀宗,社稷倾危,国遂灭亡。……先时儒臣巴克什达海、库尔缠,屡劝朕改满洲衣冠,效汉人服饰制度。朕不从,辄以为朕不纳谏。朕试设为比喻,如我等于此聚集,宽衣大袖,左佩矢,右挟弓,忽遇硕翁科罗巴图鲁劳萨,挺身突入,我等能御之乎?若废骑射,宽衣大袖,待他人割肉而后食,与尚左手之人何以异耶。朕发此言,实为子孙万世之计也,在朕身岂有更变之理。恐日后子孙,忘旧制,废骑射,以效汉俗,故常切此虑耳。我国士卒,初有几何?因娴于骑射,所以野战则克,攻城则取天下,咸称我兵,曰:立则不动摇,进则不回顾,威名震慑，莫与争锋……朕（高宗）每敬读圣谟，不胜钦凛感慕。深惟国家开创之时，我祖宗躬亲劳瘁，勤求治理，矩矱相传，……我朝满洲先正遗风，自当永远遵循，守而勿替。是以朕常躬率八旗臣仆，行围较猎，时时以学习国语，熟练骑射，操演技勇，谆切训诲，无非率由旧章。期以传之奕禩，永绵福祚。惟是我皇祖太宗圣训所垂，载在实录。若非刊刻宣示，则累朝相传之家法，外庭臣仆，何由共悉。且自古显谟令典，多泐之金石。晓喻群工，我皇祖太宗之睿圣，特申诰诫，昭示来兹。益当敬勒贞珉，永垂法守。①

高宗目的明确，即借鉴金朝教训，祖述民族精神，俾后世子孙臣庶，"咸知满洲旧制，敬谨遵循，练习弓马，娴熟国语，敦崇淳朴，屏去浮华。毋或稍有怠惰，式克钦承彝训，冀亿万世子孙，共享无疆之庥焉"②。此道"上谕"强调"累朝相传之家法"，要"特申诰诫，昭示来兹"。这对于满洲部族发展意义尤大。

嘉庆八年（1803 年）六月，仁宗指示内阁大臣：

国家承平，不忘肄武，每岁木兰行围，简搜军实，兼以绥怀藩服，意至深远。我圣祖仁皇帝，在位六十余年，岁时出口行围，著为恒典。朕恭阅《高宗纯皇帝实录》，内载雍正四年，世宗宪皇帝谕旨，以校猎讲武一事。朕年来未一举行，庸劣无知之员，及怠惰不堪之兵丁，颇有以朕之不往为是者。此皆愚贱之人，偷安自便，不知大体之论。国家武备，关系紧要。朕欲俟经理政事，悉皆得宜，即当于农隙之时，躬行狝狩之礼。钦此。仰见世宗宪皇帝垂训谆谆，虽未及亲举行围，而训练满洲之意，未尝一日忘也。我皇考高宗纯皇帝，敬承世德，每岁举行秋狝大典。自平定西域以来，新疆诸部，络绎来庭，其中多有系生身者，每于山庄展觐。圣制《避暑山庄后序》，以后世子孙，当毋忘家法。③

---

① 《清高宗实录》卷四百一十一，乾隆十七年三月辛巳，第 14 册，第 379 页下。
② 同上。
③ 《清仁宗实录》卷一百十四，嘉庆八年六月丙寅，第 29 册，第 513 页下。

仁宗颙琰承袭列祖传统，坚决执行"祖宗之法"，时刻不忘武备，坚持"木兰秋弥"大典，以此激励八旗将士的斗志。

从太宗到仁宗等，作为清朝统治者，始终力保满洲民族特点。"本朝家法，以国语骑射为重"。满洲贵族把"国语骑射"提升到国家兴亡的战略高度，"国家武备，关系紧要"。列帝将此语列入"祖宗之法"戒条，让子孙世代遵守。满洲对保持本民族文化如此重视，这在北方民族所建立的王朝中也是仅见的。

第二节 纳入满洲部族内民族的"满洲化"

北方地区的民族发展史，应当是各民族不断融合和演变的历史。一部分氏族成员融入另一个正在崛起的民族之中，必然要适应该民族，乃至日渐划一。"征服王朝"与被征服民族之间的"同化"是相互的，也有主次之分的，其中包括政治制度、经济生活、语言、服饰、婚姻、宗教、思想、习俗、心态等方面。以往学人论及入关后的满洲时，较多关注的是其"汉化"（即"异化"），而未注意纳入其民族的"满洲化"（即"同化"）。满洲始终保持着本民族的认同感，一方面，先"同化"纳入本族的其他民族，包括八旗蒙古、八旗汉军，实现"满洲化"，并强制人数众多的汉族人剃发、易服等，改变原有生活习俗，与满洲一体化。另一方面，其自身也出现了"异化"，也就是"汉文化"化的趋势。这就是满洲与北方"征服王朝"的契丹、女真、蒙古一样，都必然面临着同样问题。相比之下，满洲贵族处理得更有成效，统治时间持续最久。

满洲族以女真为主体，纳入索伦、达斡尔、锡伯等新满洲成员，以及蒙古、高丽、尼堪等。在八旗满洲专设佐领中，可以体现出来，例如，索伦佐领、回子佐领、厄鲁特佐领、朝鲜佐领、高丽佐领、安南佐领、俄罗斯佐领等，一些异域族人也成为"旗人"。满洲核心部族兼容部分蒙古、朝鲜、尼堪人员，在长期的政治、军事、生产、生活中，从组织乃至思想观念诸方面，都逐步与满洲划一，即以满洲文明同化了其他民族。

建州女真和海西女真的社会发展程度，明显高于东海女真。《东夷考略》中记载："建州、毛怜裔出渤海，事耕紵，居处饮食有华风。海西系黑水裔，其山夷以山作窟，即熟女真完颜种。江夷居黑龙江，即生女真，并有室庐，或以桦皮为帷，止则张架，俗善射驰猎。"①而旧满洲和新满洲之间的差别也日趋缩小，《圣武记》记录："东三省驻防兵，有老满洲，有新满洲，犹史言生女真，熟女真也。"②这些不同历史阶段的民族人，被编入八旗满洲，成为满洲部族成员。他们在长期的融合中，从生产、生活、习俗，乃至思想观念诸方面，都逐步与满洲民族一体化。

努尔哈赤和皇太极将前来归附和被征服的东海女真、索伦等部分族人，编入满洲牛录，使之成为满洲部族新成员。北方民族相近的生产和生活方式，使他们很快融入满洲，日久便成旧满洲。同时，在清廷多种奖励政策的感召下，满洲部族内的蒙古、高丽、尼堪，在长期征战岁月中，与满洲将士肝胆相照，休戚与共。为实现清朝统一中原既定战略目标，他们加快了融合满洲的步伐，完成了自身"满洲化"。

他们主要表现在以下四个方面：

一　统一编入佐领，从组织上加入满洲

编入八旗满洲牛录者，标志着他们已经正式列入满洲成员。后金时期，不断将东海女真、索伦等部，以及蒙古、朝鲜、尼堪等编入满洲牛录，从组织上加入满洲。新满洲成员大体经历了从北而南的迁移过程，其路线一般是先迁到宁古塔、伯都讷等地，经过吉林，继而南下盛京地区。大部分人员又"从龙入关"，进入京畿地区。当然，相当数量的新满洲仍留守东北"龙兴"之地。例如，齐齐哈尔、黑龙江、呼兰三城中驻扎了大量的新满洲兵丁，"八旗，佛满洲不过什一"③。康熙三十一年（1692年），科尔沁蒙古进献席北、卦尔察、打虎尔等一万四千余丁，清廷将可以披甲当差者，分由"上三旗"安置，拨其中一千人，并附丁二千名，驻防齐齐哈尔，二千人驻防白都讷，三千人赴乌拉驻防。蒙古、高丽、尼堪编入八旗满洲旗分佐领和包衣旗分佐领之内，组织上已属满洲人

清廷还采取多项政策，加快了新满洲融入的步伐。先在组织编制上严格控制，保障他们与满洲合为一体。这样增加了满洲成员数量，强化了军事力量，扩大了满洲社会基础。在"首崇满洲"的社会里，加入八旗，增进了他

---

① （明）苕上愚公：《东夷考略》之《女直》，潘喆等编《清入关前史料选辑》第一辑，中国人民大学出版社1984年版，第45页。

② 《圣武记》卷一《开国龙兴记一附考》，第12页。

③ 《黑龙江外记》卷三，第28页。

们的民族认同感。当时，这些部族之人均以加入满洲为荣。清廷将归附的"新满洲"氏族，及蒙古、高丽、尼堪等姓氏，均编入钦定《八旗满洲氏族通谱》、《清朝通志·氏族略》、《钦定八旗通志·氏族志》等官修典籍，这就等于清廷认可他们在满洲的合法地位。

二　共同承担军政义务，分享同等权利

在挺进辽东、攻略辽西、入主中原的一系列重大战役中，新满洲及蒙古、高丽、尼堪人等同满洲八旗将士一起，冲锋陷阵，血染疆场，也使情感凝聚在一起。清廷将新旧满洲视为一己，立军功者，封爵授官，赏赐人口、土地。按照太祖朝的规矩，八和硕贝勒"各置官署，朝会燕飨，皆异其礼，锡赉均及，是为八分"①。"八家但得一物，八家均分公用，毋得分外私取"②。"新满洲"与旧满洲成员一样，享有同等的权利和义务。

后金建国以来，八旗将士征战频仍。《通谱·雅尔纳》记载："雅尔纳，镶白旗人，世居尼马察地方，国初率眷属来归"，授骑都尉，"设佐领使统之"。时有明兵来犯华克沙汉地方，雅尔纳率军，追逐击杀，授为三等轻车都尉。后克辽东有功，授为二等轻车都尉，三遇恩诏，加至三等男③。世居窝集部尼马察地方的雅尔纳，参与入关前的不少战争，皆立军功。正黄旗人博尔吉济特氏额尔格尔珠尔，率部三围锦州，击败洪承畴兵，入山海关再败李自成农民军，叙功，授骑都尉，加一云骑尉。正白旗包衣旗鼓人张良弼，三次攻打锦州，击溃洪承畴三营步兵，叙功，授二等轻车都尉④。康熙二十四年（1685年），定"各处壮丁，及新满洲应给地者，将'上三旗'官庄，并八旗、礼部、光禄寺，丈量所余地亩拨给"⑤。同时，还拨给迁移的新满洲粮食和生产资料。清廷规定："新满洲人等，迁家口来者，不限人数，官给秔米，余人给糙米，日各半升，给至收获一次时止，所需盐酒，照户口支领。若拨地耕种豆地，每六亩给豆种一斗，谷地每六亩给谷米，或黏高粱米

---

① （光绪）《钦定大清会典》卷一《宗人府》，台湾新文丰出版公司印行1976年版，以下版本同，第28页。

② 《清太祖武皇帝实录》卷四，天命十一年六月二十四日，《清入关前史料选辑》第一辑，故宫博物院排印本，第391页。

③ 《通谱》卷十七《雅尔纳》，第235页。

④ 《通谱》卷六十六《额尔格尔珠尔》，第724页；卷七十四《张良弼》，第804页。

⑤ （清）高宗敕修：《清朝文献通考》卷五《田赋考五·八旗田制》，万有文库，商务印书馆1936年版，第4898页中。以下版本同。

六升。给至收获一次时止。"① 新旧满洲与蒙古、高丽、尼堪等血汗凝聚的情谊，更加坚定了他们融入满洲的信心。

三　强化"清语骑射"，勿忘国家振兴

天聪时期，"满洲国人，语言既同贵贱自别"。未谙满语的汉官或被讪笑，或被凌辱②。因过分强调满语的重要性，导致满汉官员之间矛盾加剧。顺治年间，满洲人发生了变化，"渐习汉俗，于淳朴旧制，日有更张"③，从京师到八旗驻防要地，清廷建立各类八旗官学，吸收满洲子弟入学，践习"清语骑射"，培训人才。满洲内的蒙古、朝鲜、尼堪子弟入选京师各类八旗官学，学习国语，操练骑射，努力成为可用之才。此外，在边远满洲人聚集之地，也开办学校。康熙三十四年（1695 年）题准，黑龙江将军所辖有新满洲、席北、索伦、达呼里等，应于墨尔根地方两翼，各设学一处，每翼设教官一员，将"新满洲、席北、索伦、达呼里，及上纳貂皮达呼里等，每佐领选取俊秀幼童，各一名"，入学诵习，清语骑射是必修课程，演习骑射，以备武功。

骑马射箭乃是满洲民族生产和军事活动的必备手段。皇太极对此高度重视，指示诸王大臣，若废忘骑射，"至于（金）哀宗，社稷倾危，国遂灭亡"④。世祖福临告诫诸臣："我朝之定天下，皆弓矢之力也。曩者，每岁出猎二三次，练习骑射。""心常念兹不忘也"⑤。康熙二十八年（1689 年）三月，兵部议覆，兵科给事中能泰疏言，考取满洲生员，宜试骑射，应如所请。圣祖则主张，学习骑射，原不妨碍读书。考试举人、进士，亦令骑射。录取不堪者，监箭官，及中式人，一并治罪⑥。世宗严肃地警告值班侍卫，及守卫护军等"习学满洲本务，努力上进"。他指出：

> 满洲旧制，最重学习清语。近见挑选之侍卫护军等，弃其应习之清语，反以汉语相互戏谑，甚属不合。且满洲人等，俱系太祖、太宗、世

① （光绪）《钦定大清会典则例》卷二百八十九《盛京户部·支给款项》，第 8968 页。

② 《清太宗实录》卷十，天聪五年十二月壬辰，第 2 册，第 148 页下。

③ 《清世祖实录》卷一百四十四，顺治十八年正月丁巳，第 3 册，第 1105 页下。

④ 《清太宗实录》卷三十二，崇德元年十一月癸丑，第 2 册，第 404 页。

⑤ 《清世祖实录》卷七十三，顺治十年三月戊辰，第 3 册，第 577 页上。

⑥ 《清圣祖实录》卷一四〇，康熙二十八年三月丁亥，第 5 册，第 533 页下。

祖、圣祖皇考之所留遗者,当日耆旧大臣,务以造就后进为心,每将习学满洲本务,努力上进之语,时时教导。今兵丁值班之处,彼此戏谑,殊非善习。嗣后各宜勉励,屏除习气,以清语拉弓,及相博等技,专心习学。此尔等进身之阶,国家亦收得人之效矣。[①]

清廷对满洲人保持本族传统要求严格,蒙古、朝鲜、尼堪的子弟们,更加勤奋钻研清语,苦练骑马射箭,从不懈怠。

乾隆六年(1741 年)三月,高宗指示:

满洲素习,原以演习弓马骑射为要,而清语尤为本务,断不可废。从前皇祖圣祖皇帝,尝阅宗室、章京、侍卫等射箭,遇有技艺生疏,不谙清语者,即行斥革。原欲示以惩创,教育有成也。近见满洲子弟,渐耽安逸,废弃本务。宗室、章京、侍卫等,不以骑射为事,亦不学习清语,公所俱说汉语。夫以历来相传之本业,不知崇尚,因循日久,益难整顿。……朕于本年冬间,或明年春间,查阅(骑射清语),其优等者,格外施恩。倘仍不学习,以致射箭平常,不谙清语者,定从重治罪。[②]

为了保持满洲习俗,他甚至对"射箭平常,不谙清语者",欲从重治罪。乾隆十七年(1752 年)三月,高宗弘历特立《训守冠服骑射碑》,其文为皇太极总结金世宗完颜雍惟恐子孙效仿汉俗,豫为禁约,屡以勿忘祖宗为训,"衣服语言,悉遵旧制,时时联系骑射,以备武功"。后世之君"渐至懈废,忘其骑射,至于哀宗,社稷倾危,国遂灭亡"。尚以本朝"家法",加以劝诫。日后,他指明:

我朝满洲先正遗风,自当永远遵循,守而勿替。是以朕常躬率八旗臣仆,行围较猎,时时以学习国语,熟练骑射,操演技勇。谆切训诲,无非率由旧章,期以传之奕禩,永绵福祚。惟是我皇祖太宗圣训所垂,载在实录,若非刊刻宣示,则累朝相传之家法,外廷臣仆,何由共悉。且自古显谟令典,多泐之金石,晓谕臣工。皇祖太宗之睿圣,特申告

① 《清世宗实录》卷六十五,雍正六年正月庚辰,第 7 册,第 1001 页上。
② 《清高宗实录》卷一百三十八,乾隆六年三月己巳,第 10 册,第 987 页上。

诚，昭示来兹。益当敬勒贞珉，永垂法守。著于紫金箭亭、御园引见楼，及侍卫教场、八旗教场，各立碑刊刻，以昭朕绍述推广至意。俾我后世子孙臣庶，咸知满洲旧制，敬谨遵循，学习骑射，娴熟国语，敦崇淳朴，屏去浮华。毋或稍有怠惰，式克钦承彝训，冀亿万世子孙，共享无疆之庥焉。①

高宗针对满洲存在的武艺生疏，清语不熟问题，反复强调，本族传统"自当永远遵循，守而勿替"，"时时以学习国语，熟练骑射，操演技勇"。提倡"敦崇淳朴，屏去浮华"，"毋或稍有怠惰，式克钦承彝训"。希冀达到"亿万世子孙，共享无疆之庥"。

嘉庆十二年（1807年）十二月，仁宗颙琰认为，御史宗室绵鼎奏，请将满洲蒙古举人，于会试三科后，归入选班，以知县铨用者，照汉教习知县之例，定以限制，酌量分发各省一折，所奏非是。他明确指示：

> 八旗满洲、蒙古，以清语骑射为本务。其名登科目者，向系依次铨选，并无分发各省之例。缘恐此端一开，则八旗士子，一经名列贤书，辄思出膺民社，希图外用。而于清语骑射，转致荒疏，不惟沾染汉人习气，罔知勤习本业，且一时不能得缺，于铨补仍形壅滞。该御史系属宗室，不应率为此奏。著传旨申饬，原折掷还。②

清列帝认真贯彻"清语骑射为本务"的方针，使得新旧满洲的差异日渐缩小，加速了民族心理趋同。《宁古塔记略》记载，新满洲人"赐以官爵，亦不知贵"。将军尝谓有爵者说："今已有官，须学礼仪，一体上衙门。"次日，有官者齐聚府堂，或戴笠，或负叉袋，或跣足，见者无不大笑。将军命坐，即以叉袋垫地而坐，虽衣大红蟒袍，其叉袋仍负于背，以便于买物。"近于都中见之，大非昔比，礼貌言谈，亦几于满、汉无异矣"③。因此，"清语骑射"作为满洲的显著标识，也是民族认同的重要标准之一。

---

① 《清高宗实录》卷四百一十一，乾隆十七年三月辛巳，第14册，第380页。
② 《清仁宗实录》卷一百八十九，嘉庆十二年十二月丙子，第30册，第502页上。
③ （清）吴振臣：《宁古塔纪略》（不分卷），《辽海丛书续编》二册，沈阳古籍书店1993年版，第1007页上。

四 风俗习惯，思想心态与满洲趋同

"新满洲"成员与满洲部族，在彼此通婚、宗教信仰、生活习俗、语言、姓名等方面渐与满洲无别。这充分地说明融入满洲的蒙古、朝鲜、尼堪等人在"满洲化"道路上迅跑。

1. 与满洲联姻，密切裙带关系

入关前，满洲与蒙古部族世为联姻，满洲王公多聘蒙古贵族女子为妻，清朝的公主、郡主也多下嫁蒙古王公子弟。努尔哈赤常与蒙古王公通婚，例如，万历四十年（1612 年），他娶蒙古科尔沁兀鲁特贝勒、博尔济吉特氏明安之女为妻。其寿康太妃，为科尔沁部贝王孔果尔之女。后金汗以"指婚"方式，嫁女蒙古各部落首领。诸如，西拉木楞地方的恩格德尔，国初率部属，尚公主为额驸。喀尔喀部古尔布什，率领部落来归，太祖以女妻之。对跟随而来的莽果尔，"以族弟济白里女妻焉"①。皇太极延续这种通婚方式，后宫中多为科尔沁蒙古博尔济吉特氏女子。满洲的蒙古额驸有，阿霸垓地方的博尔济吉特氏噶尔马琐诺木等。满蒙间频繁通婚使蒙古氏族与满洲在血缘与情感上更加密切。一些蒙古贵族能够"抬入"满洲"上三旗"，与皇室联姻是一个重要因素。同样，满洲内的高丽人，也与满、汉等族合卺，娶妻产子。萨尔浒之战归降的姜弘立、朴兰英，"在房中娶女，皆刘海妻弟也"。两女曾为贵永介（即代善、努尔哈赤次子）养女，姜、朴所谓"二王子之婿者"。尽管刘海说"前言诬矣"②，但朝鲜人与满洲人婚媾的事实是存在的。

朝鲜、三项尼堪也同蒙古贵族一样，其女子皆备八旗"秀女"之选。户部主持其事，为皇帝和宗室子弟选择配偶，每旗以满、蒙、汉为序，也含包衣旗在内。在满洲的蒙古、朝鲜、尼堪家中，年满 14 岁至 16 岁女子皆在验看之列③。镶黄旗人尼堪陈善道之曾孙陈希敏女被选中"秀女"，匹配圣祖玄烨；康熙三十六年（1697 年），生皇十七子果毅亲王胤礼；五十七年（1718 年）十二月，被册封为勤嫔；雍正四年（1726 年）二月，世宗晋为

---

① 《清史稿》卷二百二十九《古尔布什传》，第 9279 页。

② ［朝鲜］赵庆男：《乱中杂录》六，仁祖丁卯五月初三日，《清入关前史料选辑》第三辑，《乱中杂录》（选录），第 315 页。

③ 参阅（光绪）《钦定大清会典事例》卷一百五十四《户部·户口·选验秀女》，第 7105—7108 页；《养吉斋丛录》卷二十五，第 264 页。

皇考勤妃①。十二年（1734 年）九月十四日，奉"谕旨"："勤妃之母家人等，著出包衣佐领。伊等族中有七十余人，既足编一佐领，令伊族中人管。"② 因"上承恩眷"，陈善道家族由国初隶镶黄旗包衣抬入满洲"上三旗"的镶黄旗，并单独编佐领，由族人自行管理。镶黄旗满洲都统第四参领所属由陈善道之元孙陈镆管辖的第十六佐领，即是该佐领③。

另一位镶黄旗人尼堪高名选的曾孙高斌之女，雍正年间挑中"秀女"，婚配皇子宝亲王弘历。乾隆时期，高宗册封贵妃。十三年九月，特令"贵妃之外戚，著出包衣，人于原隶满洲旗分"④。高氏家族由包衣旗抬入"上三旗"。上驷院卿、朝鲜人三保之女、尚书金简之妹，"事高宗潜邸"，生四位皇子，谥号淑嘉贵妃，抬入"上三旗"，赐姓金佳氏⑤。这对几代处于包衣旗下的朝鲜金家、尼堪陈家和高家来说无疑是极大的荣宠。由内务府主持的选宫女，凡包衣佐领下内管领女子，年至十三，该佐领内管领造册送会计司，呈堂汇奏，交总管太监请旨引阅⑥。这种服侍皇室的义务，内务府三旗包衣的朝鲜、尼堪之女则是首选之一。

2. 剃发易服，强行满洲习俗

在满洲征服战争中，剃发易服是划分顺逆的明显标志。"遵依者为我国之民，迟疑者同逆命之寇"。因而，自愿剃发易服是归附满洲的首要条件。天命三年（1618 年）之后，对降服之汉民一律剃发，作为臣服之象征。六年（1621 年）四月，朝鲜义州报："贼（后金）得辽东，不杀一人，尽剃头发作农云。"⑦ 天聪元年（1627 年），皇太极沿袭其父作法，第一次进兵朝鲜半岛时，攻陷义州城，俘虏朝鲜人等一概迫使剃头，"即剃本土军人头发，编其行伍，以盛其军容"。朝鲜郭山凌汉山城失陷后，郡守朴惟建、定州牧使金楷□等降，其家属被执，"乞降求生，一时剃发"⑧。俘获来的朝鲜人等

---

① 《通谱》卷七十四《陈善道》，第 806 页上；《清皇室四谱》卷二《后妃·圣祖仁皇帝》，第 13 页。

② 《雍正朝起居注册》（第五册）雍正十二年九月十四日丙戌，中华书局 1993 年版，第 3995 页。

③ 《八旗通志》（初集）卷三《八旗佐领·镶黄旗满洲佐领》，第 38 页。

④ 《通谱》卷七十四《高名选》，第 508 页；《清皇室四谱》卷二《后妃·高宗纯皇帝》，第 21 页。

⑤ （清）李桓《国朝耆献类征》（初编）卷九十《金简传》。

⑥ （光绪）《大清会典事例》卷一千二百六十八《内务府·杂例·选宫女》，第 19228—19230 页。

⑦ 《乱中杂录》五，光海十四年四月十七日，第 289 页。

⑧ 《乱中杂录》六，仁祖丁卯春正月十四日，第 302—303 页。

一概要剃发,而自行归顺的高丽 43 姓人等则是主动剃发,身着清人服饰,以示诚心。这样纳入满洲的朝鲜、尼堪等人的衣、食、住、行,乃至语言皆速同满洲趋同。

天聪五年(1631 年),参将宁完我上疏,陈述统一服饰是"陶镕满汉之第一之要务",招来远人,"宜急分辨服制,造设腰牌,此最简最易,关系最大者"①。皇太极表示赞成。顺治十年二月,世祖指示礼部:"一代冠服,自有一代之制。本朝定制,久已颁行。近见汉官人等,冠服体式,以及袖口宽长,多不遵制。夫满洲冠服,岂难仿效。汉人狃于习尚,因而恣悠。以后务照满式,不许异同。如仍有参差不合定式者,以违制定罪。"② 他强调满洲难以仿效服饰为民族认同的标准,归附的蒙古、朝鲜、尼堪等人是不可随意穿戴其它服饰的。按照官员等级身著朝服冠带,以及平民衣着满洲装束,他们与满洲军民无异,"今胡俗朝衣,则颈挂念珠,故谓之朝珠"③。像朝鲜常明、金简等一批当朝高官要员也是顶戴花翎、朝服、朝珠、马褂、朝靴等与同级满官无异。金简"风仪凛俊,气骨豪爽,是胡中宰相也"④。因各民族人种相同,在常朝等仪式中,很难辨别那些官员是蒙古、朝鲜、尼堪人等。这是融入后金(清)民族"满洲化"的必然结果。

3. 名字称谓,多与满洲人一致

满洲人的姓与名在习惯上不连在一起,"凡公私文牍,称名不举姓,人则以其名之第一字称之,若姓然。其命名或用满语,或用汉文。用汉文,准用二字,不准用三字。以其与满语混也"。"汉军或系姓,或不系姓,祖孙、父子无一定"⑤。蒙古人姓名称谓与满洲人相似。朝鲜人姓名受中原汉人姓氏影响,多为单姓,相对规则。然而,从天命年间起,到乾隆初期,满洲内朝鲜人在清朝已生活百余年,繁衍了多代。他们根植在清朝这块土壤中,受到满洲姓名习俗的影响,数典忘祖,朝鲜人姓名也发生改变。《通谱》中记载高丽 43 姓氏立传和附载者 157 人,姓名满洲化的有 113 人,占 72%;保持原姓的有 44 人,占 28%。以金氏 49 人为例,有 37 人名字与金氏不相连,占 76%;有 12 人保持原姓,占 24%。不用原姓金的有:新达理、都赉、德

① 《清太宗实录》卷十,天聪五年十二月壬辰,第 148 下—149 页上。
② 《清世祖实录》卷七十二,顺治十年二月丙寅,第 575 页上。
③ (朝鲜)朴思浩:《心田稿》之《琉璃厂记》,《燕行录全集》第 85 册,第 496 页。
④ 《燕行记事》,《燕行录全集》,第 52 册,第 454 页。
⑤ 《养吉斋丛录》卷一,第 3 页。

倍、玉尔弼、天凤尼、嘉理哈、明色尼、海古尼、济古尼、山龙伊、永特基、定海吉、硕色、石孔仪、那穆遂、颜苏尼、倭赫、聂理弼、天布基、仲什尼、巴颜岱、春社、顾东遂、额色理、林清、德纯、戴哈尼、爱锡、满住、赫基、齐都随、书义、胡锡义、楚萧、特克秦、荡色、精额理。这 37 人名字与不规则的满洲人名字类似，尤其是努尔哈赤曾叫过、满洲人常用的"满住"之名，高丽人也有起此名者。再如，韩氏子孙的姓名，如韩云、韩基、韩都、常保、韩尼、杰林、杰殷、花色、杰瑚、杰都、明图等凡 31 人，保持原姓者 9 人，占 29%；已不用韩姓者 22 人，占 71%。从以上的百分比看，金、韩两家子孙大多数人均照满洲"称名不举姓"、"以其名之第一字称之"惯例，不冠其原姓。若不翻阅《通谱》，仅从名字上看很难分辨其族属。

三项尼堪从第三、四代起，特别是第五代后，多数人的名字也与满洲人无别，若不查阅其谱系，亦难识别他是汉人。满洲人姓名字数较多，譬如，著名的开国"五大臣"之一费英东，姓名为瓜尔佳氏费英东，习惯称呼费英东。另外，满洲人还喜用数字为名，比如，瓜尔佳氏都智拨之孙六十，原任佐领；七十，原任郎中，兼佐领①。尼堪名字也多有仿效。从尼堪家族的姓名看，似可分成三类：

一是弃汉姓举家改名。例如，国初由长白山来归的镶红旗人刘氏，太祖赐姓觉罗氏，从第一代起便弃刘姓，名称劳翰，其子不详，孙名为额苏，曾孙恒录，元孙邓保、辽志。又如，镶黄旗包衣管领下人白氏，也是从第一代起，不用白姓，称为燮学圣，其子名保住、傅赫，孙萨尔泰、西尔塔，曾孙宜保、禅保，元孙六十②。从名字上已看不出是汉人。当然，像这样姓名完全满洲化的家庭还有镶黄旗包衣管领下人尼堪侯氏优才、正白旗包衣管领下人尼堪秦世德等。不此此类家族人数不多。

二为大多数家族满汉名字混用。三、四代后用满名者日众，例如，正蓝旗人台尼堪张恭生，其孙名张玉柱，曾孙有张顺德、色墨里，元孙定柱、明福。正黄旗人台尼堪图进，其子石善，孙黑色、图照、萨穆哈、萨布哈③。再如，正蓝旗包衣旗鼓人抚顺尼堪李应试，子李天禄，孙索克济哈、罗克济

---

① 《通谱》卷一《费英东扎尔固齐》，第 1 页下；《都智拨》，第 42 页下。
② 《通谱》卷七十四《刘氏·劳翰》，第 807 页下；《燮学圣》，第 809 页上。
③ 《通谱》卷七十九《张恭生》，第 860 页下；《图进》，第 861 页下。

哈、索和托,曾孙六十五、赛通阿、李英①。这类家族占大多数。特别是编入满洲旗分佐领内的台尼堪,其名字的满洲化尤为突出,从第二、三代始,皆与满洲人名划一,这也是他们与满洲关系相对密切的反映。

三系仍保持原有家族汉姓名。例如,正白旗包衣管领下人尼堪赵镇国家族,曾孙赵世勋、赵世燕、赵世伦、赵世传、赵世熙、赵世烈,元孙赵民望、赵令望②。赵氏第四、五代,仍保持按照行辈排序的传统。再如,原隶包衣旗、后抬入镶黄旗人高名远家族,其子高登永,孙高衍中,曾孙高述明、高斌、高钰,元孙高诚、高晋、高恒、高泰、高谦③。像这样子孙姓名未改满洲名字的家族则为少数。这也表明满洲贵族在满汉文化交流中的包容性。

4. 肄业八旗官学,考取功名

满洲贵族在强调八旗子弟"国语骑射"教育的同时,也重视提升他们的文化素养。努尔哈赤时期,对识文断字的归附者赐号"巴克什",通过巴克什向八旗子弟传授文化知识。皇太极开科举取士,鼓励八旗子弟读书。天聪六年(1632年)正月,镶红旗相公胡贡明奏:"当于八家各立官学,凡有子弟者,都要入学读书,使无退缩之辞。然有好师傅,方教得出好子弟,当将一国秀才,及新旧有才而不曾作秀才的人,敕命一、二有才学的,不拘新旧之官,从公严考,取其有才学可为子弟训导的,更查其德行可为子弟样子的,置教官学。"④ 次年三月,太宗采纳其策,再次举行汉人生员考试,分别等地,取中一、二、三等计228人⑤。四月,又命礼部考取通满洲、蒙古、汉书文义者为举人,取中满洲习满书者,刚林、敦多惠;满洲习汉书者,查布海、恩格德;汉人习满书者,宜成格;汉人习汉书者,齐国儒、朱灿然、罗绣锦、梁正大、雷兴、马国柱、金柱、王来用;蒙古习蒙古书者,俄博特、石岱、苏鲁木,共十六人,俱赐为举人⑥。这批人多数供职于文馆,成为后金政治文化建设的骨干。

清入关之后,开设国学,规定凡满洲官员,文官在京四品以上,在外三

---

① 《通谱》卷八十《李应试》,第867页下。
② 《通谱》卷七十六《赵镇国》,第830页下。
③ 《通谱》卷七十四《高名远》,第805页下。
④ (后金)胡贡明:《陈言图报奏》,《天聪朝臣工奏议》卷上,第11页。
⑤ 《清太宗实录》卷十八,天聪八年三月壬子,第236页下。
⑥ 《清太宗实录》卷十八,天聪八年四月辛巳,第239页上。

品以上;武官二品以上,各选送一子入国子监读书。护军统领、副都统、阿思哈尼哈番、侍郎、学士以上品级官员之子,俱为荫生。其余各官之子,为监生。康熙二十四年,设景山官学,选内务府三旗佐领、管领下幼童三百六十名入学。雍正年间规定,学生肄业三年,"考列一等任笔帖士、二等任库使、库守"。八旗官学则在每旗各设一学,"择本旗满洲、蒙古、汉军之子弟补充,以十年为期,已满期未及中式者,即除其名,另为挑补"①。雍正六年(1728 年),又选内务府三旗佐领、管领下幼童及八旗俊秀者九十名,以翰林官居住咸安宫教之。五年后,钦派大臣考试,"一、二等用七、八品笔帖士"②。这样就为满洲新成员踏上仕途开辟了途径。

据《通谱》统计,蒙古 235 姓氏子孙考取功名者,进士 1 人,把岳忒氏耨克之孙雷池鲲;举人 4 人,博尔济吉特氏噶尔马叶尔登之曾孙博第、塔尔瑚努特氏昂噶岱之元孙文钧、赫锡特氏色内之元孙赫津、瑚尔库尔氏巴珠之子官保;生员(秀才)十几人,博尔济吉特氏塞冷的元孙纪琮、纪璋,喀喇巴拜的四世孙永泰、五世孙色楞泰,郭尔罗斯氏卫寨桑之孙老格,乌齐喜特氏定柱之孙七十八,鄂卓氏萨穆哈之曾孙赫色布,宝济氏傅尔建之元孙伊兰保,塞克图氏晋保之元孙管德,和托氏之元孙永龄,克穆齐特氏和托之曾孙四孝,王古尔亲氏苏蒙额之元孙王彬等。

监生和荫生人数较多。监生,有兀鲁特氏阿尔古之曾孙佛保住、札拉尔氏巴图之曾孙索住、卓特氏沙瑚塔之子济兰泰、墨尔吉济特氏黄茂之孙全德、班第之子锡尔帕、锡尔哈氏巴颜巴图鲁之孙三保、禹尔氏乌赫齐之元孙富成、博尔济氏达赖之元孙启元等。荫生,有博尔济吉特氏恩格德尔额附之曾孙英泰、四世孙班塔哈、福宁;巴拜之孙官柱、明阿图;布彦代之元孙多隆阿、四世孙色泰;喀喇巴拜之四世孙永泰、五世孙色楞泰、图尔济叶尔登之元孙福昌、四世孙福僧格;乌亮海氏库布克之元孙永德、壮图之五世孙希山等。这表明蒙古氏族在融入满洲的过程中,文化程度有了显著提升。

满洲贵族重视人才的培养,自然也包含高丽姓氏的子孙。他们在八旗官学、景山官学和咸安宫官学,讲诵经文,研习国语骑射。才资聪颖,有志立学者,拔为监生,升入太学。新达礼之元孙金九系荫(监)生,三达礼之曾孙金辉、金鉴俱系监生,肄业国子监。官学生在几年内应考取秀才,须在三

---

① 《啸亭杂录》卷九《八旗官学》,第 286 页。
② 《清史稿》卷一百六《选举志·学校一》,第 3113 页。

届乡试榜上题名一次,否则返回原旗。八旗中高丽家族子弟任职多为世袭的,少数人通过科举考取功名,进入官场,逐渐步入清代上层社会。这是朝鲜士大夫家族在文化深层次上融入满洲的具体表现。

蒙古、高丽、尼堪等姓氏一部分被选举之人,到满洲各种官学研习,接受中原的传统文化教养。清代开科取士始于皇太极时期,入关后,多袭明制,科举以《四书》、《五经》之章句为题,须以朱熹《四书集注》应答,撰成八股之文。作为八旗编制的他们不能就读府、州、县学,通过乡试、会试,进入仕途,只能在八旗系统开办的官学、内务府属的景山官学和咸安宫学等肄业。乾隆初,定官学生以十年为期,"三年内讲诵经书,监臣考验,择材资聪颖有志立学者,归汉文班"。"三年,钦派大臣考取汉文明通者,拔为监生,升太学"①。由佐领选送的官学生,也包括高丽姓氏子弟。例如,正黄旗包衣三达理曾孙金辉、金鉴俱系监生,镶白旗包衣戴哈民曾孙明远、松龄俱系监生②,均由此途所得。再如,镶蓝旗石泰子李高为生员,镶白旗包衣文瑞曾孙德馨考中举人等,亦经研读国学获取。

清廷兴办学校,造就人才,推行科举,选拔优异,"庶可得收有用之材"。"上三旗"包衣子弟的培养亦列其中,以体现皇帝"作养内府佐领下人等之至意"。雍正六年(1728 年),咸安宫学于内府三旗佐领管领下幼童中,"挑选俊秀子弟,令其读书",或研习清文汉书,学办稿案,试与事件,以增干才;或教习以弓马骑射,"使伊等于诸凡艺业,俱可得学"③,为文武衙门培训干才。三项尼堪供职各级官府,离不开官学的多年培养。尼堪获文武科举功名者有 68 姓 106 人,考取生员(秀才)者 60 人,中举者 36 人,中进士者 4 人(文武各 2 人),副榜者 6 人。其中尼堪取得功名者,仅 3 姓 3 人;而绝大多数为包衣旗人考取,内务府"上三旗"包衣 42 姓 60 人,"下五旗"包衣 21 姓 34 人。"上三旗"包衣比"下五旗"包衣人户数多出一倍。虽说取得功名的蒙古、高丽、尼堪姓氏的子弟并非多数,但毕竟表明他们已经登上传统文化的殿堂。

经典作家在论及野蛮民族与先进民族关系时指出:"野蛮的征服者总是

---

① 《清史稿》卷一百六《选举志一·学校一》,第 3110 页。
② 《通谱》卷七十二《新达理》,第 790 页下。
③ (光绪)《大清会典事例》卷一二〇〇《内务府·官学》,第 19054 页上。

被那些他们所征服民族的较高文明所征服。"① "比较野蛮的征服者，在绝大多数的情况下，都不得不适应征服后存在的比较高的'经济状况'。他们被征服者同化，而且大部分甚至还不得不采用被征服者的语言。"② 满洲贵族兵进辽沈，入主中原，整个历史过程体现了上述论断。满洲在汉化的同时，又保留着"清语骑射"等本民族的特有习俗，一方面，使融入本民族的蒙古、朝鲜、尼堪及其他民族完全满洲化；另一方面，对于汉族等广大民众强行满洲化，表现在剃发和易服等，影响着大江南北、长城内外近三百年。历史证明，野蛮的征服民族与被征服的文明民族之间的"同化"，无论是主动方，还是被动方，总是双向进行的，只不过程度上存在着差异而已。

第三节　接续中华文明统绪与满洲"汉文化"化

进入辽东地区后，建州女真的生产方式已经出现向汉族农耕经济转化的倾向，"耕田渔猎，什倍本土"，人力耕种，"田谷大获"。他们实行农牧渔猎的多种经营，物质增多，生活稳定，逐渐地接受中原传统文化。万历三十五年（1607年）二月，建州首领努尔哈赤曾派使者对朝鲜说："我是蒙古遗种，专仰中国。"③ 他自幼就接触汉族文化，嗜好阅读《三国演义》、《水浒传》等脍炙人口的话本，从英雄人物身上和典型战例中，吸取实现自己远大志向的智慧。起兵建国后，他更加注意研习儒家学说，从中汲取治国之道。

天命元年（1616年）正月，努尔哈赤正式称汗，对贝勒及诸大臣讲：

> 朕闻上古至治之世，君明臣良，同心共济，天降祯祥，休和洊至。果秉志公诚，励精图治，天心必加眷佑，地灵亦为协应。为人君者，不可不秉志公诚，而去其私也。盖天无私，四时顺序，地无私，万物发生。人君无私，则庶事咸理，而底于有成。抚有大国者，能以公诚存心，建立纲纪，教养兼施，则天地神祇必交相感应，而群方亦莫不爱

---

① ［德］马克思：《不列颠在印度统治的未来结果》，《马克思恩格斯选集》第二卷，人民出版社1972年版，第70页。
② ［德］恩格斯：《反杜林论》1876年9月—1878年6月，人民出版社1970年版，第180页。
③ ［朝鲜］《宣祖大王实录》卷二十二，宣祖四十年二月己亥，《李朝实录》，第30册，第696页上。

戴。以之均平邦国，臻于帝王之道无难矣。且修身与齐家治国，其道一也，一其心以修身，则君德清明；一其心以齐家，则九族亲睦；一其心以治国，则黎庶乂安。由是协和万邦，亦不外此为治之道，惟在君心之一而已。[①]

他主张要治理好国家，必须按照儒家"修身齐家，治国平天下"的理念去办，这样才能"君德清明"，"九族亲睦"，"黎庶乂安"，"协和万邦"。

天命十年（1625 年）四月，太祖大宴诸贝勒，席间"训示"道：

语（《论语》）云，其为人也孝弟，而好作乱者，未之有也。吾世世子孙，当孝于亲，悌于长，其在礼法之地，勿失孝弟恭敬之仪。至于燕闲之时，长者与少者居，宜蔼然相接。俾子弟得翕如和乐以共处，少敬其长，以诚意将之；长爱其少；亦以诚意出之，毋虚假也。昔者，我国各分居其地，今满洲、蒙古、汉人，共处一城，如同室然。若遇卑幼过严，则卑幼无暇豫时矣。物虽少，亦当宴会欢聚耳。朕所训示者如此，汝等勿违朕言。[②]

他再次强调，以孔孟的伦理道德，来维系满洲社会秩序，实现满、蒙、汉一家，中外一体。这也充分地说明，从后金立国之初，努尔哈赤已将儒家学说作为治国的主导思想，以中原传统文化建设新生政权。

皇太极继承乃父衣钵，深知崇正儒学对朝廷政治文化建设至关重要，懂得古代帝王"文武并用，以武功戡祸乱，以文教佐太平"之理。天聪三年（1629 年）四月，设置文馆。命巴克什达海、刚林等，以清文翻译《明会典》、《素书》、《三略》等汉文典籍，书成刊刻，颁发满官研读。六年（1632 年）九月，书房秀才王文奎上《条陈时宜奏》呈治国二策，一曰"勤学问"：

其一，谓勤学问，以迪君心。昔鲁哀公问政，孔子对曰："文武之道，布在方策。"又孟子云："圣如尧舜，不以仁政，不能平治天下。"

---

① 《清太祖实录》卷五，天命元年正月癸酉，第 1 册，第 64 页上、下。
② 《清太祖实录》卷九，天命十年四月庚子，第 1 册，第 127 页下。

是可见法不师古，终行之而又弊者也。臣自入国以来，见上封事者多矣，而无一人劝汗勤学问者。臣每叹源之不清，而欲流之不浊，是何不务本而务末乎？汗虽睿智天成，举动暗与古合，而聪明有限，安能事事无差？且汗尝喜阅《三国志传》，臣谓此一隅之见，偏而不全。其帝王治平之道，微妙者，载在《四书》；明显者，详诸史籍。宜于八固山读书之笔帖式内，选一、二伶俐通文者，更于秀才内，选一、二老成明察者，讲解翻写，日进《四书》两段、《通鉴》一章，汗于听政之暇，观览默会，日积月累，身体力行，作之不止，乃成君子。①

皇太极采纳了他的建议，汗与八旗大员一起，认真研读儒家经典。这样既提高了满洲贵族的文化素养，又增强了他们治国的本领。选"伶俐通文"的笔帖士，"老成明察"之秀才，"讲解翻写，日进《四书》两段"，这是清朝经筵日讲制度的发端。

崇德元年（1636年）八月初六日，遣内秘书院大学士范文程，祭祀"至圣先师"孔子神位。皇太极指出："惟至圣德配天地，道贯古今，删述六经，垂宪万世，昭宣文治，历代尊崇，谨以楮帛牲醴庶品之仪，式陈明荐，冀歆享焉。更命仿旧制，以复圣颜子、宗圣曾子、述圣子思、亚圣孟子，配享。"② 于是，在盛京复原文庙建制，以示对先师孔孟等敬仰。他担心国人不识汉字，罔知治体，命"巴克什"达海等翻译《国语》、《四书》、《三国志》，颁赐耆旧，"以为临政规范"③。皇太极接纳汉文化，调整治国方略，巩固了清朝基业，对后世子孙执政理念影响深远。

入关后，清朝统治者面对幅员广阔、人口众多的汉族，加速了满洲社会由农奴制向封建制的快速转型。如何维护大一统的政治局面？满洲贵族采取断然措施，一方面，疾风暴雨式地强迫广大汉人剃发、易服，在习俗上强制求同，致使汉人形式上完成"满洲化"，从而激化了满汉大规模的矛盾冲突。另一方面，正如北魏鲜卑君主所认同的那样，"居尊据极，允应明命者，莫不以中原为正统，神州为帝宅"④。北方民族王朝进入中原，一是争"正朔"，认同"正统"，接续华夏文明统绪，以"中国"自居，确立政权的合

① （后金）王文奎：《条陈时宜奏》，《天聪朝臣工奏议》，第23页。
② 《清太宗实录》卷三十，崇德元年八月丁丑，第2册，第387页下。
③ 《啸亭续录》卷一《翻译房》，第397页。
④ 《魏书》卷一百八之一《礼志四之一第十》，第2744页。

法性。二为认同"道统"，承袭儒家学说的核心价值观，将"尊儒重道"作为王朝基本国策。清朝统治者也不例外，正如高宗弘历所言："正统者，继前统，受新命也。""我朝为明复仇讨贼，定鼎中原，合一海宇，为自古得天下最正。"① 他们广泛地吸纳中原文明，不断调整治国之道，实现"陶熔满汉之第一要务"②，力求尽快地融入中华文化脉系，以继承明朝衣钵。这样就促进了满洲整体"汉文化"化的进程。满洲贵族实施国家战略文化转移，不仅丰富了满洲文化的内涵，适应了中原新环境，而且也使本民族特征得以保存，屹立于诸民族之林。

满洲的"汉文化"化主要表现在以下五个方面：

一 "参汉酌金"，变通后金朝制

八旗满洲初期的各级额真（头目）均为努尔哈赤的子侄们所担任。随着政务的繁多，初置"理政听讼"五大臣，"凡军国重务，皆命赞决"，"有征伐则帅师以出，盖实兼将帅之重焉"③。又任命"八大臣"，守护赫图阿拉城，"出猎行兵，均不使前往"。再设"十六大臣"、"巴克什"，"办理记录粮食的收发事宜"。又增"四大臣"，负责监督牛录狩猎，"以保证各牛录在狩猎时，收获机会的均衡"，均由一些异姓官员，分掌行政、诉讼等庶务。之后，努尔哈赤诸子"皆长且才"，故"五大臣没，而四大贝勒执政"。此时，后金适应文化建设的需要，出现"笔帖赫包"（bithe i boo，汉义书房），掌管汉文书信、文告等的汉人秀才，又称作"书房秀才"，或"书房相公"。正如参将宁完我疏言："设官未备，弊窦将开；立法不周，乱阶必至。"④ 这反映了后金初期官制草创阶段衙署职司的未成熟性。

天聪初年，皇太极将"书房"改称文馆，满汉儒臣分成两班，轮流入值，执掌翻译典籍，记注本朝政事。文馆初设，制度尚未完备，"官生杂处，名器弗定"。五年（1631 年）七月，设立六部，命贝勒多尔衮管吏部事，图尔格为承政，满朱习礼为蒙古承政，李延庚为汉承政；贝勒德格类管户部事，觉罗萨璧翰为承政，巴思翰为蒙古承政，吴守进，为汉承政；贝勒萨哈廉管礼部事，巴都礼、吉孙为承政，布彦代为蒙古承政，金玉和为汉承政；

① 《清高宗实录》卷一千一百四十二，乾隆四十六年十月甲申，第 309 页。
② 《清太宗实录》卷十，天聪五年十二月壬辰，第 2 册，第 148 页。
③ 《清史稿》卷二百二十五《额亦都等传论》，第 9190 页。
④ 《清太宗实录》卷十，天聪五年十二月壬辰，第 2 册，第 147 页。

贝勒岳托管兵部事，纳穆泰叶克书为承政，苏纳为蒙古承政，金砺为汉承政；贝勒济尔哈朗管刑部，车尔格、索海为承政，多尔济为蒙古承政，高鸿中、孟乔芳为汉承政；贝勒阿巴泰管工部事，孟阿图康喀赖为承政，囊努克为蒙古承政，祝世荫为汉承政；六部承政之下均设参政八员，启心郎一员，其余办事笔帖式，各酌量事务繁简补授①。六部的设置标志着后金政权建设步入了正规化。

天聪六年正月，刑部承政高鸿中奏刑部事宜，指出："近奉上谕，凡事都照《大明会典》行，极为得策。"②次年八月初九日，参将宁完我上《请变通〈大明会典〉设六部通事》疏，奏请"参汉酌金"，因地制宜，变通后金的政治制度③。这些建策为皇太极所接受。十年（1636 年）三月，改文馆为内三院，即内国史院，内秘书院，内弘文院。职司分工，内国史院职掌，记注皇上起居诏令，收藏御制文字，纂修历代祖宗实录，编纂一切机密文移，及各官章奏等，六部所办事宜，邻国往来书札俱编为史册。内秘书院职掌，撰写与外国往来书札，辑录各衙门奏疏，辩冤词状，敕谕文武各官敕书，并告祭文庙，谕祭文武各官文。内弘文院职掌，注释历代行事善恶，进讲御前，侍讲皇子，并教诸亲王，颁行制度④。内三院的设置兼顾了明朝内阁与翰林院等职能，使文官制度相对规范化。

同年四月，金国汗皇太极即皇帝位，将国号更名"大清"，改元"崇德"，开展政治制度革新。早在天聪时期，汉官马国柱、马光远、宁完我等就力荐设置言官，建立监察机构，以健全政治体制。崇德元年（1636 年）五月，正式设置了都察院，掌管国家监察事务。三年（1638 年），将"蒙古衙门"更名理藩院，管理少数民族事务，后定与六部地位等同，其长官与部院尚书并称"七卿"。清初设立内务府，掌"上三旗"包衣事宜。顺治时期，又设十三衙门，复设内务府。顺治十五年（1658 年）七月，仿明旧制，把内三院改为内阁，分立翰林院。十八年（1661 年）六月，又罢内阁，恢复内三院。康熙九年（1670 年）八月，仍改名为内阁，设满汉大学士、协办大学士，并加殿阁衔。为了适应统治全国的新形势，清廷定内外文武官

---

① 参阅《清太宗实录》卷九，天聪五年七月庚辰，第 2 册，第 124 页。

② （后金）高鸿中：《陈刑部事宜奏》，《天聪朝臣工奏议》卷上，第 1 页。

③ 参阅（后金）宁完我《请变通〈大明会典〉设六部通事奏》，《天聪朝臣工奏议》卷中，第 71 页。

④ 参阅《清太宗实录》卷二十八，天聪十年三月辛亥，第 2 册，第 355—356 页上、下。

制,"略仿明制而损益之,兼用满汉人"①,建立起以满洲贵族为核心的专制主义中央集权的一套官僚体制。

从上述可以看出,清初设立职官有三个特点,一是"首崇满洲",官员多民族化。后金组建六部,每部皆由贝勒一人管理,下设承政、参政、启心郎等官,满、蒙、汉三族并用,各部人数不一②。顺治元年（1644 年）,承政、参政更名尚书、侍郎。尔后,定每部尚书满、汉各一人,而实际权力则由满员掌握。随着蒙古势力的削弱,满汉联盟取代了满蒙结盟,在职官设置上也体现出来。二为内三院与内阁名称数次更迭,反映了后金官制尚不成熟。皇太极为了防止满洲汉化,多次下令,摒弃明代官爵、城邑等名号,更为满称,否则是"不奉国法","察出绝不轻恕"③。顺康之际,内三院与内阁名称,多次更易,也是清朝内部"满洲化"与"汉化"冲突的产物。三系参酌明代典章制度,又不失本民族特色。宁完我曾建议,根据后金实际,斟酌损益,"《大明会典》虽是好书,我国（后金）今日全照它不行"④。后金主要管理机构仿照明制,设立了六部、内三院（内阁）、都察院等衙门,又将蒙古衙门扩大为理藩院,专门掌管周边民族事务。清朝特设专门管理民族机构,这是历代王朝所少见的。

二　认同中原王朝法统,接续历代政治文化

作为"夷狄"的满洲贵族入主中原,他们逐步地认识到,要维系全国统治,就必须采取措施,"缵禹之绪",认同与接续中华文化脉系,方能得到经济繁荣、文化先进的广大汉族民众认可,其统治方可长治久安。清朝统治者采取了以下四项举措:

1. 编纂《明史》,延续新朝为前朝修史传统

"国亡史作",一个新王朝建国伊始,必为前朝编纂国史。这既适应改朝换代的政治需要,又表明新旧王朝的连续性。清朝入关之初,顺治二年（1645 年）五月,世祖福临下令开设明史馆,为前朝编纂国史。经康熙、雍正、乾隆三朝,不断地编修,历时九十余年,修竣《明史》三百三十二卷。当时一批著名的学者,诸如,尤侗、朱彝尊、毛奇龄、汤斌、汪琬、方象

---

① 《清朝文献通考》卷七十七《职官考一·官制》,第 5570 页。
② 《清太宗实录》卷九,天聪五年七月庚辰,第 2 册,第 124 页。
③ 《清太宗实录》卷十八,天聪八年四月辛酉,第 2 册,第 237 页。
④ （后金）宁完我:《请变通〈大明会典〉设六部通事奏》,《天聪朝臣工奏议》卷中,第 71 页。

瑛、施闰章等，及以布衣身份的万斯同，均参与修明史，完成了一部体例严谨、材料丰富的"正史"。在"二十四史"中，《明史》是一部被后人称之为编法精当、史料翔实、行文简洁、内容丰富的佳作，颇受赞誉。

《明史》编修，变故不辍。列帝多次降旨，指导修史，披览样稿。一方面，满洲贵族继承了新朝为前朝修史的古来传统，表明清代已经成为明朝的续统王朝。另一方面，清朝统治者对编纂《明史》的高度重视，目的是以明朝灭亡的教训为戒①。《明史》卷二十四《庄烈帝本纪二》赞曰："即位之初，沈机独断，刈除奸逆，天下想望治平。惜乎大势已倾，积习难挽。……祚讫运移，身罹祸变，岂非气数使然哉。迨至大命有归，妖气尽扫，而帝得加谥建陵，典礼优厚。"② 由此可窥，清朝在编纂《明史》时，凸现了"祚讫运移"的传统"正史"理念，以此表明清朝建立，系顺应"天命"，接续中原王朝"正统"的合法性。

2. 尊崇明朝，肯定其历史功绩

清入关伊始，就打起为汉族官僚地主"报君父之仇"旗号，追剿大顺农民军。顺治元年（1644 年）五月初四日，清兵进京的第三天，摄政王多尔衮即晓谕明朝原官员、耆老、兵民：

> 流贼李自成，原系故明百姓，纠集丑类，逼陷京城，弑主暴尸，括取诸王、公主、驸马、官民财货，酷刑肆虐，诚天人共愤，法不容诛者。我虽敌国，深用悯伤。今令官民人等，为崇祯帝服丧三日，以展舆情。著礼部太常寺，备帝礼具葬。③

七月，清朝订立守护明代诸帝陵寝与祭典规制，每座陵设置守陵太监、陵户，加强管理。八年（1651 年）六月，命礼部将与清廷"有嫌"而不祭祀的明神宗定陵，照十二陵例，以时致祭。

顺治十六年（1659 年）十一月十七日，世祖巡幸畿辅，途次昌平，目睹明代陵寝殿宇城垣，倾圮已甚，近陵树木，多被砍伐。当即指示工部："向来守护不周，殊不合理。尔部即将残毁诸处，尽行修葺。现存树木，永

---

① 参阅拙文《明朝大厦倾覆与社会矛盾的合力作用——清前期对明亡之因的再解析》，《社会科学战线》2011 年第 11 期。

② 《明史》卷二十四《庄烈帝本纪二》，第 335 页。

③ 《清世祖实录》卷五，顺治元年五月辛卯，第 3 册，第 57 页下。

禁樵采。添设陵户,令其小心看守。责令昌平道官,不时严加巡察。尔部仍酌量,每年或一次,或二次,差官察阅,勿致疏虞。"① 并将此道"上谕"立碑于明成祖朱棣之长陵。尔后,圣祖、高宗、仁宗诸帝,多次拜谒天寿山明陵,亲奠爵酒。清朝以"敌国"身份,以皇帝礼仪,厚葬崇祯帝朱由检。这种迈越以往新朝的举措,反映了满洲贵族对明朝的莫大尊崇。

清代前期,满洲贵族在充分肯定明初列帝开创功绩的同时,注重总结明朝衰亡的教训。顺治十六年十一月,世祖福临驻跸三营屯,指示礼部:"前明崇祯帝,励精图治,十有七年。不幸寇乱国亡,身殉社稷。考其生平,无甚失德,遭之厄运,殊堪矜悯,宜加谥号,以昭实行。今谥为庄烈愍皇帝。尔部即遵谕行。"② 为崇祯帝上谥号,这表现了世祖对明朝的尊敬。圣祖、高宗祖孙二人,各六次巡幸江南,每一次至江宁(今南京),他们均亲祭明太祖朱元璋孝陵。以圣祖玄烨为例,第一次南巡抵达江宁,先遣官至孝陵,读文致祭。后率部院大臣等拜祭孝陵,至大门前,下辇步行。进前殿,行三拜九叩礼,奠酒三爵,行三叩首礼。第三次南巡谒陵时,圣祖命修缮孝陵,并御书"治隆唐宋"四字,制成匾额,悬挂享殿。玄烨高度评价开国之君明太祖的功德,以表达满洲贵族接续前朝正统之意。

3. 敬天、法祖、亲政、爱民,传承历朝治国纲领

敬天、法祖、勤政、爱民,这是历代王朝治国的传统政治纲领。从先秦时期起,这种政治思想基本形成。《尚书·大诰》中提出,"天休于宁王,兴我小邦周",绍述祖业;主张"裕民"宽政,"保民"养民等。《虞书·尧典》记载,"钦若昊天","敬授人时"。《周书·召诰》亦载,"上下勤恤","受天永命"。这些记载均包含了敬天、法祖、勤政、爱民的思想理念。秦汉以降,帝王逐渐地接受了这一政治准则。东汉永平二年(59 年)正月,明帝刘庄指明:"百僚师尹,其勉修厥职,顺行时令,敬若昊天,以绥兆人。"③ 唐朝君臣尤重爱民之事,方有魏征"君如舟,民如水,水可载舟,亦可覆舟"的著名论断。宋代君臣重视"敬天"问题的讨论,翰林学士范祖禹建言哲宗赵煦,"诚于事天,诚于畏天"。"夫天之于人君,亦犹人君之

---

① 《清世祖实录》卷一百三十,顺治十六年十一月甲戌,第 3 册,第 1006 页上、下。
② 《清世祖实录》卷一百三十,顺治十六年十一月甲申,第 3 册,第 1007 页下。
③ 《后汉书》卷二《显宗孝明帝本纪第二》,第 100 页。

于臣下也"①。绍兴二十五年（1155 年），进士虞允文建议高宗赵构，"人君必畏天，必安民，必法祖宗"②。经过长期的实践，这种政治观念又不断完善，已经成为古代王朝传承的治国圭臬③。

清朝完全继承了历代治国的政治纲领，并为之发扬光大。顺治八年闰二月，监察御史匡兰兆奏请，朝祭之时，再用衮冕。世祖福临反驳道："一代自有制度，朝廷惟在敬天爱民，治安天下。何必在用衮冕？"④ 十年正月，世祖召大学士陈名夏讨论"何以使国祚长久？"名夏对答："皇上如天，上心即天心也。天下治平，惟在皇上。皇上欲致天下治平，惟在一心，心乎治平，则治平矣。"世祖说："人君之有天下，非图逸豫乃身。当孜孜爱民，以一身治天下也。若徒身耽逸乐，又安望天下治平。惟勤劳其身，以茂臻上理，誉流青史，顾不美欤。"⑤ 其言颇得汉臣称赞，给事中王启祚说："仰睹我皇上自有敬天、法祖、勤民之要务，而非小臣所能赞一得者。"⑥康熙四十七年（1708 年）九月，圣祖因废皇太子胤礽，诏告天下，亦指出：

> 朕承天眷命，绍祖宗弘图，四十八年于兹，宵旰孳孳，不敢暇逸，所敬惟天，所重惟民。每念天生民而立之君，无非欲其爱养黎元，俾无失所，故于四方间阎情形，周咨博访，纤悉罔遗。凡有可以厚民生、拯民困者，不惜数千万帑藏，以溥施济。累岁减免谳狱，所全活者，不下数千百人。良以君道，在于爱民，此帝王之常经，祖宗之家法，亦用以垂示后人，使知所则傚也。⑦

世宗胤禛秉承其父遗志，在从事政务与起居之所的养心殿东暖阁亲书写政训，首列"敬天法祖，勤政亲贤，爱民择吏，除暴安良"四句话，这是他执政的准则。雍正五年（1727 年）五月，世宗指示内阁："屡年以来，朕以天人相感之理，谆谆晓谕内外臣工，盖朕切实敬天勤民之念，于寤寐之中而

---

① （明）杨士奇等编：《历代名臣奏议》卷十三《敬天》，台湾《四库全书》影印本，第 433 册，第 326 页。
② 《宋史》卷三百八十三《虞允文》，第 11791 页。
③ 参阅常建华《敬天法祖、勤政爱民：清朝政治纲领研究》，《明清论丛》2004 年第五辑。
④ 《清世祖实录》卷五十四，顺治八年闰二月己巳，第 431 页上。
⑤ 《清世祖实录》卷七十一，顺治十年正月丁酉，第 567—568 页下、上。
⑥ （清）琴川居士辑：《皇清奏议》卷十，王启祚：《审时图治疏》，排字原刊本。
⑦ 《清圣祖实录》卷二百三十四，康熙四十七年九月丁酉，第 234 页上。

确见其感应之不爽。尤愿各省督抚有对疆之重任者，体朕此心，至诚致敬，各尽其道，以为感格上天之本，惠我蒸民，共登衽席。"①

高宗弘历发展了父祖的治国理念，更加强调实践。乾隆十五年（1750年）五月，他指出："十五年来，无时不以敬天法祖为心，无时不以勤政爱民为念，无时不思得贤才，以共图政理。此可无惭衾影者。"② 六十年（1795年）九月，高宗回忆一生所为时说："朕临御六十年以来，敬天法祖，勤政爱民，及拓土开疆诸实政，彰彰可考。"③ 他训政三年余，对仁宗耳提面命，"每以敬天、法祖、勤政、爱民四大端为诲"④。仁宗颙琰指明："我皇考敬天法祖，勤政爱民，实心实政，薄海内外，咸所闻知，方将垂示万年，永为家法。"并"告之子孙，以为心传家法"⑤。将"敬天法祖，勤政爱民"定为"家法"，这充分地说明满洲贵族认同中原王朝的治国理念，自觉地加入"正统"王朝之列。

4. 祭祀历代帝王庙，以示认同一统

祭祀历代帝王及配享名臣，这是古代王朝的重要典礼之一。从先秦时期起，对"有功烈于民"的圣帝明王，例如，伏羲、神农、黄帝、少昊、颛顼、唐尧、虞舜、夏禹、商汤、周文王、武王等。汉唐以来，对先代帝王祭祀香火不绝。唐代在帝王"肇迹之处"分别建庙立祠，予以时祭。天宝六年（747年），唐玄宗令在京城长安建三皇庙和五帝庙。次年，又建一庙，合祭"三皇以前帝王"⑥。元朝延续了唐宋的传统，于大都及地方建立三皇庙，奉祀伏羲、神农、黄帝等。明洪武六年（1373年）太祖朱元璋令于都城南京钦天山南，仿太庙同堂异室之制，建造历代帝王庙，"为正殿五室，中一室三皇，东一室五帝，西一室夏禹、商汤、周文王，又东一室周武王、汉光武、唐太宗，又西一室汉高祖、唐高祖、宋太祖、元世祖"，"每岁春秋仲月上旬甲日祭祀"。永乐迁都北京，仍遣南京太常寺官行礼。嘉靖十一年（1532年）夏，新建历代帝王庙于都城西竣工，"岁以仲春秋致祭"，凡十五

---

① 《清世宗圣训》卷之二十《训臣工二》，雍正七年正月丙午，《大清十朝圣训》卷二，北京燕山出版社1998年版，第979页。

② 《清高宗实录》卷三百六十五，乾隆十五年五月己未，第1022页下。

③ 《清高宗实录》卷一千四百八十七，乾隆六十年九月丙子，第896页下。

④ 《清仁宗实录》卷五十四，嘉庆四年十一月庚申，第697页下。

⑤ 《清仁宗实录》卷三十七，嘉庆四年正月庚午，第421页上。

⑥ （宋）王溥《唐会要》卷二十二《前代帝王》，中华书局1955年版，第430页。

帝，从祀名臣三十二人①。千百年来，祭祀古代帝王，已成古代王朝正统认同的共识之一。

满洲贵族对帝王庙的祭祀格外重视。定都北京之初，建立历代帝王庙于阜成门内，"南向，正中景德崇圣殿，九楹，东西二庑，各七楹，燎炉各一。后为祭器库，前景德门。门外神库、神厨、宰牲亭、井亭、钟楼、斋所咸备"②，并依明制予以祭祀。清廷根据政治文化建设的需要，调整了明代帝王庙祭祀的帝王及配享之臣，增祀辽太祖耶律亿、金太祖完颜旻、世宗完颜雍、元太祖铁木真、明太祖朱元璋等诸帝。康熙十四年（1675 年），圣祖车驾至庙，躬祭列帝，入殿上香，于三皇位前，行二跪六拜礼，奠祀帛爵，初献时行。六次南巡途次，他亲往浙江绍兴会稽山麓，隆重祭奠古圣王大禹陵；御舟停泊山东济宁，遣官祭祀历代帝王庙。如同随行臣僚所言："今皇上圣不自圣，推隆往代帝王，厚自谦抑，以尧、舜、禹、汤皆前古圣王，欲亲诣致祭，此真圣主，崇古重道，万世之令典。"③ 六十一年（1722 年），再次调整庙祀帝王及从祭功臣，确立庙祀帝王 143 位，功臣 40 人。乾隆十八年（1753 年），清廷重修帝王庙。高宗将正殿原用的青绿琉璃瓦，改覆黄瓦④。满洲贵族提升了帝王庙的等级，完善了自古以来帝王庙的祭祀制度，维系"中华统绪，不绝如线"⑤。这表明清朝绵延了古代王朝的统治体系，在认同中原"正统"上具有特殊的政治意义。

三 "尊儒重道"，作为文化国策

在关外时，努尔哈赤就接受孔孟之道，祭拜孔子。万历四十三年（1615年）四月，即后金建国的前一年，努尔哈赤在赫图阿拉城，"始建三世诸佛，及玉皇庙，共建七大庙"，其中之一就有孔庙⑥。天聪六年九月，书房秀才王文奎上《条陈时宜奏》，指出："帝王治平之道，微妙者载在'四书'，显明者详诸史籍。宜于八固山（旗）读书之笔帖士内，选一、二伶俐通文者，更于秀才内选一、二老成明察者，讲解翻写，日进'四书'两段，《通鉴》一

① 《明史》卷五十《礼志四·历代帝王陵庙》，第 1291—1294 页。
② 《清史稿》卷八十四《礼志三·历代帝王陵庙》，第 2525 页。
③ 《康熙起居注》第三册，康熙二十八年二月十一日，第 1834 页。
④ 《清史稿》卷八十四《礼志三·历代帝王陵庙》，第 2528 页。
⑤ 《清高宗实录》卷一千二百十，乾隆四十九年七月乙卯，第 219 页上。
⑥ 《满文老档》（上）第四册，乙卯年 3 《始建庙宇》，参阅《抚顺地区清前遗迹考察纪实》，考证了儒庙的规制与方位，辽宁人民出版社 1994 年版，第 257 页 . 、第 42—43 页、第 225 页。

章。汗于听政之暇，观览默会，日知月积，身体力行，作之不止，乃成君子。"① 皇太极在汉臣的启发下，已经深知"要知正心、修身、齐家、治国、平天下，则有孝经、学庸、论孟等书"②。在盛京建学宫，修建文庙，祭祀孔孟，将尊孔重道作为治国的政治思想，与中原传统文化看齐。

清朝定都燕京后，按照明朝礼遇，授予孔子六十五代孙胤植袭封衍圣公，恢复孔子"至圣先师"位号，重新修缮京师文庙，并依明制，在经筵日讲前，皇帝于弘德殿祭祀孔子。顺治十年（1653 年）二月，世祖福临命"内院诸臣翻译五经"③，研读儒家经典。圣祖玄烨第一次南巡回銮途中，专程曲阜，祭拜孔子。在大成殿，亲行三拜九叩礼，特书"万世师表"四字，悬挂大成殿正中。还将御用的"所有曲柄黄盖，留供庙庭，四时飨祀陈之"。圣祖指明："至圣之德，与天地日月，同其高明广大！"表示"朕亲诣行礼，务极尊崇至圣，异于前代"④。还将此次隆重祭孔活动全部记录下来，编纂修《幸鲁盛典》，御制《序文》指出："朕惟自古帝王，声教翔洽，风俗茂美，莫不由崇儒重道。"⑤ 他认为，孔孟之后，"以朱子之功，最为弘巨"。亲自主持和编修《朱子全书》、《性理精义》等书。利用陆陇其、汤斌、熊赐履、李光地、陆世仪、张伯行等一批理学名臣，鼓吹君臣大义，"厚风俗，正人心"，达到巩固统治的目的。世宗胤禛将理学提升到国家兴亡的战略高度，指出："为国家者，由之则兴，失之则乱。"并追封孔子先世五代王爵。他用理学家"存天理，灭人欲"，"循之则君子，悖之则小人"，打击朋党，强化君主专制。高宗将孔子地位提升到与帝王同尊，并推崇朱熹。他说自幼读书，研究性理，"至今朱子全书，未尝释手"，从政则随时随事，"以义理为权衡而得其中"。他以"崇儒重道"、"稽古右文"维护"纲常名教"作为文化国策，以"教化"之名，将理学推广到黎乡苗寨，维系边区安宁。

为了加强文化建设，汲取中原传统文化精华，清廷在紫禁城太和门西廊下，设立翻译房，拣择旗人中谙习清文者，专门翻译汉文经史与文学名著等，诸如，《资治通鉴》、《性理精义》、《古文渊鉴》等，"以为一时之盛"。户部郎中和素译的《西厢记》、《金瓶梅》等文学名著，翻译绝精，"人皆争

---

① （后金）王文奎：《条陈时宜奏》，《天聪朝臣工奏议》卷上，第 21 页。
② （后金）宁完我：《请译四书武经通鉴奏》，《天聪朝臣工奏议》卷中，第 62 页。
③ 《清世祖实录》卷七十二，顺治十年二月甲寅，第 572 页下。
④ 《清圣祖实录》卷一百十七，康熙二十三年十一月己卯，第 233 页上。
⑤ （清）玄烨：《幸鲁盛典序》，《圣祖御制文集》卷三十二，康熙五十年内府刻本，第 4 页。

诵焉"①。顺治初期，完颜氏阿什坦平素精通经学，笃於践履，将《大学》《中庸》《孝经》诸书，译成满文刊行，"以教旗人"。当时稗官小说颇为流行，旗人多有从事小说翻译者。阿什坦奏称："学者宜以圣贤为期，经史为导，此外无益杂书当屏绝。"并奏请严禁旗人男女之别，拟定部院官员九品之制，均予批准。康熙初年，阿什坦退居林下，时逢鳌拜专权，欲令一见，他始终不从。圣祖亲政后，曾召见阿什坦至便殿，问节用爱人问题。他对答："节用莫要于寡欲，爱人莫先于用贤。"圣祖环顾左右侍从，说："此我朝大儒也。"②雍正中期，世宗胤禛置皇子读书之所上书房，在"皆极词臣之选"鄂尔泰、张廷玉总师傅指导下，六龄皇子就诵读《五经》《史记》《汉书》《策问》、诗赋等，打下坚实的国学根基③。皇帝崇尚儒学，"心崇性理"，以致儒家学说在满洲社会得以传播，旗人则以名教的思想来规范自己言行，加速了满汉文化的交融。

尊孔重道的另一层意义，表明"夷"即"华"，以此来笼络广大的汉族士人，使他们倾心于清廷。康熙十八年（1679年）、乾隆元年，两次举行"博学鸿儒科"、"博学宏词科"，延聘人才，就是典型例证。由于满洲上层社会深受程朱理学的影响，达官贵人特别仰慕汉族的硕学名儒，兴趣盎然地参与学术讲会活动。康熙年间，以"布衣"身份参修《明史》的万斯同又"深于经"，受礼部侍郎徐乾学之邀，编纂《读礼通考》，又成《五礼》二百余卷。当时京师才俊云集，万斯同谦和淡定，"然自王公以至下士，无不呼曰万先生"④。像这样的文化活动反映了满洲各阶层人士对中原优秀传统文化的认同与敬仰。雍正元年（1723年）五月，世宗胤禛指出："《孝经》一书，与五经并重。盖孝为百行之首。圣祖仁皇帝钦定《孝经衍义》，以阐发至德要道，诚化民成俗之本也。"并将乡试、会试的第二场改考《孝经》，"庶士子咸知诵习，而民间亦敦本励行，即以孝作忠之道，胥由于此"。下令将"广博精微"的《孝经衍义》颁布海内，"使天下之人观览诵习，以为修身务学之本"⑤。这样就使得汉族士人易于接受清朝的治国理念，产生文化的归

---

① 《啸亭续录》卷一《翻译房》，第397页。

② （清）陈康祺：《郎潜纪闻二笔》卷三《圣祖称完颜给谏为大儒》，中华书局1984年版，第362页。

③ 《啸亭续录》卷一《上书房》，第397页。

④ （清）全祖望：《万贞文先生传》，朱寿禹《全祖望集汇校集注》上，上海古籍出版社2000年版，第5页。

⑤ 《雍正朝起居注册》（第一册）雍正元年五月二十一日，中华书局1993年版，第24页。

属感。应当说,从后金立国伊始,满洲贵族已经意识到中华传统文化对政权建设的重要性,逐步地将统治调整到中原王朝发展的轨迹上来。

四 兴办学校,推行科举,延揽人才

学校之设,"所以广造士乐育才也"。清入主中原后,沿用明朝教育制度,以儒家经典为教材,培育人才,提高满洲人的文化素养。清朝广设学校,国子监、八旗官学、八旗宗室学、觉罗学、咸安宫官学、景山官学、八旗义学等,招收八旗子弟入学,除了教授"国语骑射"外,还讲授儒家经义。满洲官员子弟"有愿读清书,或愿读汉书",汉官子孙"有愿读清汉书者",俱送国子监。令满洲文官三品以上,各荫一子入国子监读满汉书。顺治十八年(1661年),规定八旗官学,满洲、汉军,每佐领各增官学生一名,送子弟二人,"一习清书,一习汉书"。雍正时期,扩大八旗官学,每翼各立一满学、一汉学。王大臣子弟年十八岁以下,或在家,或在官学,教授清书,或汉书。雍正七年(1729年)闰七月,设立觉罗学,"令其读书骑射,满汉兼习"①。高宗初政,强调"笃宗室,则立学以隆教育。"② 这就表明清朝统治者极为重视宗室、满洲子弟的教育,培训干练之才。

从清中期起,八旗学校教授汉文及儒家学说,一定程度上超过了"国语骑射"课程。例如,咸安宫官学,设"汉书十二房,每房设汉教习一人;清书三房,设满教习一人,再设教射三人,教国语三人"③。清廷重视汉学,并将其作为科举考试的内容。早在关外,皇太极就考童生,考生员。顺治八年(1651年)六月,确定考试满洲、蒙古翻译秀才之制。同时,规定八旗子弟可像汉族士人一样考取生员、举人、进士。凡遇应考年份,"内院同礼部考取满洲生员一百二十名,蒙古生员六十名,顺天府考取汉军生员一百二十名"。乡试"取中满洲五十名,蒙古二十名,汉军二十五名";会试"取中满洲二十五名,蒙古十名,汉军二十五名"。考试时,满汉分榜,即满洲、蒙古一榜,汉军、汉人一榜。满洲、蒙古识汉字者,"翻译汉字一篇,不识汉字者,作清文字一篇"。汉军"文章篇数,如汉人例"④。康熙二十六年

---

① 《清世宗实录》卷八十四,雍正七年闰七月癸未,第121页上。

② 《清高宗实录》卷二,雍正十三年九月庚子,第161页下。

③ 《清朝通志》卷七十四《选举略三·学校》,万有文库本,商务印书馆1935年版,第7197页。

④ 《大清会典事例》卷一千一百三十七《八旗都统·教养·翻译考试》,第18432页。

（1687年），取消了满汉分榜制度，八旗子弟与汉族一体乡试。又将朱熹《四书集注》作为科举命题和作八股文的依据。科举考试推动了清代教育事业的发展，促进了满洲学习汉语文字和研习儒家经典的热情。

在此文化氛围中，尼堪获文武科举功名者计106人，考取生员（秀才）者60人，中举者36人，中进士者4人（文武各2人），副榜者6人。其中满洲旗籍尼堪取得功名者仅有3人，大多数为满洲包衣旗下尼堪考取，内务府"上三旗"包衣60人，"下五旗"包衣34人。从户数上看，"上三旗"包衣远超"下五旗"包衣人。四位文武进士，三位出在内务府"上三旗"，即镶黄旗包衣旗鼓人崔铎进士，正白旗包衣旗鼓人金汝相之元孙穆腾格武进士，同旗包衣旗鼓人李世昌之曾孙李潮武进士。另一位则是镶蓝旗包衣管领下人塞柱之孙骚达色进士①。除了三旗包衣人中举多外，还有大家族获取功名者多，其曾孙、元孙、四世孙等辈分中尤显。通过科举考试，一方面，尼堪子弟们努力读书，有利于提高家族文化素养。另一方面，金榜题名，"以勉旗人上进之阶"②，以此光宗耀祖，改变家族偏低的社会地位及待遇。两个方面相比，而后者尤显重要。

五　官员普及汉语，东南地区推广"官话"

满洲贵族与官员处理政务，不识汉字，不懂汉语，有诸多不便。满洲人等学习汉语汉文，成为一项迫切的任务。清朝统治者面对现实，也逐步地调整其文化政策。自顺治中期到乾隆初叶，衙署、官名满汉并称，渐以汉名为主。诸如，汉名叫内阁，满语称"多尔吉衙门"；汉名叫翰林院，满语称"笔特黑衙门"。《康熙会典》吏部类目中还散见一些满语官名，比如，"法克师大"（满语 faksi da，汉义为工匠头目）、"阿敦大"（满语 adun i da，汉义为牧长）、"物林大"（满语 ulin i da，汉义为司库）、"布大衣大"（满语 buda i da，汉义为典膳）、衣杭大（满语 ihan i da，汉义为牛群牧长）等。而后在《雍正会典》内满名之称谓多数不见了。乾隆元年（1736年）七月，高宗批准了总理王大臣奏请，定世职（亦称世爵）满名改汉语称谓，"精奇尼哈番，汉名称子；阿思罕尼哈番，汉名称男；阿达哈哈番，汉名称轻车都

① 《通谱》卷七十六《崔铎》，第828页；卷七十七《金汝相》，第837页；《塞柱》，第841页；卷七十四《李世昌》，第805页。

② 《啸亭杂录》卷一《翻译》，第19页。

尉，仍分一等、二等、三等；拜他拉布勒哈番，汉名称骑都尉；拖沙喇哈番，汉名称云骑尉"①。官修典籍中满汉称谓的转换，说明随着时间的推移，满洲"汉化"程度越发加深②。

雍正三年（1725 年）八月，吏部议复，各省奏报命盗案件及刑部咨稿，俱系汉文，"满洲官员如不识汉字，必被滑吏欺隐，以致误事"。"刑部满洲司官缺出，请拣选通晓汉文人员补授，庶案件易于料理"。"满洲习汉文字者，愈加勉励矣，应如所请"。世宗"谕允"③。六年（1728 年）八月，世宗针对南方福建、广东省籍官员乡音过浓，有碍官场沟通，影响政务实施，"上谕"内阁：

> 官员有莅民之责，其语言必使人人共晓，然后可以通达民情，而办理无误。是以古者六书之制，必使谐声会意，娴习语音，所以成遵道之风，著同文之治也。朕每引见大小臣工，凡陈奏履历之时，惟有福建、广东两省之人，仍系乡音，不可通晓。夫伊等以见登仕籍之人，经赴部演礼之后，其敷奏对扬，尚有不可通晓之语，则赴任他省，又安能于宣读训谕，审断词讼，皆历历清楚，使小民共知而共解乎。官民上下，语言不通，必致吏胥从中代为传述，于是添饰假借，百弊丛生，而事理之贻误者多矣。且此两省之人，其语言既皆不可通晓，不但伊等历任他省，不能深悉下民之情，即伊等身为编氓，亦必不能明白官长之意，是上下之情，捍格不通，其为不便实甚。但语言自幼习成，骤难改易，必须加训导，庶几历久可通。应令福建、广东两省督抚，转饬所属各府州县有司及教官，遍为传示，多方教导，务期语言明白，使人通晓，不得仍前习为乡音。则伊等将来引见殿陛，奏对可得详明，而出仕他方，民情亦易于通达矣。④

遵照世宗指示，福建、广东府县设立正音书院，教授北京语的"官话"，一度将《圣谕广训》作为教材，既正音话语，又开启教化，可谓一举两得。粤闽两省学政还要亲自对乡试考生面试官话，不会说者，录取受到限制。"官

---

① 《清高宗实录》卷二十三，乾隆元年七月戊申，第 533 页上。
② 参阅拙文《清代史籍中满名称释的演变》，《清史研究通讯》1987 年第 1 期。
③ 《清世宗实录》卷三十五，雍正三年八月丙寅，第 526 页下。
④ 《清世宗实录》卷七十二，雍正六年八月甲申，第 1074 页上、下。

话"的推广与普及对满洲"汉化"也起到了推进作用。

乾隆初期，一些宗室、章京、侍卫等，"不学习清语，公所俱说汉语"①，"在南苑，侍卫官员、兵丁皆说汉语"②。留驻关外的满洲人亦如此。尽管高宗对满洲人说汉语的现象很反感，多次限制"凡遇行走齐集处"、"行在处"，"俱宜清语"，但是面对满洲人说汉语屡禁不止，他亦颇为无奈。乾隆十八年（1753年）七月，高宗指出："自我朝一统以来，始学汉文。皇祖圣祖皇帝，俾不识汉字之人，令其通晓古事，于品行有益。曾将五经，及四子、通鉴等书，翻译刊行。"③二十五年（1760年），盛京马尔吞地方，彼处汉人"多以马二屯呼之"。盛京所属地名，多系清语，"今因彼处汉人不能清语，误以汉名呼之"④。道光初期，吉林地区也发生类似的变化。据《吉林外记》卷三记载：

> 吉林本为满洲故里，蒙古、汉军错屯而居，亦皆习国语。近数十年，流民渐多，屯居者已渐习为汉语。然满洲聚族而处者，犹能无忘旧俗。至各属城内，商贾云集，汉人十居八九，居官者四品以下，率皆移居近城三二十里内，侵晨赴署办事，申酉间仍复回屯。其四品以上，职任较繁者，不得不移居城内，子孙遂多习汉语，惟赖读书。仕宦之家，防闲子弟，无使入庄岳之间，娶妇择屯中女不解汉语者，以此传家者，庶能返淳还朴，不改乡音耳。⑤

中原地区富商大贾东来，生意兴旺，加快了东北地方满洲、蒙古、索伦、达呼尔等汉化的步伐。嘉道以来，黑龙江地区的情况也不例外。《黑龙江外记》卷六记录：

> 晋商与蒙古、索伦、达呼尔交易，皆通其语，问答如流，盖皆童而习之。惟通国语者寥寥，满洲多能汉语故也。布特哈近岁能汉语者亦多，然故作茫然，不先出口，此其狡黠之一端。呼伦贝尔则实不能，土

---

① 《清高宗实录》卷一百三十八，乾隆六年三月乙巳，第987页下。
② 《清高宗实录》卷一百七十三，乾隆七年八月戊申，第213页上。
③ 《清高宗实录》卷四百四十三，乾隆十八年七月壬午，第773页下。
④ 《清高宗实录》卷六百六，乾隆二十五年七月甲辰，第927页上。
⑤ （清）萨英额：《吉林外记》卷三《满洲蒙古汉军》，《辽海丛书续编》二册，第915页。

人无问何部，翻译《通鉴纲目》、《三国志》，类能强记，剽为议论，而不知读翻译四书、五经。其习汉书者，《三字经》、《千字文》外，例读《百家姓》、《名贤集》，然于论、孟、学、庸，略能上口即止。间有治一经，诵古文数首者，又皆徒事占毕，不求甚解。是以通者绝少，第能句读部檄，得其大旨，则群起而指目为才人，此英俊者所以不能有成也。[①]

清代中期以后，东北地区满洲等用汉语与汉人交往更便捷，逐渐少用满语，而汉语则成为他们对外交流的工具。索伦、达斡尔等在满洲影响下，加速了自身的"汉化"进程。然而，满洲在容纳中原先进文化的同时，仍旧保存本民族特征。当今黑龙江富裕县友谊乡三家子屯等地满族聚居屯落，20 世纪 60 年代，仍生活在满洲式老屋，从草屋顶，到门窗，再到室内火炕，以及生产工具，祭祀器皿，生活用品，都是满洲的传统样式。民间尚流行着《关于老汗王传说》《关于伊彻满洲传说》《女丹萨满故事》等口传故事。难能可贵的是，一些年纪大的人还能说满语，而不能写满文[②]。这说明"从龙入关"的满洲部族人，进入中原腹地，"汉化"程度要深得多，而留居东北边陲的满洲人"汉化"相对滞后，因此仍保持着淳朴的民族风尚。

共同的语言是不同民族之间交流的工具，当政治格局发生变故之时，研究周边民族语言文化显得很重要。满洲贵族为了适应统治全国之需，提倡习学汉语文字，提高衙署办事效益。但是，国土辽阔，各地方言繁多，朝野官僚难以交流，不免误事。于是在闽粤地区设立"正音书院"及义学，教授"官话"。尔后，又推广到四川等地少数民族区域。从雍正到乾隆年间，开展了一场以普及北京话为标准的"官话"活动，并设额外正音教职，加强普及"正音"。尽管此项工作效果并非理想，但是，清朝推广"官话"的宗旨十分明确，正音语言，以利于清廷统治的巩固。

第四节 糅合"华夷"一体的"中华"认同

中国、中华二词，很早就出现在先秦铭文与典籍之中。二词不绝于典，

---

① 《黑龙江外记》卷六，第 60—61 页。
② 参阅金启孮《满族的历史与生活——三家子屯调查报告》，黑龙江人民出版社 1981 年版。

它反映了华夏族形成的历史过程。周成王继承武王遗志，营造成周（今河南洛阳市），"宅兹中国"①。"中国"一词最早见于西周初年的青铜器"何尊"铭文。《礼记·中庸》曰："是以声名，洋溢乎中国。"②《汉书·陆贾传》记载，汉高祖刘邦"继五帝三王之业，统天下，理中国"③。上古时代，华夏族建国于黄河流域，以为居天下之中，故曰"中国"。南朝宋裴松之注《三国志·诸葛亮传》"惟博陵崔州平、颍川徐庶元直与亮友善"句："若使游步中华，骋其龙光，岂夫多士所能沈翳哉！"④《魏书·宕昌羌传》记录："其地东接中华，西通西域，南北数千里，姓别自为部落。"⑤ 华夏族以居四方之中，历史悠久，文化发达，称之"中华"，逐渐地成为中国的称号。经济繁荣与文化灿烂的华夏区域，对周边民族产生了巨大的吸引力，以致北方一些剽悍的少数民族王朝，将其统治重心不断地南移，进入中原地带，将部分游牧或渔猎生产方式改变为农耕经营模式，以适应华夏文明。

早在东北期间，满洲就开启了认同中华文明的历程。万历十一年（1583年），明辽东总兵李成梁率兵围攻古勒山城，误杀了城内努尔哈赤的祖父觉昌安、父亲塔克世。为此，明廷多次陪礼道歉，并颁给他都督敕书，委以指挥使之职。努尔哈赤也多次率队赴京朝贡，以示对明朝忠诚。十七年（1589年），又授予他建州左卫都督金事。二十三年（1595年），以"保边塞功"，再授"龙虎将军"，"秩视王台时矣"⑥。努尔哈赤作为明朝东北边陲卫所长官，忠实地履行着朝贡、守边等职责。这反映了建州女真在辽东时，就已经认同中原王朝脉系。

爱新觉罗氏子孙对其先祖担任明廷边官之事，讳莫如深。编纂《四库全书》之时，高宗弘历指示，将"凡明季狂吠之词，肆意阘悖"的"违碍"诸书进行销毁。尤其是万历以前"涉及辽东及女真、女真诸卫字样者"书

---

① "宅兹中国"出自 1963 年陕西宝鸡县贾村塬出土青铜器何尊铭文。尊文拓片刊登在《文物》1976 年第 1 期。

② 《礼记注疏》卷三十五《中庸》，《标点十三经注疏》六，北京大学出版社 1999 年版，第 1460 页。

③ 《汉书》卷四十三《陆贾传》，第 2112 页。

④ 《三国志》卷三十五《诸葛亮传》，第 912 页。

⑤ 《魏书》卷一百一《宕昌羌传》，第 2241 页。

⑥ （明）苕上愚公：《东夷考略》之《建州》，《清入关前史料选辑》第一辑，中国人民大学出版社 1984 年版，第 65 页。

籍,"一体送毁"①。历史事实是任何人难以掩盖的。当然,此举也并未影响满洲贵族接续中华文明进程。乾隆四十二年(1777年)八月,高宗下令编纂《满洲源流考》,编写者将清朝自比西周,指出:"我朝发祥基业,媲美豳岐。"② 这种所谓"媲美",实际上,是将满洲先祖的发迹与西周王朝紧密地联系在一起,以示清朝早已融入中原王朝体系。

世祖福临迁都北京,"中华"二字,很快成为清朝对内外使用较为频繁的语词,以此表达他们欲实现"满汉一家"、"中外一体"的大一统思想。满洲贵族将汉族的"华夏"与少数民族的"夷狄",糅合为一个整体,将周边"非汉人"的民族纳入"中国人",名之曰"中华"。这样有利于消除满汉等民族之间的隔阂,彼此和睦相处,促进统一多民族国家的发展与巩固。清代"中华"一词的普遍使用,不失为清朝统治者的明智之举。满洲贵族突破了以往汉族地主阶级建立王朝坚持"华夷之辨"的传统民族观念,融合多民族为一体。这是历史发展的一大进步。

在有清一代的语境里,"中华"之称大体上有三层含义:

一 "中华"即中国之称

顺治二年(1645年)四月,世祖福临颁布"恩诏"于陕西等处,指出:"周弘大赉,天下归心。汉约三章,秦民咸悦。流贼李自成,弑君虐民,多地悖逆,神人共怒,自速诛亡。知朕诞膺天命,抚定中华,尚敢窃据秦川,抗阻声教。朕悯念斯民,受其荼毒,救饥救溺,久切痌瘝。爰整貔貅,穷掺巢穴。"③ 十二年(1654年)五月,福临致书俄罗斯国察干汗:"尔国远处西北,从未一达中华。今尔诚心向化,遣使进贡方物。朕甚嘉之,特颁恩赐,即俾尔使人赍回,昭朕柔远至意。"④ 世祖的"诏令"提到"抚定中华"、"未达中华",其意非常明确,清初官方用"中华"一词,就是指中国。

清朝列帝常用"中华"之名,即指中国。例如,乾隆三十八年(1773年)二月,针对《四体合璧大藏全咒》编纂问题,高宗指示:"大藏经中咒

---

① 乾隆四十三年,《四库馆查办违碍书籍条款》,转引黄爱平《四库全书纂修研究》,中国人民大学出版社1989年版,第59—61页。

② (清)阿桂等:《满洲源流考》卷十四《山川一·长白山》,孙文良等校点本,辽宁民族出版社1988年版,第242页。

③ 《清世祖实录》卷十五,顺治二年四月丁卯,第3册,第135—136页上、下。

④ 《清世祖实录》卷九十一,顺治十二年五月乙巳,第3册,第720页上。

语，乃诸佛秘密心印，非可以文义强求，是以概不翻译。惟是咒中字样，当时译经者，仅依中华字母，约略对音，与竺乾梵韵，不啻毫厘千里之谬。甚至同一汉字，亦彼此参差，即如纳摩本音，上为诺牙切，下为模倭切，而旧咒或作曩谟，或作奈麻，且借用南无者尤多，皆不能合于正。其他牵附乖离，类此者难以缕数。"修竣一部"悉以西番本音为准，参之蒙古字，以谐其声，证之国书，以正其韵，兼用汉字，期各通晓，使呗唱流传"的《大藏全咒》之书①。"中华字母"，即汉字，也是中国字。弘历所指"中华"之意甚明。这就表明满洲贵族在处理内外事务中，多以"中华"先进文化为准则，融合多元文化为一炉，为巩固统一的多民族国家服务。

二　"中华"为清朝代称

随着清王朝统治的日益稳固，满洲贵族执政理念也影响着边疆民族，他们也认同清朝就是"中华"。康熙二十七年（1688年）十一月，侍卫阿南达、喇嘛商南多尔济等疏言："噶尔丹谓七旗喀尔喀，非吾仇也。但土谢图汗、泽卜尊丹巴，杀扎萨克图汗，及得克得黑墨尔根阿海，尽俘其国。又侵掠我境，杀我弟多尔济扎卜，弃好构难，诚无地可容之人也。臣等令商南多尔济、滚楚克达尔汉囊素，转说之。噶尔丹曰，汝等谕我以礼法，我甚悦。我并无自外于中华皇帝、达赖喇嘛礼法之意。"② 二十九年（1690年）六月，乌朱穆秦额尔德尼贝勒博木布奏报："十四日，厄鲁特至乌尔会河东乌阑之地，臣属人民，多被劫掠。臣遣护卫额克济尔往视，见噶尔丹之弟憨都台吉，送之至噶尔丹所。他说，我攻我仇喀尔喀耳，不敢犯中华界。"③ 同月，清使商南多尔济折奏，噶尔丹表示愿"与中华一道同轨"④。七月，准噶尔部使者达尔汉格隆奏言："喀尔喀，吾仇也。因追彼阑入汛界，向在中华皇帝道法之中，不敢妄行。"⑤ 厄鲁特蒙古准噶尔部首领噶尔丹将圣祖玄烨视为"中华皇帝"，并只攻击喀尔喀蒙古，"不敢犯中华界"，这显然是将"中华"与清朝等同起来。噶尔丹报告中多次出现"誓不犯中华皇帝"、"中华皇帝，乃活佛也"等语。不管准噶尔部噶尔丹出于何种动机，实际上，他已经承认

① 《清高宗实录》卷九百二十六，乾隆三十八年二月甲戌，第20册，第455页下。
② 《清圣祖实录》卷一百三十七，康熙二十七年十一月甲申，第5册，第498页上、下。
③ 《清圣祖实录》卷一百四十六，康熙二十九年六月癸未，第5册，第613页上。
④ 《清圣祖实录》卷一百四十六，康熙二十九年六月戊子，第5册，第616页下。
⑤ 《清圣祖实录》卷一百四十七，康熙二十九年七月壬寅，第5册，第624页上。

了清朝帝王就是"中华皇帝"，乃中国之君主。这样也极大地带动了周边民族对"中华"的认同。

乾隆二年（1737年）夏秋之交，小琉球中山国，装载粟米、棉花船二只，遭值飓风，断桅折舵，飘至浙江定海、象山地方。高宗弘历指示嵇曾筠等给予救济，并说："朕胞与为怀，内外并无歧视。外邦民人，既到中华，岂可令一夫之失所。嗣后，如有似此被风漂泊之人船，著该督抚，督率有司，加意抚恤，动用存公银两，赏给衣粮，修理舟楫，并将货物查还，遣归本国，以示朕怀柔远人之至意。将此永著为例。"① 十六年（1751年）二月，高宗赐准噶尔台吉喇嘛达尔扎"敕书"，指明："朕今念尔护持黄教之意，准尔所请，令高等喇嘛，前往教诲。但既命往之后，尔毋得藉称命往之。""尔再遣来使请，并将不行此等伎俩之处，抒诚具奏，然后令喇嘛前往。此亦有关中华声教，朕岂肯令漫无德行，不能训导之人充数耶。"② 此类"中华"之称事例，不绝于清代官修典籍，"中华"之名显系清朝代称。

三　"中华"即中国、清朝的合称

从清中期起，西方殖民主义列强纷至沓来，洋务事件繁多。在内外交往中，皇帝诏书、谕旨等，大臣的奏折等文书经常使用"中华"字样，代表着中国和清朝。嘉庆年间，京师西洋教堂之人，与旗民往来习教，并私刊清汉字书籍，传播"天主是万邦之大君"等教义，又称"圣人欲乘此机会，传教中华"。嘉庆十五年（1810年）五月，仁宗颙琰特此告诫旗人等："务当恪守本朝清语骑射，读圣贤书，遵守经常。释道二氏，尚不可信，况西洋教耶！"③ 十九年（1814年）十二月，蒋攸铦等密奏，夷商贸易情形、及酌筹整饬洋行事宜一摺。仁宗览后，指出，近来英吉利国护货兵船，不遵定制，停泊外洋，竟敢驶至虎门。其诡诈情形，甚为叵测。"该夷船所贩货物，全藉内地销售，如呢羽、钟表等物，中华尽可不需，而茶叶土丝在彼国断不可少"④。二十一年（1816年）七月，仁宗"敕谕"英吉利国王，指明："至尔国距中华过远，遣使远涉，良非易事。且来使于中国礼仪，不能谙习，重

---

① 《清高宗实录》卷五十二，乾隆二年闰九月庚午，第9册，第889页下。
② 《清高宗实录》卷三百八十三，乾隆十六年二月丙申，第14册，第40页上。
③ 《清仁宗实录》卷一百四十四，嘉庆十年五月癸卯，第29册，第966页下。
④ 《清仁宗实录》卷三百，嘉庆十九年十二月戊午，第31册，第1121页下。

劳唇舌，非所乐闻。天朝不宝远物，凡尔国奇巧之器，亦不视为珍异。"① 以此可以看出，在内外公文中，"中华"即是"大清帝国"。当然，仁宗颙琰对外"闭关锁国"，乃是承袭其父弘历衣钵。

道光十四年（1834 年）八月，宣宗旻宁指示军机大臣："英吉利国夷人，素性凶狡，向与中华不通文移。惟化外蠢愚，未谙例禁，自应先行开导，令该商等传谕饬遵。"② 九月，再次申明："该夷即犬羊成性，数万里远涉中华，种种受制。历来通市，办理俱有旧章，岂能无故反噬，必当究明原委，庶有以折服其心。"③ 十九年（1839 年）四月，钦差大臣林则徐奏称："鸦片贻害中华，势成积重。奉到硃批，钦遵办理。"④ 二十三年（1843 年）九月，据两江、闽浙疆吏奏报，前因英夷船只驶至天津，此前赴山东等处船只，皆在未定条款之先。现已明订条约，如敢擅往它处游弋，即将船货一并入官。宣宗强调，"并求中华一体，严禁奸民接济"，不准买办食物，如有违禁勾结，私行卖给等弊，即著从严惩办⑤。次年八月，耆英等奏，体察"澳夷"实在情形。旻宁指示军机大臣："澳夷久住中华，素称恭顺。现议以三巴门为界，已于错处之中，示区别之意。炮台民居，均毋庸迁建。澳中房屋，近来多有空闲，自不致于三巴门外，妄肆干求。著即照所议，妥为办理。"⑥ 以上述"中华"之名，皆为中国之称。

咸丰、同治年间，对外筹办"夷务"日趋繁重。中外谈判、往来外交文书，频繁使用"中华"一词。皇帝的"上谕"多有与英吉利、法兰西、俄罗斯等国交涉内容，其"中华"一语，即是清朝代称。例如，咸丰四年（1854 年）六月，英吉利在上海任意要挟，大臣许乃钊欲与其首领约期相见。文宗奕詝"降旨"，驳斥了许乃钊"果于中华有益，不敢稍存成见"⑦的主张。八年（1858 年）五月，桂良等奏，英夷欲在江路通商，并欲与内地任意往来，当以后患无穷。文宗指示："若大有碍于中华者，仍不能允准也。"⑧ 在《清文宗实录》中，经常出现"中华"一词，诸如，"若该夷仍肆

① 《清仁宗实录》卷三百二十，嘉庆二十一年七月乙卯，第 32 册，第 240 页下。
② 《清宣宗实录》卷二百五十五，道光十四年八月庚申，第 36 册，第 897 页上。
③ 《清宣宗实录》卷二百五十六，道光十四年九月辛未，第 36 册，第 906 页下。
④ 《清宣宗实录》卷三百二十一，道光十九年四月庚辰，第 37 册，第 1031 页下。
⑤ 《清宣宗实录》卷三百九十七，道光二十三年九月癸巳，第 38 册，第 1120 页下。
⑥ 《清宣宗实录》卷四百八，道光二十四年八月庚子，第 39 册，第 110 页上。
⑦ 《清文宗实录》卷一百三十四，咸丰四年六月戊子，第 42 册，第 373 页上。
⑧ 《清文宗实录》卷二百五十三，咸丰八年五月乙亥，第 43 册，第 919 页下。

逞强,岂能听其藐视中华";列强呈递公文,"有欲令中华认咎"者;英吉利、法兰西等"与中华和好有年"等。同治元年(1862 年)四月,比利时国公使包礼士,"自称奉伊国主之命,派至中华,进京请立约通商"①。闰八月,中俄查勘地界。穆宗载淳指示:"阿勒台、乌梁海等处,均系从前赏给蒙古游牧之地,其为中华旧有,实有明证。"②十一月,恩麟上奏盐茶厅大股回署,悔罪乞降一折。穆宗批示:"该回民等,久隶中华,同受国家覆育之恩,食毛践土,二百余年。"③

光绪时期,"中华"就是清朝。光绪十年(1884 年)四月,李鸿章奏,筹办法越两国交涉事宜。德宗载湉指示,必须请旨定夺,不准匆遽迁就。"彼族(即法国)议事,尚须议院会商。岂有中华大政,反不集思广益之理?"④十月,驻俄国使臣曾纪泽电报称:"中华所购有猎药、重焙药,俱十五年前所制子弹,价虽低,易误事等。"⑤次年九月,李鸿章面奏,开设官银号,以裨国计等事。慈禧太后降下"懿旨":"惟此事创办非易,中华与外洋情形,迥不相同,若经理不得其宜,深恐流弊滋多。"⑥十三年(1887 年)八月,李鸿章奏报,欲与美国洋商米建威,合股开华美银行。德宗载湉指明:"洋人牟利之心,无微不至,中华与之交涉,稍有不慎,必至堕其术中。合开银行一事,关系甚大,后患颇多。"⑦二十二年(1896 年)二月,德宗指示军机大臣等:"开矿为方今最要之图。累经谕令各直省督抚等,设法开办。"殖民列强觊觎中国丰富的矿藏,"比利时议院、谓中华金、银、铜、锡四金之矿,所在多有"⑧。二十六年(1900 年)五月,八国联军发动侵华战争,攻陷北京,慈禧、德宗等仓皇西逃。德宗仍然指示庆亲王奕劻、大学士李鸿章,与各国使臣"止兵议款","将详细节目,悉心酌核,量中华之物力,结与国之欢心"⑨。其所言"中华"均指清朝,可知"中华"之名已深植于清朝君臣心中。

---

① 《清穆宗实录》卷二十四,同治元年四月己未,第 45 册,第 657 页下。
② 《清穆宗实录》卷四十一,同治元年闰八月丁未,第 45 册,第 1116 页下。
③ 《清穆宗实录》卷五十,同治元年十一月丙子,第 45 册,第 1373 页下。
④ 《清德宗实录》卷一百八十二,光绪十年四月癸亥,第 55 册,第 540 页下。
⑤ 《清德宗实录》卷一百九十五,光绪十年十月乙亥,第 55 册,第 774 页下。
⑥ 《清德宗实录》卷二百十六,光绪十一年九月乙卯,第 55 册,第 1037 页下。
⑦ 《清德宗实录》卷二百四十六,光绪十三年八月丙申,第 55 册,第 304 页上。
⑧ 《清德宗实录》卷三百八十五,光绪二十二年二月甲戌,第 57 册,第 27 页上。
⑨ 《清德宗实录》卷四百七十七,光绪二十六年十二月癸亥,第 58 册,第 292 页下。

清朝迁都北京，满洲贵族所处的内外环境和地位发生了巨变。文化相对落后的清朝统治者面对广袤的疆土，众多的民众，采取何种类型的文明化，方能治理与巩固一统天下？这是他们亟待解决的大问题。

16世纪中叶，已是世界东西方文明频仍交汇与碰撞的时代。清入关伊始，中华文明、伊斯兰文明、基督教文明、佛教文明等迎面而来。始创于公元七世纪的伊斯兰文明，以阿拉伯帝国为核心的穆斯林文化，沿着汉唐"丝绸之路"，迅速地向东方扩展，中经唐朝、蒙古汗国、元朝，从西域传播到河西走廊，以及陕西、宁夏一代，我国西部民族大多接受了这一文明。东汉时期，由天竺传入我国的佛教文明，唐代佛教发展达到了鼎盛时期，对中原的政治、思想、文化、艺术产生了深刻影响。15世纪初期，藏传佛教，俗称喇嘛教，宗喀巴创立的格鲁派（黄教）崛起。尔后，喇嘛教传入青海、蒙古草原。清初，皇太极为了笼络蒙古，建立满蒙联盟，将元朝铸造的"玛哈噶拉佛"供奉于盛京实胜寺。在清朝大力扶植下，达赖、班禅执掌西藏政教合一的政权。在这一历史阶段，伴随着西方殖民主义者的东来，一批耶稣会士陆续抵华，以澳门为起点，由广东肇庆进入内地，沿着大运河，直达京师，一路传播基督文明，建立教堂，发展教徒，洗礼了一批平民、官员，乃至宫女、宦官等。同时，他们又以宗教热情，推广文艺复兴和资本主义兴起而发展起来的自然科学。一些著名的耶稣会士，凭借精湛技艺和人格魅力，致使明清两朝的神宗朱翊钧、毅宗朱由检、世祖福临、圣祖玄烨、高宗弘历为之倾倒，或拜他们为师，学习西方科学文化。中西文化的交流又推动了明末清初思想启蒙运动的兴起①。

满洲贵族清醒地认识到，尽管伊斯兰文明、佛教文明、基督教文明在部分地区颇为流行，多限于边地，受众人口有限，对以儒家文化根深蒂固的中原广大汉族，影响甚微。清统治者尊重佛教文明、伊斯兰文明等，采用"因俗而治"，"易其政，不易其俗"等政策，笼络少数民族上层首领，施恩边疆民族，维系边区稳定，收到显著成效。圣祖玄烨曾经指出："昔秦兴土石之工，修筑长城。我朝施恩于喀尔喀，使之防备朔方，较长城更为坚固。"②秦始皇夯土筑长城，防御北方匈奴侵扰。明朝修建砖石长城，防范蒙古南下

① 参阅何芳川《汉文化的必然选择——再论世界历史上的大清帝国》，《史学理论研究》2005年第1期。

② 《清圣祖实录》卷一百五十一，康熙三十年五月壬辰，第5册，第677页上。

中原。圣祖则在外蒙古筑起一道用人构成的永不倒长城,废除自古以来以长城为边防线,将古代边防建设思想大大地提高了一步。清朝统治者权衡了诸种文明对治国的利弊,决然采纳了以儒家文化为标识的具有悠久历史的中华文明,并迅速地将其发展方向调整到中原王朝的统绪上来。在对内外交往中,满洲贵族始终坚持将"中华"作为本朝的代名词。清朝持续发展与繁荣是对汉文化选择的必然结果。

结　语

　　明清易代之际，东北地区的民族经历了一场大动荡、大分化、大改组的
洗礼。各民族之间，受地缘、经济、政治、文化等因素的影响，交往密切。
一些强势民族及其附属民族得以生存和发展，一些弱小的民族则分散地融入
其他民族而消亡。从 16 世纪初期，到 17 世纪后半叶，满洲民族共同体形成
经历了"同化"与"异化"的过程，也是各民族多元文化的一次大融合。
曾经弱势的满洲一跃成为统治全国的强势民族，除了他们的发展战略和策略
得当外，还受益于接受了中原优秀的传统文化。"当时世界上有两个，或多
个文化中心，每个中心都形成一个引力场。清朝统治者选择汉文化，就像日
尔曼人选择罗马文化一样，看起来是自由的，实际上则是必然的。"[①] 先进的
中华文明使得满洲贵族迅速地崛起，大踏步地入主中原，完成一统江山，维
系统治 267 年，创造了北方民族所建王朝统治最长的历史纪录。西方的文化
人类学、社会学等学者用"涵化"、"文明化"等概念阐述民族关系，多为
文明的交汇，相互认同，以利民族自身发展，而不是彼此吃掉对方。应当说
以这种理论解析民族关系，是比较符合历史发展实际的。

　　16 世纪以来，东北亚民族以满洲共同体为主导，在政治、经济、思想、
文化等方面，不断地整合各族关系，彰显其独特地位。一方面，满洲"同
化"了纳入本部族的其他民族，同时，也用暴力手段迫使人数众多的汉族剃
发易服，改习满洲风俗，推行满洲化。另一方面，为了适应中原统治，实现
长治久安，他们选择以儒学为主流的中原传统文化，"这一选择，大大减少
了一个少数民族入主中华所必然带来的震荡，缩短了大清帝国初期稳定统
治、稳定局面的时间；同样的，这一选择也促进了'康雍乾盛世'的早日到

---

　　① 刘家和在"清史编纂暨编译工作座谈会"的发言，参阅王大庆《"清史编纂暨编译工作座谈
会"综述》，《世界历史》2003 年第 6 期。

来，促成了大清盛世经济、文化全面的高涨"①。满洲贵族吸取和利用具有丰厚底蕴的汉文化，使得本民族发生了"异化"（即"汉文化"化），在传统社会中得以发展。清朝统治者始终认同中华文明，在内外交往中，将"中华"视为清朝的代称，而以儒学为代表的中原传统文化，则成为清朝必然的历史选择。这也是满洲贵族得以长久维持一个庞大帝国统治的最重要原因之一。

以往学界谈及满洲"汉化"，似乎给人们的印象是，该民族已经丧失了自身特色，完全融化到汉族之中。历史实践证明，并非如此。少数民族贵族集团建立的王朝均要面临人数众多的汉族，必然要接受中原传统文明，出现"汉文化"化。他们对中华文明的认同也经历了一个从抵制到部分吸纳，乃至适应的较长过程，而文化认同又不等于民族认同，相对有利于各民族凝聚力的增强②。因此，满洲的"异化"并没有被汉族"同化"掉，其仍保持自身"国语骑射"等习俗的独立性。清朝统一全国后，就满洲整体的"汉化"而言，区域不同，情况不一。在经济、文化繁荣的京师等中心区域，满汉文化交流广泛，"汉化"程度要深一些；而在边远的黑龙江、吉林等地区，"汉化"相对较弱，仍较多地保持了满洲族的本色。"汉化"程度的差异，也是满洲得以繁衍的一个主要因素。满洲至今已经演变成为满族，作为中华民族大家庭中资格最古老的成员之一，他为中华文明的发展繁荣做出了不可磨灭的历史贡献。

---

① 《汉文化的必然选择——再论世界历史上的大清帝国》。

② 参阅林甘泉《夷夏之辨与文化认同》，《中国古代政治文化论稿》，安徽教育出版社 2004 年版，第 311—336 页。

参考文献

一 文献资料

（清）弘昼、鄂尔泰等：《八旗满洲氏族通谱》，辽沈书社 1989 年版。

（清）阿桂等：《钦定八旗氏族通谱辑要》，乾隆武英殿刻本，《北京图书馆
藏家谱丛刊·民族卷》，北京图书馆出版社 2003 年影印本。

（清）鄂尔泰等：《八旗通志》（初集），李洵等校点本，东北师大出版社
1985 年版。

（清）纪昀等：《钦定八旗通志》，李洵等校点本，吉林文史出版社 2002
年版。

（清）《清朝通志》，万有文库本，商务印书馆 1935 年版。

（清）《清朝文献通考》，万有文库本，商务印书馆 1936 年版。

（清）阿桂等：《满洲源流考》，孙文良等校点本，辽宁民族出版社 1988
年版。

（清）乾隆年间绘制：《盛京吉林黑龙江等处标注战迹舆图》，《清初史料丛
刊》第十四种，辽宁大学历史系，1981 年印本。

《清太祖朝老满文原档》（第二册昃字老满文档册），广禄、李学智译注，中
央研究院历史语言研究所专刊之五十八，1971 年版。

《重译〈满文老档〉》，（太祖朝），辽宁大学历史学，《清初史料丛刊》第一
种，1979 年印本。

《满文老档》，中国第一历史档案馆、中国社会科学院历史研究所译注，中华
书局 1990 年版。

《清国史》（清国史馆撰稿汇编，嘉业堂抄本），中华书局 1993 年版。

《康熙起居注》，中华书局 1984 年版。

（清）玄烨：《圣祖御制文二集》，康熙五十年内府刻本。

《雍正朝起居注册》，中华书局 1993 年版。

《乾隆帝起居注》，广西师范大学出版社 2002 年版。

（清）弘历：《清高宗御制诗文全集》第十册《御制文初集》，中国人民大学出版社 1993 年版。

《清太祖武皇帝实录》，《清入关前史料选辑》第一辑，中国人民大学出版社 1984 年版。

《清实录》（含《满洲实录》、《宣统政纪》），中华书局 1986 年版。

（清）伊桑阿等纂修：《康熙会典》，康熙二十九年刻本。

（光绪）《钦定大清会典》，光绪二十五年刻本，台湾新文丰出版公司印行，1976 年版。

《满洲名臣传》（依清国史馆抄录），菊花书室刻，巾箱本。

《清史列传》，王锺翰点校，中华书局 1987 年版。

（清）李桓：《国朝耆献类征》（初编），台北故宫博物院藏本。

《平定朔漠方略》，《清代方略全书》，国家图书馆出版社 2006 年版。

中国第一历史档案馆、辽宁档案馆合编：《中国明朝档案总汇》，广西师范大学出版社 2001 年版。

关嘉禄等译：《天聪九年档》六月二十二日，天津古籍出版社 1987 年版。

季永海等译：《崇德三年满文档案译编》，辽沈书社 1988 年版。

《满文老档》，中国第一历史档案馆、中国社科院历史所合译，中华书局 1990 年版。

中国第一历史档案馆编：《光绪朝朱批奏折》，中华书局 1996 年版。

《天聪朝臣工奏议》，辽宁大学历史学系编，《清初史料丛刊》第四种，1980 年印本。

中国第一历史档案馆编：《纂〈修四库全书〉档案》，上海古籍出版社 1997 年版。

《武英殿聚珍版书目》，陶湘辑《武进陶氏书目丛刊》，民国二十二年（1933 年）排印本。

（清）清德：《伊尔根觉罗氏家谱》，清稿本，北京大学图书馆古籍部藏。

《正红旗满洲哈达瓜尔佳氏家谱》，清稿本，北京大学图书馆古籍部藏。

《弘毅公第十房家谱》，清稿本，北京大学图书馆古籍部藏。

《北京图书馆藏家谱丛刊》（民族卷），北京图书馆出版社 2003 年版。

《明太祖实录》，台湾中研院史语所校印，日本中文出版社发行。

《礼记注疏》、《礼记正义》，《十三经注疏》（标点本），北京大学出版社
1999 年版。

（汉）司马迁：《史记》，中华书局 1975 年版。

（东晋）范晔：《后汉书》，中华书局 1973 年版。

（北齐）魏收：《魏书》，中华书局 1974 年版。

（宋）欧阳修等：《新唐书》，中华书局 1975 年版。

（宋）司马光等编纂：《资治通鉴》，中华书局 1987 年版。

（宋）郑樵：《通志·总序》，《通志二十略》，王树民标点，中华书局 1995
年版。

（宋）王溥：《唐会要》，中华书局 1955 年版。

（宋）叶隆礼：《契丹国志》，《辽海丛书续集》一册，沈阳古籍书店 1993
年版。

（元）脱脱等：《金史》，附《金国语解》，中华书局 1974 年版。

（元）脱脱等：《宋史》，中华书局 1985 年版。

（元末明初）陶宗仪：《南村辍耕录》，标点本，中华书局 1997 年版。

（明）《辽东志》，《辽海丛书》第一册，辽沈书社 1985 年版。

（明）《全辽志》，《辽海丛书》第一册，辽沈书社 1985 年版。

（明）（洪武二十七年官修）《寰宇通衢》，《明代驿站考》附录一。

（明）郑文彬：《抄本筹边纂议》，中华全国图书馆文献微缩复制中心影印
本，1999 年版。

（明）杨士奇等编：《历代名臣奏议》，台湾《四库全书》影印本。

（明）冯瑗：《开原图说》，玄览堂丛书，第三函，第二十七册。

（明）茗上愚公：《东夷考略》，《清入关前史料选辑》第一辑，中国人民大
学出版社 1984 年版。

（明）张居正：《张居正集》，张舜徽主校点，湖北人民出版社 1987 年版。

（明）吴明济编，祁庆富校注：《朝鲜诗选校注》（明高丽刻本），辽宁民族
出版社 1999 年版。

（清）谷应泰：《明史纪事本末》，中华书局 1977 年版。

（清）张廷玉等：《明史》，中华书局 1974 年版。

（清）全祖望著，朱寿禹集校：《全祖望集汇校集注》，上海古籍出版社 2000
年版。

（清）蒋良骐：《东华录》，林树惠等点校，中华书局 1980 年版。

（清）金德纯：《旗军志》，《辽海丛书》第四册，辽沈书社 1985 年版。

（清）林佶：《全辽备考》，《辽海丛书》第四册，辽沈书社 1985 年版。

（清）顾祖禹：《读史方舆纪要》，中华书局 2005 年版。

（清）福格：《听雨丛谈》，中华书局 1984 年版。

（清）阿克敦著，黄永福等校注：《奉使图》，辽宁民族出版社 1999 年版。

（清）吴振棫：《养吉斋丛录》，北京古籍出版社 1983 年版。

（清）陈康祺：《郎潜纪闻二笔》，中华书局 1984 年版。

（清）昭梿：《啸亭杂录》，中华书局 1980 年版。

（清）祁韵士：《清朝藩部要略稿本》，包文汉整理，黑龙江教育出版社 1997 年版。

（清）祁韵士：《皇朝藩部要略》，光绪七年刻本，《中国边疆丛书》第一辑，台湾文海出版社 1965 年版。

（清）铁保辑：《熙朝雅颂集》卷一百三《金简二十首》，赵志辉等校点，辽宁大学出版社 1992 年版。

（清）魏源：《圣武记》，韩锡铎等校点，中华书局 1984 年版。

（清）盛昱：《雪屐寻碑录》，《辽海丛书》第五册，辽沈书社 1985 年版。

（清）奕赓：《佳梦轩丛著》，北京古籍出版社 1994 年版。

（清）西清：《黑龙江外记》，梁信义等注释本，黑龙江人民出版社 1984 年版。

（清）何秋涛：《朔方备乘》，《中国边疆丛书》第二辑，台北文海出版有限公司，1964 年版。

（清）方式济：《龙沙记略》，《辽海丛书续集》第二册，沈阳古籍书店 1993 年版。

（清）吴振臣：《宁古塔纪略》，《辽海丛书续集》第二册，沈阳古籍书店 1993 年版。

（清）萨英额：《吉林外记》，《辽海丛书续编》第二册，沈阳古籍书店 1993 年版。

（清）董文涣著，李豫等辑校：《韩客诗存》，书目文献出版社 1996 年版。

（清）盛昱：《八旗文经》，光绪二十年（1902 年）刻本。

（清）李元度：《国朝先正事略》，易孟醇点校本，岳麓书社 1991 年版。

（清）（康熙）《御制清文鉴》，乾隆三十八年编，《四库荟要》本。

（民国）赵尔巽等：《清史稿》，中华书局 1974 年版。

（民国）罗振玉辑录：《太祖高皇帝实录稿本三种》，哈尔滨出版社 2003 年版。

（民国）曹廷杰：《曹廷杰集》，丛佩远等编，中华书局 1985 年版。

（民国）徐柯：《清稗类钞》，中华书局 1984 年版。

（民国）恩华纂辑《八旗艺文编目》，关纪新点校本，辽宁民族出版社 2006 年版。

（民国）王树楠等编纂《奉天通志》，《东北文史丛刊》（影印本），辽宁沈阳古旧书店 1983 年版。

（民国）张伯英等：《黑龙江志稿》，黑龙江人民出版社 1992 年版。

（民国）唐邦治辑：《清皇室四谱》，癸亥（民国十二年、1923 年）冬十月，上海聚珍仿宋印书局排印。

（民国）《旗族月报》，1914 年，创刊号。

潘喆等编：《清入关前史料选辑》，中国人民大学出版社 1984 年版。

《达斡尔、鄂温克、鄂伦春、赫哲史料摘抄（清实录）》，内蒙古人民出版社 1962 年版。

吴晗辑：《朝鲜李朝实录中的中国史料》，中华书局 1980 年版。

王钟翰辑录：《朝鲜〈李朝实录〉中的女真史料选编》，辽宁大学历史学系主编《清初史料丛刊》第七册，1979 年印本。

王其榘编：《明实录邻国朝鲜篇》，中国社会科学院中国边疆史地研究中心，1983 年内部印发本。

王其榘编：《清实录邻国朝鲜篇资料》，中国社会科学院中国边疆史地研究中心，1987 年内部印发本。

姜孟山等主编：《中国正史中的朝鲜史料》（两卷本），延边大学出版社 1996 年版。

刁书仁主编：《廿六史中朝关系史料选编》，吉林文史出版社 1995 年版。

邝健行等选编：《韩国诗话中论中国诗资料选粹》，中华书局 2002 年版。

［朝鲜］《李朝实录》，日本学习院东洋文化研究所刊印，1953—1966 年版。

［朝鲜］《官案》，韩国图书馆学研究会编《丛书第二辑》，宝晋斋 1971 年版。

［朝鲜］《经国大典》（校订本），朝鲜总督府中枢院编，保景文化社 1959 年版。

［朝鲜］《训民正音》，郑麟趾解例，木板复元线装本，1995 年刻本。

［朝鲜］《龙飞御天歌》，韩国乙酉文化社 1975 年版。

［朝鲜］《皇华集》（24 册），台湾珪庭出版有限公司，1978 年版。

［朝鲜］《通文馆志》，朝鲜史编修会编，《朝鲜史料丛刊》，民昌文化社 1991 年版。

［朝鲜］李民寏：《建州闻见录》，《清入关前史料选辑》第三辑，中国人民大学出版社 1991 年版。

［朝鲜］《沈阳状启》，《清初史料丛刊》第十一种，辽宁大学历史学 1983 年印本。

［朝鲜］李肯翊：《燃藜室记述》，《清入关前史料选辑》第一辑，中国人民大学出版社 1984 年版。

［朝鲜］赵庆男：《乱中杂录·续录》，《清入关前史料选辑》第三辑，中国人民大学出版社 1991 年版。

［朝鲜］李押：《燕行记事》，《燕行录选集》第六辑，韩国成均馆大学校大东文化研究院编印。

［朝鲜］朴思浩：《心田稿》，林基中编《燕行录全集》第 85 册，韩国东国大学校出版部，2001 年版。

［韩］冯荣燮编：《朝宗岩文献录》、《续集》，韩国保景文化社 1982 年版；《后集》，1987 年版。

［日］《华夷变态》，该书北京大学图书馆藏有两种日本版本，一是小林曳发编辑，东京秀光社 1916 年版；一为林春胜、林信笃编，1644—1732；林鹅峰编，1618—1680；东洋文库丛刊第十五上、中、下册，1958—1959 年版。

［日］池内宏编：《明代满蒙史料李朝实录抄》（日本东京大学文学部编影印本）15 册，韩国首尔景仁文化社 1989 年再版，更名《朝鲜王朝实录抄满蒙史料》。

［日］朝鲜总督府编：《朝鲜金石总览》，日韩印刷所 1919 年版。

二　中外论著

吕振羽：《中国民族简史》，生活·读书·新知三联书店 1950 年版。

陈述：《金史拾补五种》，中国科学出版社 1960 年版。

傅斯年：《傅斯年全集》，台湾联经出版事业公司 1980 年版。

陈寅恪：《隋唐制度渊源略论稿》，上海古籍出版社 1982 年版。

孟森：《明清史论著集刊》，中华书局 1984 年版。

孟森：《明清史论著集刊续编》，中华书局 1986 年版。

孟森：《明元清系通纪》，中华书局 2006 年版。

陈寅恪：《唐代政治史述论稿》，上海古籍出版社 1997 年版。

陈智超编注：《陈垣往来书信集》，上海古籍出版社 1990 年版。

陈垣：《元西域人华化考》，上海古籍出版社 2000 年版。

商鸿逵师：《明清史论著合集》，北京大学出版社 1988 年版。

王锺翰：《王锺翰清史论集》，中华书局 2004 年版。

高德文、蔡志纯编：《蒙古世系》，中国社会科学出版社 1979 年版。

金启孮：《满族的历史与生活——三家子屯调查报告》，黑龙江人民出版社
　　1981 年版。

刘庆华：《满族姓氏录》，辽宁省新宾县民族事务委员会等编，1982 年铅
　　印本。

朱风、贾敬颜译：《汉译蒙古黄金史纲》，内蒙古人民出版社 1985 年版。

滕绍箴：《满族发展史初编》，天津古籍出版社 1990 年版。

黄润华等主编：《全国满文图书资料联合目录》六《语言文字》，书目文献
　　出版社 1991 年版。

董万崙：《清肇祖传》，辽宁人民出版社 1991 年版。

赵立静等：《满族家谱选》，中国社会科学出版社 1994 年版。

傅波主编：《抚顺地区清前遗迹考察纪实》，辽宁民族出版社 1994 年版。

李洵、薛虹主编：《清代全史》第一卷，辽宁人民出版社 1995 年版。

李鸿彬：《满族崛起与清帝国建立》，天津古籍出版社 2003 年版。

林甘泉：《中国古代政治文化论稿》，安徽教育出版社 2004 年版。

崔宰宇：《汉清文鉴简编》，民族出版社 2005 年版。

杨正泰：《明代驿站考》，上海古籍出版社 2006 年版。

孙诚等主编：《建州女真遗迹考察纪实》，中国文史出版社 2008 年版。

刘庆华编著：《满族家谱序评注》，辽宁民族出版社 2010 年版。

佟明宽编著：《满族佟氏家谱总汇》，辽宁民族出版社 2010 年版。

刘凤云等编：《清代政治与国家认同》，社会科学文献出版社 2012 年版。

臧励和等：《中国古今地名大辞典》，香港商务印书馆 1982 年重印版。

中国历史地图集编辑组：《中国历史地图集》第七册《元明》、第八册《清时期》，中华地图学出版社 1975 年版。

张武冰等主编：《中国地图集》，中国地图出版社 1999 年版。

史为乐主编：《中国历史地名大辞典》，中国社会科学出版社 2005 年版。

孟森：《建州卫地址变迁考》，《国学季刊》民国二十一年（1932 年）3 卷 4 期。

徐中舒：《明初建州女真居地迁徙考》，《历史语言研究所集刊》民国二十五年（1936 年）第六本 2 分册。

刘选民：《清开国初征服诸部疆域考》，《燕京学报》民国二十七年（1938 年）第 23 期。

薛虹：《明代初期建州女真的迁徙》，《吉林大学学报》1979 年第 1 期。

侯寿昌：《康熙母系考》，《历史档案》1982 年第 4 期。

翁独健：《论中国民族史》，《民族研究》1984 年第 4 期。

佟铮：《努尔哈赤的"部"》，《清史研究通讯》1985 年第 3 期。

徐凯：《清代史籍中满名汉释的演变》，《清史研究通讯》1987 年第 1 期。

刘小萌等：《台尼堪考》，《清史研究通讯》1988 年第 3 期。

薛虹：《努尔哈赤的姓氏和家史》，《清史研究通讯》1989 年第 4 期。

陈垣编：《敦煌劫余录·陈寅恪序》，台湾《中央研究院历史语言研究所专刊》第 4 期，1991 年版。

滕绍箴：《满洲满族名称辨析——纪念满洲定名 360 周年》，《满族研究》1995 年第 3、4 期。

周樑楷：《傅斯年和陈寅恪的历史观点——从西方学术背景所作的讨论（1880—1930）》，《台湾大学历史学报》1996 年第 20 期。

［日］敦冰河：《清太祖努尔哈赤族属考——兼论觉尔察氏与爱新觉罗氏的历史渊源》，《清史研究》1999 年第 3 期。

定宜庄：《美国学者近年来对满族史与八旗制度史的研究简述》，《满族研究》2002 年第 2 期。

［美］欧立德著，华立译：《清代满洲人的民族主体意识与满洲人的中国统治》，《清史研究》2002 年第 4 期。

马钊：《满学：清朝统治的民族特色——1990 年以来以英语发表的清史著作综述之一》，《清史译丛》第 1 辑，中国人民大学出版社 2004 年版。

常建华：《敬天法祖、勤政爱民：清朝政治纲领研究》，《明清论丛》2004 年第五辑。

何芳川：《汉文化的必然选择——再论世界历史上的大清帝国》，《史学理论研究》2005 年第 1 期。

滕绍箴：《清初汉军及其牛录探源》，《满族研究》2007 年第 1 期。

徐凯、常越男：《满洲"八著姓"与清初政治》，《故宫学刊》2008 年第四辑。

［日］中见立夫：《田川孝三の昭和十四年满洲国"史料采访"》，《满族史研究》2008 年第 7 号。

张瑞威：《谁是满洲人——西方近年来满洲史研究述评》，《清史译丛》第 7 辑，2008 年版。

刘小萌：《清朝史中的八旗研究》，《清史研究》2010 年第 2 期。

刘凤云：《政治史研究的新视野："清代政治与国家认同"国际学术会议研讨综述》，《清史研究》2011 年第 2 期。

王赓武：《中国情结：华化、同化与异化》，《北京大学学报》2011 年第 5 期。

徐凯：《明朝大厦倾覆与社会矛盾的合力作用——清前期对明亡之因的再解析》，《社会科学战线》2011 年第 11 期。

马竞浍：《满族姓名历史演变初探》，《满语研究》2011 年第 1 期。

滕绍箴：《论清初赫哲族的大迁徙与旗籍化问题》，《北方文物》2012 年第 2 期。

Jing-shen Tao（陶晋生）：*The Jurchen in Twelfth-century China：A Study of Sinicization*（《十二世纪中国女真汉化研究》），Seattle：University of Washington Press，1976，ix.

Ruth W. Dunnell（杜奈尔）："Review：The Jurchen in Twelfth-Century China：A Study of Siniciation by Jing-Shen Tao"（《书评：十二世纪中国女真汉化研究》），*Sung Studies Newsletter* 宋辽金元 No. 13（1977 年）.

Peter K. Bol（包弼德）："Seeking Common Ground：Han Literati under Jurchen Rule"（《求同：女真统治下的汉族文人》），Harvard-Yenching Institute 哈佛燕京学社，*Harvard Journal of Asiatic Studies*（《哈佛亚洲研究》），Vol. 47，No. 2（Dec. , 1987），pp. 461—538.

P. 马克：《黑龙江旅行记（1825—1886）》，吉林省哲学社会科学研究所据 1859 年俄文版翻译，商务印书馆 1973 年版。

前苏联科学院远东研究所编:《十七世纪俄中关系》,厦门大学外文系、黑龙江大学俄语系等译,商务印书馆 1978 年版。

[俄]尼古拉·班蒂什·卡缅斯基编:《俄中两国外交文献汇编 (1619—1792 年)》,中国人民大学俄语教研室译,商务印书馆 1982 年版。

[韩]卞麟锡:《四库全书朝鲜史料的研究》,岭南大学校出版部 1977 年版。

[日]满洲事情案内所编:《满洲地名考》,1939 年发行,慧文社平成十九年 (2007 年)。

[日]佐藤种治编:《满蒙历史地理辞典》,国书刊行会,1935 年复刻。

[日]日本铁路总局编:《满洲地名索引》,昭和十一年 (1936 年) 发行。

《马克思恩格斯选集》,人民出版社 1972 年版。

[德]恩格斯:《反杜林论》,人民出版社 1970 年版。

后　记

　　20 世纪 90 年代初，在著名的韩国学家杨通方教授指导下，我开始了研习明清时期中朝关系史。1994 年夏，应邀出席了在日本东京举行的"第二届韩国学环太平洋国际会议"，宣讲了拙文《论"丁卯虏乱"与"丙子胡乱"——兼评皇太极两次用兵朝鲜的战略》，引起与会学者的关注。当年秋，又客座韩国高丽大学东洋史学系教席。授课之余，时常到该校图书馆书库，翻检朝鲜时代的典籍，欣喜地发现"丁卯虏乱"与"丙子胡乱"时期的一些朝鲜官员笔记手抄本，为我的研究提供了新鲜史料。之后，又陆续地检索到不少在国内难以见到的有关中朝政治、经济、军事、外交、文化等交流文献，进一步增强了我对明清时期中朝关系探讨的志趣与信心。

　　次年 8 月，获得韩国国际交流财团的资助，再次赴高丽大学研究 14 至 19 世纪中朝关系问题。在此期间，我常去首尔大学的奎章阁（原朝鲜王室图书馆）、国会图书馆、汉阳大学、梨花女子大学等图书馆查阅资料，徜徉在朝鲜时代浩瀚的古籍之中，比较系统地翻阅了主要的官私文献，诸如，《朝鲜王朝实录》《承政院日记》《日省录》《备边司誊录》《龙飞御天歌》《同文汇考》《经国大典》《万机要览》《通文馆志》《新增东国舆地胜览》《皇华集》《燕行录》，以及《朝宗岩文献录》等。并实地考察了朝鲜迎接明朝使节的"迎宾门"（今更名"独立门"）、"壬辰倭乱"援朝将领杨镐的《杨经略去思碑》、《杨经略去思旧碑阴记》等，以及皇太极兵侵朝鲜时期的南汉山城、江华岛、汉江南岸三田渡的《清太宗功德碑》等历史遗迹。将中朝文献与历史古迹彼此验证，开阔了自己的学术视野，加深了对史实的认知。

　　纵观五百余年朝鲜与明清关系史，其经历了"事大之礼"、"华夷之防"与"华夷一体"三个发展阶段。万历后期，随着明廷对东北地区控制的削弱，建州女真迅速崛起，加之朝鲜王朝内部纷争不断，东北亚地方民族关系呈现出动荡、分化、改组的错综纷杂局面。其中起主导作用的则是满洲民族，他们与明朝分庭抗礼，吸纳了蒙古、高丽、尼堪等民族，不断扩充自己的势力，形成一个新的民族共同体。满洲迅速发展改变了东北地区政治格局，极大地制约着该地区民族关系的走向。只要扭住满洲势力这个龙头，16世纪后期至17世纪东北民族关系的主要问题就会迎刃而解。有鉴于此，从20世纪90年代末起，我从研究中朝关系转入探赜满洲民族"认同"与本部族双重构建的专题上来，陆续发表了一些论文，引起学人注意。2007年，北京社会科学院满学研究所不弃，将本专题研究纳入北京市《满学研究精粹》项目之列，以此鞭策我更加奋力前行。

清史中的满洲问题历来是历史学、民族学、社会学、人类文化学、民俗学、历史地理学等关注一项复杂的课题，它需要多学科交叉研究，方能推动其深入开展。学人周知，探究建州女真、满洲族的难点，莫过于资料匮乏，而这恰恰是清朝统治者一手造成的。正如孟森先生所言："清室之先，起于明之建州卫。当清之世，以为忌讳，无人敢言之，世人亦几忘之。"① 自20世纪初期以来，几代学人利用中朝文献，相继探讨了明代女真分布、建州女真先世、发祥之地、迁徙途径，及东北亚地区的满汉、满蒙、满朝等民族关系问题，发表了不少多有建树的论著。然而，关于建州女真、满洲史尚有不少历史谜团尚待解开，例如，明代三部女真部族分布，建州女真迁徙、居地，夹在叶赫、辉发、乌喇三部之间的苏完部族属，爱新觉罗氏与觉尔察氏的关系，努尔哈赤世系、族属等，皆需广泛地发掘中外资料，下大功夫，复原满洲早期历史的本来面貌。

1982年初夏，吾师商鸿逵教授正在撰写《康熙传》。记得有一天，在先生的燕东园28号寓所，他语重心长地对我说："欲完成一部上乘的学术著作，必须建立在专题研究的基础之上，先要撰写若干篇论文，提出自己的一些新见识。这样你研究的对象就会逐渐地站立起来，不然，它会始终趴在那儿。"并讲："我至少要写出十篇论文，才能把康熙皇帝戳起来。否则，还不具备撰写这部学术著作的资质。"先生是这样说的，也是这样做的。围绕着《康熙传》，他先后在期刊上发表了《论康熙》《关于康熙捉鳌拜》《康熙平定三藩的西北三汉将》《论康熙争取台湾及其善后措施》《姚启圣与施琅》《康熙南巡与治理黄河》《论清代的尊孔和崇奉喇嘛教》《康熙宫廷生活一

---

① 孟森：《建州卫地址变迁考》，《国学季刊》1932年3卷4期。

瞥》《清"孝庄文皇后"小记》《康熙和木兰围场》等论文。然而，天不假年，先生溘然仙逝，大作未能修竣。而后，师弟商全将先生遗稿压缩成几万字的《康熙帝》，中华书局纳入《中华历史人物小丛书》之一刊布。

吾师治史的教诲始终萦绕在脑际。在从事《满洲"认同"法典与部族双重构建》研究时，我秉承先生之法，在总体框架下，先作专题探讨，将一些主要问题撰写成文，公诸于世，以求意见。我在《中国史研究》《明清论丛》《清史论丛》以及高校学报等刊物上，相继发表了《关于15至17世纪东北地区民族关系的几个问题——以满洲民族共同体发展为视角》《满洲氏族、谱系文化与本部族认同》《满洲"汉文化"化与接续中华文明之统绪》《满洲本部族构成与八旗佐领分布》《蒙古姓氏与八旗满洲旗分佐领》《八旗满洲旗分佐领内高丽姓氏》《朝鲜佐领考》《尼堪姓氏与八旗满洲旗分佐领》《明清时期东北民族关系研究的中外史料》等论文。专题研究使课题做得更扎实，也促进了问题深入思索。当然，我深知拙著的一些看法是粗浅的，其中舛误不少，敬请读者赐教，这是我所祈望的。

俗话说："一个篱笆，三个桩；一个好汉，十个帮。"学术研究是一项综合而繁杂的工作。"学如积薪"，个人的学识与能力有限，势必要多方叨扰师友。在多年的研究中，得到了王锺翰、杨通方、袁良义、张仁忠、朴元熇、任桂淳、李鸿彬、滕绍箴、李治亭、季永海、关嘉录、张玉兴、姜相顺、张德玉、朱诚如、王天有、王政尧、李尚英、刘凤云、关纪新、定宜庄、刘小萌、邹爱莲、唐益年、吴元丰、赵志强、胡忠良、丁世良、孙永利、刘华祝、王小甫、郭卫东、罗新、张丹卉、吴昕阳、赵令志、哈斯巴根等诸多师友的答疑解惑，指点迷津。尤其是滕绍箴、李治亭两位先生无私地为我提供资料，百忙之中审阅了拙文部分初稿，提出宝贵意见。此外，学生徐春峰、武玉梅、常越男、韩狄、曹婷婷、穆崟臣、崔军伟、黄雁鸿、张婷、陈昱良、黄圆晴等，帮助我收集了部分资料等，付出了辛劳。选题策化郭沂纹编审、责任编辑丁玉灵先生、安芳女士也为拙著付梓尽力尤多。在此一并表示最衷心的谢意！

当我在电脑键盘上敲下文稿的最后一个句号时，凭窗举目西眺，深秋香山，蓝天白云，层林渐染，燕园的博雅塔、颐和园的佛香阁、静明园的玉泉山琉璃塔、静宜园的鬼见愁……尽收眼底。此刻面对旖旎秋光，心中尚存一些有待破解的疑难之题，并无释重的轻松之感。《周易》卷第一《乾·象》曰："天行健，君子以自强不息。"唐人龚霖联句云："但有路可上，更高人也行。"学术探索，永无止境，惟有勤勉奋力，方能"博学而不穷，笃行而不倦"。宋人苏轼《浣溪沙》一词道："谁道人生无再少，门前流水尚能西。"吾愿将此句作为激励之语。学术之路，漫漫修远，我将上下求索，乐此而不疲。

作者谨识

2012 年 10 月 1 日国庆节写于蓝旗营小区寓所

2013 年（癸巳年）春节修订于鞍山